Olaf Apel, Bernd Belke, Sabine Frings, Isabell Keil, Stefan Lorscheid, Karin Nießen, Markus Peters, Elvira Pürling, Christina Semmelroth-Böhm, Marco Weich, Lukas Wieland, Michael Wigger, Peter Wurmbach

Herausgeber: Elvira Pürling, Olaf Apel, Karin Nießen, Markus Peters

BüroMaterial Teil 1

Arbeitsbuch mit Lernsituationen

3. Auflage

Bestellnummer 94616

Bildungsverlag EINS
westermann

W0409562

Legende der verwendeten Symbole:

LF 1, 1 — Verweis auf BüroWelt 1 mit Lernfeld- und Kapitelangabe

Word Kap. 3.2.1 — Verweis auf BüroTechnik mit Angabe des jeweiligen Programms + Kapitels

LS 1.1 — Verweis auf eine andere Lernsituation

Web — Verweis auf BuchPlusWeb

service@bv-1.de
www.bildungsverlag1.de

Bildungsverlag EINS GmbH
Ettore-Bugatti-Straße 6-14, 51149 Köln

ISBN 978-3-427-**94616**-8

westermann GRUPPE

LernFeld 1

Die eigene Rolle im Betrieb mitgestalten und den Betrieb präsentieren

Lernsituationen

Lernsituation 1.1
Unseren neuen Ausbildungsbetrieb präsentieren

Der rote Faden

Informationen zum Ausbildungsbetrieb „Duisdorfer BüroKonzept KG“ beschaffen

Eine Präsentation erstellen

Eine Präsentation vorstellen

Ausgangssituation

Sie haben gerade Ihre Ausbildung zum/zur Kaufmann/Kauffrau für Büromanagement in der Duisdorfer BüroKonzept KG begonnen. Ihr Ausbildungsbetrieb beabsichtigt, zum nächsten Einstellungstermin weitere Auszubildende einzustellen. Ihre Ausbilderin, Frau Winter, möchte, dass Sie den neuen Auszubildenden Ihren Ausbildungsbetrieb und den Verantwortungsbereich eines Auszubildenden innerhalb des Unternehmens ausführlich vorstellen. Dies kann mithilfe eines Präsentationsprogramms oder alternativ auch mit anderen Medien geschehen. Sie sollen eine Präsentation erstellen, die die folgenden Informationen in ansprechender Form darstellt:

- das Unternehmensleitbild mit den Unternehmenszielen der Duisdorfer BüroKonzept KG
- die Stellung und Bedeutung der Duisdorfer BüroKonzept KG für die Gesamtwirtschaft (Güterarten, betriebswirtschaftliche Produktionsfaktoren, arbeitsteilige Wirtschaft, erweiterter Wirtschaftskreislauf)
- die Rechtsform der Duisdorfer BüroKonzept KG (Kapitalaufbringung, Geschäftsführung, Vertretung, Haftung)
- den Handlungsrahmen eines Auszubildenden in der Duisdorfer BüroKonzept KG (Vollmacht)
- den Aufbau der Duisdorfer BüroKonzept KG (Organigramm)
- die Geschäftsprozesse der Duisdorfer BüroKonzept KG

Die neuen Auszubildenden sollen einen Überblick über die Duisdorfer BüroKonzept KG und ihren Verantwortungsbereich innerhalb des Unternehmens erhalten. Die fertige Präsentation soll während einer Einführungswoche von Ihnen vorgestellt werden. Frau Winter möchte, dass Sie auf ein einheitliches Layout in Bezug auf das „Corporate Design“ und die „Corporate Identity“ achten.

Erstellen Sie eine zielgruppenadäquate Präsentation. Das heißt, dass Sie eine Präsentation für etwa gleichaltrige junge Erwachsene erstellen, die nur wenig bzw. keine betriebswirtschaftlichen Kenntnisse besitzen. Dennoch soll die Präsentation professionell und nicht zu spielerisch gestaltet und animiert sein.

Die Präsentation soll einen Umfang von 15 bis 20 Folien umfassen. Bereiten Sie sich darauf vor, die Präsentation in einem Zeitraum von 20 bis 30 Minuten präsentieren zu können.

Arbeitsauftrag 1 (orientieren)

LF 1, 1–4

Orientieren Sie sich zunächst innerhalb Ihres Modellunternehmens Duisdorfer BüroKonzept KG. Nutzen Sie dafür das Kapitel „Das Unternehmen Duisdorfer BüroKonzept KG“ in Ihrem Lehrbuch „BüroWelt 1“. Beantworten Sie die folgenden Fragen:

a) Welche Personen gründeten das Unternehmen Duisdorfer BüroKonzept KG und beteiligten sich an ihm?
b) Welches ist der „Zweck“ bzw. das Sachziel des Unternehmens?

Vorwort

Das Buch BüroMaterial 1 deckt die Inhalte und Kompetenzen des Lehrplans für den Ausbildungsberuf Kaufmann/Kauffrau für Büromanagement vom Ausbildungsbeginn bis etwa zur Hälfte der Ausbildung ab (Lernfeld 1 bis Lernfeld 7). Das Buch ist Bestandteil der Büroreihe BüroWelt – BüroMaterial – BüroTechnik – BüroPrüfung. Die Reihe folgt einem innovativen und praxiserprobten Konzept, welches betriebliche Handlungen und den kompetenz- bzw. lernfeldorientierten Lehrplan in besonderer Weise berücksichtigt.

Das Arbeitsbuch BüroMaterial 1 enthält die handlungsorientierten Lernsituationen. Das dazugehörige Fachbuch BüroWelt 1 beinhaltet die schüleradäquat formulierten Sachinformationen. Die Bücher BüroMaterial 1 und BüroWelt 1 bilden eine Einheit. Im Buch BüroMaterial 1 befinden sich an gegebenen Stellen Symbole, die einen Bezug zum jeweiligen Kapitel im Buch BüroWelt 1 herstellen. Das Buch BüroMaterial 1 kann aber auch losgelöst von den übrigen Werken der Reihe genutzt werden. Das Buch BüroPrüfung umfasst die relevanten Inhalte der Abschlussprüfung in komprimierter und strukturierter Form. In der Reihe wird im Lehrerhandbuch zu BüroMaterial 1 für jede Lernsituation ein ausgefülltes Dokumentationsraster mitgeliefert. In diesem sind u. a. die zu vermittelnden Kompetenzen, die Inhalte sowie Lern- und Arbeitstechniken dokumentiert. Darauf aufbauend wird ein Vorschlag für eine didaktische Jahresplanung zur Verfügung gestellt.

Die Reihe stützt sich auf das Modellunternehmen Duisdorfer BüroKonzept KG. Die Lernenden werden in die Rolle einer/eines Auszubildenden versetzt, in der sie die Arbeitsaufträge bearbeiten. So werden sich die Lernenden mit dem jeweiligen Arbeitsauftrag identifizieren. Die Einführung in die jeweiligen Themen wird den Schülerinnen und Schülern anhand von realistischen Situationen verdeutlicht, sodass stets Sinn und Nutzen des jeweiligen Inhalts und der zu vermittelnden Kompetenzen nachvollziehbar werden. Es wird ein Bezug zur Lebenswirklichkeit der Schülerinnen und Schüler hergestellt.

Die Lernsituationen haben eine einheitliche Struktur. Jede Lernsituation beginnt zunächst mit einem „roten Faden“, in dem die zentralen Tätigkeiten und die zu erarbeitenden Handlungsprodukte aufgeführt sind. Im Rahmen der Lernsituation handeln die Schülerinnen und Schüler in einer Ausgangssituation, die für die Problemlösung und die Erstellung des Handlungsproduktes zu berücksichtigen ist. Die Ausgangssituation ist berufsnah und authentisch formuliert und fordert zum Handeln auf. Sie knüpft an persönliche, schulische, gesellschaftliche und/oder berufliche Erfahrungen der Schülerinnen und Schüler an. Das über das Werk BüroWelt 1 angeeignete Wissen kann im Rahmen der Lernsituationen angewandt werden. Es wurden Ausgangssituationen entwickelt, die zu Handlungen unterschiedlichen Typs auffordern (orientieren, analysieren, informieren, planen, durchführen, bewerten, reflektieren) und auch Handlungsspielräume (alternative Lösungswege und -ergebnisse) eröffnen. Eine Niveaudifferenzierung kann über die Ausformung der Handlungsphasen (Arbeitsaufträge 1, 2, 3 ...) und der Entscheidungsspielräume durch den Grad der „Selbstständigkeit“ hergestellt werden. Die Schülerinnen und Schüler werden im Sinne eines planvollen Kompetenzzuwachses die Phasen der Handlung von Lernsituation zu Lernsituation selbstständiger durchlaufen können.

In den Arbeitsaufträgen werden in Klammern die unterschiedlichen Phasen der Handlung genannt. In der Phase der „Information“ (informieren) werden die Schülerinnen und Schüler häufig die Unterstützung der Lehrerin oder des Lehrers benötigen. Die Arbeitsaufträge „Informieren Sie sich in Ihrem Lehrbuch ‚BüroWelt 2‘ über ...“ können und sollten an gegebener Stelle abgewandelt werden. In dieser Phase kann beispielsweise auch ein Lehrervortrag, ein Expertengespräch o. Ä. hilfreich sein, um auf die unterschiedlichen Bedürfnisse und Voraussetzungen der Schülerinnen und Schüler einzugehen.

Zu dem Buch besteht die Möglichkeit unter www.bildungsverlag1.de Dateien herunterzuladen. Durch Eingabe der Bestellnummer (beachten Sie hierzu auch die Anzeige auf der Umschlaginnenseite) erreichen Sie den Downloadbereich „BuchPlusWeb“. Es findet sich an den gegebenen Stellen des Buches ein Symbol Web als Hinweis auf die jeweilige Datei.

Das Autorenteam

Inhaltsverzeichnis

Lernfeld 5: Kunden akquirieren und binden

Lernfeld 6: Wertströme erfassen und beurteilen

Lernfeld 7: Gesprächssituationen bewältigen

c) Welche Warengruppen bestehen in der Duisdorfer BüroKonzept KG?
d) Mit welchen Beträgen bzw. Einlagen sind die Gesellschafter an der Duisdorfer BüroKonzept KG beteiligt?
e) Wer ist in der Duisdorfer BüroKonzept KG berechtigt die Geschäfte zu führen und das Unternehmen nach außen zu vertreten?

Arbeitsauftrag 2 (informieren)

Informieren Sie sich in Ihrem Lehrbuch „BüroWelt 1" und im Internet über die in der Ausgangssituation geforderten Inhalte. Fertigen Sie zunächst Notizen bzw. eine Checkliste mit den geforderten Inhalten an, die Sie später in die Präsentation übernehmen können. Bewerten Sie im Rahmen der Internetrecherche die ausgewählten Internetseiten nach Aktualität, Objektivität, Verfügbarkeit, Urheberrecht, sachlicher Richtigkeit und Datenschutz.

a) Unternehmensleitbild mit den Unternehmenszielen der Duisdorfer BüroKonzept KG

Recherchieren Sie zum Begriff **Unternehmensleitbild** im Internet. Entwickeln Sie ein Unternehmensleitbild aus den Zielformulierungen, die Sie sich für ein Unternehmen wünschen würden. Gehen Sie in diesem Zusammenhang auch auf mögliche Zielkonflikte ein.

Mögliche Ziele:

- Abfallrecycling betreiben
- ressourcenschonender Umgang mit Strom und Wasser
- Sicherheit des Arbeitsplatzes für die Mitarbeiter
- Arbeitssicherheit und Unfallschutz für die Mitarbeiter
- Mitarbeiter fortbilden
- hohe Mitarbeiterzufriedenheit
- gutes Betriebsklima
- Umsatz und Gewinn steigern
- Kosten senken
- möglichst hoher Marktanteil
- hohe Kundenzufriedenheit
- möglichst umweltfreundliche Produkte herstellen und verkaufen

b) Stellung und Bedeutung der Duisdorfer BüroKonzept KG für die Gesamtwirtschaft

ba) Klären Sie, auf Grundlage des Zusammenhangs von Bedürfnissen, Bedarf und Nachfrage, welche **Güterarten** die Duisdorfer BüroKonzept KG verwendet bzw. verkauft.

bb) Klären Sie, inwieweit die Elementarfaktoren und dispositiven **Produktionsfaktoren** für die Erreichung der Unternehmensziele der Duisdorfer BüroKonzept KG notwendig sind.

bc) Klären Sie, inwieweit die Duisdorfer BüroKonzept KG und Sie als Auszubildender an der **arbeitsteiligen Wirtschaft** (berufliche, betriebliche, volkswirtschaftliche und internationale Arbeitsteilung) involviert sind.

bd) Klären Sie, welche Rolle die Duisdorfer BüroKonzept KG im einfachen und im erweiterten **Wirtschaftskreislauf** spielt. Gehen Sie dabei auch auf mögliche Abhängigkeiten zwischen Betrieben, Haushalten und Kreditinstituten ein.

c) Rechtsform der Duisdorfer BüroKonzept KG

Grenzen Sie in Bezug auf die Kapitalaufbringung, die Geschäftsführung, die Vertretung und die Haftung die **Rechtsform** der Duisdorfer BüroKonzept KG (Kommanditgesellschaft) von der Einzelunternehmung und der Gesellschaft mit beschränkter Haftung (GmbH) ab.

d) Handlungsrahmen eines Auszubildenden in der Duisdorfer BüroKonzept KG
Erläutern Sie mit welchen **Vollmachten** Sie als Auszubildender der Duisdorfer BüroKonzept KG ausgestattet sein können.

e) Organisatorischer Aufbau der Duisdorfer BüroKonzept KG
Erläutern Sie anhand des **Organigramms** der Duisdorfer BüroKonzept KG den grundsätzlichen organisatorischen Aufbau des Unternehmens.

f) Grundlegende Abläufe in der Duisdorfer BüroKonzept KG
Nennen Sie den „wichtigsten" **Geschäftsprozess** der Duisdorfer BüroKonzept KG und grenzen Sie ihn von anderen Geschäftsprozessen ab.

Arbeitsauftrag 3 (planen)

a) Wählen Sie als Präsentationsmedium eine Präsentationssoftware oder alternativ ein anderes Medium. Berücksichtigen Sie die Rahmenbedingungen (Zielgruppe, Rahmen und Raum für die Präsentation, technische Gegebenheiten usw.).

b) Erstellen Sie selbstständig einen Kriterienkatalog für die anschließende Bewertung der Präsentation.

c) Erstellen Sie schrittweise eine Präsentation, die die von Ihnen aufgestellten bzw. gemeinsam abgestimmten Kriterien (Kriterienkatalog) berücksichtigt. Bei der Nutzung einer Präsentationssoftware informieren Sie sich in Ihrem Lehrbuch „BüroTechnik" über die Verwendung des Programms PowerPoint.

PP
Kap. 1

Vorgehensweise für die Planung und Erstellung der Präsentation mithilfe der Präsentationssoftware:

Schritt 1:
Beschriften Sie die Titelfolie in Ihrer Präsentation. Geben Sie einen sinnvollen Titel und als Ergänzung einen Untertitel für Ihre Präsentation an. Bedenken Sie, dass die neuen Auszubildenden einen ersten Eindruck der Inhalte Ihres Vortrags erhalten sollen.

Schritt 2:
Geben Sie in den Titel einer weiteren Folie (Textlayout TITEL UND INHALT) die Folienüberschrift „Gliederung", „Inhalte" o. Ä. ein. Hier kann eine Auflistung der geforderten Inhalte (siehe Ausgangssituation) stehen. Speichern Sie Ihre Präsentation – wenn noch nicht geschehen – unter Ihrem Namen. Speichern Sie Ihre Präsentation regelmäßig ab, um Datenverluste zu vermeiden.

Schritt 3:
1. Wählen Sie ein Design aus, das Sie für Ihre Präsentation verwenden möchten. Das Logo Ihres Unternehmens sollte auch in die Präsentation eingefügt werden. Wählen Sie einen angemessenen Platz dafür.
2. Sorgen Sie mithilfe des Folienmasters dafür, dass die gesamte Präsentation einheitlich formatiert wird.

Schritt 4:
Testen Sie die verschiedenen Animationen und passen Sie diese nach Ihren Vorstellungen an. Für die Erstellung einer einheitlichen Animation empfiehlt sich die Nutzung des Folienmasters. Berücksichtigen Sie hinsichtlich der endgültigen Animation die Zielgruppe der Unternehmenspräsentation.

Schritt 5:
Testen Sie die verschiedenen Folienübergänge und sorgen Sie abschließend für angemessene Folienübergänge. Beachten Sie bitte die Leistungsfähigkeit des PCs, Notebooks bzw. Netzwerkes, da die Folienübergänge teilweise sehr „rechenintensiv“ sind. Dadurch können unerwünschte Verzögerungen beim Folienwechsel entstehen.

Schritt 6:
Versehen Sie Ihre Präsentation mit einer einheitlichen Kopf- und Fußzeile. Stellen Sie möglichst das jeweils aktuelle Datum und die jeweilige Foliennummer in der Fußzeile dar. Es sollte auch der Autor der Präsentation genannt werden. Achten Sie auf einen angemessenen Kontrast der Kopf- und Fußzeile zum Hintergrund und auf eine ausreichende Größe der Platzhalter. Verändern Sie – wenn notwendig – die Schriftfarbe und die Größe der Platzhalter.

Schritt 7:
Stellen Sie die in der Ausgangssituation geforderten Inhalte in der Präsentation dar. Wenn dies sinnvoll ist, können Sie Strukturen (z. B. Tabellen) einfügen. Sorgen Sie für eine optimierte Schriftgröße innerhalb der Strukturen.

Schritt 8:
Stellen Sie per Hyperlinks jeweils Verlinkungen von der Gliederung zu den entsprechenden Folien her. Fügen Sie über den Folienmaster interaktive Schaltflächen in die Präsentation ein, mit denen man auf die Gliederung direkt verzweigen kann. Passen Sie – falls erforderlich – die Farben der Hyperlinks an.

Schritt 9:
Bereiten Sie die Handzettel für die Präsentation vor. Sorgen Sie dafür, dass mehrere Folien mit Folienrahmen auf einer Seite abgebildet sind. Im Handzettel könnte als Kopfzeile „Präsentation für die neuen Auszubildenden“ und das aktuelle Datum mitgedruckt werden. In der Fußzeile des Handzettels könnten Ihr Name als Autor der Präsentation und die Seitenzahl mit dem vorangestellten Wort „Seite“ stehen. Passen Sie ggf. im Handzettelmaster die Kopf- und Fußzeile an. Kontrollieren Sie die Ansicht des Handzettels vor dem Ausdruck.

c) Bereiten Sie sich auf Ihre Präsentation vor. Fertigen Sie sich ggf. Karteikarten an. Bedenken Sie bei der Vorbereitung, dass Sie für die Präsentation 20 bis 30 Minuten Zeit haben. Simulieren Sie die Präsentation – wenn möglich – am Computer und Beamer, mit dem präsentiert werden soll. Stoppen Sie die Zeit. Sprechen Sie während der Präsentation laut und deutlich und in ganzen Sätzen. Beachten Sie bei der Wortwahl die Zielgruppe. Sollten Sie unter Lampenfieber bzw. übermäßiger Nervosität leiden, informieren Sie sich über Atem- und Konzentrationstechniken, um mit der besonderen Situation einer Präsentation besser umgehen zu können.

Arbeitsauftrag 4 (durchführen)
Halten Sie die Präsentation vor den neuen Auszubildenden. Die Rolle der neuen Auszubildenden übernehmen Ihre Mitschüler.

Arbeitsauftrag 5 (bewerten)
Bewerten Sie zunächst Ihre Präsentation anhand der selbst erstellten Kriterien (Selbsteinschätzung). Tauschen Sie Ihre Präsentation anschließend mit einem Mitschüler aus und bewerten Sie Ihre Präsentationen gegenseitig (Fremdeinschätzung).

Arbeitsauftrag 6 (reflektieren)
Nehmen Sie das konstruktive Feedback Ihres Mitschülers an und versuchen Sie, diese Anregungen bei zukünftigen Präsentationen umzusetzen. Machen Sie sich eine Notiz in Ihrem Lerntagebuch, um die Verbesserungsvorschläge bei der nächsten Präsentation nachsehen und umsetzen zu können.

Vertiefende Aufgaben

Aufgabe 1
Erläutern Sie anhand eines konkreten, selbst gewählten Beispiels, wie aus den Bedürfnissen eines Menschen eine Nachfrage entstehen kann.

Aufgabe 2
Erläutern Sie anhand konkreter, selbst gewählter Beispiele, was unter Komplementär- und Substitutionsgütern jeweils verstanden wird.

Aufgabe 3
Stellen Sie das ökonomische Prinzip dar.

Aufgabe 4
Stellen Sie die berufliche, betriebliche, volkswirtschaftliche und internationale Arbeitsteilung in einer grafischen Form (z. B. Mindmap) dar. Erläutern Sie darüber hinaus Vor- und Nachteile der internationalen Arbeitsteilung.

Aufgabe 5
Erläutern Sie die Aufgabe des Sektors Banken im erweiterten Wirtschaftskreislauf.

Aufgabe 6
Stellen Sie die wesentliche Aufgabe des Staates im erweiterten Wirtschaftskreislauf dar.

Aufgabe 7
Unterscheiden Sie Ihren Handlungsrahmen als Auszubildende in der Duisdorfer BüroKonzept KG (Vertretungsvollmacht) von dem eines Kollegen mit Prokura.

Aufgabe 8
Recherchieren Sie die eingekauften und verkauften Güter und Dienstleistungen in Ihrem Ausbildungsbetrieb. Nutzen Sie dafür das Warenwirtschaftssystem Ihres Unternehmens, Einkaufslisten, Beobachtungen, Kataloge und fragen Sie Kolleginnen und Kollegen. Ermitteln Sie welche Leistungen (Output) der Betrieb erstellt und welche betriebswirtschaftlichen Produktionsfaktoren (Input) dafür notwendig sind.

Aufgabe 9
Die Duisdorfer BüroKonzept KG ist am Wirtschaftskreislauf einer offenen Volkswirtschaft beteiligt. Nachfolgend ist der Geldkreislauf dargestellt.

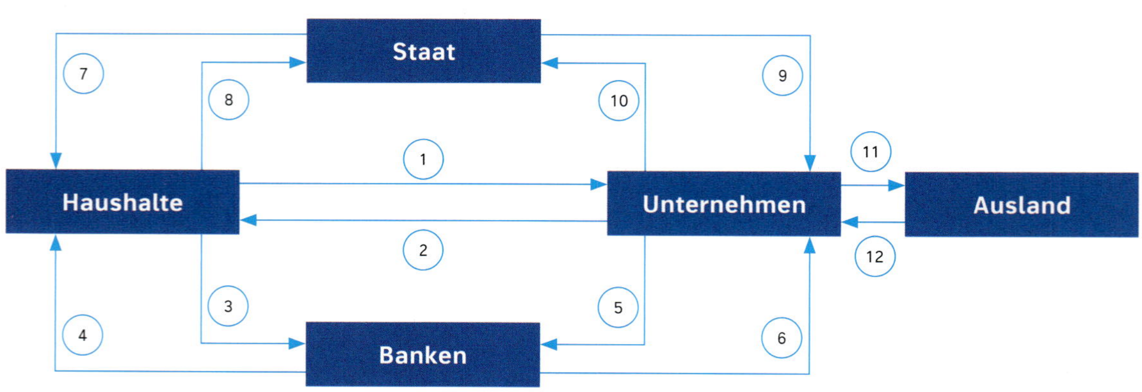

Nennen Sie die Ziffern der folgenden Zahlungen.

a) Die Duisdorfer BüroKonzept KG begleicht eine Rechnung eines französischen Holzlieferanten.
b) Die Duisdorfer BüroKonzept KG erhält Subventionen.
c) Ein Mitarbeiter der Duisdorfer BüroKonzept KG erhält Wohngeld.
d) Die Stadt Bonn überweist eine fällige Rechnung an die Duisdorfer BüroKonzept KG.
e) Die Duisdorfer BüroKonzept KG zahlt Zinsen für die Kreditfinanzierung eines Lkw an die Volksbank Köln Bonn eG.
f) Die Volksbank Köln Bonn eG zahlt einen Kreditbetrag für die Finanzierung einer Maschine aus.
g) Die Duisdorfer BüroKonzept KG überweist die Gehälter an ihre Mitarbeiter.
h) Die Duisdorfer BüroKonzept KG überweist die Umsatzsteuer-Zahllast an das Finanzamt.

Lernsituation 1.2
Einen Ausbildungsvertrag nach ausbildungsrechtlichen Regelungen prüfen

Der rote Faden

Rechtliche Grundlagen des Berufsausbildungsvertrages anwenden:
- **Berufsbildungsgesetz (BBiG)**
- **Jugendarbeitsschutzgesetz (JArbSchG)**
- **Tarifvertrag**

Inhalte des Berufsausbildungsvertrages prüfen

Ausgangssituation
Vor ein paar Wochen haben Sie einen Berufsausbildungsvertrag zur Ausbildung als Kaufmann/Kauffrau für Büromanagement mit der Duisdorfer BüroKonzept KG geschlossen und Ihre Ausbildung dort begonnen. Die 17-jährige Leonie Schäfer, eine Mitschülerin aus der Berufsschule, zeigt Ihnen ihren Ausbildungsvertrag, der sich in wesentlichen Punkten von Ihrem Ausbildungsvertrag unterscheidet.

Arbeitsauftrag 1 (orientieren und informieren)
Informieren Sie sich in Ihrem Lehrbuch „BüroWelt 1“ über den Berufsausbildungsvertrag.

LF 1, 2.1

Arbeitsauftrag 2 (planen und durchführen)
Prüfen Sie den rechts abgebildeten Ausbildungsvertrag und stellen Sie Ihr Ergebnis einem Mitschüler vor.

Arbeitsauftrag 3 (bewerten)
Gleichen Sie Ihr Ergebnis mit dem Ihres Mitschülers ab und prüfen Sie mögliche Lösungsabweichungen.

Berufsausbildungsvertrag

(§§ 10, 11 Berufsbildungsgesetz – BBiG)

Zwischen

Klein GmbH und *Leonie Schäfer*
Name des Ausbildenden — Name der/des Auszubildenden

Rosenweg 18, 53757 Sankt Augustin — *Schillerstraße 35, 53121 Bonn*
Anschrift des Ausbildenden — Anschrift der/des Auszubildenden

Marianne Klein
Verantwortl. Ausbilderin

wird nachstehender Vertrag zur Ausbildung im Ausbildungsberuf

Kaufmann/Kauffrau für Büromanagement

mit den Wahlqualifikationen *Personalwirtschaft* und *Assistenz und Sekretariat*
nach Maßgabe der Ausbildungsordnung geschlossen:

§1 – Dauer der Ausbildung

1. Dauer

Die Ausbildungsdauer beträgt nach der Ausbildungsordnung ....*36*.......... Monate.

a) Auf die Ausbildungsdauer wird die Berufsausbildung zum ....-...................
bzw. eine berufliche Vorbildung in

...............................-............................... mit ....-.......... Monaten angerechnet.

b) Die Ausbildungsdauer verkürzt sich vorbehaltlich der Entscheidung der zuständigen

Stelle aufgrund .....-..... um ......-...... Monate.

Das Berufsbildungsverhältnis beginnt am ....*01.08.20*............................

2. Probezeit

Die Probezeit beträgt ....*6*............ Monate

§2 – Ausbildungsstätte

Die Ausbildung findet in

Klein GmbH, Rosenweg 18, 53757 Sankt Augustin
(Ausbildungsstätte)

und den mit dem Betriebssitz für die Ausbildung üblicherweise zusammenhängenden Bau-, Montage- und sonstigen Arbeitsstellen statt.

§3 – Vergütung

Der Ausbildende zahlt der/dem Auszubildenden eine angemessene Vergütung; sie beträgt zz. monatlich
€ ....*480,00*.......brutto im ersten Ausbildungsjahr

€ ....*480,00*.......brutto im zweiten Ausbildungsjahr

€ ....*520,00*.......brutto im dritten Ausbildungsjahr

Vorstehender Vertrag ist in ....*2-facher*....... Ausfertigung ausgestellt und von den Vertragsschließenden eigenhändig unterschrieben worden.

Sankt Augustin, 5. Juni 20..
Ort — Datum

Der/die Ausbildende: — Der/die Auszubildende:

Marianne Klein — *Leonie Schäfer*

(Stempel und Unterschrift) — Unterschrift

Lernsituation 1.3
Rechtliche Regelungen der Berufsausbildung anwenden

Der rote Faden

Das Jugendarbeitsschutzgesetz (JArbSchG) und das Berufsbildungsgesetzes (BBiG) anwenden

Ausgangssituation
In der Duisdorfer BüroKonzept KG treffen sich alle Auszubildenden regelmäßig zum Azubi-Treff, um Informationen auszutauschen und anstehende Fragen zu klären. Sie haben sich bereit erklärt für das nächste Treffen, die im Vorfeld eingereichten Fragen Ihrer Mitauszubildenden zu bearbeiten.

LF 1, 2.1, 2.2

Arbeitsauftrag 1 (orientieren und informieren)
Informieren Sie sich in Ihrem Lehrbuch „BüroWelt 1“ und den entsprechenden Gesetzestexten.

Arbeitsauftrag 2 (planen und durchführen)
Beantworten Sie die eingereichten Fragen Ihrer Mitauszubildenden. Geben Sie außerdem die entsprechende Rechtsgrundlage an.
Für Ihre Antworten können Sie die rechts vorbereitete Übersicht verwenden.

Duisdorfer BüroKonzept KG

Azubi-Treff am: ______________________

Eingereichte Fragen	Antworten
„Kann ich meine Ausbildung um ein halbes Jahr verkürzen, und was ist dafür notwendig?" (Florian, 19 Jahre)	
„Für den Fall, dass ich die Abschlussprüfung nicht bestehen sollte, wann und wie oft kann ich sie wiederholen?" (Anne, 20 Jahre)	
„Wie viele Urlaubstage stehen mir laut Gesetz zu, und wie viele Stunden darf ich am Tag maximal arbeiten?" (Dennis, 16 Jahre)	
„Kann mir nach der Probezeit gekündigt werden?" (Kirsten, 21 Jahre)	
„Ich glaube, die Ausbildung zum Kaufmann für Büromanagement ist doch nicht das Richtige für mich. Kann ich meinen Ausbildungsvertrag kündigen, und was muss ich dabei beachten?" (Markus, 18 Jahre)	
„Muss ich eigentlich ein Berichtsheft führen?" (Sebastian, 18 Jahre)	
„Habe ich den Tag vor meiner schriftlichen Abschlussprüfung frei?" (Dominik, 16 Jahre)	
„Wie viel Pausenzeit steht mir zu, wenn ich von 9:00 Uhr bis 17:00 Uhr arbeite? Welche Fristen gelten für die Erstuntersuchung und die Nachuntersuchung?" (Alena, 17 Jahre)	
„Muss ich nach dem Berufsschulunterricht noch in den Betrieb kommen?" (Marie, 22 Jahre)	
„Bekomme ich am Ende meiner Ausbildung auch ein Zeugnis vom Betrieb?" (Torben, 21 Jahre)	

Arbeitsauftrag 3 (bewerten und reflektieren)

Tauschen Sie Ihr Ergebnis mit dem eines Mitschülers aus, indem Sie sich wechselseitig die Fragen beantworten.

Prüfen Sie, wie verständlich und nachvollziehbar Sie argumentiert haben. Nehmen Sie die konstruktive Kritik Ihres Mitschülers auf.

Lernsituation 1.4
Über die Mitbestimmungsmöglichkeiten in der Jugend- und Auszubildendenvertretung informieren

Der rote Faden

Regelungen zur Jugend- und Auszubildendenvertretung (JAV) kennen:
- **Wahl der JAV**
- **Zusammensetzung der JAV**
- **Aufgaben der JAV**

Ausgangssituation
Auf dem Weg zum Mittagessen in der Kantine der Duisdorfer BüroKonzept KG haben Sie und Ihre Mitauszubildenden die Aushänge zur anstehenden Wahl der Jugend- und Auszubildendenvertretung (JAV) bemerkt. Sie haben festgestellt, dass keiner der Auszubildenden so richtig über die JAV Bescheid wusste. Deshalb möchten Sie gemeinsam mit zwei weiteren Kolleginnen/Kollegen beim nächsten Azubi-Treff über die Wahl und die Aufgaben der JAV informieren.

LF 1, 2.3

Arbeitsauftrag 1 (orientieren und informieren)
Informieren Sie sich in Ihrem Lehrbuch „BüroWelt 1“ oder den entsprechenden Regelungen des Betriebsverfassungsgesetzes (BetrVG).

Arbeitsauftrag 2 (planen)
Überlegen Sie sich gemeinsam mit zwei Mitschülern, wie Sie die Informationen zur Wahl und zu den Aufgaben der Jugend- und Auszubildendenvertretung (JAV) an Ihre Kolleginnen und Kollegen weitergeben möchten.

Arbeitsauftrag 3 (durchführen)
Entscheiden Sie sich in Ihrer Kleingruppe für eine Darstellungsform und setzen Sie diese um.

Arbeitsauftrag 4 (bewerten)
Stellen Sie sich gegenseitig Ihre Arbeitsergebnisse vor. Äußern Sie sich zu den Ergebnissen anderer Gruppen und nehmen Sie konstruktive Kritik an.

LernFeld 2

Büroprozesse gestalten und Arbeitsvorgänge organisieren

Lernsituationen

Lernsituation 2.1
Den Arbeitsplatz und -raum gestalten

Der rote Faden

- **Büroformen kennen**
- **Büroausstattung unter gesundheitlichen Aspekten auswählen**
- **Die Arbeitsumgebung gestalten**
- **Umweltschutz im Unternehmen anwenden**

Ausgangssituation

Aufgrund der guten wirtschaftlichen Lage und der daraus resultierenden guten Nachfrage nach Büromöbeln sind im Bereich der Verwaltung elf neue Mitarbeiter eingestellt worden. In den bisherigen Räumen ist kein Platz mehr, sodass in einem bisher nicht genutzten Gebäudeteil neue Büros mit Bildschirmarbeitsplätzen eingerichtet werden sollen.

LF 2, 1

Arbeitsauftrag 1 (orientieren und informieren)
Informieren Sie sich in Ihrem Lehrbuch „BüroWelt 1" über die Büroformen und darüber, was bei der Einrichtung von Büros und Bildschirmarbeitsplätzen alles zu beachten ist.

Arbeitsauftrag 2 (planen)
Überlegen Sie sich, wie Sie Ihr Arbeitsergebnis dokumentieren wollen.

Arbeitsauftrag 3 (durchführen)
Erstellen Sie eine komplette Planung für die Büroräume und Bildschirmarbeitsplätze.

Arbeitsauftrag 4 (bewerten)
Tauschen Sie Ihre Planung mit der Ihres Sitznachbarn bzw. Ihrer Sitznachbarin aus.

a) Ist die Planung Ihrer Meinung nach umsetzbar?

b) Wurden alle gesetzlichen Vorschriften und Bestimmungen eingehalten?

Arbeitsauftrag 5 (reflektieren)
Warum haben Sie sich für diese Planung entschieden?

Vertiefende Aufgaben

Aufgabe 1

Erstellen Sie sich eine Tabelle mit den Vor- und Nachteilen der einzelnen Büroformen.

Aufgabe 2

Ihre Kollegin klagt vermehrt über Rückenbeschwerden. Welche Tipps können Sie ihr geben?

Aufgabe 3

Sie sollen den Einkauf bei der Auswahl von Bürostühlen unterstützen. Worauf achten Sie, wenn Sie nun die Prospekte der Anbieter auswerten?

Aufgabe 4

Beantworten Sie die folgenden Fragen mit Hilfe des Anhangs „Anforderungen und Maßnahmen für Arbeitsstätten nach § 3 Absatz 1“ der Arbeitsstättenverordnung, Punkt 6 „Maßnahmen zur Gestaltung von Bildschirmarbeitsplätzen“ und geben Sie die jeweilige Fundstelle an.

a) Herr Bollenbeck möchte umbedingt einen größeren Bildschirm haben, er ist der Meinung, sein momentaner Bildschirm wäre viel zu klein. Ist seine Forderung berechtigt?

b) Welche Verpflichtung hat der Arbeitgeber hinsichtlich der Organisation der Bildschirmarbeit?

c) Frau Meier beschwert sich über ihre Tastatur, da die Beschriftung kaum noch zu lesen ist. Ist das mit der Arbeitsstättenverordnung zu vereinbaren?

d) Erklären Sie, ob die Nutzer von Bildschirmarbeitsplätzen überwacht werden dürfen.

Aufgabe 5

Erstellen Sie einen Flyer zum Thema „Augengymnastik bei der Bildschirmarbeit“.

Aufgabe 6

Es ist Hochsommer, die Sonne brennt und im Büro sind es über 30 °C. Hans Müller ist der Meinung, dass er nun einfach nach Hause gehen könne. Liegt er damit richtig? Begründen Sie Ihre Aussage.

Aufgabe 7

Bisher gibt es in Ihrer Abteilung noch keine Pflanzen in den Büros. Mit welchen Argumenten können Sie den Abteilungsleiter von den Vorteilen, die Pflanzen für das Wohl der Beschäftigten haben, überzeugen?

Aufgabe 8

Zwei der neuen Büroräume sind noch nicht gestrichen worden. Was sollte bei der Farbgestaltung beachtet werden? Machen Sie einen konkreten Farbvorschlag.

Aufgabe 9

Warum sind Ihrer Meinung nach die Verbotszeichen in der Farbe Rot gestaltet?

Aufgabe 10

In einem Großraumbüro herrscht eine andere Geräuschkulisse als in einem Zellenbüro. Wie könnte der Geräuschpegel in einem Großraumbüro gesenkt werden?

Aufgabe 11

Sie sehen, wie der Praktikant versucht, einen Papierstau am Laserkopiergerät zu entfernen. Welche Tipps würden Sie ihm in Bezug auf Tonerstaub geben?

Aufgabe 12

Welche Bedeutung haben die folgenden Sicherheitszeichen?

____

____

____

Aufgabe 13

Überlegen Sie sich für die folgenden Büromaterialien, wie deren Einsatz möglichst umweltweltfreundlich gestaltet werden könnte.

Büromaterial	Was kann für den Umweltschutz getan werden?
Papier (z. B. Kopierpapier, Briefbögen, Umschläge)	
Aktenordner, Trennblätter, Sammelmappen	
Kugelschreiber	
Bleistifte	
Textmarker/Faserschreiber	
Büroklammern	
Klebstoffe/Klebestifte	
Tonerkartuschen, Druckerpatronen	
Taschenrechner	
DVD	

Aufgabe 14

a) Bringen Sie die Begriffe der Abfallhierarchie des Kreislaufwirtschaftsgesetzes in die richtige Reihenfolge indem Sie die Ziffern 1–5 vergeben.

☐ Sonstige Verwertung, insbesondere energetische Verwertung und Verfüllung

☐ Recycling

☐ Beseitigung

☐ Vermeidung

☐ Vorbereiten zur Wiederverwendung

b) Erklären Sie unter Verwendung von Beispielen, was beim Recycling und was bei der energetischen Verwertung passiert.

Aufgabe 15

a) Grenzen Sie die Begriffe Umverpackung und Transportverpackung voneinander ab.

b) Was bedeutet der Begriff der Nachhaltigkeit?

c) Welche Ziele werden mit dem ElektroG verfolgt?

Aufgabe 16

Suchen Sie mithilfe des Internets Beispiele für Unternehmen heraus, die umweltschonende Produktionsverfahren verwenden und beschreiben Sie, was daran umweltschonend ist.

Lernsituation 2.2
Arbeitsschutz im Unternehmen anwenden

Der rote Faden

- **Rechte, Pflichten und Aufgaben des Sicherheitsbeauftragten kennen**
- **Eine Unfallanzeige ausfüllen**
- **Unterweisungen vorbereiten**
- **Aufgaben des Betriebsarztes kennen**
- **Arbeitsstättenrichtlinen anwenden**
- **Brandschutz im Unternehmen anwenden**

Ausgangssituation

Die Duisdorfer BüroKonzept KG legt viel Wert auf die Gesundheit und Sicherheit ihrer Mitarbeiter/-innen. Seit einigen Jahren ist Herr Nüsgen der Sicherheitsbeauftragte der Duisdorfer BüroKonzept KG und dank seines Engagements sind schwere Arbeitsunfälle sehr selten. Damit auch Sie einen Überblick über den Arbeitsschutz und die Aufgaben eines Sicherheitsbeauftragten bekommen, begleiten Sie Herrn Nüsgen für eine Woche bei seiner Arbeit. Am zweiten Tag erhält Herr Nüsgen einen Anruf aus dem Lager, da dort ein Unfall passiert ist. Er nimmt die wichtigsten Daten auf und bittet Sie, die nun fällige Unfallanzeige auszufüllen. Außerdem steht für die elf neuen Mitarbeiter/-innen in der Verwaltung die Unterweisung für die Büroarbeitsplätze für die nächsten Tage an. Sie sollen diese mit vorbereiten.

Notiz: Anruf von Herrn Berg, Lager 09.02.20..
Uhrzeit: 12:10 Uhr

Herr Kasiske, Mitarbeiter im Lager, ist heute Vormittag um ca. 09:45 Uhr beim Entladen eines Lkw auf unserem Betriebsgelände von einer herabfallenden Holzplatte an der rechten Hand getroffen worden. Herr Kasiske erlitt eine offene Wunde mit herausragendem Fingerknochen. Er wurde nach Erster Hilfe vom Kollegen Berg von einem Krankenwagen ins nächstgelegene Krankenhaus (Malteser Krankenhaus, Von-Hompesch-Straße 1, 53123 Bonn) gebracht. Dort wird er zunächst einige Tage verbleiben.

Zeuge des Unfalls war der Fahrer des Lkw, Herr Stefan Jestädt, Spedition Osten GmbH, Alte Landstraße 99, 51373 Leverkusen.

Personal-Stammdaten (Auszug)	
Personal-Nr.:	133
Name:	Kasiske
Vorname:	Daniel
Straße:	Rolshoverstr. 32
PLZ, Ort:	51105 Köln
Telefon:	0221 2597862
Staatsangehörigkeit:	deutsch
Familienstand:	verheiratet
Religion:	r. k.
Geboren am:	17.05.1967
Beschäftigt als:	Lagerist
Eintritt:	01.07.2000
Arbeitszeit:	07:30 Uhr bis 15:00 Uhr (35-Stunden-Woche)
Krankenkasse:	Techniker Krankenkasse Köln

UNFALLANZEIGE

1 Name und Anschrift des Unternehmens

2 Unternehmensnummer des Unfallversicherungsträgers
3 3 2 7 2 5 8 1 1 0 9

3 Empfänger/-in

4 Name, Vorname der versicherten Person	5 Geburtsdatum – Tag – Monat – Jahr
6 Straße, Hausnummer – Postleitzahl	Ort

7 Geschlecht ☐ Männlich ☐ Weiblich

8 Staatsangehörigkeit

9 Leiharbeitnehmer/-in ☐ Ja ☐ Nein

10 Auszubildende/-r ☐ Ja ☐ Nein

11 Die versicherte Person ist ☐ Unternehmer/-in ☐ Gesellschafter/-in Geschäftsführer/-in ☐ mit der Unternehmerin/dem Unternehmer: ☐ verheiratet ☐ in eingetragener Lebenspartnerschaft lebend ☐ verwandt

12 Anspruch auf Entgeltfortzahlung besteht für ☐☐ Wochen

13 Krankenkasse (Name, PLZ, Ort)

14 Tödlicher Unfall? ☐ Ja ☐ Nein

15 Unfallzeitpunkt – Tag – Monat – Jahr – Stunde – Minute

16 Unfallort (genaue Orts- und Straßenangabe mit PLZ)

17 Ausführliche Schilderung des Unfallhergangs (Verlauf, Bezeichnung des Betriebsteils, ggf. Beteiligung von Maschinen, Anlagen, Gefahrstoffen)

Die Angaben beruhen auf der Schilderung ☐ der versicherten Person ☐ anderer Personen

18 Verletzte Körperteile

19 Art der Verletzung

20 Wer hat von dem Unfall zuerst Kenntnis genommen? (Name, Anschrift)

War diese Person Augenzeugin/Augenzeuge des Unfalls? ☐ Ja ☐ Nein

21 Erstbehandlung:
Name und Anschrift der Ärztin/des Arztes oder des Krankenhauses

22 Beginn und Ende der Arbeitszeit der versicherten Person
Beginn – Stunde – Minute; Ende – Stunde – Minute

23 Zum Unfallzeitpunkt beschäftigt/tätig als

24 Seit wann bei dieser Tätigkeit? – Monat – Jahr

25 In welchem Teil des Unternehmens ist die versicherte Person ständig tätig?

26 Hat die versicherte Person die Arbeit eingestellt? ☐ Nein ☐ Sofort Später, am – Tag – Monat – Stunde

27 Hat die versicherte Person die Arbeit wieder aufgenommen? ☐ Nein ☐ Ja, am – Tag – Monat – Jahr

28 Datum – Unternehmer/-in (Bevollmächtigte/-r) – Betriebsrat (Personalrat) – Telefon-Nr. für Rückfragen

Muster einer Unfallanzeige (Formtext U1000), abrufbar im Internet unter: www.dguv.de/de/ihr_partner/unternehmen/unfallanzeige/index.jsp (Stand 21.03.2018)

Arbeitsauftrag 1 (orientieren)
Verschaffen Sie sich einen Überblick, welche Inhalte die Unfallanzeige beinhaltet und welche Angaben zum Mitarbeiter Ihnen vorliegen.

Arbeitsauftrag 2 (informieren)
a) Informieren Sie sich in Ihrem Lehrbuch „BüroWelt 1" über den Arbeitsschutz.

LF 2, 2

b) Finden Sie mithilfe des Internets heraus, welche Rechte, Pflichten und Aufgaben der Sicherheitsbeauftragte hat und welche Voraussetzungen zur Ausübung des Amtes von ihm erwartet werden. Halten Sie dies schriftlich fest.

Arbeitsauftrag 3 (planen)
Überlegen Sie, welcher Inhalt die Unterweisung für die elf neuen Verwaltungsmitarbeiter haben sollte.

Arbeitsauftrag 4 (durchführen)
a) Füllen Sie das Formular für den vorgefallenen Unfall aus.

b) Erstellen Sie eine Checkliste für die anstehende Unterweisung für die Büroarbeitsplätze. Die Checkliste soll dabei allgemeine und arbeitsplatzspezifische Punkte enthalten, welche die Mitarbeiter darüber informieren, wie sie sich in gefährlichen Situationen verhalten und welche Aspekte sie bezüglich des Arbeitsplatzes berücksichtigen sollen.

Arbeitsauftrag 5 (bewerten)
a) Vergleichen Sie Ihre Unfallanzeige mit der Ihres Sitznachbarn.

b) Wurden alle wichtigen Punkte in der Checkliste für die Unterweisung für die neuen Büroarbeitsplätze berücksichtigt?

Arbeitsauftrag 6 (reflektieren)
Denken Sie darüber nach, wie Sie sich selbst an Ihrem Arbeitsplatz verhalten und ob alle in der Checkliste genannten Punkte im Arbeitsalltag von Ihnen beachtet werden.

Vertiefende Aufgaben

Aufgabe 1
Welche Möglichkeiten gibt es, die Mitarbeiter/-innen im Betrieb über das Thema „Arbeitssicherheit" zu informieren?

Aufgabe 2
In welchen Betrieben muss es Sicherheitsbeauftragte geben und in welcher Rechtsgrundlage ist dies geregelt?

Aufgabe 3
Beantworten Sie die folgenden Fragen zur Unfallanzeige.
a) Unter welchen Voraussetzungen und bei wem muss eine Unfallanzeige erfolgen?
b) Was ist erforderlich, wenn keine Unfallanzeige notwendig ist?
c) Innerhalb welchen Zeitraums muss die Unfallanzeige erfolgen?
d) Welche Ausnahme gibt es von der in c) genannten Regel?

Aufgabe 4
Beurteilen Sie, ob es sich bei den in den folgenden Beispielen geschilderten Fällen um einen Arbeitsunfall handelt oder nicht. Begründen Sie Ihre Meinung.

a) Ihre Kollegin Sonja und Sie sind bei der BüroKonzept KG in der Ausbildung. Da Sonjas Auto heute zur Inspektion ist, fahren Sie heute gemeinsam zur Arbeit. Auf dem Weg zu Sonja läuft Ihnen ein Hund vor das Auto, weshalb Sie abrupt bremsen müssen. Dadurch erleiden Sie eine Gurtverletzung am Oberkörper.

b) Herr Müller hat über seine Tank-App erfahren, dass bei einer Tankstelle in der Nachbarschaft das Benzin heute nur 1,50 € kostet. Um dort zu tanken, nimmt er einen Umweg auf sich, da die Tankstelle in entgegengesetzter Richtung zu seiner Arbeitsstelle liegt. An der Tankstelle wird er von einem Lkw angefahren.

c) Frau Beckmann schneidet sich in der firmeneigenen Kantine mit dem Pizzamesser in die Hand.

d) Sie gehen in Ihrer 30-minütigen Mittagspause zum Imbiss um die Ecke, um sich Currywurst mit Pommes frites zu kaufen. Auf dem Rückweg stolpern Sie über eine Bordsteinkante und verstauchen sich Ihren rechten Fuß.

Aufgabe 5

Die Unterweisung ist ein wichtiges Instrument, um die Mitarbeiter/-innen über sicherheitsgerechtes Verhalten zu informieren.

a) Wann muss eine solche Unterweisung vorgenommen werden?
b) Wie oft ist eine Wiederholung der Unterweisung notwendig?

Aufgabe 6

a) Beschreiben Sie unter Verwendung von jeweils zwei Beispielen, was man als baulichen und was als organisatorischen Brandschutz bezeichnet.

b) Die Duisdorfer BüroKonzept KG soll eine Kantine bekommen, die auch mit einer Fritteuse ausgestattet werden soll. Sie sollen nun einen entsprechenden Feuerlöscher für die Kantine bestellen. Welche Brandklasse muss der Feuerlöscher haben und welches ist das geeignete Löschmittel?

c) Wofür stehen die Brandschutzzeichen?

Aufgabe 7

Beschäftigen Sie sich mit den Aufgaben des Betriebsarztes (ASiG).

a) Welche Aufgabe hat der Betriebsarzt allgemein?
b) Nennen Sie sieben konkrete Aufgaben des Betriebsarztes.
c) Was ist keine Aufgabe des Betriebsarztes?

Aufgabe 8

Finden Sie mithilfe der Arbeitsstättenrichtlinie A4.2 „Pausen- und Bereitschaftsräume“ im Internet heraus,

a) wann Pausenräume zur Verfügung zu stellen sind und
b) welche Anforderungen ein Pausenraum erfüllen muss.

Lernsituation 2.3
Das Arbeitszeitgesetz anwenden

Der rote Faden

Das Arbeitszeitgesetz kennen

Das Arbeitszeitgesetz auf Fälle anwenden

Ausgangssituation
Da das Arbeitszeitgesetz einen wichtigen Beitrag zum Gesundheitsschutz und der Sicherheit der Beschäftigten leistet, ist es Herrn Nüsgen wichtig, dass Sie sich mit diesem Gesetz gut auskennen. Deshalb überreicht er Ihnen einen Auszug des Gesetzes. Außerdem hat er Fragen gesammelt, die Mitarbeiter ihm im Laufe des letzten Jahres gestellt haben. Er bittet Sie, diese Fragen mithilfe des Gesetzes zu beurteilen.

Auszug: Arbeitszeitgesetz (ArbZG) [Stand Mai 2017]

§ 1 Zweck des Gesetzes
Zweck des Gesetzes ist es,
1. die Sicherheit und den Gesundheitsschutz der Arbeitnehmer in der Bundesrepublik Deutschland und in der ausschließlichen Wirtschaftszone bei der Arbeitszeitgestaltung zu gewährleisten und die Rahmenbedingungen für flexible Arbeitszeiten zu verbessern sowie
2. den Sonntag und die staatlich anerkannten Feiertage als Tage der Arbeitsruhe und der seelischen Erhebung der Arbeitnehmer zu schützen.

§ 2 Begriffsbestimmungen
(1) Arbeitszeit im Sinne dieses Gesetzes ist die Zeit vom Beginn bis zum Ende der Arbeit ohne die Ruhepausen; Arbeitszeiten bei mehreren Arbeitgebern sind zusammenzurechnen. Im Bergbau unter Tage zählen die Ruhepausen zur Arbeitszeit.
(2) Arbeitnehmer im Sinne dieses Gesetzes sind Arbeiter und Angestellte sowie die zu ihrer Berufsbildung Beschäftigten.
(3) Nachtzeit im Sinne dieses Gesetzes ist die Zeit von 23 bis 6 Uhr, in Bäckereien und Konditoreien die Zeit von 22 bis 5 Uhr.
(4) Nachtarbeit im Sinne dieses Gesetzes ist jede Arbeit, die mehr als zwei Stunden der Nachtzeit umfasst.
(5) Nachtarbeitnehmer im Sinne dieses Gesetzes sind Arbeitnehmer, die
1. auf Grund ihrer Arbeitszeitgestaltung normalerweise Nachtarbeit in Wechselschicht zu leisten haben oder
2. Nachtarbeit an mindestens 48 Tagen im Kalenderjahr leisten.

§3 Arbeitszeit der Arbeitnehmer
Die werktägliche Arbeitszeit der Arbeitnehmer darf acht Stunden nicht überschreiten. Sie kann auf bis zu zehn Stunden nur verlängert werden, wenn innerhalb von sechs Kalendermonaten oder innerhalb von 24 Wochen im Durchschnitt acht Stunden werktäglich nicht überschritten werden.

§4 Ruhepausen
Die Arbeit ist durch im Voraus feststehende Ruhepausen von mindestens 30 Minuten bei einer Arbeitszeit von mehr als sechs bis zu neun Stunden und 45 Minuten bei einer Arbeitszeit von mehr als neun Stunden insgesamt zu unterbrechen. Die Ruhepausen nach Satz 1 können in Zeitabschnitte von jeweils mindestens 15 Minuten aufgeteilt werden. Länger als sechs Stunden hintereinander dürfen Arbeitnehmer nicht ohne Ruhepause beschäftigt werden.

§5 Ruhezeit
(1) Die Arbeitnehmer müssen nach Beendigung der täglichen Arbeitszeit eine ununterbrochene Ruhezeit von mindestens elf Stunden haben.
(2) Die Dauer der Ruhezeit des Absatzes 1 kann in Krankenhäusern und anderen Einrichtungen zur Behandlung, Pflege und Betreuung von Personen, in Gaststätten und anderen Einrichtungen zur Bewirtung und Beherbergung, in Verkehrsbetrieben, beim Rundfunk sowie in der Landwirtschaft und in der Tierhaltung um bis zu eine Stunde verkürzt werden, wenn jede Verkürzung der Ruhezeit innerhalb eines Kalendermonats oder innerhalb von vier Wochen durch Verlängerung einer anderen Ruhezeit auf mindestens zwölf Stunden ausgeglichen wird.

[...]

§9 Sonn- und Feiertagsruhe
(1) Arbeitnehmer dürfen an Sonn- und gesetzlichen Feiertagen von 0 bis 24 Uhr nicht beschäftigt werden.
[...]

§10 Sonn- und Feiertagsbeschäftigung
(1) Sofern die Arbeiten nicht an Werktagen vorgenommen werden können, dürfen Arbeitnehmer an Sonn- und Feiertagen abweichend von §9 beschäftigt werden
1. in Not- und Rettungsdiensten sowie bei der Feuerwehr,
2. zur Aufrechterhaltung der öffentlichen Sicherheit und Ordnung sowie der Funktionsfähigkeit von Gerichten und Behörden und für Zwecke der Verteidigung,
3. in Krankenhäusern und anderen Einrichtungen zur Behandlung, Pflege und Betreuung von Personen,
4. in Gaststätten und anderen Einrichtungen zur Bewirtung und Beherbergung sowie im Haushalt,
5. bei Musikaufführungen, Theatervorstellungen, Filmvorführungen, Schaustellungen, Darbietungen und anderen ähnlichen Veranstaltungen,
6. bei nichtgewerblichen Aktionen und Veranstaltungen der Kirchen, Religionsgesellschaften, Verbände, Vereine, Parteien und anderer ähnlicher Vereinigungen,
7. beim Sport und in Freizeit-, Erholungs- und Vergnügungseinrichtungen, beim Fremdenverkehr sowie in Museen und wissenschaftlichen Präsenzbibliotheken,
8. beim Rundfunk, bei der Tages- und Sportpresse, bei Nachrichtenagenturen sowie bei den der Tagesaktualität dienenden Tätigkeiten für andere Presseerzeugnisse einschließlich des Austragens, bei der Herstellung von Satz, Filmen und Druckformen für tagesaktuelle Nachrichten und Bilder, bei tagesaktuellen Aufnahmen auf Ton- und Bildträger sowie beim Transport und Kommissionieren von Presseerzeugnissen, deren Ersterscheinungstag am Montag oder am Tag nach einem Feiertag liegt,

9. bei Messen, Ausstellungen und Märkten im Sinne des Titels IV der Gewerbeordnung sowie bei Volksfesten,
10. in Verkehrsbetrieben sowie beim Transport und Kommissionieren von leichtverderblichen Waren im Sinne des § 30 Abs. 3 Nr. 2 der Straßenverkehrsordnung,
11. in den Energie- und Wasserversorgungsbetrieben sowie in Abfall- und Abwasserentsorgungsbetrieben,
12. in der Landwirtschaft und in der Tierhaltung sowie in Einrichtungen zur Behandlung und Pflege von Tieren,
13. im Bewachungsgewerbe und bei der Bewachung von Betriebsanlagen,
14. bei der Reinigung und Instandhaltung von Betriebseinrichtungen, soweit hierdurch der regelmäßige Fortgang des eigenen oder eines fremden Betriebs bedingt ist, bei der Vorbereitung der Wiederaufnahme des vollen werktägigen Betriebs sowie bei der Aufrechterhaltung der Funktionsfähigkeit von Datennetzen und Rechnersystemen,
15. zur Verhütung des Verderbens von Naturerzeugnissen oder Rohstoffen oder des Misslingens von Arbeitsergebnissen sowie bei kontinuierlich durchzuführenden Forschungsarbeiten,
16. zur Vermeidung einer Zerstörung oder erheblichen Beschädigung der Produktionseinrichtungen.
[...]

§ 11 Ausgleich für Sonn- und Feiertagsbeschäftigung
(1) Mindestens 15 Sonntage im Jahr müssen beschäftigungsfrei bleiben.
(2) Für die Beschäftigung an Sonn- und Feiertagen gelten die §§ 3 bis 8 entsprechend, jedoch dürfen durch die Arbeitszeit an Sonn- und Feiertagen die in den §§ 3, 6 Abs. 2, §§ 7 und 21a Abs. 4 bestimmten Höchstarbeitszeiten und Ausgleichszeiträume nicht überschritten werden.
(3) Werden Arbeitnehmer an einem Sonntag beschäftigt, müssen sie einen Ersatzruhetag haben, der innerhalb eines den Beschäftigungstag einschließenden Zeitraums von zwei Wochen zu gewähren ist. Werden Arbeitnehmer an einem auf einen Werktag fallenden Feiertag beschäftigt, müssen sie einen Ersatzruhetag haben, der innerhalb eines den Beschäftigungstag einschließenden Zeitraums von acht Wochen zu gewähren ist.
(4) Die Sonn- oder Feiertagsruhe des § 9 oder der Ersatzruhetag des Absatzes 3 ist den Arbeitnehmern unmittelbar in Verbindung mit einer Ruhezeit nach § 5 zu gewähren, soweit dem technische oder arbeitsorganisatorische Gründe nicht entgegenstehen.
[...]

Lösungshilfe zu Lernsituation 2.3

Fall	Ihre Beurteilung	Paragraf
a) Frau Neuendorf aus dem Vertrieb wollte wissen, wie viel Pause ihr zusteht, wenn sie von 07:30 Uhr bis 17:30 Uhr arbeitet.		
b) Herr Kasiske aus der Produktion beschwerte sich, weil er an einem Montag bis 17:00 Uhr arbeiten und am darauf folgenden Tag bereits um 04:30 Uhr wieder zur Arbeit erscheinen sollte.		
c) Herr Lembke aus der Beschaffung berichtete, dass er morgens um 07:30 Uhr mit der Arbeit angefangen habe und seine Pause erst um 13:45 Uhr sein sollte.		

Fall	Ihre Beurteilung	Paragraf
d) Frau Lorenz aus der Produktion hatte bereits an einigen Sonn- und Feiertagen gearbeitet. Sie wollte wissen, ob das immer so weitergehe und wann sie endlich einmal am Sonntag frei hätte.		
e) Frau Albers fragte an, ob sie ihre Pausenzeit nicht in 10-Minuten-Abschnitte aufteilen dürfe.		
g) Herr Dück aus der Fertigung sollte an einem Sonntag bei der jährlichen Reinigung und Instandhaltung der Maschinen der Fertigung mithelfen. Diese findet immer an einem Sonntag statt, da diese Arbeiten nicht während der laufenden Produktion durchgeführt werden können.		

Arbeitsauftrag 1 (orientieren)
Verschaffen Sie sich einen Überblick über die von Herrn Nüsgen vorgelegten Fragen.

Arbeitsauftrag 2 (informieren)
Informieren Sie sich über die Inhalte des Gesetzestextauszugs.

Arbeitsauftrag 3 (durchführen)
Bearbeiten Sie die vorgelegten Fragen und begründen Sie Ihre jeweilige Beurteilung ausführlich unter Angabe des verwendeten Paragrafen.

Arbeitsauftrag 4 (bewerten)
Vergleichen Sie Ihre Ergebnisse in der Klasse. Falls notwendig, nehmen Sie Korrekturen an Ihrem Arbeitsergebnis vor.

Arbeitsauftrag 5 (reflektieren)
Notieren Sie sich Tipps für den Umgang mit Gesetzestexten in Ihrem Lerntagebuch.

Lernsituation 2.4
Mobbingsituationen erkennen und bewältigen

Der rote Faden

- Mobbingsituationen erkennen
- Ursachen und Folgen von Mobbing
- Maßnahmen gegen Mobbing

Ausgangssituation

Als Auszubildende/-r der Duisdorfer BüroKonzept KG besuchen Sie an zwei Wochentagen den Berufsschulunterricht am Berufskolleg Bonn Duisdorf und haben sich in der Klasse mit Ihrer Mitschülerin Laura angefreundet. Laura berichtet Ihnen immer öfter, dass sie in ihrem Ausbildungsbetrieb von einem Kollegen verbal attackiert werde und fast täglich Gemeinheiten von ihm zu hören bekomme. Laura hat das Gefühl, dass der Kollege Ben Müller sie nicht leiden könne und gerne loswerden würde. Mittlerweile geht sie morgens mit Bauchschmerzen zur Arbeit und verspürt einen „Kloß im Hals“, wenn sie mit dem Kollegen sprechen muss. Am heutigen Berufsschultag geht es ihr körperlich und psychisch so schlecht, dass sie zu weinen beginnt, als sie Sie trifft.

Sie: „Hey, Laura, was ist passiert? Du bist ja völlig fertig.“

Laura: „Ich halt das langsam nicht mehr aus, der Müller lässt mich nicht in Ruhe und erfindet immer neue Gemeinheiten, mich fertigzumachen! Ich habe ständig Bauchschmerzen, mir zittern die Knie, wenn ich nur an ihn denke, und schlafen kann ich nachts auch nicht mehr richtig! Ich wache dann auf und habe Schweißausbrüche.“

Sie: „Was hat er denn diesmal zu dir gesagt?“

Laura: „Angeblich hätte ich die Angebote von zwei Lieferanten, die auf seinem Schreibtisch lagen, verschlampt, das erzählt er auch meiner Chefin, dabei hatte er sie selber verlegt. Ständig begegnet er mir mit abwertenden Blicken und Gesten, sagt, ich sei ja völlig unfähig, zu doof, um irgendetwas richtig zu machen. Neulich – als meine Chefin mir zeigte, wie man ein Angebot erstellt und mir dazu eine Aufgabe gab, erzählte er hinter meinem Rücken einer anderen Kollegin, dass ich das sowieso nicht hinkriege.“

Sie: „Und was sagt deine Kollegin dazu?“

Laura: „Die hält sich da raus, sie will keinen Ärger mit dem Kollegen bekommen. Die hat selber Angst, dass sie das nächste Opfer wird.“

Sie: „Willst du nicht mal mit dem Müller reden und ihm sagen, dass es so nicht weitergehen kann? Das hört sonst ja nie auf.“

Laura: „Mit dem zu reden, hat überhaupt keinen Sinn. Der ist so arrogant und überheblich, hält sich für etwas Besseres, der würde mich doch nur auslachen und mich noch mehr demütigen. Außerdem würde er dann ja merken, dass mich seine Attacken wirklich treffen und verletzen. Das ist doch sein Ziel, er will mich loswerden.“

Sie: „Was glaubst du denn, warum will er dich loswerden?“

Laura: „Keine Ahnung, was der gegen mich hat. Als ich mit der Ausbildung anfing, habe ich mich sehr angestrengt und bemüht, alles sorgfältig und richtig zu machen. Dafür habe ich von meiner Chefin und den anderen großes Lob geerntet. Nur der Müller hat mich immer schief angeguckt und fing dann mit den Sticheleien an.
Zunächst habe ich so getan, als hätte ich das gar nicht gehört. Dann wurden die Attacken immer schlimmer und haben mich ganz schön verunsichert. Das geht jetzt fast schon sechs Monate so. Mittlerweile glaube ich selber, dass ich meine Arbeit nicht mehr gut mache, habe auch keine Lust mehr, möchte am liebsten alles hinschmeißen.“

Sie: „Das ist keine Lösung. Du solltest dich mal richtig wehren und nicht immer nur einstecken. Hol dir doch Unterstützung bei den anderen Kollegen.“

Laura: „Neuerdings nehmen meine Kollegen mich auch nicht mehr mit zum Mittagessen, sie fragen mich gar nicht mehr, ob ich mitkommen will. Ich werde von allen gemobbt.“

Sie: „Wenn du das Mobbing nennst, wenn deine Kollegen dich nicht zum Mittagessen nehmen, dann werde ich auch gemobbt. Bisher haben mich mittags immer meine Kollegen gefragt, ob ich mit in die Kantine komme. In der letzten Woche sind sie plötzlich alleine gegangen, ohne mich mitzunehmen. Da habe ich mir schon Gedanken gemacht, ob sie mich absichtlich vom Mittagessen ausschließen und mich nicht dabei haben wollen.“

Laura: „Das ist doch kein Mobbing."
Sie: „Was ist dann Mobbing und was nicht?"
Laura: „Das weiß ich auch nicht. Ich weiß nur, dass sich Mobbing ganz übel anfühlt und die Lust an allem nimmt. Ich will das nicht mehr weiter ertragen."
Sie: „Dann musst du einen Plan schmieden, wie du da wieder rauskommst."

Arbeitsauftrag 1 (analysieren/orientieren)

Verschaffen Sie sich einen Überblick über Lauras Situation. Handelt es sich in Lauras Fall wirklich um Mobbing? Worin unterscheidet sich Lauras von Ihrer Situation? Notieren Sie hierzu die wesentlichen Unterschiede.

Arbeitsauftrag 2 (informieren)

Informieren Sie sich in Ihrem Lehrbuch „BüroWelt 1" über Mobbing, dessen Ursachen und Folgen sowie mögliche Gegenmaßnahmen. Fassen Sie jedes Thema in einer Übersicht zusammen.

LF 2, 3.4

Arbeitsauftrag 3 (planen)

a) Übertragen Sie Ihre aus den Informationen zum Thema „Mobbing" gewonnenen Erkenntnisse auf die Ausgangssituation, indem Sie mögliche Ursachen, die Folgen und geeignete Maßnahmen gegen Mobbing beschreiben.

b) Erstellen Sie einen Plan, wie Laura ihre Situation erfolgreich bewältigen könnte. Geben Sie dabei auch an, in welcher Reihenfolge die einzelnen Schritte erfolgen sollen und begründen Sie die Auswahl der Schritte.

c) Sachlich geführte Gespräche sind ein wichtiges Instrument bei der erfolgreichen Bewältigung von Mobbingsituationen. Bereiten Sie in der Gruppe als **Rollenspiel** ein Gespräch vor: entweder zwischen Laura und Ben Müller oder zwischen Laura und ihrer Chefin oder zwischen Laura und einem Betriebsratsmitglied. Berücksichtigen Sie hierfür auch die folgenden Hinweise:

   - Die Initiative zum Gespräch geht von Laura aus, die ein klares Gesprächsziel formuliert.
   - Laura hat begonnen, ein Mobbing-Tagebuch zu führen, um ihre Aussagen zu belegen. Das Mobbing-Tagebuch ist noch unvollständig. Vervollständigen Sie das Mobbing-Tagebuch.
   - Neben den Rollen für die Gesprächsteilnehmer haben die anderen Gruppenmitglieder die Aufgabe, den Verlauf und den Ausgang des Gesprächs zu beobachten und zu beurteilen. Der Beobachtungsbogen ist ggf. um weitere Kriterien zu ergänzen.

Arbeitsauftrag 4 (durchführen, beurteilen)

Führen Sie das vorbereitete Gespräch als Rollenspiel durch. Nach Beendigung des Gesprächs äußern sich zunächst die Gesprächsteilnehmer zu ihrer Rolle, dem Verlauf und dem Ausgang des Gesprächs. Anschließend geben die Zuschauer ihre Beobachtungen wieder und bewerten den Verlauf und Ausgang des Gesprächs unter dem Aspekt, ob das Gespräch zur erfolgreichen Bewältigung der Mobbing-Situation beigetragen hat.

Arbeitsauftrag 5 (reflektieren)

Vergleichen Sie im Plenum die durchgeführten Gespräche der einzelnen Gruppen miteinander und diskutieren Sie die folgenden Aspekte:

- Welche Verhaltensweisen und Äußerungen des Mobbing-Opfers verschlimmern bzw. verbessern seine Situation?
- Welche Vor- und Nachteile hat das Führen eines Mobbing-Tagebuchs?
- Welche Verbesserungsmöglichkeiten gibt es, die zur erfolgreichen Bewältigung der Mobbing-Situation beitragen?

- Welche weiteren Schritte sind sinnvoll?
- Können Sie Ihre Schritte zur erfolgreichen Bewältigung der Mobbing-Situation (siehe Arbeitsauftrag 3 b)) beibehalten oder muss Ihre Planung korrigiert werden? Wenn ja, wie sehen die Änderungen aus?

Mobbing-Tagebuch				
Datum/ Uhrzeit	**Was wurde getan?**	**Was habe ich empfunden?**	**Wer mobbte mich?**	**Zeugen**
03.11., 09:00 Uhr	Abwertende Blicke + Gesten auf berechtigte Vorschläge und Fragen meinerseits, gleichzeitig wurde ich wie Luft behandelt.	Ohnmacht und Wut	Ben Müller	
06.11., 11:00 Uhr	Ben Müller machte mich vor einem Kunden lächerlich und sagte, wie dumm ich doch sei.	Ich fühlte mich völlig verunsichert, Gefühl der Ohnmacht und des Ausgeliefertseins.	Ben Müller	Kunde Neubert
...				

Beobachtungskriterien zum Rollenspiel	
1. Wie sachlich/emotional verhalten sich die Gesprächsteilnehmer?	4. Wird das eigene Verhalten kritisch reflektiert? Bemühen sich die Gesprächsteilnehmer um eine konstruktive Lösung?
2. Welche Mimik und Gestik zeigen die Gesprächsteilnehmer? Was sagt die Körpersprache aus? (siehe auch Lehrbuch „BüroWelt 1“)	5. Wie endet das Gespräch?
3. Sind die Gesprächsziele der Teilnehmer erkennbar und führen sie zu einer gemeinsamen Lösung?	6. ....

LF 7, 1.3

Vertiefende Aufgaben

Aufgabe 1

Erläutern und begründen Sie, ob es sich im folgenden Beispiel um Mobbing handelt. Ist Thomas Bauer Mobbing-Opfer? Gehen Sie dabei auch auf die Definition sowie die Merkmale von Mobbing, auf die Abgrenzung zu anderen Konflikten sowie auf die möglichen Ursachen von Mobbing – sofern sie hier ersichtlich sind – ein.

Beispiel

In einem Großunternehmen der Elektroindustrie in Bayern arbeiten mehrere Tausend Mitarbeiter. Es handelt sich um ein großes, gut funktionierendes Unternehmen mit ausgeprägten Hierarchiestrukturen und einer großen Personalabteilung. Aufgrund der hohen Spezialisierung in der Personalabteilung gibt es wenig Fluktuation; man kennt sich gut.

Im Laufe der Jahre nimmt die Arbeit in der Abteilung immer mehr zu, nicht zuletzt auch aufgrund zunehmender Altersteilzeit und Vorgängen der betrieblichen Altersversorgung. Der Zusammenhalt in der Abteilung ist gut, obwohl trotz der sich dauernd erhöhenden Arbeitsmenge niemand zusätzlich eingestellt wird. Vor dem Hintergrund des erhöhten Arbeitsdrucks entsteht in der Abteilung – keiner weiß genau warum und woher – das Feindbild in der Person des Kollegen Thomas Bauer. Letzterer hat zweifellos einen etwas anderen Arbeitsstil als seine Kollegen, er kleidet sich ungewöhnlich und sein Schreibtisch sieht immer ziemlich unaufgeräumt aus.

Wie „von unsichtbarer Hand dirigiert“ richten sich immer öfter die (auf den erhöhten Arbeitsdruck zurückzuführenden) Aggressionen der Kollegen gegen Thomas Bauer. Ihm werden fachliche Informationen vorenthalten. Teilweise werden sie einfach nicht an ihn weitergegeben. Hilfestellung ihm gegenüber erfolgt gar nicht oder nur schleppend. Alle verhalten sich in dieser Phase Bauer gegenüber gleichartig abweisend, ohne dass jemand genau wüsste, worauf dies zurückzuführen ist. Immer mehr kommt die Stimmung in der Abteilung zum Ausdruck: Thomas Bauer müsse weg, er sei mittlerweile zu alt und bringe zu wenig Arbeitsleistung, und das sei doch wohl die eigentliche Ursache für den – ganz offensichtlich – erhöhten Arbeitsdruck.

Aufgabe 2

Das folgende Beispiel zeigt, dass Mobbing auch vorgeschoben sein kann und die eigentlichen Gründe für den Konflikt im Fehlverhalten desjenigen liegen, der sich als Mobbing-Opfer sieht. Sammeln Sie Ideen, wie man diesen Konflikt lösen könnte. Begründen Sie Ihre Vorschläge.

Beispiel

Michael Weller absolviert seit fünf Monaten in einem Autohaus eine Ausbildung zum Automobilkaufmann. Seit etwa vier Wochen kommt es immer wieder zum Streit mit seinem Ausbilder, weil Michael häufig die Arbeiten der erkrankten Kollegin Sabine Fendel, einer Kauffrau für Büromanagement, übernehmen soll. Michael sieht das nicht ein, schließlich werde er zum Automobilkaufmann und nicht für Büroarbeiten ausgebildet, argumentiert er. Als Michael nichts zu tun hat und sich wieder weigert, einige Büroarbeiten zu erledigen, reißt dem Ausbilder die Geduld und er schreit Michael an, wenn er nicht arbeiten wolle, könne er gleich zu Hause bleiben. Michael verlässt daraufhin den Betrieb und sucht einen Arzt auf. Am nächsten Morgen informiert er den Arbeitgeber, dass der Arzt ihn wegen Mobbing krankgeschrieben habe und er sich nun zwei Wochen von dem Stress erholen müsse.

Aufgabe 3

Beleidigungen von Kollegen oder Vorgesetzten können auch dann rechtliche Konsequenzen nach sich ziehen, wenn es sich dabei nicht um Mobbing handelt. Dies zeigt der folgende Zeitungsartikel. Lesen Sie den Text und diskutieren Sie anschließend im Plenum die Grenzen der freien Meinungsäußerung.

Arbeitsrecht: Beleidigungen im Internet

Gemäß der ständigen Rechtsprechung der Arbeitsgerichte rechtfertigen ehrverletzende Äußerungen oder grobe Beleidigungen gegenüber Vorgesetzten und Kollegen in vertraulichen Gesprächen keine Kündigung. Bei privaten Bemerkungen darf ein Arbeitnehmer darauf vertrauen, dass diese nicht nach außen getragen werden. Diesen Schutz der Privatsphäre können Arbeitnehmer nicht mehr für sich in Anspruch nehmen, wenn sie selbst die Vertraulichkeit aufheben – also die Möglichkeit besteht, dass Dritte die Beleidigung zufällig zu Gehör kriegen.

Mehrere Arbeitsgerichte haben nun entschieden, dass ehrverletzende und beleidigende Äußerungen in sozialen Netzwerken, wie Facebook, als eine solche Aufhebung der Vertraulichkeit zu bewerten sind. Schriftliche Kommentare auf Facebook, auch wenn nur sogenannte Facebook-Freunde auf die Seite Zugriff haben, sind nicht mit verbalen Äußerungen im privaten Kreis zu vergleichen (Arbeitsgericht Duisburg, AZ: 5 Ca 949/12; Arbeitsgericht Hagen, AZ: 3 Ca 2597/11).

Auch Auszubildenden, die einen besonderen Schutz genießen, kann bei groben Beleidigungen (Beschreibungen, wie „Menschenschinder“ und „Ausbeuter“) fristlos gekündigt werden (LAG Hamm, AZ: 3 Sa 644/12). Dies gilt jedoch nicht, wenn Arbeitskollegen die beleidigende Äußerung durch Anklicken der „Gefällt mir“-Funktion bestätigen. Ein solcher Verstoß ist geringer zu bewerten, der Mitarbeiter hat zunächst lediglich eine Abmahnung zu befürchten (Arbeitsgericht Dessau-Roßlau, AZ: 1 Ca 148/11). Diese aktuellen Urteile machen deutlich, dass die Arbeitsgerichte Facebook-Einträge nicht als private Meinungsäußerung anerkennen. Wer auf seinem Profil beleidigende Äußerungen über seine Vorgesetzten und Arbeitskollegen postet, muss mit arbeitsrechtlichen Schritten bis hin zur fristlosen Kündigung rechnen.

Der Autor **Nicolai Besgen** ist Fachanwalt für Arbeitsrecht in der Kanzlei Meyer-Köring in Bonn.

Quelle: Besgen, Nicolai: Beleidigungen im Internet, in: Kölner Stadt-Anzeiger vom 19./20.01.2013, S.1 der Verlagsbeilage

Aufgabe 4
Ihnen fällt auf, dass ein Kollege Ihrer Abteilung immer mal wieder „eine Fahne“ hat. An diesen Tagen ist es auch immer wieder nötig, dass andere Arbeit von ihm übernehmen, damit das Tagespensum geschafft wird. Wie könnte man mit dieser Situation umgehen?

Aufgabe 5
In der nächsten Woche soll es in der Duisdorfer BüroKonzept KG eine Themenwoche „Gesunde Ernährung“ geben. In Ihrer Abteilung wollen Sie dafür alle Mahlzeiten während der Arbeitszeit gemeinsam einnehmen. Jeder ist dafür zuständig, für einen Tag entsprechendes Essen und Getränke vorzubereiten. Überlegen Sie sich, was Sie konkret für Ihren Tag mitbringen könnten.

Lernsituation 2.5
Eine Postvollmacht erstellen

Der rote Faden

Bestandteile einer Postvollmacht kennen

Eine Postvollmacht erstellen

Ausgangssituation
Sie sind Auszubildende/-r der Duisdorfer BüroKonzept KG im ersten Ausbildungsjahr und haben Ihren ersten Arbeitstag in der Poststelle Ihres Unternehmens. Voller Elan machen Sie sich sofort an die Arbeit und beginnen, die Post zu öffnen, um sie anschließend zu sortieren. Svenja Winter, eine Auszubildende im zweiten Ausbildungsjahr weist Sie darauf hin, dass Sie bestimmte Schritte beim Posteingang beachten müssen und zudem nicht jede Post von Ihnen geöffnet werden darf; außerdem hätten Sie noch gar keine Postvollmacht.

Arbeitsauftrag 1 (orientieren, informieren)
Informieren Sie sich in Ihrem Lehrbuch „BüroWelt 1“ über die Inhalte einer Postvollmacht.

LF 2, 5.3

Arbeitsauftrag 2 (planen und durchführen)
Bereiten Sie mithilfe eines Textverarbeitungsprogramms eine Postvollmacht als Online-Formular vor. Nutzen Sie zur Gestaltung des Formulars geeignete Steuerelemente wie z. B. Textfeld, Kombinationsfeld, Datumsfeld, Kontrollkästchen. Füllen Sie anschließend die Postvollmacht so aus, dass Sie berechtigt sind, alle Postsendungen für die Duisdorfer BüroKonzept KG entgegenzunehmen.

Arbeitsauftrag 3 (bewerten und reflektieren)
Vergleichen Sie Ihr Ergebnis mit dem Ihrer Mitschüler. Stellen Sie Gemeinsamkeiten und Unterschiede fest und überprüfen Sie daraufhin Ihr Arbeitsergebnis.

Lernsituation 2.6
Die Eingangspost bearbeiten

Der rote Faden

Arbeitsschritte des Posteingangs kennen

Eine interne Mitteilung erstellen

Ausgangssituation

Da es immer wieder zu Unsicherheiten und zu Fehlverhalten der Mitarbeiter im Umgang mit der eingehenden Post kommt, bittet Sie Herr Wende, der Leiter der Poststelle, um die Erstellung einer internen Mitteilung, in der die Regeln zum Sortieren und Öffnen der Eingangspost aufgeführt sind. Diese Mitteilung möchte er an die Mitarbeiter seiner Abteilung zur Kenntnisnahme weiterleiten.

Arbeitsauftrag 1 (orientieren und informieren)

Informieren Sie sich in Ihrem Lehrbuch „BüroWelt 1" über die einzelnen Arbeitsschritte, die zur Bearbeitung der eingehenden Post notwendig sind.

LF 2, 5.3

Arbeitsauftrag 2 (planen und durchführen)

Erstellen Sie mit einem Textverarbeitungsprogramm die unterschriftsfähige interne Mitteilung als Online-Formular nach dem aufgeführten Muster.

Word Kap. 8.1

Muster einer internen Mitteilung

Duisdorfer
BüroKonzept
KG

Interne Mitteilung		
Von	**Name:**	**Abteilung:**
An	**Name:**	**Abteilung:**
Betrifft:		**Datum:**
Mit der Bitte um		

- ☒ **Kenntnisnahme**
- ☐ **Bearbeitung**
- ☐ **Weiterleitung**
- ☐ **Rücksprache**
- ☐ **Stellungnahme**
- ☐ **Ablage**

Arbeitsauftrag 3 (bewerten und reflektieren)

Tauschen Sie Ihr Ergebnis mit Ihren Mitschülern aus. Sprechen Sie auch über Schwierigkeiten, die bei der Erstellung der internen Mitteilung aufgetreten sind und erläutern Sie, wie Sie diese gelöst haben. Prüfen Sie kritisch andere Arbeitsergebnisse und korrigieren Sie ggf. die von Ihnen erstellte interne Mitteilung.

Vertiefende Aufgaben

Aufgabe 1

Überlegen Sie, auf welche Arten ein Posteingang in der Duisdorfer BüroKonzept KG erfolgen kann.

Aufgabe 2

Stellen Sie die Kriterien zusammen, nach denen die Eingangspost der Duisdorfer BüroKonzept KG vorsortiert werden sollte.

Aufgabe 3

In der Poststelle gehen heute Postsendungen mit den unten aufgeführten Adressierungen ein. Beschreiben Sie, wie diese Briefe jeweils zu behandeln sind; beachten Sie auch vorhandene Zusatzinformationen. Tragen Sie Ihre Entscheidungen jeweils rechts neben dem dargestellten Adressfeld ein.

Adressfeld	Verfahrensweise
Duisdorfer BüroKonzept KG Herrn Victor Fernandez Leiter Rechnungswesen Rochusstr. 30 53123 Bonn 1)	
Einschreiben Duisdorfer BüroKonzept KG Frau Bianca Sommer Personalabteilung Rochusstr. 30 53123 Bonn 2)	
Herrn Simon Klein Duisdorfer BüroKonzept KG Rochusstr. 30 53123 Bonn	
Persönlich Frau Katharina Niester Duisdorfer BüroKonzept KG Rochusstr. 30 53123 Bonn	
Duisdorfer Handelsgesellschaft mbH Herrn Francesco Tomasini Rochusstr. 85 53123 Bonn	
Herrn Sebastian Falo Duisdorfer BüroKonzept KG Geschäftsleitung Rochusstr. 30 53123 Bonn 3)	

Zusatzinformationen

1) Die im Brief erwähnten Anlagen fehlen.
2) Frau Sommer ist aufgrund eines zweiwöchigen Urlaubs nicht anwesend.
3) Absende- und Eingangsdatum weichen um 10 Tage voneinander ab.

Aufgabe 4

Die Geschäftsleitung der Duisdorfer BüroKonzept KG überlegt, ob es Möglichkeiten gibt, den Posteingang zu rationalisieren. Erläutern Sie fünf Kriterien, die vor einer möglichen Entscheidung für eine Rationalisierung des Posteingangs von der Geschäftsleitung bedacht werden sollten.

Aufgabe 5

Im Rahmen einer möglichen Rationalisierung des Posteingangs erwägt die Geschäftsleitung die Eröffnung eines Postfachs.
Geben Sie eine begründete Stellungnahme ab, ob und unter welchen Voraussetzungen es Ihrer Meinung nach sinnvoll ist, ein Postfach für die Duisdorfer BüroKonzept KG einzurichten.

Aufgabe 6

Überprüfen Sie den vorliegenden Stempelabdruck hinsichtlich der für die Postverarbeitung relevanten Informationen. Welche Probleme ergeben sich im konkreten Fall?

Peter Gerber
Ackerweg 13
53332 Bornheim

Eingegangen
06. Juni 20..
Erledigt......................

Duisdorfer BüroKonzept KG
Personalabteilung
Rochusstr. 30
53123 Bonn

Bornheim, 23. Mai 20..

Krankmeldung

Sehr geehrter Herr Daume,

als Anlage sende ich Ihnen meine Krankmeldung für die Zeit vom 23.–27. Mai 20.. .

Mit freundlichen Grüßen

Peter Gerber

Anlage

Lernsituation 2.7
Die Ausgangspost versandfertig machen

Der rote Faden

Arbeitsschritte des Postausgangs kennenlernen

Versandart und Kosten für die Ausgangspost ermitteln

Ausgangssituation

Herr Wende, der Leiter der Poststelle, beauftragt Sie heute mit der Verarbeitung der ausgehenden Post. Im Postausgangskorb befinden sich Schriftstücke, die Sie für den Versand mit der Deutschen Post AG fertig machen sollen.

Arbeitsauftrag 1 (orientieren und informieren)

Verschaffen Sie sich mithilfe Ihres Lehrbuchs „BüroWelt 1“ einen Überblick über die erforderlichen Arbeiten beim Postausgang. Beschaffen Sie sich außerdem die Broschüre „Preise und Leistungen“ der Deutschen Post AG, die in allen Postfilialen kostenlos erhältlich ist.

LF 2, 5.5

Arbeitsauftrag 2 (planen und durchführen)

Wählen Sie für die unten aufgeführten Schriftstücke jeweils eine geeignete Versandart unter Berücksichtigung von Sicherheit, Vertraulichkeit und Kosten.

Schriftstücke	Versandart	Kosten
Kündigung eines Fachzeitschriftenabonnements, Einlieferungsbestätigung ist notwendig		
Letzte Mahnung bei Zahlungsverzug an den Kunden Ferdinand Müller OHG, Notwendigkeit einer Empfangsbestätigung		
Ersatzteil an den Kunden Wohnwelt Wegener KG. Zu diesem Kunden besteht noch keine Geschäftsbeziehung; Gewicht der Sendung 1 500 g		
Zwischenzeugnis an den Mitarbeiter im Lager, Henning Krautbacher		
Werbematerial an 700 potenzielle Kunden bundesweit; Gewicht: je 48 g		
Vertrauliche Vertragsunterlagen an die neue Mitarbeiterin Saskia Holzer; Gewicht: 80 g		
Glückwunschschreiben zum 70. Geburtstag mit zwei Kinogutscheinen an die ehemalige Mitarbeiterin Gerlinde Schwan; Gesamtwert der Sendung: 22,00 €		

Arbeitsauftrag 3 (bewerten)

Besprechen Sie Ihr Arbeitsergebnis mit Ihren Mitschülern und korrigieren Sie es gegebenenfalls.

Vertiefende Aufgaben

Aufgabe 1

Nachdem Sie nun Erfahrungen in der Poststelle gesammelt haben, möchte Herr Wende, dass Sie den Arbeitsablauf der Postbearbeitung Ihres Ausbildungsbetriebes in Ihrem Ausbildungsnachweis (Berichtsheft) beschreiben.

Aufgabe 2

Informieren Sie sich über die Frankierarten in Ihrem Ausbildungsbetrieb und berichten Sie Ihren Mitschülern darüber.

Aufgabe 3

Die Duisdorfer BüroKonzept KG nutzt zunehmend die elektronische Post in Form von E-Mails für ihre geschäftliche Korrespondenz.

Da bisher E-Mails ohne Signatur versendet wurden, werden Sie gebeten, eine Signatur für die Duisdorfer BüroKonzept KG zu entwerfen, die die im EHUG (Gesetz über das elektronische Handelsregister und Genossenschaftsregister sowie das Unternehmensregister) geforderten Pflichtangaben enthält und als automatische Signatur verwendet werden kann.

Lernsituation 2.8
Ein Konzept zur Schriftgutverwaltung vorbereiten

Der rote Faden

Die Bedeutung der Aufbewahrung von Schriftstücken kennen
- **Aufbewahrungsfristen**
- **Ablageorte**
- **Ablagetechnik**
- **Aktenarten**
- **Registraturarten**
- **Ordnungssysteme**
- **Ordnungshilfsmittel unterscheiden**

Ausgangssituation

In Ihrem Ausbildungsbetrieb, der Duisdorfer BüroKonzept KG, kommt es wiederholt zu Problemen beim Wiederfinden von Unterlagen, Akten und Dokumenten. Auch zwischen den Abteilungen werden unterschiedliche Systeme zur Schriftgutablage bzw. Registratur verwendet, sodass sich Mitarbeiter/-innen bei einem Abteilungswechsel immer wieder neu in die jeweilige Schriftgutverwaltung einarbeiten müssen. Auch Ihnen ist dieses Problem während Ihrer Ausbildung in der Duisdorfer BüroKonzept KG schon begegnet.

Die Abteilung „Kaufmännische Verwaltung“, in der Sie zurzeit ausgebildet werden, hat von der Geschäftsführerin, Frau Niester, die Aufgabe erhalten, für die Abteilungen der Duisdorfer BüroKonzept KG eine geeignete Schriftgutverwaltung zu entwickeln.

Ihre Vorgesetzte, Frau Engler, bittet Sie, die entsprechenden Vorarbeiten und Informationen für ein Konzept zusammenzustellen, das sie der Geschäftsleitung präsentieren kann.

Arbeitsauftrag 1 (orientieren und informieren)

LF 2, 6

Informieren Sie sich in Ihrem Lehrbuch „BüroWelt 1“ über die Schriftgutverwaltung in einem Unternehmen.

Arbeitsauftrag 2 (planen und durchführen)

LF 2, 6.1

Erstellen Sie für Frau Engler mithilfe eines Textverarbeitungsprogramms eine Übersicht für eine geeignete Schriftgutverwaltung der nachfolgend aufgeführten schriftlichen Unterlagen. Berücksichtigen Sie dabei die im Lehrbuch aufgezeigten Überlegungen und deren Stichworte. Nennen Sie auch alternative Aufbewahrungsmöglichkeiten, und stellen Sie die Vorteile Ihrer Schriftgutverwaltung innerhalb einer Tabelle stichpunktartig dar.

Arbeitsauftrag 3 (bewerten und reflektieren)

Präsentieren Sie Ihr Ergebnis Ihren Kolleginnen und Kollegen, diskutieren Sie alternative Vorschläge und einigen Sie sich in der Gruppe über das am besten geeignete Konzept.

Unterlagen
- Eingangsrechnungen (ER) in der Abteilung „Einkauf“
- Ausgangsrechnungen (AR) in der Abteilung „Verkauf“
- Vertragsunterlagen bei der Einstellung von Mitarbeitern/Mitarbeiterinnen in der Abteilung „Personalwesen“
- Mahnungen in der Abteilung „Einkauf und Verkauf“
- Fachzeitschriften und Zeitungen
- Lieferscheine der Abteilung „Lager und Versand“
- Protokolle der Abteilungsleitersitzungen
- Prospekte über Kantineneinrichtung

Lernsituation 2.9
Einen Schriftgutkatalog erstellen

Der rote Faden

Wertigkeitsstufen von Schriftstücken unterscheiden

Gesetzliche und betriebliche Aufbewahrung unterscheiden

Einen Schriftgutkatalog erstellen

Ausgangssituation

Da es in der Abteilung „Kaufmännische Verwaltung“ der Duisdorfer BüroKonzept KG bisher keine Übersicht über die abgelegten Schriftstücke gibt, bittet Sie Frau Engler um die Erstellung eines Schriftgutkatalogs.

Arbeitsauftrag 1 (orientieren und informieren)

Informieren Sie sich in Ihrem Lehrbuch „BüroWelt 1“, um einen Schriftgutkatalog anfertigen zu können. Greifen Sie auch auf die Hinweise zur Erstellung von Tabellen im Lehrbuch „BüroTechnik“, zurück.

LF 2, 6.2

Arbeitsauftrag 2 (planen und durchführen)

Erstellen Sie mithilfe eines Textverarbeitungsprogramms einen Schriftgutkatalog für die Abteilung „Kaufmännische Verwaltung“ der Duisdorfer BüroKonzept KG und erfassen Sie dort die unten aufgeführten Schriftgüter, die in Ihrem Ablagekorb liegen.

Word Kap. 5.1

Schriftgüter
- Ausgangsrechnungen an Kunden
- Lizenzunterlagen aus dem Jahr 2012
- Kontenplan der Duisdorfer BüroKonzept KG
- Tankquittungen des betrieblichen Fuhrparks
- Urlaubsplan der Abteilung „Rechnungswesen“
- Angebot eines Softwareunternehmens, über dessen Annahme noch nicht entschieden worden ist
- Hausmitteilung über den geplanten Betriebsausflug

- notarielle Kaufurkunde eines Grundstücks vom 20.08.2014
- Umsatzsteuer-Voranmeldung
- Bestellung von fünf PCs für die Abteilung „Gebäudemanagement“
- Rechnung des Lieferanten über fünf PCs
- Eröffnungsbilanz
- Wirtschaftlichkeitsberechnungen der Abteilung „Technischer Bereich“
- aktuelle Ausgabe der Fachzeitschrift „IMMO Professional“

Hinweis: Wenn nicht anders angegeben handelt es sich um Unterlagen des aktuellen Geschäftsjahrs.

Arbeitsauftrag 3 (bewerten und reflektieren)

Tauschen Sie Ihr Arbeitsergebnis mit dem Ihrer Mitschüler aus. Sprechen Sie über Gemeinsamkeiten und Unterschiede der Ergebnisse und überprüfen Sie daraufhin den von Ihnen erstellten Schriftgutkatalog.

Vertiefende Aufgabe

Aufgabe 1

In der Duisdorfer BüroKonzept KG sollen verschiedene Maßnahmen getroffen werden, um die Papierflut am Arbeitsplatz einzudämmen und die Suchzeiten nach Unterlagen zu verkürzen. Als ein möglicher weiterer Schritt dazu wird über die Einführung eines Wiedervorlagesystems am Arbeitsplatz diskutiert.

Beschreiben Sie den Aufbau einer Wiedervorlagemappe und erläutern Sie den Einsatz einer solchen Mappe am Beispiel des folgenden Dokuments der Abteilung Personalverwaltung.

LF 2, 6.8

Eingegangen
06. Juni 20..
Erledigt.......................

Einladung zur Fachtagung

Wir laden zu einer Fachtagung am 15. September 20.. zum Thema „Chancen und Risiken des anonymisierten Bewerbungsverfahrens“ ein und würden uns über die Teilnahme eines/einer personalverantwortlichen Mitarbeiters/Mitarbeiterin Ihres Unternehmens sehr freuen.

Wir bitten um verbindliche Anmeldung bis zum 1. August 20.. .

Mit freundlichen Grüßen

Teilnahme hängt von einem Termin am 14. Juli 20.. ab.

Aufgabe 2

In der Duisdorfer BüroKonzept KG ist die Stelle des Datenschutzbeauftragten neu zu besetzen.

a) Erläutern Sie, warum in der Duisdorfer BüroKonzept KG ein Datenschutzbeauftragter ernannt werden muss.

b) Beschreiben Sie drei Aufgaben des Datenschutzbeauftragten.

c) Nennen Sie vier Rechte, die die Mitarbeiterinnen und Mitarbeiter der Duisdorfer BüroKonzept KG nach dem BDSG hinsichtlich ihrer personenbezogenen Daten haben, und beschreiben Sie jeweils eine betriebliche Situation für die Inanspruchnahme des Rechts.

Lernsituation 2.10
Methoden des Zeitmanagements

Der rote Faden | **Methoden des Zeitmanagements kennenlernen**

Ausgangssituation

Die Duisdorfer BüroKonzept KG legt viel Wert auf eine gute Berufsausbildung. Deshalb gibt es regelmäßig sogenannte „Azubi-Treffen“, in denen zusätzliche theoretische Inhalte vermittelt werden. Da in letzter Zeit einige Auszubildende über eine hohe Arbeitsbelastung und wenig freie Zeit geklagt haben, steht für das heutige Treffen das Thema „Zeitmanagement“ auf dem Plan. Als Vorbereitung sollen Sie sich über das Zeitmanagement informieren und mit Hilfe von Word ein Faltblatt erstellen. Ihr Ausbilder möchte hiermit gleichzeitig überprüfen, inwieweit die Word-Schulungen der letzten Wochen erfolgreich waren.

Arbeitsauftrag 1 (orientieren und informieren)

Informieren Sie sich in Ihrem Lehrbuch „BüroWelt 1“ über das Zeitmanagement und seine Methoden.

LF 2, 7

Arbeitsauftrag 2 (durchführen)

Erstellen Sie Ihr Faltblatt zum Zeitmanagement nach den unten stehenden Vorgaben Ihres Ausbilders. Erläutern Sie in ganzen Sätzen, was unter den aufgelisteten Begriffen zu verstehen ist. Nutzen Sie die Begriffe als Zwischenüberschriften.

Word Kap. 4.7

- Störungen (Zeitdiebe)
- Sägeblatteffekt
- ABC-Analyse
- Eisenhower-Prinzip
- ALPEN-Methode
- Pareto-Prinzip
- Salamitaktik

Vorgaben für die Formatierung des Faltblattes:

- Format: Querformat
- Spalten: 2 pro Seite
- Seitenränder: oben und unten 3 cm, rechts und links 1 cm
- grundsätzliche Schriftart: Times New Roman, Schriftgröße: 12 pt
- Zeilenabstand für das gesamte Dokument: 1,15
- Überschrift auf dem Deckblatt: Zeitmanagement mit WordArt, Schriftgröße 40, Textfarbe Rot, Texteffekt Schatten außen, zentriert
- automatische Silbentrennung aktivieren
- Fußzeile: Schriftart Arial, Schriftgröße 10 pt, linksbündig: Name und automatisch das aktuelle Datum, rechtsbündig: automatischer Dateiname
- Zwischenüberschriften: Fett, Schriftgröße 14 pt, Abstand nach der Zwischenüberschrift 18 pt, Initial verwenden
- Fügen Sie zum Sägeblatteffekt ein Bild einer Säge aus dem Internet ein. Das Bild soll die Größe Höhe 2 cm und Breite 4,62 cm haben und neben der Zwischenüberschrift angeordnet werden.
- Fügen Sie zu dem Wort „Eisenhower-Prinzip“ eine Fußnote ein, mit der Sie die Herkunft dieses Begriffs erklären.
- Fügen Sie zur ALPEN-Methode ein Bild von Bergen aus dem Internet ein. Passen Sie das Bild so an, dass es neben der Zwischenüberschrift angeordnet werden kann.
- Fügen Sie als Wasserzeichen das Wort Zeitmanagement ein und nehmen Sie folgende Formatierungen vor: Schriftart Cambria; Schriftgröße 44 pt; Farbe: dunkelblau, Text2, heller 60 %.

Arbeitsauftrag 3 (bewerten)
Überprüfen Sie das Ergebnis Ihres Sitznachbarn, sind alle Vorgaben eingehalten worden?

Arbeitsauftrag 4 (reflektieren)
Überlegen Sie, welche der Zeitmanagementmethoden für Sie persönlich momentan geeignet ist. Tauschen Sie sich mit Ihrem Sitznachbarn darüber aus.

Vertiefende Aufgaben

Aufgabe 1
Erklären Sie, was man unter „Zeitmanagement“ versteht, und warum es so wichtig ist, seine Arbeitszeit so effektiv wie möglich zu planen.

Aufgabe 2

Füllen Sie die unten stehende Tabelle aus, indem Sie sich für die jeweils genannten Störungen überlegen, wie diese verhindert werden könnten.

Mögliche Störung	Gegenmaßnahmen
Sie starren auf den Bildschirm. Beim Blick auf die Uhr fällt Ihnen auf, dass Sie bereits seit einigen Minuten vor sich hingeträumt haben.	
Ihre Kollegen stehen ständig in Ihrem Büro, weil Sie den einzigen DIN-A3-Drucker der Abteilung dort stehen haben.	
Ein Blick auf Ihren Schreibtisch zeigt Ihnen Aktenberge und Unordnung. Lust, mit der Bearbeitung anzufangen haben Sie nicht.	
Sie haben sich gerade an einen schwierigen Kundenbrief gemacht, da klingelt das Telefon.	
Ein Kollege bittet Sie, für ihn die Weihnachtspräsente für die Lieferanten abzuholen. Sie haben selbst viele wichtig unerledigte Aufgaben auf dem Schreibtisch liegen, ihm können Sie jedoch nie etwas abschlagen.	

Aufgabe 3

Befassen Sie sich mit Ihren persönlichen Zeitfressern. Welche Zeitfresser rauben Ihnen wertvolle Zeit? Überlegen Sie sich jeweils eine konkrete Gegenmaßnahme und setzen Sie diese bei nächster Gelegenheit um. Berichten Sie in der Berufsschule von Ihren diesbezüglichen Erfahrungen.

Aufgabe 4

Beobachten Sie über mehrere Tage Ihre persönliche Leistungsfähigkeit im Verlauf des Arbeitstags und machen Sie sich dazu Notizen. Gehören Sie eher zu den Morgen-, Abend- oder Durchschnittsmenschen? Welche Konsequenzen sollten Sie aus diesem Wissen ziehen?

Aufgabe 5

Eine der Zeitmanagement-Methoden ist die ALPEN-Methode. Erläutern Sie diese anhand eines konkreten Beispiels aus Ihrer beruflichen Praxis.

Aufgabe 6

Überlegen Sie sich fünf Aufgaben aus Ihrer beruflichen Praxis und notieren Sie diese. Teilen Sie sie nun nach dem Eisenhower-Prinzip in eines der vier Felder ein. Begründen Sie anschließend schriftlich oder mündlich gegenüber Ihrem Sitznachbarn Ihre jeweilige Entscheidung für die Zuordnung.

Lernsituation 2.11
Checklisten erstellen

Der rote Faden | **Checklisten als Hilfsmittel verwenden**

Ausgangssituation
Sie sind nun bereits einige Zeit bei der Duisdorfer BüroKonzept KG und haben sich ausführlich über den Betrieb und Ihre Mitbestimmungsmöglichkeiten durch die Jugend- und Auszubildendenvertretung informiert. Da der momentane JAV-Vorsitzende im Abschlussprüfungsstress ist, bittet er Sie, für die nächste JAV-Wahl eine Checkliste zu erstellen.

Arbeitsauftrag 1 (orientieren und informieren)

LF 2, 7

Informieren Sie sich in Ihrem Lehrbuch „BüroWelt 1“ über die Checkliste und im Lehrbuch „BüroTechnik“ über das Vorgehen bei der Erstellung von Tabellen und Formularen.

Arbeitsauftrag 2 (planen)

Word Kap. 5+10

a) Überlegen Sie sich, welches Vorgehen Sie für die Checkliste für sinnvoll erachten (Tabelle oder Formular).
b) Welche Inhalte sollte die Checkliste enthalten?

Arbeitsauftrag 3 (durchführen)

Erstellen Sie mithilfe eines Textverarbeitungsprogramms und den von Ihnen getroffenen Entscheidungen die Checkliste für den jetzigen JAV-Vorsitzenden.

Arbeitsauftrag 4 (bewerten und reflektieren)

a) Präsentieren Sie Ihr Ergebnis der Klasse (Beamer oder Overheadprojektor) und geben Sie sich gegenseitig ein Feedback zu Ihren Checklisten.
b) War die von Ihnen gewählte Form sinnvoll?
c) Nehmen Sie notwendige Ergänzungen oder Korrekturen an Ihrem Arbeitsergebnis vor.

Lernsituation 2.12
Private Termine planen

Der rote Faden

Zeitmanagement

Private Termine planen

Ausgangssituation

Sie sind in der Ausbildung zum/zur Kaufmann/Kauffrau für Büromanagement bei der Duisdorfer BüroKonzept KG. Sie sind volljährig und arbeiten täglich acht Stunden, zusätzlich erhalten Sie die gesetzlich vorgeschriebenen Ruhepausen. Ihre zwei Berufsschultage sind Dienstag und Freitag. An beiden Tagen haben Sie bis 14:00 Uhr Schule, dienstags müssen Sie danach noch in den Betrieb.

Ihr Fahrweg zur Schule beträgt 25 Minuten, zur Duisdorfer BüroKonzept KG brauchen Sie von der Schule 15 Minuten, von zu Hause 30 Minuten. Die Schule beginnt ebenso wie Ihre Arbeitszeit bei der Duisdorfer BüroKonzept KG um 08:00 Uhr.

Heute ist Sonntag, und Sie wollen die folgende Woche planen, um bei Ihren vielen Aufgaben nicht die Übersicht zu verlieren.

Ihre Termine für die nächste Woche:

- In Ihrer Freizeit sind Sie in einem Sportverein, der seine Trainingszeiten mittwochs von 18:00–20:00 Uhr hat. Von zu Hause bis zum Sportverein brauchen Sie 15 Minuten.
- Sie wissen außerdem, dass für die Berufsschule für diese Woche noch folgende Dinge zu erledigen sind:
  - Am Freitag schreiben Sie Ihre Klassenarbeit in Steuerung und Kontrolle.
  - Für Dienstag müssen Sie für Geschäftsprozesse noch Ihre Hausaufgaben erledigen, dies wird ca. 30 Minuten in Anspruch nehmen.
- Als Dauerhausaufgabe haben Sie für Büroprozesse und Geschäftsprozesse auf, Word und Excel zu üben.
- Da Sie noch zu Hause wohnen, legen Ihre Eltern Wert darauf, mindestens zweimal pro Woche um 19:30 Uhr gemeinsam mit Ihnen für eine halbe Stunde zu Abend zu essen.
- Am Donnerstag um 17:00 Uhr haben Sie einen Zahnarzttermin (Vorsorgetermin). Ihr Zahnarzt hat seine Praxis zum Glück ganz in der Nähe der Duisdorfer BüroKonzept KG.

- Ihr bester Freund/Ihre beste Freundin fragt an, ob Sie diese Woche gemeinsam ins Kino gehen könnten.
- Für den Geburtstag Ihrer kleinen Schwester am Samstag müssen Sie noch ein Geburtstagsgeschenk in der Stadt besorgen.
- Sie verpassen so gut wie keine Folge einer Fernsehserie, die täglich um 19:00 Uhr bis 19:30 Uhr läuft.
- Regelmäßig checken Sie Ihren Facebook- und E-Mail-Account. Dafür benötigen Sie täglich durchschnittlich 30 Minuten.
- Sie gehen täglich gegen 22:00 Uhr ins Bett.

Arbeitsauftrag 1 (orientieren und informieren)
Verschaffen Sie sich zunächst einen Überblick über die Rahmenbedingungen und die anfallenden Termine der nächsten Woche.

Arbeitsauftrag 2 (planen und durchführen)
Erstellen Sie mithilfe der Vorlage Ihren Terminplan für die nächste Woche.

Arbeitsauftrag 3 (bewerten)
Stellen Sie sich gegenseitig Ihr Ergebnis vor und finden Sie heraus, wo es Unterschiede in Ihren Ergebnissen gibt.

Arbeitsauftrag 4 (reflektieren)
Wodurch sind diese Unterschiede bedingt? Halten Sie Tipps zum Umgang mit vielen Terminen in Ihrem Lerntagebuch fest.

Lösungshilfe zu Lernsituation 2.11

Uhrzeiten	Montag	Dienstag	Mittwoch	Donnerstag	Freitag
06:00–07:00					
07:00–08:00					
08:00–09:00					
09:00–10:00					
10:00–11:00					
11:00–12:00					
12:00–13:00					
13:00–14:00					
14:00–14:30					
14:30–15:00					
15:00–15:30					
15:30–16:00					

Uhrzeiten	Montag	Dienstag	Mittwoch	Donnerstag	Freitag
16:00–16:30					
16:30–17:00					
17:00–17:30					
17:30–18:00					
18:00–18:30					
18:30–19:00					
19:00–19:30					
19:30–20:00					
20:00–20:30					
20:30–21:00					
21:00–21:30					
21:30–22:00					

Lernsituation 2.13
Betriebliche Terminplanung vornehmen

Der rote Faden

Termine planen

Ausgangssituation

Momentan sind Sie im Bereich „Beschaffung“ eingesetzt und unterstützen die dort tätigen Kollegen. Eine Ihrer festen Aufgaben ist es, die Terminplanung für Ihre Chefin, Frau Beckmann, zu übernehmen. Als Sie Ihre E-Mails prüfen, finden Sie folgende E-Mail von Frau Beckmann:

✉ Terminplanung für die nächste Woche

Datei Bearbeiten Ansicht Einfügen Format Extras Aktionen ?

Antworten | Allen antworten | Weiterleiten

Von:	Laura Beckmann [l.beckmann@duisdorfer-bueko.de]
An:	Auszubildende [azubi@duisdorfer-bueko.de]
Betreff:	Terminplanung für die nächste Woche
Gesendet am:	Freitag, 23.11.20.., 10:30 Uhr

Sehr geehrte Auszubildende,

hier wie abgesprochen die noch in meinen Kalender aufzunehmenden Termine für die nächste Woche. Wie Sie sehen, sind noch einige wichtige Termine hinzugekommen. Bitte schicken Sie mir bis um 12:30 Uhr die Terminübersicht für die nächste Woche zu.

- Gespräch mit einem potenziellen neuen Lieferanten für Flipcharts in unserem Haus, der Vertreter ist nur Montag und Dienstag in der Region. Noch hat er für diese beiden Tage keine anderen Termine. Dauer des Gesprächs: ca. 1,5 Stunden.
- Es gibt für die ausgeschriebene Stelle des Einkäufers noch zwei zusätzliche Bewerber. Deren einstündige Vorstellungsgespräche sind nur nachmittags möglich.
- Die neue Praktikantin erscheint am Montag um 08:00 Uhr und soll im Laufe der Woche ein ca. einstündiges Gespräch mit mir führen.

Freundliche Grüße

Laura Beckmann
Abteilung Beschaffung
Duisdorfer BüroKonzept KG

Arbeitsauftrag 1 (orientieren)

Verschaffen Sie sich mithilfe des Kalenderauszugs von Frau Beckmann einen Überblick über die bereits vorhandenen Termine.

Arbeitsauftrag 2 (informieren)

Informieren Sie sich in Ihrem Lehrbuch „BüroWelt 1“ über die Terminplanung.

LF 2, 8

Arbeitsauftrag 3 (planen und durchführen)

Nehmen Sie die gewünschten Eintragungen für Frau Beckmann vor.

Arbeitsauftrag 4 (bewerten)

Welche Probleme tauchen beim Eintragen der Termine auf?

Arbeitsauftrag 5 (reflektieren)

Wie können Sie diese Probleme lösen?

Kalenderauszug von Frau Beckmann

	26.–30. November 20..				
	26 Montag	27 Dienstag	28 Mittwoch	29 Donnerstag	30 Freitag
08:00		Beurteilungsgespräch mit Herrn Meier		Besuch der Möbelmesse in den Kölner Messehallen	Schulung „Excel für den Einkauf für Fortgeschrittene“
09:00	Bewerbungsgespräch Kandidatin Frau Neuhaus		letzter Termin Überweisung Rechnung Holzlieferant Opitz AG 500.000,00 €		
10:00		Preisverhandlungen mit dem Lieferanten für Bürotechnik (Saam KG)			
11:00			Ausschreibungsende für die neue Kantinenausstattung => auswerten		
12:00	Mittagessen mit dem Vorstand in der Kantine				
13:00					
14:00		Abteilungsleitersitzung in Raum 105	privater Termin		
15:00					Gespräch mit der Personalabteilung und Entscheidung für einen der Kandidaten
16:00	Bewerbungsgespräch Kandidat Herr Schleier				
17:00	Grippeimpfung Werksarzt				

Vertiefende Aufgaben

Aufgabe 1

Herr Falo, der Geschäftsführer der Duisdorfer BüroKonzept KG, beauftragt Sie, für die nächste Woche mithilfe einer Textverarbeitungstabelle eine dreistündige Abteilungsleitersitzung der kaufmännischen Abteilungen zu planen. Er möchte wissen, an welchem Tag und ab wie viel Uhr die Sitzung mit allen Abteilungsleitern stattfinden kann. Er selbst ist donnerstags auf Geschäftsreise, ansonsten kann er jederzeit. Ihre Abfrage bei den Abteilungsleiterinnen und Abteilungsleitern nach ihrer Verfügbarkeit ergibt nachfolgendes Bild.

Lösungshinweis:
Am einfachsten ist es, wenn Sie immer dann, wenn jemand nicht kann, ein X in die Tabelle eintragen. So erhalten Sie sehr schnell einen Gesamtüberblick.

Frau Beckmann (Beschaffung)

Dienstag	den ganzen Tag Werksbesichtigung bei einem Lieferanten
Mittwoch	ab 08:30 Uhr in der Firma
Donnerstag	Besprechung von 09:00–11:00 Uhr
Freitag	Lieferantentermin von 10:30–13:00 Uhr

Herr Klein (Vertrieb)

Montag	um 10:00 Uhr Abfahrt zur Büromöbelmesse
Dienstag	den ganzen Tag auf einer Messe für Büromöbel
Mittwoch	Besprechung von 09:00–13:00 Uhr
Donnerstag	gesamter Tag für Messenachbereitung/Kundengespräche reserviert

Frau Engler (Kaufmännische Verwaltung)

Montag	Gespräch von 14:00–16:00 Uhr
Dienstag	Besprechung von 09:00–10:30 Uhr
Mittwoch	ganztägige Fortbildung
Donnerstag	von 10:00–12:00 Uhr Mitarbeitergespräche, ab 15:00 Uhr Termin mit der Revision
Freitag	Kundenbesprechung von 10:00–12:00 Uhr

Frau Sommer (Personalwesen)

Mittwoch	Besprechung von 08:00–08:30 Uhr, ab 14:00 Uhr beim Arbeitsgericht
Donnerstag	den ganzen Tag in Vorstellungsgesprächen
Freitag	erst ab 14:00 Uhr anwesend, vorher Arzttermin

Aufgabe 2

Notieren Sie sich in eigenen Worten, welche Vor- und Nachteile die elektronische Terminüberwachung im Gegensatz zur klassischen Terminüberwachung mit einem Papierkalender hat.

Aufgabe 3

Überlegen Sie für folgende Beispiele, welche Folgen entstehen (können), wenn Termine nicht eingehalten werden.

Es wurde vergessen, …	Folge
… einem Bewerber einen neuen Termin für ein Vorstellungsgespräch zu geben.	
… dem möglichen neuen Lieferanten die neue Uhrzeit für eine Produktpräsentation mitzuteilen.	
… die Bestellung für Spanplatten rechtzeitig durchzuführen.	

Aufgabe 4

Begründen Sie, warum die folgenden Fragen zu einem Termin so wichtig sind.

Frage	Begründung für die Wichtigkeit
Weshalb findet der Termin statt?	
Wer kommt zu diesem Termin?	
Wann findet der Termin statt?	
Wo findet der Termin statt?	
Wie lange dauert der Termin?	

Aufgabe 5

Sie sollen – sofern möglich – einen ersten Einblick in die Kalender- und Terminfunktion von MS Outlook bekommen.

Öffnen Sie dafür das Programm und nehmen Sie die folgenden Einstellungen vor:

- Erstellen Sie einen Kalender und speichern Sie ihn unter „Kalender neu“.
- Tragen Sie den Abteilungsausflug nach Köln für den 15.02.20.. ein.
- Erstellen Sie eine Terminserie: Jeden Montag von 08:30 Uhr bis 09:00 findet das Teammeeting statt.
- Gehen Sie zum 12. Dezember und planen Sie für diesen Tag die nachfolgenden Termine ein:
  - 08:00–08:30 Uhr Werksarzt, Grippeschutzimpfung
  - 10:30–12:00 Uhr Treffen der Abteilungsleiter
  - 14:30–15:00 Uhr Gespräch mit dem Lieferanten
  - Vermerken Sie im Aufgabenblock: Für den Lieferanten unser Werbepräsent bereitlegen.

Lernsituation 2.14
Sitzungen und Besprechungen vorbereiten, die Durchführung begleiten und protokollieren

Der rote Faden

- **Eine Checkliste für die Vorbereitung erstellen**
- **Eine Einladung schreiben**
- **Regeln für die Durchführung aufstellen**
- **Ein Protokoll erstellen**

LF 1, 8.1

Ausgangssituation

Sie sind seit einigen Wochen in der Abteilung Personalwesen der Duisdorfer BüroKonzept KG eingesetzt. Frau Winter – zuständig für die Aus- und Weiterbildung und Mitglied im Betriebsrat – bittet Sie, die **nächste Sitzung des Betriebsrats** vorzubereiten, daran teilzunehmen und sie zu protokollieren. Hierzu informiert sie Sie über die vier weiteren Mitglieder des Betriebsrats:

- Frank Gerlach, Betriebsratsvorsitzender (Leiter Produktion – Bürotische)
- Pablo Olbert (Sachbearbeiter Lager)
- Udo Anderson (Sachbearbeiter Beschaffung – Produktion)
- Anke Späth (Sachbearbeiterin Personalwesen)

Frau Winter erklärt, dass sie mit dem Betriebsratsvorsitzenden und der Geschäftsleitung über die Arbeitszeiten der Abteilung Lager/Versand gesprochen habe. Geplant sei die Einführung eines flexiblen Arbeitszeitmodells, damit die Warenannahme nicht nur in der Zeit von 07:00–16:00 Uhr stattfinden könne, sondern auch vor 07:00 und nach 16:00 Uhr, sodass die Lkw-Fahrer ein größeres Zeitfenster für die Anlieferung hätten. Dieses Thema soll auf der nächsten Betriebsratssitzung besprochen und die Schritte für die Umsetzung eines neuen Arbeitszeitmodells festgelegt werden. Da ein neues Arbeitszeitmodell nur im Einvernehmen mit der Geschäftsleitung beschlossen werden kann, soll die Geschäftsleitung auch zu der Sitzung eingeladen werden.

Sie fragen nach, wie lange die Sitzung dauern werde. „Etwa 90 Minuten", sagt Frau Winter und bemerkt, dass bisher in den Betriebsratssitzungen selten die vorgegebene Zeit eingehalten worden sei, weil z. B. manche Teilnehmer viel zu viel reden würden, man häufig vom Thema abkomme, bei Diskussionen alles dreimal gesagt werde und man viel Zeit für Nebensächlichkeiten verschwende.

Arbeitsauftrag 1 (analysieren/orientieren)

Verschaffen Sie sich einen Überblick darüber, welche Arbeiten zu erledigen sind und welche Kollegen Sie für die vorbereitenden Arbeiten zwecks Absprache kontaktieren sollten.

LF 2, 9.1

Arbeitsauftrag 2 (informieren)

Informieren Sie sich in Ihrem Lehrbuch „BüroWelt 1", wie Sitzungen und Besprechungen vorbereitet werden und was bei ihrer Durchführung zu berücksichtigen ist.

Arbeitsauftrag 3 (planen)

Überlegen Sie in der Gruppe, welche vorbereitenden Arbeiten für diese Sitzung zu erledigen sind und erstellen Sie hierzu eine Checkliste. Berücksichtigen Sie dabei auch die richtige zeitliche Reihenfolge der zu erledigenden Arbeiten.

Arbeitsauftrag 4 (durchführen)

Bereiten Sie das Einladungsschreiben für die geplante Betriebsratssitzung vor, indem Sie die Form und die Inhalte skizzieren. Schreiben Sie dann am PC die Einladung auf die Briefvorlage der Duisdorfer BüroKonzept KG.

Besprechen Sie in der Gruppe, welche Regeln oder Grundsätze sich positiv auf den Verlauf der Sitzung auswirken und zum Gelingen der Sitzung beitragen. Erstellen Sie hierzu einen Leitfaden.

Arbeitsauftrag 5 (bewerten/beurteilen)

Bilden Sie neue Gruppen. Vergleichen Sie Ihre Checklisten, Einladungsschreiben und den Leitfaden. Diskutieren Sie Abweichungen und kritische Anmerkungen. Korrigieren und ergänzen Sie ggf. Ihre Liste. Fassen Sie Ihre Ergebnisse schriftlich zusammen.

Arbeitsauftrag 6 (reflektieren)

Tragen Sie die Ergebnisse im Plenum vor. Vergleichen Sie die Ergebnisse hinsichtlich ihrer Gemeinsamkeiten und Unterschiede. Formulieren Sie ein Fazit.

Erweiterte Ausgangssituation

Die Betriebsratssitzung findet statt. Alle eingeladenen Personen erscheinen pünktlich zur Sitzung. Sie sind mit Schreibblock und Stift ausgerüstet und haben das Einladungsschreiben vor sich liegen. Herr Gerlach eröffnet die Sitzung:

Herr Gerlach: „Ich habe Sie zur heutigen Betriebsratssitzung eingeladen, weil wir über eine mögliche Änderung des Beginns und des Endes der täglichen Arbeitszeit reden müssen. Wie Sie wissen, beginnen morgens unsere Lagerarbeiter und Fahrer um 07:00 Uhr und beenden ihre Arbeit um 16:00 Uhr, freitags können sie schon um 14:00 Uhr Schluss machen. Jetzt haben wir häufig das Problem, dass Lieferanten auch nach 16:00 Uhr noch anliefern möchten, weil sie es zeitlich bis 16:00 Uhr nicht schaffen oder vielleicht im Verkehrsstau standen. Der Lkw kann dann nicht mehr entladen werden. Daher hat die Geschäftsführung mich gebeten, einer flexibleren Arbeitszeitgestaltung zuzustimmen."

Frau Winter: „Wie sieht denn so eine flexiblere Arbeitszeitgestaltung aus?"

Herr Falo: „Wir müssen sicherstellen, dass zwischen 06:00 Uhr und 20:00 Uhr immer mindestens ein Arbeitsteam zum Entladen des Lkw anwesend ist."

Herr Anderson: „Das wird aber schwierig werden, Mitarbeiter zu finden, die bis 20:00 Uhr arbeiten würden."

Herr Falo: „Natürlich beginnt jemand, der bis 20:00 Uhr abends arbeitet, nicht schon um 06:00 Uhr morgens seine Arbeit. Er würde dann beispielsweise erst um 12:00 Uhr beginnen."

Herr Olbert: „Wir könnten doch zwei Schichten einrichten, eine Früh- und eine Spätschicht."

Herr Falo: „Das ist für uns nicht günstig, denn wir brauchen die meisten Lagerarbeiter zwischen 07:00 und 16:00 Uhr, das ist die Zeit, in der sehr viele Lkw anfahren und entladen werden müssen. Außerdem müssen frühmorgens unsere Lkw, mit denen unsere Kunden beliefert werden, auch noch beladen werden. Zwischen 06:00 und 16:00 Uhr brauchen wir sehr viele Lagerarbeiter, zwischen 16:00 und 20:00 Uhr bräuchten wir nur ein bis zwei Arbeitsteams zum Entladen, denn in diesem Zeitraum kommen weitaus weniger Lkw."

Herr Gerlach: „Das heißt, wir brauchen ein Arbeitszeitmodell, bei dem grundsätzlich von 06:00 bis 20:00 Uhr gearbeitet werden kann, die meisten doch wie bisher von 07:00 bis 16:00 Uhr arbeiten werden. Und das im Wechsel."

Herr Falo: „Mein Vorschlag ist daher, dass die Lagerarbeiter etwa 70 % ihrer monatlichen Arbeitszeit ableisten wie bisher, also von 07:00 bis 16:00 Uhr und freitags bis 14:00 Uhr. 30 % ihrer Arbeitszeit entfällt auf den Zeitraum davor oder danach. Dann arbeiten sie von 06:00 Uhr bis 15:00 bzw. 13:00 Uhr oder von 11:00 bis 20:00 Uhr."

Frau Späth: „Das bedeutet aber auch, dass in dem Zeitraum zwischen 07:00 und 16:00 Uhr weniger Lagerarbeiter zur Verfügung stehen als bisher, die eventuell das gleiche Arbeitsaufkommen bewältigen müssen. Sind denn Neueinstellungen geplant?"

Frau Niester: „Herr Falo und ich haben ausgerechnet, dass wir fünf Lagerarbeiter zusätzlich gebrauchen können. Wir gehen davon aus, dass wir durch die neue Arbeitszeitregelung auch eine höhere Umschlagshäufigkeit für die Waren erzielen können. Gleichzeitig werden wir auch unsere Bestellorganisation verbessern und die Lieferzeiten verkürzen, die im Moment bei uns länger sind als nötig."

Herr Gerlach: „Darf ich Ihre Aussage als feste Zusage ansehen, dass fünf weitere Lagerarbeiter eingestellt werden?"

Frau Niester: „Wir werden fünf weitere Lagerarbeiter einstellen unter der Voraussetzung, dass der Betriebsrat unserem flexibleren Arbeitszeitmodell zustimmt."

Herr Gerlach: „Das ist doch eine gute Nachricht, die sicher auch die Belegschaft erfreuen wird. Wie sehen das die anderen Betriebsratsmitglieder?“

Herr Olbert: „Die neue Arbeitszeitregelung ist sicher auch im Interesse einiger Lagerarbeiter. So können sie auch mal am Vormittag etwas privat erledigen, wenn sie erst spät Dienst haben.“

Frau Winter: „Ich habe die Erfahrung gemacht, dass die Lagerarbeiter lieber feste Arbeitszeiten haben und es gar nicht gerne sehen, wenn sie bei der Freizeitgestaltung immer darauf achten müssen, ob sie dann arbeiten müssen oder frei haben.“

Herr Anderson: „Auf jeden Fall sollten wir die Lagerarbeiter befragen, ob sie einer neuen Arbeitszeitgestaltung zustimmen würden.“

Herr Gerlach: „Der Meinung bin ich auch. Denn schließlich vertreten wir hier die Interessen der Mitarbeiter, dann sollten wir sie auch nach ihrer Meinung zu diesem Thema fragen. Ich möchte aber ganz gerne in unserem Kreis darüber abstimmen, ob wir als Betriebsrat den Vorschlag der Geschäftsführung annehmen. Wir stimmen jetzt ab: Wer ist dafür, dass wir zunächst den Lagerarbeitern das neue, flexiblere Arbeitszeitmodell vorstellen und als Betriebsrat dann unsere Zustimmung dazu geben, vorausgesetzt, dass die Mehrheit der Lagerarbeiter die neuen Arbeitszeiten befürwortet und vorausgesetzt, dass fünf weitere Lagerarbeiter eingestellt werden?“

Frau Niester: „Sie wissen ja, dass Herr Falo und ich hier kein Stimmrecht haben, weil wir nicht zum Betriebsrat gehören.“

Herr Gerlach: „Ja, das ist richtig, es sind nur wir fünf Betriebsratsmitglieder stimmberechtigt. Ich sehe, drei Personen sind dafür, ich selbst auch, dies ergibt also vier Ja-Stimmen. Wer ist dagegen? Niemand! Wer enthält sich: Frau Winter, also eine Enthaltung. Damit ist die weitere Vorgehensweise klar. Wir werden also als nächsten Schritt eine Befragung unter den Lagerarbeitern durchführen und vor allem ihnen das neue Arbeitszeitmodell erklären.“

Herr Olbert: „Ich schlage vor, dass wir zunächst ein Info-Blatt erstellen, das wir unter den Lagerarbeitern verteilen. Gleichzeitig laden wir sie zur Betriebsversammlung ein, auf der dann noch offene Fragen geklärt werden können und abgestimmt wird.“

Herr Gerlach: „Das ist eine sinnvolle Vorgehensweise. Herr Olbert, sind Sie so nett und entwerfen ein Info-Blatt, das wir dann in der kommenden Woche an die Lagerarbeiter verteilen?“

Herr Olbert: „Das kann ich machen. Welchen Termin nehmen wir denn für die Betriebsversammlung?“

Herr Falo: „Wir sollten das möglichst bald machen, heute in zwei Wochen, von 15:00 bis 16:00 Uhr, wir könnten in der Kantine die Versammlung abhalten.“

Herr Gerlach: „Einverstanden! Wer könnte den Kantinenchef informieren und ihn bitten, die Tische und Stühle für die Versammlung zu verrücken und Getränke bereitzustellen?“

Frau Späth: „Das kann ich übernehmen. Müssen die Mitarbeiter die Getränke selbst bezahlen?“

Frau Niester: „Nein, die Getränke gehen auf Kosten des Betriebs.“

Herr Anderson: „Wenn die neue Arbeitszeitregelung für die Lagerarbeiter eingeführt wird, werden dann auch die Arbeitszeiten für die anderen Abteilungen, z. B. in der kaufmännischen Abteilung und für unsere Produktion geändert? Plant die Geschäftsführung dort auch Änderungen?“

Herr Falo: „Darüber haben Frau Niester und ich auch schon nachgedacht. Auf jeden Fall wollen wir die Arbeitszeiten für unsere Produktion beibehalten, d. h. für die Mitarbeiter dieser Abteilung ändert sich auch zukünftig nichts. Es gibt aber Überlegungen für die kaufmännischen Abteilungen, in der mittlerweile viele Frauen arbeiten, die noch kleine Kinder haben. Da gibt es die Überlegung, die Arbeitszeiten so zu gestalten, dass diese Mitarbeiterinnen ihre Berufstätigkeit besser mit der Familie vereinbaren können. Ich wäre Ihnen sehr dankbar, wenn jemand vom Betriebsrat Kontakt zu den Mitarbeiterinnen aufnimmt und ein Arbeitszeitmodell entwickelt, das die Bedürfnisse der Frauen berücksichtigt."

Frau Winter: „So etwas hätte ich mir schon vor acht Jahren gewünscht, als ich in diesem Betrieb anfing und meine Kinder noch klein waren. Diese Aufgabe übernehme ich gerne. Ich kümmere mich darum."

Herr Gerlach: „Ich danke allen Anwesenden für ihr Engagement und beende die Sitzung. Die nächste Betriebsratssitzung findet heute in zwei Wochen im Anschluss an die Betriebsversammlung statt."

Arbeitsauftrag 1 (analysieren/orientieren)

Versetzen Sie sich in die Situation des Protokollführers. Wie können Sie sich auf diese Aufgabe vorbereiten und wie sollten Sie sich in der Sitzung verhalten, damit Ihnen die Aufnahme des Protokolls gelingt?

Arbeitsauftrag 2 (informieren)

Informieren Sie sich in Ihrem Lehrbuch „BüroWelt 1", wie Sitzungen und Besprechungen protokolliert werden.

LF 2, 9.2

Arbeitsauftrag 3 (planen)

Bereiten Sie das Protokoll vor, indem Sie die Informationen für den Protokollkopf und -fuß zusammentragen und entscheiden, welche Inhalte der in der erweiterten Ausgangssituation dargestellten Betriebsratssitzung wesentlich sind und im Protokolltext festgehalten werden sollten.

Arbeitsauftrag 4 (durchführen)

Erstellen Sie in Einzelarbeit ein vollständiges **Kurzprotokoll** zur Betriebsratssitzung, die in der erweiterten Ausgangssituation dargestellt wird.

Arbeitsauftrag 5 (bewerten/beurteilen)

Legen Sie das von Ihnen erstellte Protokoll einem Mitschüler oder einer Mitschülerin zur Genehmigung vor. Nehmen Sie im Gegenzug das Protokoll Ihres Mitschülers/Ihrer Mitschülerin, lesen es aus der Sicht des Vorsitzenden kritisch und überprüfen es auf formale, inhaltliche und sprachliche Richtigkeit. Protokollfehler oder -mängel besprechen Sie mit dem Protokollführer. Unterschreiben Sie das Protokoll erst dann, wenn die Fehler bzw. Mängel korrigiert worden sind.

Exemplarisch werden einige Protokolle im Plenum verlesen. Es wird darüber abgestimmt, ob das verlesene Protokoll genehmigt wird. Einwände gegen das Protokoll müssen begründet werden. Gegebenenfalls erfolgt eine Aussprache, eine Korrektur und eine neue Abstimmung.

Arbeitsauftrag 6 (reflektieren)

Fassen Sie zusammen, welche Fehler häufig beim Erstellen von Protokollen sichtbar geworden sind. Formulieren Sie Vorschläge, wie diese Fehler künftig vermieden werden können.

Vertiefende Aufgaben

Aufgabe 1

Zur Vorbereitung einer Sitzung des Geschäftsführers eines Unternehmens mit seinen Abteilungsleitern sollen Sie die Terminplanung vornehmen. Bringen Sie die dazu notwendigen Arbeitsschritte durch Nummerierung in die richtige zeitliche Reihenfolge.

Nr.	Arbeitsschritte
	Termin mit Abteilungsleitern absprechen.
	Einladungen schreiben und versenden.
	Termin und Ersatztermin mit dem Geschäftsführer festlegen.
	Den Geschäftsführer an den geplanten Termin erinnern.
	Kopie der Einladung auf Wiedervorlage nehmen.

Aufgabe 2

Sie schreiben für eine Abteilungsleitersitzung das Protokoll. Welche Angaben müssen im Protokollkopf und Protokollfuß enthalten sein? Kreuzen Sie die richtige Aussage an.

Aussage	
a) Es müssen Ort, Datum, Zeit, Teilnehmer, Anlass der Besprechung, Name des Protokollführers, Unterschrift des Vorsitzenden enthalten sein.	
b) Es müssen Ort, Datum, Zeit, Anlass der Besprechung, Unterschrift des Protokollführers, Unterschrift des Vorsitzenden enthalten sein.	
c) Es müssen Ort, Datum, Zeit, Teilnehmer, Anlass der Besprechung, Name und Unterschrift des Protokollführers, Unterschrift des Vorsitzenden enthalten sein.	
d) Es müssen Ort, Datum, Zeit, Teilnehmer, Anlass der Besprechung, Name des Protokollführers, Name des Vorsitzenden enthalten sein.	
e) Es müssen Ort, Datum, Zeit, Teilnehmer, Name des Protokollführers, Unterschrift des Vorsitzenden enthalten sein.	

Aufgabe 3

Verbessern Sie die folgenden Formulierungen für das Protokoll, indem Sie Bewertungen vermeiden und die Wiedergabe des Redebeitrags kürzen.

	Beispiel	Neue Formulierung
a)	Herr Dr. Jäger fragt Herrn Reich, ob er nicht aufgrund seiner langjährigen Erfahrung als überaus geschätzter Sicherheitsbeauftragter unseres Unternehmens und aufgrund der Tatsache, dass er doch gerade eine Fortbildung absolviert habe, noch einmal die neuen Brandschutzbestimmungen erklären könne und vor allem zu den neuen Sicherheitsvorschriften, die wir nun umsetzen müssen, Stellung nehmen könne. Herr Reich weist etwas genervt darauf hin, er sei gerne bereit, nochmals darauf einzugehen, da er ja im Moment auch mit nichts anderem beschäftigt sei. Insbesondere zu den Brandschutzvorschriften sei zu sagen..., was im Übrigen zusammen mit weiteren Sicherheitsvorschriften auch im Rundschreiben vom Mai 20.. festgehalten sei.	

	Beispiel	Neue Formulierung
b)	Frau Dr. Naumann begrüßt Herrn Preuß von der Unternehmensberatung ITTS und sagt, sie möchte ihn den Teilnehmern vorstellen. Herr Preuß werde für unsere Abteilung ein Konzept für die Vertriebsprozessoptimierung entwickeln, damit seien wir auf dem neuesten Stand, denn unsere jetzige Software sei doch schon sehr alt und nicht mehr zu gebrauchen. Es sei ja auch höchste Zeit, dass nun etwas passiere, damit insbesondere unsere Auftragsentwicklung viel effizienter ablaufe. Und das sei ja für uns alle von Vorteil. Frau Dr. Naumann bittet Herrn Preuß, sein Konzept vorzustellen.	

Aufgabe 4

Ergänzen Sie die folgende Tabelle, indem Sie zu den Verben die Indikativ- und Konjunktivformen in der 3. Person Singular bilden.

Infinitiv Grundform	Präsens (Gegenwart)		Präteritum (Vergangenheit)	
	Indikativ	Konjunktiv I	Indikativ	Konjunktiv II
denken				
bitten				
dürfen				
fragen				
sprechen				
tun				
vergessen				
weisen				
beraten				
gelingen				

Aufgabe 5

Wandeln Sie die folgenden Sätze (direkte Rede) in indirekte Rede um.

	Direkte Rede	Indirekte Rede
a)	Frau Meyerhofen sagt: „Das Geschäftsjahr von SIEMENS endet immer zum 30. September.“	
b)	Herr Klever äußert: „In der Buchhaltung muss mindestens ein weiterer Mitarbeiter eingestellt werden.“	
c)	Frau Lange sagt: „Die Einstellung eines neuen Mitarbeiters, die für den April geplant war, wird auf den Juni verschoben.“	
d)	Herr Degen äußert: „Nachdem ich benachrichtigt wurde, dass unser Produkt fehlerhaft ist, habe ich unverzüglich geantwortet.“	
e)	Frau Allert sagt: „Die neuen Ausbildungspläne werde ich noch heute allen Mitarbeitern zugänglich machen.“	
f)	Herr Schwarz äußert: „Ich bin der Meinung, dass der Antrag von Frau Hagen zuerst mit der Personalabteilung besprochen werden soll.“	

Aufgabe 6

Im Protokoll wird wiedergegeben, was Teilnehmer/-innen der Sitzung oder Besprechung sagen oder ausdrücken. Notieren Sie 15 Beispiele zum Wortfeld „sagen“.

Aufgabe 7

Schreiben Sie aufgrund der wörtlich wiedergegebenen Sitzung der Duisdorfer BüroKonzept KG ein **Ergebnisprotokoll**. Erstellen Sie hierzu ein Protokollformular.

An der Sitzung nehmen die folgenden Personen teil:

- Frau Niester (Geschäftsführerin)
- Frau Sommer (Abteilungsleiterin Personalwesen)
- Frau Engler (Abteilungsleiterin kaufmännische Verwaltung)
- Herr Gerlach (Betriebsratsvorsitzender)

Fehlende Angaben für den Protokollkopf und -fuß, z. B. Datum und Uhrzeit, denken Sie sich bitte aus.

Frau Niester: „Wie Sie alle wissen, scheidet unsere bisherige Leiterin des Büros der kaufmännischen Verwaltung, Frau Rößler, altershalber am 30.12. dieses Jahres aus unserem Unternehmen aus. Wir haben auf unsere Stellenanzeige im Internet hin sechs Bewerbungen erhalten. Frau Sommer hat sich die Bewerbungsunterlagen genau angeschaut, auch Gespräche mit den Bewerberinnen geführt und hat nun drei Bewerberinnen in die engere Wahl genommen. Heute sollten wir entscheiden, wen wir als Büroleiterin einstellen. Ich möchte Frau Sommer nun bitten, die Anwesenden über die fachlichen und persönlichen Qualitäten der Bewerberinnen zu informieren.“

Frau Sommer: „Also, alle drei Bewerberinnen haben vorher eine kaufmännische Ausbildung absolviert. Ich nehme jetzt mal die Bewerbung von der jüngsten Kandidatin heraus, es ist Frau Dietrich, sie ist 24 Jahre alt, unverheiratet und arbeitet seit zwei Jahren als Kauffrau für Büromanagement bei der Firma Rosenbaum GmbH in Koblenz.“

Herr Gerlach: „Ich wundere mich etwas, dass die Bewerberin nach zwei Jahren wieder ihre Arbeitsstelle wechseln will. Wissen Sie einen Grund dafür?“

Frau Sommer: „Dazu kann ich nichts sagen, sollten wir aber heute zu dem Ergebnis kommen, dass Frau Dietrich die beste Kandidatin ist, dann informiere ich mich natürlich noch darüber.

Ich möchte Ihnen jetzt die zweite Bewerberin vorstellen: Es ist Frau Ratmann, sie ist 35 Jahre alt, verheiratet, hat zwei Kinder und war die letzten fünf Jahre in der Verkaufsabteilung einer Textilfirma beschäftigt. Sie hat sich beworben, weil ihre Familie in diese Stadt gezogen ist; ich glaube, ihr Mann hat hier eine neue Stelle gefunden. Auf dem Foto und auch in Wirklichkeit sieht sie sehr attraktiv aus, wirkt sehr selbstbewusst und ich traue ihr diese Tätigkeit zu, zumal sie in einem Industriebetrieb Erfahrungen hat.“

Frau Engler: „Von den zwei Bewerberinnen, die Sie uns bisher vorgestellt haben, halte ich Frau Ratmann für besser geeignet. So eine Fachkraft darf man doch nicht der Konkurrenz überlassen. Wenn man ihr die Gelegenheit gibt, dann würde sie sich bestimmt gut einarbeiten."

Frau Sommer: „Wir haben ja noch eine dritte Bewerberin, und zwar aus einer anderen Abteilung unseres Hauses. Es ist Frau Weege, sie ist 45 Jahre alt, und die meisten von Ihnen kennen sie aus der Einkaufsabteilung. Dort arbeitet sie bereits seit acht Jahren als ausgezeichnete Sachbearbeiterin. Die Kollegen sind mit ihr sehr zufrieden, außerdem hat sie in den vergangenen Jahren mehrmals an Weiterbildungslehrgängen teilgenommen und auch entscheidend bei der Neuorganisation der Abteilung mitgewirkt. Sie hat da wirklich viel gemacht."

Frau Niester: „Frau Weege ist mir auch schon positiv aufgefallen. Ich habe festgestellt, dass sie perfekt organisieren und gut mit den Kollegen umgehen kann."

Frau Engler: „Das wäre für Frau Weege ein beruflicher Aufstieg, außerdem kann sie sicher eine Gehaltserhöhung gut gebrauchen, denn sie hat seit ihrer Scheidung vor einem halben Jahr für drei Kinder zu sorgen."

Herr Gerlach: „Meinen Sie nicht, dass Frau Weege in der neuen Position überfordert ist? Ehrlich gesagt, traue ich ihr das nicht zu."

Frau Niester: „Das sehe ich ganz anders. Ich sehe in Frau Weege eine fleißige und modern denkende Mitarbeiterin, die auch mit Geschäftspartnern sehr professionell umgeht. Ich meine, wir sollten jetzt darüber abstimmen, ob wir Frau Weege diese Stelle anbieten. Wer also dafür ist, dass Frau Weege die Nachfolge von Frau Rößler antritt, der hebe bitte die Hand!

Ich sehe, alle Anwesenden sind dafür Dann bitte ich Sie, Frau Sommer, sich mit Frau Weege in Verbindung zu setzen und einen neuen Arbeitsvertrag vorzubereiten."

Herr Gerlach: „Wer soll denn die Stelle, die nun in der Einkaufsabteilung durch den Weggang von Frau Weege frei wird, besetzen? Da wird doch dann eine Arbeitskraft fehlen."

Frau Engler: „Ja richtig, wäre es nicht eine Möglichkeit, eine der zwei anderen Bewerberinnen für diese Stelle zu nehmen?"

Frau Sommer: „Ich müsste dann aber noch einmal die beiden Bewerberinnen zu einem Gespräch einladen."

Frau Niester: „Frau Sommer, bitte laden Sie Frau Dietrich und Frau Ratmann zu einem zweiten Vorstellungsgespräch ein und teilen Sie uns Ihren Eindruck auf der nächsten Personalbesprechung mit.

Die nächste Personalbesprechung findet heute in zwei Wochen statt."

Aufgabe 8

Als Mitarbeiter eines mittelständischen Unternehmers in der Rechtsform der Genossenschaft haben Sie die Aufgabe, die einmal im Jahr stattfindende Generalversammlung, zu der alle Mitglieder der Genossenschaft eingeladen werden, vorzubereiten. Das **Genossenschaftsgesetz (GenG)** gibt hierzu einige Vorschriften. Informieren Sie sich in den entsprechenden Paragrafen des Genossenschaftsgesetzes und erstellen Sie eine Checkliste, die alle Arbeitsschritte und Besonderheiten, die hier zu berücksichtigen sind, beinhaltet.

Auszug aus dem Genossenschaftsgesetz (GenG)

§46 Form und Frist der Einberufung

(1) Die Generalversammlung muss in der durch die Satzung bestimmten Weise mit einer Frist von mindestens zwei Wochen einberufen werden. Bei der Einberufung ist die Tagesordnung bekannt zu machen. [...]

(2) Über Gegenstände, deren Verhandlung nicht in der durch die Satzung oder nach §45 Abs. 3 vorgesehenen Weise mindestens eine Woche vor der Generalversammlung angekündigt ist, können Beschlüsse nicht gefasst werden. Dies gilt nicht, wenn sämtliche Mitglieder erschienen sind oder es sich um Beschlüsse über die Leitung der Versammlung oder um Anträge auf Einberufung einer außerordentlichen Generalversammlung handelt.

(3) Zur Stellung von Anträgen und zu Verhandlungen ohne Beschlussfassung bedarf es der Ankündigung nicht.

§47 Niederschrift

(1) Über die Beschlüsse der Generalversammlung ist eine Niederschrift anzufertigen. Sie soll den Ort und den Tag der Versammlung, den Namen des Vorsitzenden sowie Art und Ergebnis der Abstimmung und die Feststellung des Vorsitzenden über die Beschlussfassung enthalten.

(2) Die Niederschrift ist vom Vorsitzenden und den anwesenden Mitgliedern des Vorstands zu unterschreiben. Ihr sind die Belege über die Einberufung als Anlagen beizufügen.

(3) [...]

(4) Jedes Mitglied kann jederzeit Einsicht in die Niederschrift nehmen. Ferner ist jedem Mitglied auf Verlangen eine Abschrift der Niederschrift einer Vertreterversammlung unverzüglich zur Verfügung zu stellen. Die Niederschrift ist von der Genossenschaft aufzubewahren.

§48 Zuständigkeit der Generalversammlung

(1) Die Generalversammlung stellt den Jahresabschluss fest. Sie beschließt über die Verwendung des Jahresüberschusses oder die Deckung eines Jahresfehlbetrags sowie über die Entlastung des Vorstands und des Aufsichtsrats. Die Generalversammlung hat in den ersten sechs Monaten des Geschäftsjahres stattzufinden.

[...]

§51 Anfechtung von Beschlüssen der Generalversammlung

(1) Ein Beschluss der Generalversammlung kann wegen Verletzung des Gesetzes oder der Satzung im Wege der Klage angefochten werden. Die Klage muss binnen einem Monat erhoben werden.

(2) Zur Anfechtung befugt ist jedes in der Generalversammlung erschienene Mitglied, sofern es gegen den Beschluss Widerspruch zum Protokoll erklärt hat, und jedes nicht erschienene Mitglied, sofern es zu der Generalversammlung unberechtigterweise nicht zugelassen worden ist oder sofern es die Anfechtung darauf gründet, dass die Einberufung der Versammlung oder die Ankündigung des Gegenstandes der Beschlussfassung nicht ordnungsgemäß erfolgt sei. Ferner sind der Vorstand und der Aufsichtsrat zur Anfechtung befugt, ebenso jedes Mitglied des Vorstands und des Aufsichtsrats, wenn es durch die Ausführung des Beschlusses eine strafbare Handlung oder eine Ordnungswidrigkeit begehen oder wenn es ersatzpflichtig werden würde.

[...]

LernFeld 3

Aufträge bearbeiten

Lernsituationen

Lernsituation 3.1
EDV-System, Telefon und Kopierer für den Auszubildenden neu beschaffen

Der rote Faden

Einen Kriterienkatalog für ein neues EDV-System, neues Telefon und neuen Kopierer aufstellen

Einen begründeten Vorschlag für die Anschaffung der Anlagegüter als E-Mail erstellen

Ausgangssituation

Sie sind zurzeit in der Abteilung Vertrieb eingesetzt. Der Abteilungsleiter Herr Klein benötigt Unterstützung bei der Kalkulation der Verkaufspreise der Handelswaren der Duisdorfer BüroKonzept KG. Allerdings ist der PC auf dem Schreibtisch des Auszubildenden stark veraltet. Sie haben schon von einem anderen Auszubildenden, der vor Ihnen in der Abteilung Vertrieb eingesetzt war, gehört, dass „man erstmal einen Kaffee kochen kann, bevor der Rechner überhaupt hochgefahren ist". Der Drucker ist direkt an den PC angeschlossen. Dieser ist so alt und laut, dass er in einer schallisolierten Box untergebracht werden musste, um nicht in der gesamten Abteilung gehört zu werden. Der PC verfügt über keinen Internetanschluss. Die Programme auf dem PC sind veraltet, sodass die im Unternehmen übliche Umwandlung der Dokumente (z. B. Briefe) in das PDF-Format nicht möglich ist. Die Speicherung und Sicherung der Daten findet auf einem USB-Stick statt. Eine Verbindung zum sonstigen Netzwerk der Duisdorfer BüroKonzept KG ist nicht vorhanden.

Da der Auszubildende häufig die kurzzeitige Vertretung für die Sekretärin von Herrn Klein übernimmt, soll er zukünftig auch ein eigenes Telefon bekommen. Das Kopieren der aktualisierten Preislisten wurde in der Vergangenheit von der Sekretärin auf einem veralteten Kopiergerät durchgeführt, das in dieser Aktion ebenfalls ausgetauscht werden soll.

Herr Klein beauftragt Sie, in Abstimmung mit Herrn Lembke aus der Abteilung Beschaffung/Anlagegüter, ihm einen schriftlich begründeten Vorschlag für die Beschaffung eines neuen EDV-Systems, eines Telefons für Ihren Arbeitsplatz und eines neuen Kopierers zu unterbreiten.

Arbeitsauftrag 1 (orientieren und informieren)

LF 3, 1

Orientieren Sie sich zunächst in der beschriebenen Ausgangssituation und überlegen Sie, welche Anforderungen Sie an ein EDV-System, ein Telefon für Ihren Schreibtisch und einen Kopierer stellen. Informieren Sie sich dazu in Ihrem Lehrbuch „BüroWelt 1" und im Internet über die bürotypische Infrastruktur eines Unternehmens.

Arbeitsauftrag 2 (planen)

Planen Sie einen schriftlich begründeten Vorschlag für die Beschaffung der geforderten Anlagegüter, indem Sie zunächst einen Kriterienkatalog mit den für Sie jeweils wichtigsten Kriterien anlegen. Berücksichtigen Sie dabei die Struktur einer EDV-Anlage, die zu installierende Software (Betriebssysteme, Branchen-, Standardsoftware, ERP-Programm), den Drucker, das Telefon und den Kopierer.

Arbeitsauftrag 3 (durchführen)
Erstellen Sie für Herrn Klein den schriftlich begründeten Vorschlag für die Beschaffung der geforderten Anlagegüter als E-Mail. Beachten Sie dabei die Anforderungen an eine E-Mail auch im Hinblick auf die sogenannte Netiquette.

Arbeitsauftrag 4 (bewerten)
Bewerten Sie zunächst Ihre E-Mail (Selbsteinschätzung). Tauschen Sie sich über Ihre E-Mail anschließend mit einem Mitschüler aus und bewerten Sie gegenseitig Ihre E-Mails (Fremdeinschätzung).

Arbeitsauftrag 5 (reflektieren)
Nehmen Sie das konstruktive Feedback Ihres Mitschülers an und versuchen Sie dies bei zukünftigen E-Mails oder Briefen umzusetzen. Machen Sie sich ggf. eine Notiz in Ihrem Lerntagebuch, um die Verbesserungsvorschläge beim nächsten Mal nachsehen und umsetzen zu können.

Vertiefende Aufgaben

Aufgabe 1
Erläutern Sie die unterschiedlichen Zugriffsrechte die ein Mitarbeiter der Duisdorfer BüroKonzept KG für den Zugriff auf das Intranet und das Internet besitzen muss.

Aufgabe 2
Stellen Sie die Möglichkeiten dar, die Herr Klein nutzen könnte, um mit einem Kunden aus China „unter vier Augen“ zu sprechen, ohne dafür nach China reisen zu müssen.

Aufgabe 3
Nennen und erörtern Sie unterschiedliche Dateiformate im Hinblick auf den Versand von Dateien per E-Mail.

Aufgabe 4
Erläutern Sie unterschiedliche Vervielfältigungsmöglichkeiten, die die Druck-, Kopier- und Papierkosten verringern können. Bedenken Sie in diesem Zusammenhang auch die Option der Vergabe von Druckaufträgen an ein anderes Unternehmen (z. B. einen Copyshop).

Beispiel
Handlungsempfehlungen auf zehn Seiten, die für 100 Mitarbeiter in Farbe vervielfältigt werden sollen.

Aufgabe 5
Nennen und beschreiben Sie unterschiedliche Nachrichtenformate beim E-Mail-Versand.

Aufgabe 6
Stellen Sie die Vorteile und das Verfahren von digitalen Signaturen dar.

Lernsituation 3.2
Aufträge von Kunden bearbeiten und Verkaufspreise kalkulieren

Der rote Faden

- Anfragen bearbeiten
- Auf Bestellungen reagieren
- Das Zustandekommen von Kaufverträgen prüfen
- Verkaufspreise kalkulieren

Ausgangssituation

Ab heute beginnen Sie Ihren Ausbildungsabschnitt in der Abteilung Vertrieb. Hier besteht ein enger Kontakt zu den Kunden der Duisdorfer BüroKonzept KG. Kundenanfragen gehen ein, es wird reagiert, aber auch ohne Anfragen werden potenziellen Kunden Angebote unterbreitet. Herr Erwin Hummels wird Sie in der nächsten Zeit in Ihr neues Arbeitsgebiet einführen und Sie unterstützen. Um Ihren Wissensstand bezüglich des Zustandekommens von Kaufverträgen einzuordnen, gibt Ihnen Herr Hummels einige aktuelle Sachverhalte, die Sie bearbeiten sollen. Eine Zusammenfassung der Inhalte des Gesprächs erhalten Sie per E-Mail mit Anlagen. Sie möchten auf Ihren neuen Ausbilder kompetent wirken und nehmen die Herausforderung an.

Arbeitsauftrag 1 (orientieren)

Verschaffen Sie sich einen Überblick über die Angaben in Herrn Hummels E-Mail und die zu bearbeitenden Vorgänge.

Arbeitsauftrag 2 (informieren)

LF 3, 2 u. 3

Informieren Sie sich in Ihrem Lehrbuch „BüroWelt 1“, unter welcher Bedingung ein Kaufvertrag zustande kommt und welche verschiedenen Wege zum Abschluss eines Kaufvertrags führen.

Arbeitsauftrag 3 (planen und durchführen)

a) Formulieren Sie in einem Satz, wie ein Kaufvertrag zustande kommt. Verwenden Sie Fachbegriffe.

b) Erstellen Sie eine Übersicht (z. B. wie die unten abgebildete Tabelle), in der Sie die einzelnen Sachverhalte bearbeiten können. Es soll deutlich werden, mit welchen Schritten ein Kaufvertrag zustande kommen kann.

c) Tragen Sie die vorliegenden Fälle ein und überlegen Sie jeweils eine mögliche Reaktion des Geschäftspartners.

d) Entscheiden Sie, ob durch diese Willenserklärung ein Kaufvertrag zustande gekommen ist.

Vorschlag:

Fall	1. Willenserklärung		2. Willenserklärung		3. Willenserklärung	Kaufvertrag (j/n) Begründung
1						

e) Formulieren Sie die notwendigen Antwortschreiben. Verwenden Sie – wenn möglich – ein Textverarbeitungsprogramm und beachten Sie die DIN-Vorschriften. Benennen Sie Ihre Dokumente nach dem Schema „BM_LS3.2_Antwort1-3".

Word, Kap. 6

Arbeitsauftrag 4 (bewerten und reflektieren)

Vergleichen Sie Ihr Arbeitsergebnis mit dem Ihrer Mitschüler und prüfen Sie unterschiedliche Ergebnisse. Entscheiden Sie, ob Ihre Vorgehensweise notwendig ist oder ob sie eine kaufmännische Gepflogenheit darstellt, welche die Vereinbarung absichert.

Auszubildende/-r ...

Von:	e.hummels@duisdorfer-bueko.de
Gesendet:	28. Juni 20.. 14:35
An:	Auszubildende/-r ...
Betreff:	Informationen bezüglich der Kundenanfragen etc.
Anlagen:	Kanzlei Krone: Auftrag Büroeinrichtung.pdf Fwd: Bestellung unseres Kunden Brinkmann OHG Neuhoff KG: Anfrage.pdf

Liebe Frau ..., lieber Herr ...,

hoffentlich habe ich Sie heute Morgen nicht mit meinen Informationen überfordert. Es waren einige wichtige Details, die ich Ihnen zu den vorliegenden Sachverhalten erklärt habe.

Wie versprochen liste ich die wichtigsten Angaben noch einmal auf, damit Ihnen die Bearbeitung leichter fällt:

Prüfen Sie bitte grundsätzlich, ob mit den vorliegenden Unterlagen bereits ein Kaufvertrag vorliegt. Wenn nicht, überlegen Sie die notwendigen Schritte und bereiten Sie, falls erforderlich, die Korrespondenz mit den Kunden vor.

Informieren Sie mich anschließend über den aktuellen Stand jedes Sachverhalts, insbesondere wenn die Reaktion des Kunden aussteht.

1. Kanzlei Krone und Partner:
Die gewünschten Möbel sind vorrätig. Die Lieferungs- und Zahlungsbedingungen habe ich mit Herrn Rose besprochen, sie gelten wie im Auftrag der Kanzlei aufgeführt.

2. Brinkmann OHG:
Alles Wesentliche habe ich während des Telefonats erfasst. Kontrollieren Sie bitte, ob eine Reaktion unsererseits erfolgen muss. Oder wäre es nur sinnvoll, dies zu tun?

3. Neuhoff KG:
Das Unternehmen ist ein wichtiger Stammkunde. Deshalb ist eine angemessene Reaktion von Bedeutung. Zur konkreten Anfrage kann die Neuhoff KG darüber informiert werden, dass neue Produkte entsprechend der angesprochenen Stilrichtung in Planung sind. In ca. einem Monat werden die neuen Modelle vorgestellt.

Bitte stellen Sie mir morgen Vormittag Ihre Ergebnisse vor.

Mit freundlichen Grüßen

E. Hummels

Anlagen zur E-Mail

§§§

Kanzlei Krone & Partner · Sülzburgstraße 123 · 50937 Köln

Duisdorfer BüroKonzept KG
Rochusstr. 30
52123 Bonn

Ihr Zeichen:
Ihre Nachricht vom:
Unser Zeichen:
Unsere Nachricht vom:

Name: Herr Rose
Telefon: 0221 67340-15
Telefax: 0221 67340-85
E-Mail: ulrich-rose@kkp.de

Datum: 27.06.20..

Auftrag Büroeinrichtung
Telefonat vom 26.06.20..

Sehr geehrter Herr Hummels,

wie bereits gestern telefonisch angesprochen, erteilen wir Ihnen heute den Auftrag über 8 Schreibtische und 8 Schreibtischstühle. Statt der gestern favorisierten weißen Schreibtische bestellen wir nun die **Schreibtische der Serie Ökostar in den Maßen 160 × 80 cm zum Einzelpreis von 489,00 €.** Ihre Erklärungen bezüglich der Qualitätsunterschiede zwischen beiden Produkten haben uns überzeugt. Außerdem wählen wir bei den Schreibtischstühlen die Serie „Bandscheiben-Drehstuhl extra" mit schwarzen Lederbezügen. Der von Ihnen angebotene Einzelpreis beträgt 299,00 €.

Wir gehen davon aus, dass der gestern in Aussicht gestellte Rabatt von 8 % auch bei dieser Bestellung gewährt wird. Wie vereinbart soll die Lieferung innerhalb der nächsten 4 Wochen frei Haus erfolgen. Als Zahlungsbedingung akzeptieren wir das Zahlungsziel von 40 Tagen netto Kasse.

Wir freuen uns auf Ihre baldige Antwort.

Mit freundlichen Grüßen

Kanzlei Krone und Partner

i. A. *U. Rose*

Ulrich Rose

An ...	e.hummels@duisdorfer-bueko.de
Cc ...	
Betreff:	Bestellung unseres Kunden Brinkmann OHG

Telefonnotiz

Anruf vom	28.06.20..	Name:	Frau Kleine
Dringlichkeit	Normal ▼	Firma:	Brinkmann OHG
		Telefon:	040 3547 30

hat angerufen	☒	bitte zurückrufen	☐
hat zurückgerufen	☐	wird zurückrufen	☐

Thema: Bestellung Konferenztische und Stühle

Kommentar:

Vereinbarungen getroffen über:
8 Konferenztische lichtgrau,
8 Bürosessel Tenno
} gemäß unserem Produktkatalog

Lieferung sofort
Zahlung: innerhalb von 10 Tagen 2 % Skonto, 30 Tage netto Kasse

Wir gewähren folgende Konditionen: 10 % Treuerabatt

weiteres Vorgehen veranlassen

NeuHoff
RaumDesign

Neuhoff KG · RaumDesign · Brunnenstr. 3 · 38700 Hannover

Duisdorfer BüroKonzept KG
Rochusstr. 30
52123 Bonn

Ihr Zeichen:
Ihre Nachricht vom:
Unser Zeichen: SW
Unsere Nachricht vom:

Name: Frau Sonja Winterscheid
Telefon: 0511 56245-50
Telefax: 0511 56245-55
E-Mail: swinterscheid@neuhoff.de

Datum: 28.06.20..

Anfrage neue Schreibtischmodelle

Sehr geehrter Herr Hummels,

seit 2005 zählen wir zu den Stammkunden Ihres Hauses und erkundigen uns nun nach neuen Schreibtischmodellen.

Aufgrund häufiger Nachfragen unserer Kunden möchten wir unsere Angebotspalette erweitern. Zurzeit zeichnet sich ein neuer Trend in der Büromöblierung ab. Gefragt sind verstärkt Schreibtische in einer edleren Ausführung und Optik. In diesem Zusammenhang beziehen sich die Anfragen oft auf Massivholzverarbeitung in den Hölzern Buche, Kirsche oder auch Eiche. Auch eine Kombination verschiedener Materialien, wie zum Beispiel Holz mit Edelstahl, wird gewünscht.

Unser erwarteter Quartalsbedarf liegt bei 150 Stück. Wenn Sie uns die gesuchten Produkte in Ihrer gewohnten Qualität anbieten, können Sie mit laufenden Aufträgen rechnen.

Wir freuen uns auf Ihre baldige Antwort.

Mit freundlichen Grüßen

Neuhoff KG

i. A. *S. Winterscheid*

Sonja Winterscheid

Briefvorlage

Duisdorfer BüroKonzept KG

Ausstattung und Beratung für das Büro

Duisdorfer BüroKonzept KG • Rochusstraße 30 • 53123 Bonn

Ihr Zeichen:
Ihre Nachricht vom:
Unser Zeichen:
Unsere Nachricht vom:

Name:
Telefon:
Telefax:
E-Mail:

Datum:

Duisdorfer BüroKonzept KG
Rochusstraße 30
53123 Bonn
USt.-IdNr.: DE 244 111 855

Geschäftsführer:
Sebastian Falo
Katharina Niester
Amtsgericht Bonn
HRA 1221

Telefon: 0228 98765-0
Fax: 0228 98765-80
Internet: www.duisdorfer-bueko.de
E-Mail: info@duisdorfer-bueko.de

Bankverbindungen:
Volksbank Köln Bonn eG
IBAN DE85 3806 0186 2401 2345 67
BIC GENODED1BRS
Postbank Köln
IBAN DE23 3701 0050 8884 4412 34
BIC PBNKDEFF370

Vertiefende Aufgaben

Aufgabe 1

LF 3, 2 u. 3

Nachstehend erhalten Sie einige Vorgänge aus den vergangenen Tagen der Duisdorfer BüroKonzept KG, die das übrige Sortiment betreffen. Sie sollen mithilfe des Informationstextes in Ihrem Lehrbuch „Büro-Welt 1" überprüfen, ob jeweils ein Kaufvertrag zustande gekommen ist. Begründen Sie Ihre Entscheidung.

Ausgangssituation zu den nachstehenden vier Varianten

Die Duisdorfer BüroKonzept KG erhält am 02.06.20.. ein Angebot der Schacht KG über 100 Rollcontainer, 60 cm hoch, Aluminium zum Preis von 102,50 € zuzüglich 19 % USt., Zahlungsziel drei Wochen. Das Angebot wurde am 01.06.20.. erstellt. Bei Zahlung innerhalb von 10 Tagen wird ein Skonto von 3 % gewährt. Das Angebot gilt bis zum 15.06.20.. .

1. Die Duisdorfer BüroKonzept KG antwortet am 10.06.20.. per Brief auf das Angebot und nimmt dieses unverändert an. Der Antwortbrief kommt am 11.06.20.. bei der Schacht KG an.
2. Die Duisdorfer BüroKonzept KG antwortet am 07.06.20.. per Brief auf das Angebot und nimmt dieses unverändert an. Der Brief kommt am 09.06.20.. bei der Schacht KG an. Nach dem Versenden des Briefs erhält die Duisdorfer BüroKonzept KG ein Angebot der Kontor GmbH, die ein gleichwertiges Produkt zu einem Preis von 97,00 € zzgl. 19 % USt. anbietet. Aufgrund des deutlich günstigeren Preises soll von der ursprünglichen Bestellung Abstand genommen werden. Hierfür wird am 10.06.20.. eine E-Mail an die Schacht KG geschickt, mit dem ausdrücklich die Bestellung storniert wird.
3. Die Duisdorfer BüroKonzept KG antwortet am 10.06.20.. per Brief auf das Angebot und nimmt das Angebot zum Preis von 102,50 € inklusive Umsatzsteuer an. Der Antwortbrief kommt am 11.06.20.. bei der Firma Schacht KG an.
4. Die Duisdorfer BüroKonzept KG antwortet am 16.06.20.. per Brief auf das Angebot und nimmt dieses unverändert an. Der Antwortbrief kommt am 17.06.20.. bei der Firma Schacht KG an. In einem als Auftragsbestätigung deklarierten Brief teilt uns die Firma Schacht KG am 18.06.20.. mit, dass sie die Bestellung gerne ausführen möchte, sich die Preise zwischenzeitlich aber um 5 % erhöht hätten.

Aufgabe 2

Beurteilen Sie schriftlich die nachfolgenden Situationen.

1. Am 03.06.20.. bestellt die Duisdorfer BüroKonzept KG telefonisch bei der Rüdiger Kiel GmbH Rückenpolster für die Bürosesselserie Tenno. Während des Telefonats wird die Bestellung bestätigt und eine schriftliche Zusammenfassung des Auftrages vereinbart. Noch bevor das Schreiben eingeht, storniert die Duisdorfer BüroKonzept KG die Bestellung per Fax.
2. Die Duisdorfer BüroKonzept KG hat am 12.06.20.. eine Position Metallschrauben von der Rösgen e. K. erhalten. Die gelieferte Menge beträgt 5000 Stück, die gelieferte Qualität wird als „gut" eingestuft. Die Lieferung ist ohne ausdrückliche Bestellung erfolgt. In den letzten zwei Quartalen wurden allerdings insgesamt sieben Bestellungen über diese Position in Auftrag gegeben, die allesamt zur Zufriedenheit der Duisdorfer BüroKonzept KG ausgeführt worden sind.
3. Ebenfalls am 12.06.20.. ist eine Lieferung der ostfriesischen Metall AG eingetroffen. Auch hier wurden 5000 Metallschrauben geliefert. Eine Bestellung bei dem bislang unbekannten Lieferanten ist nicht erfolgt. Lediglich eine allgemeine Anfrage ist vor rund zwei Wochen gestellt worden.
4. Am 14.06.20.. trifft ein freibleibendes Angebot der süddeutschen Kreuzer GmbH über den Bezug von insgesamt 25000 Schrauben ein. Der angebotene Preis sowie die zugesagte Qualität entsprechen den Erwartungen. Daher wird noch am selben Tag eine Bestellung als Brief verschickt und zur Sicherheit eine gleichlautende E-Mail an den Anbieter der Metallschrauben versandt.

5. Die Opitz AG sendet am 15.06.20.. ein Schreiben an die Duisdorfer BüroKonzept KG, in dem die Schreibtischplatten „Ahorn“ zu einem Sonderpreis erscheinen. Der Sonderpreis gilt für zwei Wochen. Noch am selben Tag erfolgt eine telefonische Bestellung von 20 Schreibtischplatten durch die Duisdorfer BüroKonzept KG.

Aufgabe 3

In der betriebseigenen Kantine befindet sich ein Selbstbedienungsautomat, auf dem folgende Information vermerkt ist: „2 Schokoladenriegel zum Preis von 1,00 € – bitte nur abgezähltes Geld einwerfen“.

Bei der täglichen Leerung des Automaten wird festgestellt, dass ein Mitarbeiter scheinbar gezielt drei Münzen aus einem osteuropäischen Land in den Automaten geworfen hat. Da der Umfang sowie das Gewicht der Münzen vom Automaten als „passend“ akzeptiert worden sind, sind die entsprechenden Schokoladenriegel an den Kunden ausgegeben worden. Erläutern Sie, ob ein Kaufvertrag zustande gekommen ist.

Aufgabe 4

Es liegen Ihnen einige Auszüge aus Kaufverträgen der Duisdorfer BüroKonzept KG vor, die sich auf die Lieferzeit beziehen. Bestimmen Sie die jeweilige Kaufvertragsart.

Vereinbarung	Kaufvertragsart
1. „Die Lieferung erfolgt in der 28. Kalenderwoche.“	
2. „Das Buffet für das Sommerfest wird am 25.08.20.. spätestens um 12:00 Uhr geliefert.“	
3. „Die Schreibtische werden am 18.07.20.. fest geliefert.“	
4. „Die erste Teillieferung der Büromöbel wird am 18. Juli 20.. erfolgen.“	
5. „Die Ware wird bis zur 25. Kalenderwoche geliefert.“	

Aufgabe 5

Im Bereich Beschaffung stellt der Kaufvertrag die mit Abstand am häufigsten vorkommende Vertragsart dar. Da es allerdings nicht den EINEN Kaufvertrag gibt, sollen Sie für die nachstehenden zehn Kaufverträge ermitteln, wie diese den drei Kategorien **Kaufgegenstand**, **rechtliche Stellung der Vertragspartner** sowie **Besonderheiten im Kaufvertrag** zuzuordnen sind.

a) Informieren Sie sich hierfür zunächst noch einmal in Ihrem Lehrbuch „BüroWelt 1“ über die Kaufvertragsarten.

LF 3, 5

b) Beurteilen Sie für die nachstehenden Beispiele, wie diese den oben genannten Kategorien zuzuordnen sind. Beachten Sie, dass für jedes Beispiel insgesamt drei Antworten zu vergeben sind. Tragen Sie Ihre Antworten in Form von Kreuzen in die hierfür vorgesehene Lösungshilfe ein.

c) Besprechen Sie Ihre Ergebnisse mit Ihren Mitschülern und begründen Sie Ihre jeweiligen Antworten. Nehmen Sie – sofern notwendig – Korrekturen an Ihren Arbeitsergebnissen vor.

Beispiele

1. *Die Duisdorfer BüroKonzept KG hat vom Lieferanten Wittmann AG einen Beamer zu Versuchszwecken fest gekauft. Das Gerät wird einem Dauertest unterzogen. Werden die Ansprüche an das Gerät erfüllt, kauft die Duisdorfer BüroKonzept KG insgesamt 500 Stück dieses Geräts. Diese müssen hinsichtlich der Qualität, ihrer Leistungsdaten etc. dem gekauften Gerät entsprechen.*

2. *Frau Elling aus der Beschaffungsabteilung hat sich am vergangenen Wochenende für private Zwecke ebenfalls einen gebrauchten Beamer in einer Online-Auktion gekauft. Das Gerät wurde von Frau Simone Karls (Privatperson) mit dem Hinweis eingestellt, dass der Käufer das Gerät in den Tagen bis Auktionsende gerne in ihrer Privatwohnung in Köln-Porz anschauen könne, um etwaige optische oder technische Mängel in Augenschein nehmen zu können.*

3. *Die Duisdorfer BüroKonzept KG benötigt eine neue Lackiermaschine. Auf der Internationalen Maschinenbaumesse wird eine – speziell für die Duisdorfer BüroKonzept KG zu entwickelnde – Lackiermaschine bei der Hans Meier Maschinenbau GmbH in Auftrag gegeben. Die genaue Position der Bedienelemente und Touchscreens an der Maschine wird erst zwei Monate vor Lieferung festgelegt.*

4. *Herr Anderson tätigt mit der Bonner Haushaltsauflösungen OHG einen Vertrag, wonach diese den gesamten Buchbestand seiner verstorbenen Großmutter zu einem Preis von 735,00 € aufkauft. Über den qualitativen Zustand der insgesamt knapp 450 Bücher wird keine Vereinbarung getroffen.*

5. *In einem Kaufvertrag vom vergangenen Monat bestellt Herr Anderson für die Produktionsabteilung insgesamt 5 000 Schreibtischplatten bei einem polnischen Lieferanten. Die Lieferung wird im kommenden März erfolgen. In welchem Farbton die aus Buchenholz hergestellten Schreibtischplatten ausgeliefert werden, ist erst sechs Wochen vor dem Liefertermin verbindlich festzulegen.*

6. *Die Duisdorfer BüroKonzept KG hat vor einem Monat das Angebot des örtlichen Computerfachgeschäfts PC-Master GmbH akzeptiert, wonach die Abteilung „Beschaffung" insgesamt fünf All-in-One-PCs erhält. Die Duisdorfer BüroKonzept KG darf die Geräte zwei Wochen lang intensiv ausprobieren. Wenn die Duisdorfer BüroKonzept KG die Geräte nach Ablauf der vorgenannten Frist nicht dem PC-Händler zurückgibt, wird automatisch ein Kaufvertrag für die Geräte geschlossen.*

7. *Die Abteilungsleiterin der Abteilung Beschaffung – Frau Beckmann – ist begeistert vom zuvor erwähnten All-in-One-PC. Allerdings ist ihr Arbeitstisch für das 24-Zoll große Gerät doch etwas zu klein. Frau Beckmann gibt daher beim örtlichen Tischlermeister Guido Fritsch den Auftrag über die Herstellung einer Tischplattenerweiterung. Herr Fritsch erstellt diese Sonderanfertigung nach den genau vorgegebenen Abmessungen, da alle am Markt erhältlichen Tischplattenerweiterungen Frau Beckmanns Vorstellungen nicht entsprechen.*

8. *Frau Beckmann hat eine Vorliebe für chilenischen Rotwein. Bei ihrem Weinhändler hat sie sich eine Kiste Cabernet Sauvignon zum Preis von 8,95 € je Flasche gekauft. Sie hat das Angebot erhalten, dass – sollte ihr der Rotwein zusagen – sie noch fünf Kisten des identischen Weins zum oben genannten Vorzugspreis erhalten könne.*

9. *Herr Lembke ist begeisterter Motorradfahrer. In einem Internetportal hat er das Angebot von Herrn Lehmann gesehen, der eine gebrauchte BWM R 1200 RT zum Preis von 9.900,00 € verkaufen will. Herr Lembke hat vor dem Kauf die Möglichkeit, sich das Motorrad genau anzuschauen, die Wartungsnachweise einzusehen und zwei ausgedehnte Probefahrten zu machen. Herr Lembke akzeptiert diese Bedingungen und kauft nach den Probefahrten das Motorrad.*

10. *Die Duisdorfer BüroKonzept KG hat im Februar des vergangenen Jahres einen Kaufvertrag mit einem Büromöbelhändler geschlossen, der ausschließlich Restposten über das Internet vertreibt. Gegenstand des Kaufvertrags war der Abverkauf von insgesamt 42 Schreibtischen, die aufgrund der Sortimentsumstellung nicht mehr auf dem normalen Weg verkauft werden konnten. Da einige Schreibtische durch die lange Lagerung ggf. einige leichte optische Mängel aufweisen, wurden im Kaufvertrag keinerlei Aussagen zur Qualität gemacht. Der Käufer hat diesen Umstand bewusst akzeptiert, zumal er hierdurch einen sehr günstigen Bezugspreis erzielen konnte.*

Lösungshilfe

	Aufgabenstellung									
	1	2	3	4	5	6	7	8	9	10
Kaufgegenstand/Art der Ware										
Gattungskauf										
Stückkauf bzw. Spezieskauf										
Rechtliche Stellung der Vertragspartner										
Bürgerlicher Kauf										
Einseitiger Handelskauf										
Zweiseitiger Handelskauf										
Besonderheiten im Kaufvertrag										
Kauf auf Probe/nach Besichtigung										
Kauf nach Probe/nach Muster										
Kauf zur Probe										
Spezifikationskauf										
Ramschkauf (Bausch und Bogen)										

Aufgabe 6

Bestimmen Sie bei den nachfolgenden Situationen die Verpflichtungs- und Erfüllungsgeschäfte.

a) Die Duisdorfer BüroKonzept KG schließt am 01.12.20.. einen Vertrag mit der Neuhoff KG über den Verkauf von 10 Schreibtischen der Serie „Ökostar". Die Lieferung soll am 06.12.20.. erfolgen, die Neuhoff KG hat ein Zahlungsziel von 20 Tagen.

b) Am Morgen kauft Franz auf dem Weg ins Büro ein belegtes Brötchen beim Bäcker und bezahlt bar.

c) Caroline kauft auf einem Online-Portal einige Bücher. Sie bezahlt per Vorkasse mit ihrer Kreditkarte. Die Warenlieferung erfolgt nach zwei Tagen.

d) Ina bestellt am 13.05.20.. für ihre Wohnung ein neues Ledersofa, das innerhalb von 30 Tagen nach Lieferung bezahlt werden muss. Als Lieferdatum wurde der 15. Mai 20.. vereinbart. Bei Lieferung ist Ina nicht zu Hause, weil sie einen wichtigen Arzttermin wahrnehmen muss. Der Lieferer Schöller GmbH muss das Möbelstück unverrichteter Dinge wieder mitnehmen.

Erweiterte Ausgangssituation

Zurzeit werden in der Abteilung die Verkaufspreise für eine neue Produktlinie kalkuliert und Angebote an Kunden vorbereitet.

Aufgrund der Anfrage nach Echtholz-Schreibtischen durch die Neuhoff KG beschließt Herr Hummels ein konkretes Angebot zu erstellen. Denn zum einen weiß er, dass in der Produktion an einer neuen Schreibtischserie mit Echtholz-Platte „Wildkirsche" gearbeitet wird und zum anderen liegen zwei Angebote von Lieferern vor, die Echtholz-Schreibtische aus Eiche bzw. aus Buche anbieten.

Herr Hummels beauftragt Sie mit der Kalkulation der Verkaufspreise. Anschließend muss das Angebot für die Neuhoff KG so formuliert werden, dass eine Bindung an die Lieferzeit ausgeschlossen wird. Mit dieser Freizeichnungsklausel will Herr Hummels Schwierigkeiten ausschließen, falls sich die Neueinführung der Produkte verzögern sollte.

Als Sie am nächsten Morgen an Ihren Arbeitsplatz kommen, hat Herr Hummels die unten aufgeführten Informationen für die Kalkulation der Verkaufspreise zusammengetragen.

Arbeitsauftrag 1 (orientieren)

Verschaffen Sie sich einen Überblick über die bestehende Situation und die Ihnen zur Verfügung gestellten Belege.

Arbeitsauftrag 2 (informieren)

Informieren Sie sich in Ihrem Lehrbuch „BüroWelt 1"

- LF 4, 4.4 über die Kalkulation von Angebotspreisen für selbst hergestellte Produkte und Preisuntergrenzen sowie
- LF 5, 11.2.2 über die Kalkulation von Angebotspreisen für Handelswaren (Verkaufskalkulation).

Arbeitsauftrag 3 (planen)

Erstellen Sie ein Schema für die Kalkulation von Angebotspreisen sowohl für selbst hergestellte Produkte, als auch für Handelswaren. Verwenden Sie hierzu – wenn möglich – ein Tabellenkalkulationsprogramm, um die Berechnungen auch mithilfe dieses Programms durchzuführen.

Arbeitsauftrag 4 (durchführen)

a) Berechnen Sie die Verkaufspreise für die Schreibtischarten Wildkirsche, Eiche und Buche. Achten Sie bei der Berechnung darauf, ob das Produkt selbst erzeugt oder als Handelsware eingekauft wurde. Wenn Sie die Lösung mithilfe eines Tabellenkalkulationsprogramms entwickeln, speichern Sie das Dokument unter dem Dateinamen „BM_LS3.2_Kalkulation" auf verschiedenen Tabellenblättern.

b) Entscheiden Sie, auch im Hinblick auf langfristige und kurzfristige Preisuntergrenzen, zu welchem Preis Sie die neu einzuführenden Produkte der Neuhoff KG anbieten wollen.

c) Erstellen Sie mithilfe eines Textverarbeitungsprogramms ein Angebot an die Neuhoff KG. Beachten Sie die DIN 5008 und speichern Sie Ihr Dokument unter dem Dateinamen „BM_LS3.2_Angebot_Neuhoff".

Arbeitsauftrag 5 (bewerten und reflektieren)

Präsentieren Sie Ihre Ergebnisse zur Preisfindung Ihren Mitschülern. Vergleichen Sie die Ergebnisse besonders im Hinblick auf Ihre Entscheidungsgrundlage für den Verkaufspreis je Schreibtischart (Wildkirsche, Eiche, Buche). Wägen Sie Vor- und Nachteile der unterschiedlich festgelegten Verkaufspreise ab und halten Ihr Ergebnis in geeigneter Form fest.

Auszubildende(r)...

Von: e.hummels@duisdorfer-bueko.de
Gesendet: 30. Juni 20.. 7:30
An: Auszubildende/-r ...
Betreff: Zuschlagssätze für die Kalkulation

Anlagen: Kalkulationsschema für selbst hergestellte Produkte
Kalkulationsschema für Handelswaren

Liebe Frau ..., lieber Herr ...,

heute Morgen habe ich bereits mit Frau Holländer telefoniert. Nach ihren Informationen werden in der Produktion Fertigungslöhne in Höhe von 340,00 € angesetzt. Es müssen folgende Zuschlagssätze für die Kalkulation des Verkaufspreises selbst produzierter Schreibtische zugrunde gelegt werden:

Zuschlagssätze	
Materialgemeinkosten	15 %
Fertigungsgemeinkosten	80 %
Verwaltungsgemeinkosten	8 %
Vertriebsgemeinkosten	5 %
Gewinn	18 %
Kundenskonto	2 %
Kundenrabatt	10 %

Zu Ihrer Erleichterung habe ich das Kalkulationsschema zur Ermittlung des Verkaufspreises für den Schreibtisch, den wir selber erstellen, angehängt (Anhang 1). Weitere Informationen finden Sie in Ihren Unterlagen. Auch finden Sie im Anhang die Stückliste für den Schreibtisch, damit Sie die Kosten für das Material bestimmen können (Anhang 2). Der Vollständigkeit halber habe ich auch das Kalkulationsschema für die Handelswaren angefügt (Anhang 3). So können Sie gleichzeitig unseren Verkaufspreis für die beiden eingekauften Schreibtische aus Eiche und Buche ermitteln.

Apropos Schreibtische aus Eiche und Buche: Die in Frage kommenden Angebote der Lieferer habe ich auf Ihren Schreibtisch gelegt. Wir planen eine Abnahmemenge von je 50 Tischen. Kalkulieren Sie bitte auch die Verkaufspreise für diese Produkte. Für die Handlungskosten setzen Sie einen Zuschlagssatz von 19 % an; die Zuschlagssätze für Gewinn, Kundenskonto und -rabatt übernehmen Sie bitte aus der obigen Tabelle.

Anschließend unterbreiten wir der Neuhoff KG ein konkretes Angebot. Achten Sie unbedingt darauf, dass wir ein neues Produkt einführen und aus diesem Grund einen günstigen, aber für mich nachvollziehbaren Preis anbieten wollen. Formulieren Sie diesen Geschäftsbrief mit einer Freizeichnungsklausel bezüglich der Lieferzeit. Legen Sie mir bitte den Brief zur Kontrolle vor.

Freundliche Grüße

E. Hummels

Anhang 1:

Kalkulationsschema für selbst hergestellte Produkte

	€	€ (Summe)
Fertigungsmaterial		
+ Materialgemeinkosten (... % vom Fertigungsmaterial)		
= Materialkosten (MK)		
Fertigungslöhne		
+ Fertigungsgemeinkosten (... % von den Fertigungslöhnen)		
= Fertigungskosten (FK)		
Herstellkosten (MK+FK)		
+ Verwaltungsgemeinkosten (... % von den Herstellkosten)		
+ Vertriebsgemeinkosten (... % von den Herstellkosten)		
= Selbstkosten (SK)		
+ Gewinn (... % von den Selbstkosten)		
= Barverkaufspreis (BVP)		
+ Kundenskonto (... % vom Zielverkaufspreis)		
= Zielverkaufspreis (ZVP)		
+ Kundenrabatt (... % vom Listenverkaufspreis)		
= Listenverkaufspreis/Angebotspreis (LVP/AP)		

Anhang 2:

Gesamtstückliste mit Einstandspreisen der Einzelteile

Gesamtstückliste		Schreibtisch „Wildkirsche“	
Nr.	**Anzahl**	**Bezeichnung**	**Einstandspreis pro Stück**
1	1	Tischplatte Wildkirsche 100 × 180 cm	492,00 €
2	4	Rahmenleiste Edelstahl 170 cm	14,50 €
3	4	Rahmenleiste Edelstahl 90 cm	8,00 €
4	4	Tischbein Edelstahl	29,00 €
5	3	Kunststofffuß, fix	4,10 €
6	1	Kunststofffuß, höhenverstellbar	7,20 €
7	8	Eckwinkel	3,30 €
8	16	Schraube/Mutter	0,18 €
9	4	Unterlegscheibe	0,60 €
10	4	Einschlagmutter	3,40 €

Anhang 3:

Kalkulationsschema für Handelswaren	Willi Lauf OHG	Lignum AG
Listeneinkaufspreis		
– Lieferantenrabatt (... % vom Listeneinkaufspreis)		
= Zieleinkaufspreis		
– Lieferantenskonto (... % vom Zieleinkaufspreis)		
= Bareinkaufspreis		
+ Beförderungskosten		
= Bezugspreis		
+ Handlungskosten (... % vom Bezugspreis)		
= Selbstkosten		
+ Gewinn (... % von den Selbstkosten)		
= BVP		
+ Kundenskonto (... % vom Zielverkaufspreis)		
= ZVP		
+ Kundenrabatt (... % vom Listenverkaufspreis)		
= Listenverkaufspreis/Angebotspreis (LVP/AP)		

Angebote der Willi Lauf OHG und der Lignum AG

Willi Lauf OHG

Willi Lauf OHG ● Manderscheider Platz 1 ● 34414 Warburg

Duisdorfer BüroKonzept KG
Herrn Hummels
Rochusstraße 30
53123 Bonn

Ihr Zeichen: EHu
Ihre Nachricht vom: 12.06.20..
Unser Zeichen:
Unsere Nachricht vom:

Name: Daniela Hamburg
Telefon: 05641 48006-16
Telefax: 05641 48006-88
E-Mail: dhamburg@willi-lauf.de

Datum: 15.06.20..

Angebot Massivholz-Schreibtisch Eiche

Sehr geehrter Herr Hummels,

Sie interessieren sich für unsere edlen Schreibtische aus massiver Eiche. Für Ihre Anfrage bedanken wir uns.

Den Schreibtisch „***Modern Oak***“ aus massiver Eiche, hell, 180 × 90 cm, bieten wir Ihnen zum Nettopreis von 720,00 €/Stück an. Bei einer Abnahmemenge von 40 Stück bieten wir Ihnen als Stammkunden einen Mengenrabatt von 12 % an. Diese Möbelstücke können innerhalb einer Woche geliefert werden. Die Kosten für die Lieferung in Ihr Lager belaufen sich pauschal auf 220,00 € netto. Als Zahlungsbedingung gewähren wir ein Zahlungsziel von 20 Tagen ab Rechnungsdatum, bei Zahlung innerhalb von 10 Tagen ist die Gewährung von 2 % Skonto möglich. Diese Konditionen gelten bis zum 15.07.20..

Wir hoffen, dass Ihnen das Angebot zusagt. Haben Sie noch Fragen? Dann rufen Sie uns bitte an!

Freundliche Grüße

Willi Lauf OHG

i. A. *Daniela Hamburg*

Daniela Hamburg

Lignum AG

Lignum AG ● Südallee 261 ● 54290 Trier

Ihr Zeichen: EHu
Ihre Nachricht vom: 12.06.20..
Unser Zeichen:
Unsere Nachricht vom:

Duisdorfer BüroKonzept KG
Herrn Hummels
Rochusstraße 30
53123 Bonn

Name: Kilian Knauber
Telefon: 0651 52600-5
Telefax: 0651 52600-99
E-Mail: knauber.k@lignum.de

Datum: 15.06.20..

Angebot Schreibtisch Kernbuche geölt
Anfrage vom 12.06.20..

Sehr geehrter Herr Hummels,

wir danken für die Anfrage vom 12.06.20.. nach Massivholz-Schreibtischen aus Buche.

Gerne bieten wir Ihnen unser Produkt **„Fagus“ aus massiver Kernbuche**, 180 × 90 cm an. Die Schreibtischplatte weist eine Stärke von 48 mm auf und ist durch die geölte Oberfläche unempfindlich. Außerdem unterstreicht dies den natürlichen und nachhaltigen Charakter des Möbelstücks. 9 × 9 cm starke Tischbeine sorgen für sicheren Stand und vervollständigen das zeitlos schöne Design.

Den Schreibtisch „Fagus“ offerieren wir Ihnen zum Preis von 680,00 € zuzüglich 19 % Umsatzsteuer. Die Ware ist innerhalb von 2 Wochen frei Haus lieferbar. Der Rechnungsbetrag ist binnen 30 Tagen ab Rechnungsdatum fällig. Wenn Sie die Rechnung innerhalb von 8 Tagen begleichen, können Sie 3 % Skonto von der Rechnungssumme abziehen.

Falls Sie Fragen haben oder weitere Informationen wünschen, zögern Sie nicht uns anzurufen. Wir freuen uns auf Ihre Bestellung.

Mit freundlichen Grüßen

Lignum AG
i. A. *Kilian Knauber*
Kilian Knauber

Vertiefende Aufgaben

Aufgabe 1

Ein Großhändler für Bürotechnik möchte in sein Sortiment ein Multifunktionsgerät aufnehmen, das die Funktionen Kopieren, Drucken und Scannen aufweist. In Frage kommt das Gerät „All-In-One“ zum Listeneinkaufspreis von 380,00 €. Unter Berücksichtigung der Zuschläge darf der Listenverkaufspreis 625,00 € nicht überschreiten.

Web

Ermitteln Sie mithilfe des vorbereiteten Lösungstableaus (BM_LS3.2erweitert_VA1) den möglichen Listenverkaufspreis des Gerätes und entscheiden Sie über die Aufnahme des Produktes in das Sortiment.

Verkaufskalkulation	Multifunktionsgerät all-in-one		(zu berechnende Dreissätze)						
Listeneinkaufspreis	100 %	380,00 €	100 %						
– Lieferantenrabatt	7 %		– 7 %						
= Zieleinkaufspreis			= 93 %	100 %					
– Lieferantenskonto	3 %			– 3 %					
= Bareinkaufspreis				= 97 %	–				
+ Beförderungskosten		60,00 €			–				
= Bezugspreis					–	100 %			
+ Handlungskosten (... % vom Bezugspreis)	22 %					+ 22 %			
= Selbstkosten						= 122 %	100 %		
+ Gewinn (... % von den Selbstkosten)	12 %						+ 12 %		
= BVP							= 112 %	98 %	
+ Kundenskonto (... % vom Zielverkaufspreis)	2 %							+ 2 %	
= ZVP								= 100 %	90 %
+ Kundenrabatt (... % vom Listenverkaufspreis)	10 %								+ 10 %
= Listenverkaufspreis/Angebotspreis (LVP/AP)									= 100 %

Dreisatz

Einfacher Dreisatz mit geradem Verhältnis

Aufgabe 2
Ein Lkw benötigt auf einer Strecke von 100 Kilometern 32 Liter Diesel. Wie viele Liter Diesel werden benötigt, um 36 Kilometer zu fahren?

Aufgabe 3
Die Miete für eine Lagerhalle von 215 m² kostet 860,00 € pro Monat. Wie hoch ist die Miete insgesamt, wenn die Duisdorfer BüroKonzept KG noch weitere 50 m² der Halle hinzumietet.

Aufgabe 4
Das Verlegen von Laminat in einem 33 m² großen Büro kostet 165,00 €. Wie viel kostet das Auslegen insgesamt, wenn ein Büro mit den Maßen 6 × 7 m zusätzlich mit Laminat ausgestattet wird.

Einfacher Dreisatz mit ungeradem Verhältnis

Aufgabe 5
Fünf Maler benötigen für den Fassadenanstrich der Duisdorfer BüroKonzept KG 17,5 Stunden. Wie lange würde der Anstrich mit sieben Malern dauern.

Aufgabe 6
Ein Fahrrad mit einer Radgröße von 28 Zoll macht auf einer Strecke 540 Umdrehungen. Wie viele Umdrehungen macht das 20-Zoll-Rad eines Kinderfahrrades um die gleiche Strecke zurückzulegen?

Aufgabe 7
Bei einer Durchschnittsgeschwindigkeit von 90 km/h benötigt die Spedition Balthasar GmbH für den Transport der Waren zum Kunden 2 Stunden. Weil einige Baustellen weggefallen sind, ist nun eine Geschwindigkeit von 100 km/h möglich. Wie lange dauert der Transport zum Kunden? Ermitteln Sie das Ergebnis in Stunden und Minuten.

Gemischte Aufgaben

Aufgabe 8
Die Duisdorfer BüroKonzept KG hat 960 Liter Lackfarben im Lager.
a) Wie viele Wochen reicht die Farbe, wenn in einer 5-Tage-Woche 240 Liter verbraucht werden?
b) Wie lange reicht die Farbe, wenn der tägliche Verbrauch um 12 Liter erhöht wird?

Aufgabe 9
Die erfahrene Sekretärin von Frau Engler benötigt bei 330 Anschlägen pro Minute für das Abschreiben eines Geschäftsbriefes 3 Minuten. Wie lange braucht der Auszubildende bei 198 Anschlägen pro Minuten?

Aufgabe 10
Drei Wasserpumpen füllen in 24 Stunden ein Schwimmbecken mit Wasser. Wie lange benötigen vier Wasserpumpen für die gleiche Menge Wasser.

Aufgabe 11
Für den 6 km langen Weg zur Duisdorfer BüroKonzept KG benötigt der Auszubildende 25 Minuten mit dem Fahrrad. Der Weg zur Berufsschule beträgt 10,2 km. Welche Zeit muss der Auszubildende für den Weg einplanen?

Aufgabe 12
Der Transport von 220 kg Schrauben kostet 13,20 €. Wie hoch sind die Kosten für den Transport von 425 kg Schrauben?

Aufgabe 13
In einer Werbegemeinschaft für Büromöbel zahlen 13 Unternehmer für die regelmäßige Werbung in Fachzeitschriften 30.550,00 €. Um wie viel € verändern sich die Kosten je Unternehmer, wenn sich sieben weitere Unternehmer der Werbegemeinschaft anschließen?

Zusammengesetzter Dreisatz

Aufgabe 14
Die Pflasterarbeiten des 112 m^2 großen Innenhofes dauern 4 Tage, wenn 6 Arbeiter 8 Stunden/Tag arbeiten. Wie lange dauern die Handwerksarbeiten, wenn diese von 8 Arbeitern erledigt werden, die 9 Stunden pro Tag arbeiten und insgesamt 210 m^2 pflastern?

Aufgabe 15
An einer Berufsschule nehmen 52 Prüflinge an der schriftlichen Abschlussprüfung teil. Jeder Prüfungsbogen umfasst 32 Aufgaben. Zwei Prüfer kontrollieren die gesamten Bögen in 416 Minuten. Wie lange dauert im nächsten Jahr die Korrektur von 34 Aufgaben, wenn 78 Prüflinge an der Prüfung teilnehmen und drei Prüfer kontrollieren? Rechnen Sie um in Stunden und Minuten.

Aufgabe 16
4 Aushilfen verteilen 8 300 Webeflyer der Duisdorfer BüroKonzept KG in Bonn und Umgebung in 5 Tagen, wenn sie sich dafür jeden Abend 2 Stunden Zeit nehmen. Wie viele Stunden am Abend müssen 12 Aushilfen arbeiten, um 18.675 Flyer in der gleichen Woche in Köln zu verteilen.

Prozentrechnung

Berechnung des Prozentwertes

Aufgabe 17
Die Selbstkosten eines Schreibtisches belaufen sich auf 618,00 €. In der Kalkulation ist ein Gewinnzuschlagsatz von 18 % vorgesehen. Ermitteln Sie den Gewinn in Euro.

Aufgabe 18
Der Listenverkaufspreis des Bürosessels Tenno beläuft sich auf 349,00 €. In der Kalkulation wurden 10 % Kundenrabatt berücksichtigt. Berechnen Sie den Zielverkaufspreis.

Aufgabe 19
Eine Rechnung beläuft sich auf 1.986,00 €. Berechnen Sie den Skonto- und den Überweisungsbetrag, wenn 2 ½ % Skonto abgezogen werden können.

Berechnung des Prozentsatzes

Aufgabe 20
Von den 25 Auszubildenden der Klasse verkürzen 4 Auszubildende die Ausbildungszeit auf 2,5 Jahre. Wie viel Prozent der Schüler reduzieren die Ausbildungsdauer?

Aufgabe 21
Der Listenverkaufspreis des neuen Firmenfahrzeugs beträgt 32.500,00 €. Die Duisdorfer BüroKonzept KG erhält das Fahrzeug zum Preis von 28.600,00 €. Um wie viel Prozent liegt der Zielverkaufspreis unter dem Listenverkaufspreis?

Aufgabe 22
Der Fassadenanstrich der Duisdorfer BüroKonzept KG ist mit 13.750,00 € veranschlagt worden. Die Arbeiten verteuern sich und kosten letztendlich 14.987,50 €. Um wie viel Prozent wurden die Malerarbeiten teurer?

Aufgabe 23
Die Ausgangsrechnung an die Brinkmann OHG beläuft sich auf netto 10.980,00 €. Darin enthalten sind 713,70 € Frachtkosten. Ermitteln Sie den prozentualen Anteil der Frachtkosten am Nettobetrag der Rechnung.

Berechnung des Grundwertes

Aufgabe 24
Wie hoch ist das Gesamtgewicht der Lieferung, wenn die Verpackung von 15,1 kg 1 ¼ % des Gesamtgewichtes ausmacht.

Aufgabe 25
Die Saam KG hat an das Finanzamt folgende Umsatzsteuer (19 % vom Umsatz) im vergangenen Quartal überwiesen.

April:	4.655,00 €
Mai:	4.867,80 €
Juni:	4.417,50 €

Ermitteln Sie den Umsatz (Wert der verkauften Waren) des vorliegenden Quartals.

Aufgabe 26
Bei der Anmietung einer zusätzlichen Lagerhalle wurden der Duisdorfer BüroKonzept KG 15 % der Monatsmiete, als Maklerprovision in Rechnung gestellt. Sie zahlt 435,00 € an den Makler. Wie hoch ist die Monatsmiete für die Lagerhalle?

Berechnung vom vermehrten Grundwert

Aufgabe 27
Die Duisdorfer BüroKonzept KG hat die Preise für die Schreibtischstühle erhöht:

Bürostuhl Comfort:	um 4,5 %	auf 238,26 €
Bandscheiben-Drehstuhl extra:	um 3,2 %	auf 299,28 €
Chefsessel Bonn Maxx:	um 1,0 %	auf 402,99 €
Bürosessel Tenno:	um 2,0 %	auf 355,98 €

Errechnen Sie die ursprünglichen Verkaufspreise.

Aufgabe 28
Die Duisdorfer BüroKonzept KG hat ihren Umsatz in der Warengruppe „Naturkontor“ auf 110.445,30 € steigern können. Die Steigerung betrug 26 % im Vergleich zum Vorjahr. Wie hoch war der Umsatz des Vorjahres?

Aufgabe 29
Berechnen Sie den Bezugspreis der Waren, wenn aufgrund eines Handlungskostenzuschlagssatzes von 22 % die Selbstkosten 335,50 € betragen.

Aufgabe 30
Der Bruttorechnungsbetrag inkl. 19 % Umsatzsteuer beläuft sich auf 2.748,90 €. Ermitteln Sie den Nettowarenwert der Rechnung.

Berechnung vom verminderten Grundwert

Aufgabe 31
Nach Abzug von 3 % Skonto überweist die Duisdorfer BüroKonzept KG 8.681,50 € an einen Lieferanten. Wie hoch war der Rechnungsbetrag der Rohstofflieferung.

Aufgabe 32
Der Aktenvernichter „Safeway" kann mit einem Nachlass von 23 % zu einem Sonderangebotspreis von 52,36 € eingekauft werden. Wie hoch war der Nachlass?

Aufgabe 33
Die Frohn KG kauft mehrere Schreibtische aus der Serie „Naturkontor" bei der Duisdorfer BüroKonzept KG. Als Stammkunde erhält sie einen Rabatt in Höhe von 5,5 %. Damit beträgt der Zieleinkaufspreis pro Schreibtisch 359,10 €. Wie hoch ist der Listeneinkaufspreis?

Lernsituation 3.3
Fehlerhafte Angebotsschreiben überarbeiten

Der rote Faden

Inhalte des Kaufvertrags kennenlernen

Angebotsschreiben korrigieren

Ausgangssituation

Sie sind nun bereits seit zwei Wochen in der Abteilung „Vertrieb“ beschäftigt und haben zwischenzeitlich die Grundlagen des Zustandekommens von Kaufverträgen kennengelernt.

Heute Vormittag informiert Herr Hummels Sie über den Umstand, dass Sie sich – in Absprache mit dem Abteilungsleiter – ab dem heutigen Tag mit der Angebotserstellung beschäftigen sollen.

Da für die tatsächliche Angebotserstellung etwas Erfahrung notwendig ist, sollen Sie zunächst die Angebote analysieren, die ein Praktikant vor einigen Tagen erstellt hat. Hierbei ist nämlich einiges gründlich schiefgelaufen. Unter anderem hat der Praktikant die fertig erstellten Angebote in seinen Schreibtisch eingeschlossen, sodass diese bis zum heutigen Tag nicht an die Kunden verschickt worden sind. Da Herr Hummels gerade etwas in Eile ist, hat er Ihnen bereits einige Unterlagen auf Ihrem Schreibtisch hinterlegt.

Arbeitsauftrag 1 (orientieren)

Verschaffen Sie sich einen Überblick über die vorliegende Aufgabenstellung und die Ihnen zur Verfügung gestellten Belege.

Arbeitsauftrag 2 (informieren)

Informieren Sie sich in Ihrem Lehrbuch „BüroWelt 1“ über das Thema „Inhalte des Kaufvertrags“.

LF 3, 6

Arbeitsauftrag 3 (planen und durchführen)

a) Übertragen Sie die in den drei Angebotsschreiben dargestellten Angebotsinhalte in die hierfür vorgesehene Tabelle.

b) Vergleichen Sie, ob die Angebotsinhalte mit Herrn Hummels Vorgaben übereinstimmen. Sofern das nicht der Fall ist, kennzeichnen Sie die fehlerhaften Angebotsinhalte entweder in der Tabelle oder in den Angeboten auf geeignete Art und Weise.

c) Erarbeiten Sie eine Möglichkeit, wie die fehlerhaften Angebotsinhalte korrekt dargestellt werden können und verbessern Sie die Angebotsschreiben mithilfe eines Textverarbeitungsprogramms. Beachten Sie bei der Korrektur der Angebotsschreiben die Hinweise von Herrn Hummels. Beachten Sie in dem Zusammenhang, dass die drei Angebotsschreiben (BM_LS3.3_Angebot 603_20 bis ...605_20) dem Bereich „BuchplusWeb“ entnommen werden können.

Web

Für die Vervollständigung des Informationsblocks beachten Sie bitte folgende Hinweise:
- In der Zeile „Name“ ist der vollständige Name von Herrn Erwin Hummels anzugeben.
- Geben Sie die vollständige Telefonnummer samt der Durchwahl 330 an.

- Die E-Mail-Adresse ist wie folgt aufgebaut:
  1. Buchstabe Vorname.Familienname@duisdorfer-bueko.de.
- Beachten Sie, dass im Informationsblock alle Eintragungen in derselben Schriftart bzw. -größe vorzunehmen sind, die auch im Brief gewählt worden sind.

Speichern Sie die geänderten Schreiben unter dem bestehenden Namen.

d) Drucken Sie – sofern möglich – die drei korrigierten Angebotsschreiben aus.

Arbeitsauftrag 4 (bewerten)

Stellen Sie Ihre Arbeitsergebnisse mithilfe eines Overheadprojektors, Beamers etc. Ihren Mitschülern vor und bewerten Sie gegenseitig Ihre Ergebnisse. Nehmen Sie notwendige Korrekturen an Ihren Arbeitsergebnissen vor.

Arbeitsauftrag 5 (reflektieren)

Unterbreiten Sie drei konkrete Vorschläge, wie in Zukunft die Abgabe falscher Angebote vermieden werden kann.

Handschriftliche Notiz von Herrn Hummels an Sie

Bonn, 15.06.20..

Sehr geehrte /-r Frau/Herr ...,

wie bereits vorhin erwähnt, sind von Ihnen heute bitte drei Angebote (Nr. 603/20.. bis 605/20..) zu korrigieren, da unser letzter Praktikant hier „ganze Arbeit" geleistet hat.

Anbei erhalten Sie die – zum Glück – noch nicht versandten Angebote in ausgedruckter Form und eine Vorgabe mit den ursprünglich zu formulierenden Angebotsinhalten, die der erwähnte Praktikant scheinbar nicht wirklich durchgelesen hat.

Ich bin Ihnen dankbar, wenn Sie zunächst alle – in den Schreiben aufgezeigten – Angebotsinhalte Schritt für Schritt mit meinen Vorgaben vergleichen würden, um die zahlreichen Ungenauigkeiten zu ermitteln und diese anschließend zu korrigieren. Die Angebote sind als Datei gespeichert worden (z. B. Angebot 603_20) und brauchen somit nicht neu erstellt werden. Vervollständigen Sie bitte unbedingt den jeweiligen Informationsblock (d. h. Telefon- und Telefaxnummer sowie E-Mail-Adresse) und ändern Sie das Datum und den Namen des Erstellers. Geben Sie hier meinen vollständigen Namen an.

Schreiben Sie den Kunden bitte, dass wir aufgrund des derzeit hohen Arbeitsaufkommens leider erst jetzt zur Abgabe eines Angebots kommen. Weiterhin bieten Sie unseren Kunden in den vorliegenden Fällen bitte einen Rabattsatz an, der 2,5 Prozentpunkte über dem in den derzeitigen Angeboten liegt (aus 5,0 % sollen beispielsweise 7,5 % werden).

Des Weiteren tragen Sie bitte Sorge dafür, dass die Angebote meine Unterschrift tragen, wobei Sie im Bereich der Unterschrift „i. A. Hummels" einfügen.

Die fertig erstellten Angebote legen Sie mir einfach auf meinen Schreibtisch, sodass ich diese kontrollieren kann.

Ich danke Ihnen für Ihre Hilfe.

Erwin Hummels

Web

Duisdorfer
BüroKonzept
KG

Ausstattung und Beratung
für das Büro

Duisdorfer BüroKonzept KG • Rochusstraße 30 • 53123 Bonn

Intermöbel GmbH
Großhandel für Büromöbel
Kaiserstr. 10
57074 Siegen

Ihr Zeichen:
Ihre Nachricht vom:
Unser Zeichen:
Unsere Nachricht vom:

Name: Matthias Möller
Telefon:
Telefax:
E-Mail:

Datum: 11.06.20..

Angebot 603/20..

Sehr geehrte Frau Schacht,

in Anlehnung an Ihre Anfrage vom 05.06.20.. bieten wir Ihnen unseren Schreibtisch Ökostar (Art.-Nr. 101111) zum Preis von 489,00 € netto zuzüglich der geltenden Umsatzsteuer an.

Hinsichtlich der Qualität gilt die gesetzliche Regelung als vereinbart.

Ab einer Abnahmemenge von 10 Schreibtischen gewähren wir Ihnen einen Rabatt in Höhe von 7,5 % auf den oben genannten Preis.

Bei einer Zahlung innerhalb von 10 Tagen gewähren wir Ihnen 2 % Skonto. Ansonsten können Sie die Rechnung auch ohne Abzug von Skonto innerhalb von 30 Tagen auf unser Konto zahlen.

Die Lieferung erfolgt innerhalb von 20 Tagen ab Auftragseingang per Spedition frei Haus.

Die Ware bleibt bis zur vollständigen Bezahlung unser Eigentum.

Als Erfüllungsort für die Lieferung gilt Bonn als vereinbart. Für sich aus der Lieferung ergebende Streitigkeiten gilt für beide Teile das Amtsgericht bzw. Landgericht Bonn als vereinbart.

Wir hoffen, Ihnen ein attraktives Angebot unterbreitet zu haben.

Freundliche Grüße

Duisdorfer BüroKonzept KG

i. A.

Matthias Möller

Duisdorfer BüroKonzept KG
Rochusstraße 30
53123 Bonn
USt.-IdNr.: DE 244 111 855

Geschäftsführer:
Sebastian Falo
Katharina Niester
Amtsgericht Bonn
HRA 1221

Telefon: 0228 98765-0
Fax: 0228 98765-80
Internet: www.duisdorfer-bueko.de
E-Mail: info@duisdorfer-bueko.de

Bankverbindungen:
Volksbank Köln Bonn eG
IBAN DE85 3806 0186 2401 2345 67
BIC GENODED1BRS
Postbank Köln
IBAN DE23 3701 0050 8884 4412 34
BIC PBNKDEFF370

Web

Duisdorfer
BüroKonzept
KG

Ausstattung und Beratung
für das Büro

Duisdorfer BüroKonzept KG • Rochusstraße 30 • 53123 Bonn

Rhenag AG
Bürogroßhandel
Annostr. 56
68239 Mannheim

Ihr Zeichen:
Ihre Nachricht vom:
Unser Zeichen:
Unsere Nachricht vom:

Name: Matthias Möller
Telefon:
Telefax:
E-Mail:

Datum: 11.06.20..

Angebot 604/20..

Sehr geehrter Herr Gebbing,

wir danken Ihnen für Ihre Anfrage vom 06.06.20.. Gerne bieten wir Ihnen unser Produkt Ventilator Orkano (Art.-Nr. 401589) zum Preis von 36,00 € brutto zuzüglich der geltenden Umsatzsteuer an.

Hierbei handelt es sich um einen speziell für bis zu 30 m² große Büroräume konzipierten Ventilator, der aufgrund seiner speziellen Kugellager und seines schwingungsgedämpft gelagerten Antriebs einen nahezu lautlosen Betrieb ermöglicht. Der Ventilator kann zudem in drei Stufen den aktuellen Bedürfnissen des jeweiligen Verwenders angepasst werden.

Ab einer Abnahmemenge von 30 Ventilatoren gewähren wir Ihnen einen Rabatt in Höhe von 10 % auf den oben genannten Preis. Zudem gewähren wir Ihnen bei Zahlung der Rechnung innerhalb von 30 Tagen 2 % Skonto. Ansonsten können Sie die Rechnung auch ohne Abzug von Skonto innerhalb von 10 Tagen auf unser Konto zahlen.

Die Lieferung erfolgt innerhalb von 10 Tagen ab Auftragseingang. Der Transport der Waren erfolgt dabei zu einem Preis von 3,50 € netto je Stück.

Für die Lieferung der Ware wird der erweiterte Eigentumsvorbehalt vereinbart.

Als Erfüllungsort für die Lieferung gilt Bonn als vereinbart. Für sich aus der Lieferung ergebende Streitigkeiten gilt für beide Teile das Amtsgericht bzw. Landgericht Bonn als vereinbart.

Wir hoffen, Ihnen ein attraktives Angebot unterbreitet zu haben.

Freundliche Grüße

Duisdorfer BüroKonzept KG

i. A.

Matthias Möller

Duisdorfer BüroKonzept KG
Rochusstraße 30
53123 Bonn
USt.-IdNr.: DE 244 111 855

Geschäftsführer:
Sebastian Falo
Katharina Niester
Amtsgericht Bonn
HRA 1221

Telefon: 0228 98765-0
Fax: 0228 98765-80
Internet: www.duisdorfer-bueko.de
E-Mail: info@duisdorfer-bueko.de

Bankverbindungen:
Volksbank Köln Bonn eG
IBAN DE85 3806 0186 2401 2345 67
BIC GENODED1BRS
Postbank Köln
IBAN DE23 3701 0050 8884 4412 34
BIC PBNKDEFF370

Web

Duisdorfer
BüroKonzept
KG

Ausstattung und Beratung
für das Büro

Duisdorfer BüroKonzept KG • Rochusstraße 30 • 53123 Bonn

Stammhaus KG
Bürokonzepte
Berliner Damm 9
56077 Koblenz

Ihr Zeichen:
Ihre Nachricht vom:
Unser Zeichen:
Unsere Nachricht vom:

Name: Matthias Möller
Telefon:
Telefax:
E-Mail:

Datum: 11.06.20..

Angebot 605/20..

Sehr geehrte Frau Schneider,

gemäß Ihrer telefonischen Anfrage vom 06.06.20.. bieten wir Ihnen das Produkt Bandscheiben-Drehstuhl extra (Art.-Nr. 202112) zum Preis von 299,00 € netto je Stück an.

Das Produkt verfügt über einen hervorragenden Sitzkomfort und ist mit einer mehrfach ausgezeichneten Lendenwirbelstütze ausgestattet. Der Stuhl ist zudem mit einer patentierten Gasdruckfeder ausgestattet, die im Gegensatz zu herkömmlichen Gasdruckfedern 45 % mehr Stöße abfedert und somit ein entspanntes und rückenfreundliches Sitzen auch über Stunden hinweg ermöglicht.

Ab einer Abnahmemenge von 5 Stühlen gewähren wir Ihnen einen Rabatt in Höhe von 7,5 % auf den oben genannten Preis. Zudem gewähren wir Ihnen bei Zahlung der Rechnung innerhalb von 10 Tagen 2 % Skonto. Ansonsten können Sie die Rechnung auch ohne Abzug von Skonto innerhalb von 30 Tagen auf unser Konto zahlen.

Die Lieferung erfolgt innerhalb von 15 Tagen ab Auftragseingang. Der Transport der Waren erfolgt dabei ab Werk zu einem Preis von pauschal 80,00 € netto.

Gemäß Ihrem Wunsch wird vereinbart, dass der Erfüllungsort und der Gerichtsstand für beide Teile in Koblenz liegen.

Wir hoffen, Ihnen ein attraktives Angebot unterbreitet zu haben.

Freundliche Grüße

Duisdorfer BüroKonzept KG

i. A.

Matthias Möller

Duisdorfer BüroKonzept KG
Rochusstraße 30
53123 Bonn
USt.-IdNr.: DE 244 111 855

Geschäftsführer:
Sebastian Falo
Katharina Niester
Amtsgericht Bonn
HRA 1221

Telefon: 0228 98765-0
Fax: 0228 98765-80
Internet: www.duisdorfer-bueko.de
E-Mail: info@duisdorfer-bueko.de

Bankverbindungen:
Volksbank Köln Bonn eG
IBAN DE85 3806 0186 2401 2345 67
BIC GENODED1BRS
Postbank Köln
IBAN DE23 3701 0050 8884 4412 34
BIC PBNKDEFF370

Übersicht der in den drei vorliegenden Angeboten tatsächlich enthaltenen Inhalte

Inhalte	Intermöbel GmbH	Rhenag AG	Stammhaus KG
Qualität			
Preis			
Rabatt			
Zahlungsbedingungen			
Transportkosten			
Verpackungskosten			
Eigentumsvorbehalt			
Erfüllungsort			
Gerichtsstand			
Sonstiges			

Hinweise:

- Beim Angebotsinhalt „Qualität“ bitte nur kontrollieren, ob die stets sehr gute Qualität unserer Erzeugnisse durch entsprechende Produkthinweise im Angebot dargestellt worden ist. Wenn ja, bitte durch ein „sehr gut“ in den Kästchen dokumentieren.
- Sofern ein Angebotsinhalt in den vorliegenden Angeboten nicht erwähnt wird, bitte durch den Hinweis „fehlt“ dokumentieren.

Auszug aus der Mitteilung von Herrn Hummels an den Praktikanten vom 10.06.20..

Bitte beachten Sie weiterhin, dass die drei Angebote chronologisch aufsteigende Angebotsnummern tragen, die Sie von unserem Warenwirtschaftssystem vorgegeben bekommen.

Die zu erstellenden Angebote sollen folgende Inhalte erhalten:

Inhalte	Intermöbel GmbH	Rhenag AG	Stammhaus KG
Produkt	Schreibtisch Ökostar (Art.-Nr. 101111)	Ventilator Orkano (Art.-Nr. 401589)	Bandscheiben-Drehstuhl extra (Art.-Nr. 202112)
Qualität	sehr gut	sehr gut	sehr gut
Preis	489,00 € netto	36,00 € netto	299,00 € netto
Rabatt	7,5 % ab 10 Einheiten	10 % ab 30 Einheiten	7,5 % ab 10 Einheiten
Zahlungsbedingungen	2 % Skonto binnen 10 Tagen, sonst 30 Tage ohne Abzug	2 % Skonto binnen 10 Tagen, sonst 30 Tage ohne Abzug	2 % Skonto binnen 10 Tagen, sonst 30 Tage ohne Abzug
Transportkosten	gesetzliche Regelung beim Versendungskauf	gesetzliche Regelung beim Versendungskauf	gesetzliche Regelung beim Versendungskauf
Verpackungskosten	übernimmt unser Haus	übernimmt unser Haus	übernimmt unser Haus
Eigentumsvorbehalt	einfacher Eigentumsvorbehalt	einfacher Eigentumsvorbehalt	einfacher Eigentumsvorbehalt
Erfüllungsort	Warenschuld Bonn	Warenschuld Bonn	Warenschuld Bonn
Gerichtsstand	Warenstreitigkeiten werden in Bonn verhandelt	Warenstreitigkeiten werden in Bonn verhandelt	Warenstreitigkeiten werden in Bonn verhandelt

Vertiefende Aufgaben

Aufgabe 1

In einigen der durch die Duisdorfer BüroKonzept KG erstellten Angebote fehlen Angaben zu den unten stehenden Kriterien. Ermitteln Sie, welche gesetzliche Regelung an diese Stelle tritt.

LF 3, 6

Fehlende Angaben ...

a) zur Qualität der Ware	
b) zu den Beförderungsbedingungen (Versendungskauf)	
c) zum Lieferzeitpunkt	
d) zum Zahlungszeitpunkt	
e) zum Erfüllungsort der Warenschuld	
f) zum Erfüllungsort der Geldschuld (einseitiger Handelskauf)	
g) zum Gerichtsstand hinsichtlich der Warenschuld	
h) zu den Verpackungskosten	

Aufgabe 2

Erstellen Sie gemeinsam mit Ihrem Sitznachbarn eine Übersicht über die vom Gesetzgeber bzw. dem Europäischen Gerichtshof (EuGH) vorgegebenen Regelungen zum Erfüllungsort für ...

a) die Warenschuld,

b) die Geldschuld (für den ein- und zweiseitigen Handelskauf).

Stellen Sie in Ihrer Übersicht auch den Gerichtsstand zum jeweiligen Erfüllungsort dar.

Aufgabe 3

Erläutern Sie, mit welchen negativen Konsequenzen die Duisdorfer BüroKonzept KG zu rechnen hat, wenn vertraglich für ...

a) den Erfüllungsort der Warenschuld der Wohn-/Geschäftssitz des Käufers vereinbart wird.

b) die Qualität der Waren stets die gesetzliche Regelung vereinbart und eingehalten wird. Berücksichtigen Sie hierbei den Umstand, dass die Duisdorfer BüroKonzept KG mit ihren Produkten im oberen Preissegment angesiedelt ist.

c) den Gerichtsstand – für Streitigkeiten hinsichtlich der Waren- und Geldschulden – der Wohn-/Geschäftssitz des Käufers vereinbart wird.

d) die Beförderungskosten grundsätzlich „frei Haus“ vereinbart wird.

e) den Zeitpunkt des Zahlungsausgleichs durch unsere Kunden die gesetzliche Regelung vereinbart wird.

Aufgabe 4

Die Duisdorfer BüroKonzept KG vereinbart standardmäßig den einfachen Eigentumsvorbehalt in ihren Kaufverträgen.

a) Erläutern Sie die grundsätzliche Bedeutung und die hiermit verbundenen Vorteile des einfachen Eigentumsvorbehalts für die Duisdorfer BüroKonzept KG.

b) Stellen Sie zwei Situationen dar, in denen der einfache Eigentumsvorbehalt erlischt.

c) Erläutern Sie, welche zusätzlichen Möglichkeiten die Duisdorfer BüroKonzept KG mithilfe des verlängerten bzw. des erweiterten Eigentumsvorbehalts hat.

Aufgabe 5

Viele Angebote der Duisdorfer BüroKonzept KG enthalten die Beförderungsbedingungen „ab Werk“ bzw. „unfrei“ und weisen entsprechend hohe Beförderungskosten für den Kunden aus.

Der Leiter der Abteilung Vertrieb – Herr Simon Klein – hat einen Artikel in einer Fachzeitschrift gelesen, wonach die in einem Angebot ausgewiesenen Beförderungskosten vom Kunden häufig als nachteilig empfunden werden, auch wenn der Bezugspreis für den Kunden hiervon kaum berührt wird.

In Absprache mit der Geschäftsführung wird erwogen, zukünftig die in einem Angebot ausgewiesenen Beförderungskosten zu minimieren, um einen psychologischen Vorsprung vor den Angeboten der Wettbewerber zu erreichen.

Herr Klein hat recherchieren lassen, dass eine durchschnittliche Warenlieferung der letzten 18 Monate die nachstehenden Kosten verursacht hat:

Anfuhrkosten:	7,50 €	Entladekosten:	4,50 €
Verladekosten:	7,00 €	Zufuhrkosten:	6,50 €
Fracht:	49,50 €		

Um die „psychologische“ Wirkung der unterschiedlichen Beförderungsbedingungen einschätzen zu können, bittet Herr Klein Sie, die Rolle des fiktiven Musterkunden Jens Jensen aus Nürnberg einzunehmen.

Vervollständigen Sie das nachstehende Schaubild so, dass ...

a) in Abhängigkeit der Beförderungsbedingung die vom Kunden Jens Jensen zu tragenden Kostenbestandteile wertmäßig in die jeweiligen Felder eingetragen werden. Die nicht zu zahlenden Positionen sollen durch eine Schraffur gekennzeichnet werden. Als Beispiel hat Herr Klein bereits die Kostenpositionen der Beförderungsbedingung „unfrei" gekennzeichnet.

b) die Höhe der jeweils anfallenden Beförderungskosten ermittelt und diese in die hierfür vorgesehenen Kästchen eingetragen werden. Auch hier hat Herr Klein für die oben genannte Beförderungsbedingung bereits den ersten Wert ermittelt und eingetragen.

		Duisdorfer BüroKonzept KG (Verkäufer) legt die – in den unteren Kästchen stehende – Beförderungsbedingung fest ...				
		ab Werk	unfrei	frei Waggon	frachtfrei	frei Haus
	Anfuhrkosten (Rollgeld)					
	Verladekosten		7,00 €			
	Fracht		49,50 €			
	Entladekosten		4,50 €			
	Zufuhrkosten (Rollgeld)		6,50 €			
			67,50 €			
		Jens Jensen (Käufer) zahlt an Beförderungskosten ...				

Aufgabe 6

Nachstehend erhalten Sie 14 Beispiele für gewährte Preisnachlässe durch die Duisdorfer BüroKonzept KG. Tragen Sie den Namen des gewährten Preisnachlasses in die hierfür vorgesehenen Kästchen ein.

Beispiel	Preisnachlass
a) Die Duisdorfer BüroKonzept KG gewährt bei einem Bezug von mindestens fünf Schreibtischen einen Preisnachlass in Höhe von 15 % auf den Listenpreis.	
b) Im vergangenen Monat wurde jedem Kunden bei Abnahme von mindestens zehn Bürostühlen stets ein Stuhl weniger in Rechnung gestellt.	
c) Die Mitarbeiter der Duisdorfer BüroKonzept KG erhalten beim Kauf eines selbst hergestellten Erzeugnisses einen Preisnachlass von 35 % auf den Listenpreis.	
d) Zur Absatzförderung verkauft die Duisdorfer BüroKonzept KG ihre Produkte ab einer gewissen Abnahmemenge günstiger als dies bei der Einzelabnahme der Fall ist.	
e) Anlässlich des 10-jährigen Bestehens gewährt die Duisdorfer BüroKonzept KG allen Kunden einen Preisnachlass in Höhe von 10 % auf den Listenpreis.	
f) Kunden, die mindestens drei Jahre ununterbrochen Waren bei der Duisdorfer BüroKonzept KG beziehen, wird ein Preisnachlass von 5 % gewährt.	
g) Bei Zahlung innerhalb von 10 Tagen ab Rechnungserhalt dürfen sich Kunden einen Preisnachlass in Höhe von 3 % abziehen.	
h) Kunden, die im Laufe eines Kalenderjahrs einen Nettoumsatz von mindestens 25.000,00 € erzielt haben, erhalten zu Beginn des nächsten Kalenderjahrs eine Gutschrift in Höhe von 2,5 % auf den Vorjahresumsatz.	
i) Im letztjährigen Vorweihnachtsgeschäft erhielten alle Kunden bei einer Abnahme von mindestens sieben Bürostühlen einen achten Bürostuhl umsonst geliefert.	
j) Die Auszubildenden der Duisdorfer BüroKonzept KG dürfen während ihrer Ausbildungszeit einen Schreibtisch sowie einen Bürostuhl mit einem Preisnachlass von 50 % erwerben.	
k) Ein Kunde erwirbt am 01.10.20.. einen Schreibtisch zum Preis von 590,00 €. Bei Überweisung des Rechnungsbetrages bis zum 11.10.20.. muss er lediglich 578,20 € zahlen. Bei späterer Zahlung wird der vollständige Rechnungsbetrag fällig.	
l) Ein Privatkunde erwirbt im firmeneigenen Verkaufsshops fünf Schreibtischlampen vom Typ „Luma 20“. Um den Lagerbestand dieses Auslaufmodells endgültig aufzulösen, erhält der Kunde zusätzlich zwei Lampen dieses Typs kostenlos hinzu.	
m) Anlässlich des fünfjährigen Bestehens des firmeneigenen Verkaufsshops erhalten alle Kunden im Februar 20.. einen Preisnachlass in Höhe von 10 %.	
n) Der Privatkundin Sundmann wird beim aktuellen Kauf ein Preisnachlass in Höhe von 5 % gewährt. Auf der Rechnung steht der Vermerk: „Wir bedanken uns, dass Sie in den letzten 5 Jahren regelmäßig Ihre Büroartikel bei uns kaufen.“	

Lernsituation 3.4
Sonderangebote an Kunden formulieren

Der rote Faden

Das unverlangte Angebot:
- **Wichtige Inhalte erfassen**
- **Freizeichnungsklauseln berücksichtigen**

Ausgangssituation

Heute haben Sie die Aufgabe, einen Serienbrief an die Stammkunden der Duisdorfer BüroKonzept KG vorzubereiten, in dem Sie auf ein Sonderangebot hinweisen.

Mit dieser Maßnahme sollen zu große Lagerbestände abgebaut werden. Ausgewählt wurden Auslaufmodelle, die im nächsten Produktkatalog nicht mehr erscheinen. Es sind noch 28 Mehrzwecktische „Eiche dunkel" und 23 Bürostühle der Serie „Comfort" mit Stoffbezügen in der Farbe „anthrazit" vorhanden, die im Rahmen dieser Sonderaktion verkauft werden sollen. Das Angebot ist auf die angegebene Menge begrenzt.

Herr Hummels informiert Sie am Morgen mit einer detaillierten E-Mail.

Auszubildender ...

Von: e.hummels@duisdorfer-bueko.de
Gesendet: 29. Juni 20.. 09:17
An: Auszubildende/-r ...
Betreff: Sonderangebote Mehrzwecktische und Stühle

Liebe Frau ..., lieber Herr ...,

ab dem 10. Juli 20.. soll der Sonderverkauf einiger Möbel stattfinden. Die wichtigsten Informationen für unsere Kunden habe ich aufgelistet. Bereiten Sie bitte den Serienbrief vor und schicken mir den Entwurf bis heute Abend.

Informationen zu den Sonderangeboten

Mehrzwecktisch
(28 Stück vorhanden)

Preis: statt 597,00 € jetzt 499,00 €

Maße: 73,5 H × 280 B × 120 T cm, oval
Gewicht: 88,6 kg
Material: E1 Spanplatte, melaminbeschichtet, Eiche dunkel, Stahl alusilber verchromt

Bürostuhl „Comfort"
(23 Stück vorhanden)

Preis: statt 228,00 € jetzt 199,00 €

Stuhlmaße: 83 H × 58 B × 57 T cm
Sitzmaße: 46 H × 48 B × 43 T cm
Gewicht: 6,4 kg
Material: Stahlrohr alusilber verchromt,
Bezug: 100 % Trevira CS, Farbe anthrazit

Zahlungsbedingungen
- 2 % Skonto, wenn der Kunde innerhalb von 10 Tagen nach Rechnungsdatum bezahlt,
- sonst: Zahlungsziel 30 Tage netto Kasse

Lieferbedingungen
- Die Kosten der Lieferung übernimmt unser Unternehmen
- Die Anlieferung erfolgt durch unseren Spediteur
- Die Ware wird spätestens 7 Tage nach Auftragseingang angeliefert

LF 3, 6.8 u. 6.9 LF 4, 14

Prüfen Sie bitte, ob die Allgemeinen Geschäftsbedingungen der Duisdorfer BüroKonzept KG inzwischen erstellt und Hinweise auf den Erfüllungsort und den Gerichtsstand eingearbeitet worden sind. Falls dies nicht der Fall sein sollte, achten Sie darauf, dass in Ihrem Brief für uns günstige Bedingungen aufgenommen werden. Im Streitfall wäre es sehr aufwendig, u. U. am Standort des Kunden unsere Ansprüche zu klären.

Mit freundlichen Grüßen

E. Hummels

Arbeitsauftrag 1 (orientieren und informieren)

Informieren Sie sich in Ihrem Lehrbuch „BüroWelt 1“ über die Möglichkeiten, wie Kaufverträge zustande kommen. Beachten Sie dabei Sonderfälle, wie den Ausschluss der Bindung. Wiederholen Sie im Lehrbuch, welche Bestandteile in einem Kaufvertrag enthalten sein sollten. Außerdem ist es wichtig, sich im Lehrbuch „BüroTechnik“ über die Themen „Textbausteine erstellen“ und „Serienbriefe erstellen“ zu informieren.

LF 3; 2, 3 u. 6

Word Kap. 7 u. 9

Arbeitsauftrag 2 (planen)

Bevor Sie im Rahmen von Arbeitsauftrag 3 den Serienbrief erstellen, bereiten Sie zunächst Textbausteine vor. Die Erstellung von Angeboten und Serienbriefen kann durch die Formulierung von Textbausteinen erleichtert werden. Textbausteine enthalten vorgefertigte Inhalte, die je nach Anforderung ausgewählt und konkretisiert werden. Sie verringern den Aufwand, häufig benötigte Texte zu formulieren.

Erstellen Sie eine Liste mit hilfreichen Textbausteinen und gliedern Sie diese beispielsweise in folgende Kategorien:

- Einleitung: Bezug zur Anfrage/Angebotsunterbreitung
- Preise, Rabatte
- Gültigkeit des Angebots
- Freizeichnungsklauseln
- Liefer- und Zahlungsbedingungen
- sonstige Hinweise
- Schlussformulierungen

Verwenden Sie ein Textverarbeitungsprogramm, mit dessen Hilfe Sie diese Textbausteine als Schnellbausteine erstellen und speichern können. Vergeben Sie beim Speichern einen treffenden Kurznamen und eine sinnvolle Kategorie. Orientieren Sie sich dabei am Lehrbuch „BüroTechnik“. Vergleichen Sie Ihre Vorschläge mit denen Ihrer Mitschüler und verbessern und/oder ergänzen Sie Ihr Portfolio.

Word Kap. 7

Arbeitsauftrag 3 (durchführen)

Web

Fertigen Sie mithilfe der vorgefertigten Datenquelle „BM_LS3.4_Datenquelle“ einen Serienbrief an unsere Kunden an und speichern Sie diesen unter „BM_LS3.4_Hauptdokument“. Weisen Sie in dem Serienbrief auf das Sonderangebot und die Konditionen hin. Verwenden Sie aus den vorgefertigten Textbausteinen passende Formulierungen.

Halten Sie die Regeln für die Briefgestaltung und die DIN 5008 ein. Informationen hierzu finden Sie im Lehrbuch „BüroTechnik“.

Kap. 6

Arbeitsauftrag 4 (bewerten und reflektieren)

Der von Ihnen formulierte Geschäftsbrief hat inzwischen die Kunden der Duisdorfer BüroKonzept KG erreicht. Entscheiden Sie anhand dieses Briefs, in welcher Phase des Kaufvertragsabschlusses sich die Vertragspartner befinden, besonders im Hinblick auf die begrenzte Angebotsmenge. Überlegen Sie verschiedene Varianten, die zum Abschluss des Kaufvertrags führen. Vergleichen Sie die von Ihnen notierten Ergebnisse mit denen Ihrer Mitschüler und arbeiten Sie Gemeinsamkeiten und Unterschiede heraus.

Vertiefende Aufgaben

Aufgabe 1

Erstellen Sie Textbausteine zu Anrede- und Schlussformeln, die je nach Vertrautheit mit dem Adressaten variieren können.

Aufgabe 2

Die Duisdorfer BüroKonzept KG lässt einen Produktkatalog erstellen, in dem das geänderte Programm dargestellt wird. Enthalten ist auch der neue Schreibtisch Buche, der zum Preis von 499,00 € verkauft werden soll.

Nachdem bereits 200 Kataloge an Kunden und potenzielle Kunden verteilt worden sind, wird festgestellt, dass im Katalog statt 499,00 € ein Preis von 299,00 € abgedruckt ist. Die erste Bestellung per Fax über 15 Schreibtische Buche zum Preis von 299,00 € liegt bereits vor.

a) Erläutern Sie, ob ein Kaufvertrag zustande gekommen ist und ob die Duisdorfer BüroKonzept KG liefern muss.

b) Beurteilen Sie folgenden Fall: Die falsche Preisauszeichnung befand sich im Ausstellungsraum der Duisdorfer BüroKonzept KG und ein Stammkunde bestellte daraufhin 15 Schreibtische.

Aufgabe 3

Die Duisdorfer BüroKonzept KG wird monatlich ohne gesonderte Bestellung von ihrem Lieferanten RSFolio OHG mit Luftpolsterfolie beliefert. Die Folie dient als sichere Versandverpackung für die Büromöbel. Im Juli sendet die RSFolio OHG nicht nur die üblichen 10 Rollen Luftpolsterfolie (100 cm × 100 m), sondern zusätzlich 2 Rollen Wellpappe grauweiß (150 cm × 70 m) zu einem Sonderpreis.

a) Erläutern Sie das notwendige Verhalten der Duisdorfer BüroKonzept KG, wenn sie die Wellpappe nicht behalten will.

b) Beurteilen Sie den Fall, wenn die Wellpappe nicht von der RSFolio OHG, sondern von einem bisher unbekannten Lieferanten geliefert worden wäre.

Aufgabe 4

Als Katharina Niester, Komplementärin der Duisdorfer BüroKonzept KG, am Abend nach Hause kommt, hat der Postbote zwei Pakete und ein Päckchen abgegeben.

1. Im ersten Paket befindet sich ein hochwertiger Hochglanz-Bildband, DIN A4, ca. 200 Seiten zum Preis von 99,00 €. In einem beigefügten Anschreiben wird Frau Niester aufgefordert, den Preis innerhalb von 10 Tagen zu zahlen oder die Ware zurückzuschicken. Bestellt hatte sie das Buch nicht.
2. Das zweite Paket enthält 6 Flaschen Rotwein aus dem Burgund, diese wurden nicht von Frau Niester bestellt. Stattdessen hatte sie Grauburgunder, einen Weißwein aus dem Burgund, geordert.
3. Außerdem hat ihr 10-jähriger Sohn ein Päckchen geöffnet. Auch dessen Inhalt wurde nicht von Frau Niester bestellt. Darin befanden sich 12 Buntstifte der Marke „BigPen in der Metallbox". Diese hat ihr Sohn am Nachmittag bereits benutzt. Die beiliegende Rechnung in Höhe von 9,99 € hat ein Zahlungsziel von 7 Tagen.

Erläutern Sie, wie Frau Niester sich in den drei Fällen richtig verhält.

Lernsituation 3.5
Die Auftragsabwicklung organisieren und überwachen

Der rote Faden	Eine Kundenbestellung von Artikeln aus unserem Sortiment bearbeiten Eine Bestellung als internen Auftrag bearbeiten Aufträge abschließend fakturieren

Ausgangssituation

Wie aus den vorherigen Situationen bekannt, sind Sie in Ihrem Ausbildungsabschnitt zurzeit in der Abteilung Vertrieb tätig. Den täglichen Kontakt zu den Kunden der Duisdorfer BüroKonzept KG haben Sie bereits kennengelernt. Dabei konnten Sie lernen, wie Sie auf Anfragen reagieren und wie ein Kaufvertrag zustande kommt.

Im folgenden Abschnitt geht es nun einen Schritt weiter, und Sie erleben, wie die tatsächliche Abwicklung einer Bestellung im Unternehmen abläuft. Ausgangspunkt ist dabei die Frage: „Was passiert im Unternehmen, wenn der Kunde bestellt hat, und welche Tätigkeiten müssen erledigt werden, bis für unsere Leistung am Ende eine Rechnung ausgestellt werden kann?“

Unterstützend steht Ihnen bei der täglichen Arbeit Ihr Ausbilder Herr Hummels zur Seite. Auch Ihr Schulbuch kann Ihnen bei der Arbeit immer wieder eine große Hilfe sein.

Herr Hummels bittet Sie heute Morgen in sein Büro und legt Ihnen eine Liste von Arbeitsaufträgen für den Tag vor. Jetzt können Sie wieder Ihr Wissen und Können in der Abteilung zeigen und beweisen, dass Herr Hummels und die Abteilung sich auf Sie verlassen können.

Arbeitsauftrag 1 (orientieren)

Wiederholen Sie noch einmal die wesentlichen Lerninhalte zum Thema „Zustandekommen von Kaufverträgen“ in Ihrem Lehrbuch „BüroWelt 1“. Skizzieren Sie die wichtigsten Inhalte in einer „10-Punkte-Checkliste“, die Sie zum Lernen verwenden können.

LF 3, 2–6

Arbeitsauftrag 2 (informieren)

Für die weitere Bearbeitung der Bestellung müssen Sie die internen Vorgaben und Formulare sehr gut kennen.
Informieren Sie sich daher ausführlich über die in der Duisdorfer BüroKonzept KG verwendeten Vordrucke und die entsprechenden Vorschriften für die Auftragsbearbeitung und Auftragserfassung. Verwenden Sie dazu die ausführlichen Informationen zum Modellunternehmen und die Beispiele aus dem Lehrbuch „BüroWelt 1“.

LF 3, 8

Arbeitsauftrag 3 (planen)

Die schnelle und korrekte Erfassung der Bestellung als interner Auftrag ist sehr wichtig für die nachfolgenden Tätigkeiten in der gesamten Auftragsabwicklung.
Überlegen Sie sich daher genau, welche Daten Sie für die Erfassung des Auftrags benötigen und woher Sie diese bekommen können. Notieren Sie Ihre Ergebnisse in Form einer kurzen Liste mit W-Fragen und konkreten Inhaltsbeispielen.

Arbeitsauftrag 4 (durchführen)

Erstellen Sie anhand der folgenden Telefonnotiz von Herrn Hummels und den Informationen zur Duisdorfer BüroKonzept KG einen ordnungsgemäßen Eintrag ins Auftragsbuch. Als interne Auftragsnummer verwenden Sie bitte die Nummer 123456.

NOTIZZETTEL ***Telefongespräch***	***Kunde: Intermöbel GmbH***	***Liefertermin: spätestens in 3 Wochen***
Datum: 07.09.20..	*Gewünschter Artikel*	*Bestellte Menge*
	Schreibtisch Ökostar	*50*
	Bürostuhl Comfort	*50*
	Chefsessel Bonn Maxx	*10*
	Hocker Milano	*10*

Telefonnotizen und Angaben zur Bestellung der Intermöbel GmbH

Als Hilfestellung ist das Standardformular für die Auftragsbearbeitung hier noch einmal als Skizze aufgeführt. Sie können diese Vorlage direkt benutzen oder eine eigene Darstellungsform wählen.

Duisdorfer BüroKonzept KG

Ausstattung und Beratung für das Büro

Duisdorfer BüroKonzept KG • Rochusstraße 30 • 53123 Bonn

Auftragsbuch

Auftrags-nummer	Datum	Kunden-nummer	Kunden-name	Artikel-nummer	Artikel-beschrei-bung	Verant-wortlicher Sachbear-beiter	Termin	Auftrags-wert

Vorlage zur manuellen Erfassung des Auftrags der Intermöbel GmbH

Arbeitsauftrag 5 (bewerten)

Beurteilen Sie die Notwendigkeit einer internen Auftragserfassung grundsätzlich und im Hinblick auf den Einsatz von Computerprogrammen zur Optimierung der Prozesse.

Arbeitsauftrag 6 (reflektieren)

Denken Sie noch einmal über Ihre Tätigkeiten in der Auftragserfassung nach. Bedenken Sie dabei, dass die Auftragserfassung in einem Unternehmen heutzutage eher computerunterstützt ablaufen wird. Eine Möglichkeit wäre die Abwicklung über ein Tabellenkalkulationsprogramm.

Erstellen Sie dazu eine eigene Vorlage mit einem verfügbaren Tabellenkalkulationsprogramm. Orientieren Sie sich an der Vorlage der Duisdorfer BüroKonzept KG und verwenden Sie, wo möglich, Funktionen und Zellbezüge zur Automatisierung. Überlegen Sie dabei auch, welche Elemente in dem Formular sinnvoll ergänzt werden, welche Angaben verkürzt und welche Informationen nicht zwingend erforderlich sind.

Excel

Hinweise zur Bearbeitung: Bei Problemen in der Umsetzung in Excel lesen Sie dazu ggf. die entsprechenden Erläuterungen im Technikband. Suchen Sie im Inhaltsverzeichnis nach den Stichworten zu Matrixfunktionen und Zellbezügen (absolut und relativ).

Erweiterte Ausgangssituation

Nachdem Sie die Auftragserfassung vor zwei Wochen erfolgreich bewältigt haben, kommt Herr Hummels nach dem Mittagessen zu Ihnen an den Schreibtisch. Er lobt Sie für Ihre große Sorgfalt und Ihre schnelle Bearbeitung und erklärt Ihnen, dass er gerade die Mitteilung bekommen habe, dass die Produktion die fehlenden Stücke fertiggestellt habe und die Ware jetzt komplett ausgeliefert werden könne. Der passende Lieferschein ist bereits erstellt worden, und der Auftrag wird gerade für den Versand vorbereitet. Langsam wird Ihnen klar, warum Herr Hummels heute zu Ihnen gekommen ist. Sie sollen den Auftrag zu Ende bringen. Ein wichtiges Dokument fehlt aber noch: die Rechnung.

Arbeitsauftrag 1 (orientieren)

Für eine gute Orientierung ist es eine große Hilfe, sich bestimmte Abläufe zunächst einmal „vor Augen zu führen", d. h. diese zu visualisieren.

Stellen Sie dafür die auszuführenden Tätigkeiten und Teilergebnisse der Fakturierung (Rechnungserstellung) in geeigneter Form zur Visualisierung dar. Gehen Sie dabei von einem störungsfreien Ablauf aus und markieren Sie die Haupttätigkeiten farblich. Als inhaltliche Informationen dienen Ihnen die Ausführungen in Ihrem Lehrbuch „BüroWelt 1".

LF 3, 10

Arbeitsauftrag 2 (informieren)

Erkundigen Sie sich in Ihrem eigenen Ausbildungsbetrieb, wie bei Ihnen eine Rechnung geschrieben wird. Informieren Sie sich genau über die auszuführenden Tätigkeiten und den zeitlichen Ablauf. Halten Sie Ihre Ergebnisse in einem kurzen schriftlichen Bericht fest.

Arbeitsauftrag 3 (planen)

Ihre Rechercheergebnisse aus dem Arbeitsauftrag 2 sollen ein Bestandteil des Unterrichts werden. Dafür sollen Sie diese zu einem vereinbarten Termin (z. B. in der nächsten Unterrichtseinheit) vor Ihren Mitschüler/-innen präsentieren.

Überlegen Sie sich, wie Sie die Informationen für einen interessanten Kurzvortrag aufbereiten. Wählen Sie dafür eine passende Struktur und ein angemessenes Medium aus. Als Zeitvorgabe gehen Sie bitte von maximal 10–15 Minuten aus.

Arbeitsauftrag 4 (durchführen)

Nach diesen eher theoretischen Übungen zur Fakturierung sollen Sie nun endlich selbst an praktischen Beispielen arbeiten.

Erstellen Sie unter Verwendung der Unternehmensdaten der Duisdorfer BüroKonzept KG die Rechnung mit der Nummer 456789 zum Auftrag 123456 des Stammkunden Intermöbel GmbH. Die Preise, Geschäftsbedingungen und vollständigen Informationen finden Sie in den Angaben zum Modellunternehmen im Lehrbuch „BüroWelt 1". Als Hilfestellung sind hier kleine Ausschnitte aus den relevanten Daten abgebildet. Aufgrund des sehr kurzfristigen Liefertermins wurde der Kunde telefonisch informiert, dass der übliche Rabattsatz entfällt.

Hinweis: Überlegen Sie sich vorher genau, welche Daten und Informationen Sie für die Erstellung einer Rechnung grundsätzlich brauchen. Für die tatsächliche Rechnungsstellung benutzen Sie bitte den Vordruck und ergänzen Sie diesen passend.

Kundenliste

Kunden-Nr.	Name 1
2401	Neuhoff KG
2402	Intermöbel GmbH
2403	Stadt Bonn
2404	Frohn KG

Auszug aus der Kundenliste

Artikelliste

Artikel-Nr.	Artikelbezeichnung
101111	Schreibtisch Ökostar
101112	Schreibtisch Ahorn
101113	Schreibtisch weiß C-Füße
101114	Konferenztischelement lichtgrau

Auszug aus der Artikelliste

Duisdorfer
BüroKonzept
KG

Ausstattung und Beratung für das Büro

Duisdorfer BüroKonzept KG • Rochusstraße 30 • 53123 Bonn

Ihr Zeichen:
Ihre Nachricht vom:
Unser Zeichen:
Unsere Nachricht vom:

Name:
Telefon:
Telefax:
E-Mail:

Datum:

Rechnung

Kunden-Nr.:
Rechnungs-Nr.:
Lieferschein-Nr.:
Versanddatum:

Pos.	Artikel-Nr.	Artikel-Bezeichnung	Menge	Einzelpreis €	Rabatt in %	Rabattbetrag €	Gesamtpreis €

Nettobetrag €	
Umsatzsteuer 19,0 % €	
Rechnungsbetrag €	

Vorlage zur Rechnungsstellung Intermöbel GmbH zum Arbeitsauftrag 4

Arbeitsauftrag 5 (bewerten)

Sie haben die Rechnungserstellung hier anhand einer Vorlage manuell durchgeführt und die benötigten Daten und Informationen aus dem Lehrbuch beschafft.

Beurteilen Sie diesen Arbeitsprozess im Hinblick auf Zeitaufwand und Ergebnis und stellen Sie Ihre Beurteilung in einer Tabelle dar. Dabei sind die folgenden Kriterien zu berücksichtigen: Fehlerquote, Datenfluss und Effektivität.

Hinweis: Denken Sie daran, dass in großen Unternehmen an einem Tag sehr viele Rechnungen gleichzeitig und fehlerfrei erstellt werden müssen.

Arbeitsauftrag 6 (bewerten)

Eine gute Arbeitsqualität sichert im Unternehmen einen geregelten Arbeitsablauf ohne Störungen. Überlegen Sie in diesem Zusammenhang, warum Sie bei der Erstellung der Rechnung besonders sorgfältig arbeiten sollten. Berücksichtigen Sie bei Ihren Überlegungen sowohl die Unternehmens- als auch die Kundensicht.

Arbeitsauftrag 7 (reflektieren)

Die Unternehmensdaten stehen normalerweise digital zur Verfügung, d. h. als Dateien und Datensätze. Überlegen Sie in diesem Zusammenhang zunächst, wie Sie die Rechnungserstellung vereinfachen und automatisieren könnten und erstellen Sie dazu eine Ideenskizze. Die Darstellungsform ist Ihnen freigestellt.

Arbeitsauftrag 8 (reflektieren)

Der erste Gedanke in diesem Zusammenhang führt Sie sicher zu den Möglichkeiten der Tabellenkalkulation bzw. einer Datenbank.

Diskutieren Sie in kleinen Gruppen, welche Vor- und Nachteile die computergestützte Umsetzung der Rechnungserstellung haben kann und notieren Sie die Argumente auf Metaplankarten.

Vertiefende Aufgaben

Aufgabe 1

Überprüfen Sie Ihr Wissen zum Abschluss einer rechtlich verbindlichen Vereinbarung zwischen einem Kunden und dem Unternehmen der Duisdorfer BüroKonzept KG. Erstellen Sie dazu drei eigene kurze Beispielaufgaben, in denen die folgenden Wörter verwendet werden. Überlegen Sie sich dazu auch eine Musterlösung und lassen Sie die erstellten Aufgaben von Ihrem Sitznachbarn lösen.

Anfrage, Angebot, Artikelliste, Auftragsbestätigung, Bestellung, Duisdorfer BüroKonzept KG, fristgerecht, Intermöbel GmbH, Kaufvertrag, Produktkatalog, rechtsverbindliche, Willenserklärungen, Vertrag

Aufgabe 2

Im Lernfeld 3, Kapitel 9.2 des Lehrbuchs „BüroWelt 1" wurden hauptsächlich Warenwirtschaftssysteme als unterstützende Computersysteme behandelt. In der Praxis sind komplexere ERP-Systeme aber auf dem Vormarsch und werden immer öfter in den Unternehmen angeschafft.

Informieren Sie sich im Internet oder mithilfe anderer Quellen ausführlich über ERP-Systeme. Beantworten Sie dazu folgende Fragen:

- Warum werden ERP-Systeme immer mehr den WWS-Systemen vorgezogen?
- Welche Gründe sprechen *gegen* eine Einführung eines ERP-Systems bei
  a) einem Kleinunternehmen,
  b) einem mittelständischen Zulieferbetrieb,
  c) einem großen Software-Entwicklungsunternehmen?

Aufgabe 3

Zur Übung und Festigung Ihrer Fähigkeiten im Rahmen der Fakturierung sollen Sie nun noch zwei weitere Rechnungen erstellen. Als Informationen dienen wieder die bereits bekannten Daten der Duisdorfer BüroKonzept KG und die folgenden zwei Telefonnotizen.

Notiz 1

NOTIZZETTEL ***Art: Telefongespräch***	***Kunde:*** ***Gilles & Partner***	***Liefertermin:*** ***spätestens 14 Tage nach Auftragseingang***
Datum: 21.09.20..	*Artikel*	*Menge*
	Ventilator Orkano	*50*
	Naturkontor Schreibtisch (90 × 180)	*100*
	Naturkontor Schreibtisch (80 × 140)	*30*

Hinweis für die Rechnungserstellung: Durch den kurzfristigen Liefertermin besteht kein Anspruch auf den Rabattsatz nach Rücksprache mit der Geschäftsleitung.

Notiz 2

NOTIZZETTEL ***Art: Telefongespräch***	***Kunde:*** ***Stammhaus KG***	***Liefertermin: 01.10.20..***
Datum: 23.09.20..	*Artikel*	*Menge*
	Tischkopierer Sumsang	*20*
	Multifax 0912	*8*

Hinweis für die Rechnungserstellung: Durch die geringe Bestellmenge besteht kein Anspruch auf den sonst üblichen Rabattsatz nach Rücksprache mit der Geschäftsleitung.

Aufgabe 4

Im Arbeitsauftrag 1 (der erweiterten Ausgangssituation) sollten Sie eine einfache Darstellung der Tätigkeiten und Teilergebnisse zur Fakturierung erstellen. In modernen Unternehmen wird dieser Plan mit festgelegten Formen und Verbindungen erstellt, um besser vergleichbar und allgemein verständlich zu sein. Dazu wird eine sogenannte „Modellierungssprache" verwendet, d. h. eine Darstellung über eine Ereignisgesteuerte Prozesskette (*EPK*).[1]

a) Erkundigen Sie sich im Internet oder in anderen zugänglichen Quellen über den Umgang und die Darstellung von Geschäftsprozessen mit EPK-Diagrammen.

b) Überarbeiten Sie anschließend Ihren Entwurf aus dem Arbeitsauftrag 1 entsprechend Ihrer neuen Kenntnisse. Als kleine Hilfestellung soll Ihnen die folgende Übersicht dienen.

[1] *Die Thematik der Ereignisgesteuerten Prozessketten (EPK) wird im Lernfeld 11 noch ausführlich thematisiert.*

Kurzdarstellung von Symbolen für eine Umsetzung in einem EPK-Diagramm

Aufgabe 5

In Vertriebsabteilungen von Unternehmen werden teilweise nicht nur die Lieferscheine, sondern alle Versanddokumente erstellt. Dabei sind besonders viele unterschiedliche Dokumente für den Versand in Länder notwendig, die nicht der Europäischen Union (EU) angehören. Als Beispiel soll hier ein Versand von Bürostühlen mit dem Schiff nach Indien im Wert von über 5.000,00 € dienen.

Informieren Sie sich im Internet oder anderen Quellen (z. B. bei der IHK in Ihrem Ausbildungsbezirk) über die Notwendigkeit, den Aufbau und die Funktion folgender Dokumente:

a) eines Ursprungszeugnisses,
b) eines Frachtbriefs und
c) einer Ausfuhranmeldung für das aufgeführte Beispiel.

Lernsituation 3.6
Auf englischsprachige Anfragen und Aufträge reagieren

Der rote Faden

Besonderheiten hinsichtlich des Layouts, der Sprache und Struktur englischsprachiger Geschäftskorrespondenz kennenlernen

Angebot und Auftragsbestätigung in englischer Sprache verfassen

Ausgangssituation

Sie arbeiten in der Vertriebsabteilung der Duisdorfer BüroKonzept KG. Als Sie Ihre E-Mails abrufen, sehen Sie auch eine Mail Ihres Vorgesetzten, Herrn Klein, der für einige Tage auf Geschäftsreise ist. Er bittet Sie, auf eine Anfrage eines britischen Kunden zu reagieren, der sich für einige Produkte der BüroKonzept KG interessiert.

Von:	s.klein@duisdorfer-bueko.de
Datum:	Montag, 11.09.20.., 12:55
An:	...@duisdorfer-bueko.de
Betreff:	Angebot Officemaster

Guten Morgen Frau/Herr ...,

da ich bis Freitag nicht im Büro bin, bitte ich Sie, sich um folgende Angelegenheit zu kümmern: Ich habe letzten Freitag einen Anruf von Diana Manning von der Officemaster Ltd (Adresse: 25 High Street, Bristol, BS6 5HR, England) erhalten. Sie bittet um ein Angebot für 80 unserer „Ökostar"-Schreibtische (Englisch: desks) und 30 „Comfort"-Bürostühle. Die Stückpreise und Artikelnummern entnehmen Sie bitte der Artikelliste.

Bitte schicken Sie möglichst heute noch ein schriftliches Angebot an die Officemaster Ltd. Teilen Sie mit, dass wir einen Mengenrabatt von 10 % für den gesamten Auftrag einräumen. Die Lieferung kann innerhalb von sechs Wochen nach Auftragseingang erfolgen. Unsere Zahlungsbedingung für Erstaufträge: Zahlung bei Auftragserteilung.
Das Angebot ist gültig bis zum 10. Oktober.

Frau Manning fragt auch noch nach einem aktuellen Katalog, um sich eine Übersicht über unser Produktsortiment verschaffen zu können. Bitte dem Angebot beifügen.

Unterschreiben Sie in meinem Namen.

Vielen Dank!

S. Klein

Arbeitsauftrag 1 (analysieren und orientieren)

Was genau erwartet Herr Klein von Ihnen? Überlegen Sie, welche besonderen Anforderungen dadurch entstehen, dass es sich bei der Officemaster Ltd um ein britisches Unternehmen handelt. Halten Sie Ihre Überlegungen schriftlich fest.

Arbeitsauftrag 2 (informieren)

Informieren Sie sich in Ihrem Lehrbuch „BüroWelt 1" über das Layout von Geschäftsbriefen im Englischen im Allgemeinen und über die Struktur von Angeboten im Besonderen.

LF 3, 11

Arbeitsauftrag 3 (planen)

a) Entnehmen Sie Herrn Kleins Schreiben die wichtigsten Details, die Sie zur Erstellung des Angebots benötigen. Erstellen Sie zur schnelleren Orientierung eine Tabelle nach folgendem Muster:

Firma, Adresse	
Ansprechpartner	
Produkte/Einzelpreise	
Details	
– Rabatte	
...	
...	
...	

b) Übersetzen Sie zentrale Fachbegriffe (z. B. Mengenrabatt) mithilfe der Hinweise in Ihrem Lehrbuch.

LF 3, 11.2

Arbeitsauftrag 4 (durchführen)

Werten Sie Ihre Notizen in Kleingruppen von maximal vier Schülern bzw. Schülerinnen aus. Erstellen Sie gemeinsam, wenn möglich mithilfe eines Textverarbeitungsprogramms, ein formgerechtes Angebot, das Sie der Firma Officemaster Ltd zuschicken. Nutzen Sie dazu die Hinweise zum Layout und verwenden Sie die in Ihrem Lehrbuch „BüroWelt 1" eingeführten englischen Redewendungen.

LF 3, 11.2.2

Arbeitsauftrag 5 (bewerten)

Tauschen Sie die Angebote untereinander aus und geben Sie den jeweiligen Gruppen eine kritische Rückmeldung zum Schreiben. Folgende Fragen können dabei als Orientierung dienen:

- Werden die Layoutvorgaben eingehalten (inklusive passender Anrede und Grußformel)?
- Hat das Schreiben eine klare Struktur?
- Wie beurteilen Sie die sprachliche Qualität des Schreibens (Rechtschreibung, Ausdruck)?
- Werden alle inhaltlichen Vorgaben abgedeckt?

Halten Sie alle Punkte schriftlich fest. Sie können auch Bemerkungen (z. B. sprachliche Korrekturen) direkt in das Angebot schreiben.

Arbeitsauftrag 6 (reflektieren)

Überarbeiten Sie Ihr Schreiben mithilfe der kritischen Anmerkungen aus den anderen Gruppen.

Erweiterte Ausgangssituation

Etwa drei Wochen nachdem Sie im Auftrag von Herrn Klein der Firma Officemaster Ltd ein schriftliches Angebot gemacht haben, erhält dieser einen schriftlichen Auftrag. Da Sie bereits das Angebot erstellt haben, bittet er Sie darum, sich auch um diese Angelegenheit zu kümmern und den Auftrag zu bestätigen. Dazu legt er Ihnen den schriftlichen Auftrag vor, auf dem sich einige handschriftliche Notizen befinden, die Sie berücksichtigen sollen.

Officemaster Ltd
25 High Street · Bristol · BS6 5HR
Tel +44 (0)117-55536-0 · **Fax** +44 (0)55530-10
www.officemaster.co.uk · email **info@officemaster.co.uk**

30 September 20..

Duisdorfer BüroKonzept KG
Rochusstr. 30
53123 Bonn
Germany

Order for desks and office chairs

Dear Mr Klein

Thank you for your prompt reply to our enquiry. We would now like to place the following order:

1	75 desks "Ökostar", article No. 101111	list price € 489.00 each
2	40 office chairs "Comfort", article No. 202111	list price € 228.00 each

Please note that we have changed the quantities. ← *Okay. Mit in die Auftragsbestätigung aufnehmen*

Beides vorsichtshalber noch mal nennen!

We accept the prices and terms as stated in your offer of 11 September. However, as we open a new store in November, we would ask you to arrange for delivery to be effected by 2 November at the latest. → *Ware kann, früher als vereinbart, bis 30.10. geliefert werden*

Thank you for sending us your latest catalogue and for dealing with our enquiry so quickly. We look forward to taking delivery of the goods in the near future.

Please confirm receipt of this order by fax or e-mail as soon as possible.

Bestätigung per E-Mail. Noch heute erledigen.

Versandbestätigung per E-Mail an Officemaster, sobald Ware das Lager verlassen hat.

Danke!

Yours sincerely
Officemaster Ltd

Diana Manning

Diana Manning
Purchasing Manager

Arbeitsauftrag 1 (analysieren und orientieren)

Versuchen Sie zu verstehen, worum es in dem Schreiben geht. Schlagen Sie, falls notwendig, unbekannte Begriffe in einem zweisprachigen Wörterbuch nach. Beschränken Sie sich dabei auf solche Begriffe, die für das genaue Verstehen des Textes unbedingt notwendig sind. Gleichen Sie anschließend die Bemerkungen Herrn Kleins mit dem Inhalt des Schreibens ab.

Arbeitsauftrag 2 (informieren)

Informieren Sie sich in Ihrem Lehrbuch „BüroWelt 1“ über Auftragsbestätigungen in englischer Sprache.

LF 3, 11.2.3

Arbeitsauftrag 3 (planen und durchführen)

Verfassen Sie mithilfe der Vorgaben eine englischsprachige Auftragsbestätigung in Form einer E-Mail.

Arbeitsauftrag 4 (bewerten und reflektieren)

Schließen Sie sich in Kleingruppen zusammen. Vergleichen Sie Ihre Auftragsbestätigungen und geben Sie den Gruppenmitgliedern eine Rückmeldung. Verfassen Sie anschließend eine gemeinsame Auftragsbestätigung in der Gruppe.

LernFeld 4

Sachgüter und Dienstleistungen beschaffen und Verträge schließen

Lernsituationen

Lernsituation 4.1
Die Beschaffung der Werkstoffe für ein neues Produkt planen

Der rote Faden

Beschaffen
- **der richtigen Materialarten und -qualitäten**
- **in der richtigen Menge**
- **zum richtigen Zeitpunkt**
- **bei den ausgewählten Bezugsquellen**

Ausgangssituation

Nachdem verschiedene Kunden einen Schreibtisch in einer edlen Ausführung angefragt haben, wurde ein neuer Artikel in das Produktionsprogramm aufgenommen. Es handelt sich um einen Tisch mit einer Echtholzplatte aus Wildkirsche und einem Edelstahl-Tischgestell. Anhand eines genauen Bauplans wurde folgende Stückliste erstellt:

Gesamtstückliste		**Schreibtisch „Wildkirsche"**	
Nr.	**Anzahl**	**Bezeichnung**	**Einstandspreis pro Stück**
1	1	Tischplatte Wildkirsche 100 × 180 cm	492,00 €
2	4	Rahmenleiste Edelstahl 170 cm	14,50 €
3	4	Rahmenleiste Edelstahl 90 cm	8,00 €
4	4	Tischbein Edelstahl	29,00 €
5	3	Kunststofffuß, fix	4,10 €
6	1	Kunststofffuß, höhenverstellbar	7,20 €
7	8	Eckwinkel	3,30 €
8	16	Schraube/Mutter	0,18 €
9	4	Unterlegscheibe	0,60 €
10	4	Einschlagmutter	3,40 €

Für den Monat Januar, in dem die Produktion anlaufen soll, liegen nun der Duisdorfer Büro-Konzept KG Kundenaufträge für den Schreibtisch „Wildkirsche" vor. Es wurden insgesamt 110 Schreibtische geordert. Außerdem sollen aufgrund positiver Erwartungen weitere 40 Stück dieses Artikels auf Vorrat produziert werden. In Zukunft wird eine regelmäßige Nachfrage erwartet und im nächsten Jahr eine Produktionssteigerung von 5 % eingeplant. Diese Erwartung basiert auf den beobachteten Trends der Absätze im Bereich „Schreibtisch".

Herr Gerlach, der Sie im Produktionsbereich „Abteilung Bürotische“ eingearbeitet hat, bindet Sie in die Planung des Produktionsprogramms für den neuen Artikel aktiv ein. Einige Bauteile des Tischs (z. B. die Tischbeine) sind Werkstoffe, die bereits im Gesamtprogramm enthalten waren. Die Daten wurden entsprechend der zu erwartenden Produktionszahlen angepasst und müssen nicht geplant werden.

Zunächst ist es notwendig, mithilfe der **ABC-Analyse** die Teile der Stückliste wertmäßig in die Kategorien A (wichtig), B (weniger wichtig) und C (relativ unwichtig) aufzuteilen. Dadurch kann im nächsten Schritt die Beschaffung optimiert werden.

Arbeitsauftrag 1 (orientieren)

Verschaffen Sie sich zunächst einen Überblick über die Informationen, die Herr Gerlach Ihnen zu dem neuen Produkt gegeben hat.

LF 4, 1+2.1

Arbeitsauftrag 2 (informieren)

Informieren Sie sich im Lehrbuch „BüroWelt 1“ über das Thema „Beschaffung von Sachgütern und Dienstleistungen“, insbesondere über die „ABC-Analyse“. Berücksichtigen Sie folgende Aspekte der ABC-Analyse:

- allgemeine Bedeutung,
- Durchführung und
- Anwendung der Analyseergebnisse.

Arbeitsauftrag 3 (planen)

Überlegen Sie

- welche einzelnen Schritte
- in welcher Reihenfolge

für die ABC-Analyse notwendig sind. Notieren Sie diese.

Arbeitsauftrag 4 (durchführen)

a) Führen Sie die ABC-Analyse entweder handschriftlich oder mithilfe eines Tabellenkalkulationsprogramms durch. Für die Festlegung der Kategorien verwenden Sie folgende Prozentanteile am Gesamtwert:

A: 80 % **B: 15 %** **C: 5 %**

Beachten Sie, dass die Grenzen fest vorgegeben sind. Die Grenzen dürfen wertmäßig nicht überschritten werden.

Wenn Sie mit dem Tabellenkalkulationsprogramm arbeiten, erstellen Sie die dazu notwendigen Tabellen in einer Datei und speichern Sie diese unter dem Dateinamen „BM_LS4.1_ABC“. Optional verwenden Sie die vorgefertigte Datei „BM_LS4.1_ABC“ aus der Online-Ergänzung BuchPlusWeb. Vergessen Sie nicht regelmäßig zu speichern, um unerwünschte Datenverluste zu vermeiden.

Web

b) Tragen Sie die ermittelte Kategorie A, B oder C in die Artikeldateien für die Artikel „Tischplatte“, „Rahmenleisten 170“, „Rahmenleisten 90“ und „Schraube/Mutter“ ein. Sie finden die Artikeldateien in den beiden erweiterten Situationen auf den nächsten Seiten in diesem Buch abgebildet.

Arbeitsauftrag 5 (bewerten und reflektieren)

a) Erklären Sie in Partnerarbeit Ihrem Gesprächspartner Ihre bisherige Vorgehensweise und vergleichen Sie Ihre Ergebnisse.
b) Diskutieren Sie die Situation, wenn eine vorgegebene prozentuale Grenze knapp von einem Artikel überschritten wird.
c) Durchdenken Sie, welche Schlussfolgerung die Duisdorfer BüroKonzept KG aus dieser ABC-Analyse zieht.

Erweiterte Ausgangssituation 1

Nachdem Sie die ABC-Analyse durchgeführt haben, kennen Sie die Kategorie, in welche die Artikel „Tischplatte“, „Rahmenleisten“ und „Schraube/Mutter“ eingeordnet werden. Sie haben dieses ABC-Kennzeichen in die nachfolgenden Artikeldateien bereits übertragen.

Herr Gerlach fordert Sie auf, die Bestellung der Artikel zu planen. Er erläutert, dass hierbei die Minimierung der Gesamtkosten ein wichtiges Kriterium ist. Am Beispiel der Rahmenleisten 170 cm und Rahmenleisten 90 cm sollen Sie die **Ermittlung der optimalen Bestellmenge** durchführen. Auch weist Herr Gerlach Sie auf die damit verbundene **Bestellhäufigkeit** hin. Diese ist anschließend zu bestimmen.

Artikeldatei

Artikelbezeichnung: Rahmenleisten 170 cm	Artikelnummer: 0002
Material: Edelstahl	Einheit: Stück
ABC-Kennzeichen:	

... | **Lager** | Beschaffung | Bezugsquellen | FiBu | ...

Sicherheitszeitraum:	8 Tage				
Beschaffungszeit:	4 Tage				
Mindestbestand:		Meldebestand:		Höchstbestand:	
optimale Bestellmenge:					
aktueller Bestand:					
Lagerkostensatz:	20 %				

... | Lager | **Beschaffung** | Bezugsquellen | FiBu | ...

Jahresbedarf:	(bei 5 Tage Woche)
Einstandspreis:	14,50 €
Kosten je Bestellung:	110,00 €
Bestellverfahren:	Bestellpunktverfahren

Artikeldatei

Artikelbezeichnung: Rahmenleisten 90 cm	Artikelnummer: 0002
Material: Edelstahl	Einheit: Stück
ABC-Kennzeichen:	

...	Lager	Beschaffung	Bezugsquellen	FiBu	...

Sicherheitszeitraum: 8 Tage
Beschaffungszeit: 4 Tage
Mindestbestand: ☐ Meldebestand: ☐ Höchstbestand: ☐
optimale Bestellmenge: ☐
aktueller Bestand:
Lagerkostensatz: 20 %

...	Lager	Beschaffung	Bezugsquellen	FiBu	...

Jahresbedarf: ☐ (bei 5 Tage Woche)
Einstandspreis: 8,00 €
Kosten je Bestellung: 53,00 €

Bestellverfahren: Bestellpunktverfahren

Arbeitsauftrag 1 (orientieren)

Verschaffen Sie sich einen Überblick über die vorliegenden Artikeldateien. Diese geben Ihnen wichtige Hinweise bezüglich des Lagers und der Beschaffung.

Arbeitsauftrag 2 (informieren)

Informieren Sie sich im Lehrbuch „BüroWelt 1“ über das Thema „Optimale Bestellmenge“ und die damit verbundene Bestellhäufigkeit des jeweiligen Artikels.

LF4, 2.4

Arbeitsauftrag 3 (planen)

Planen Sie, in welcher Form Sie die Arbeitsergebnisse mit den entsprechenden Zwischenergebnissen festhalten und präsentieren wollen.

Arbeitsauftrag 4 (durchführen)

a) Berechnen Sie mithilfe der entsprechenden Formel die **optimale Bestellmenge** für die Artikel „Rahmenleisten 170 cm“ und „Rahmenleisten 90 cm“ und die daraus resultierende **Bestellhäufigkeit** für jeden der beiden Artikel. Tragen Sie die optimale Bestellmenge in die Artikeldateien ein.

b) Berechnen Sie zur Kontrolle mithilfe des Tabellenkalkulationsprogramms die optimale Bestellmenge und die optimale Bestellhäufigkeit für die Rahmenleisten 170 cm. Verwenden Sie dazu die vorbereitete Datei „BM_LS4.1_OptBM“. Nutzen Sie geeignete Formeln und Zellbezüge.

Web

Arbeitsauftrag 5 (bewerten und reflektieren)

a) Vergleichen Sie die Ergebnisse, die Sie mithilfe der unterschiedlichen Vorgehensweisen ermittelt haben.

b) Präsentieren Sie Ihre Lösung und erläutern Sie die Bedeutung des Ergebnisses für die Duisdorfer BüroKonzept KG.

Erweiterte Ausgangssituation 2

Nachdem Sie die Artikeldatei weiter ausgefüllt haben, sollen Sie sich nun Gedanken über die Beschaffungsverfahren machen. Bisher haben Sie die Artikel wertmäßig in die Kategorien A, B und C eingeteilt. Anschließend haben Sie am Beispiel der Rahmenleisten die optimale Bestellmenge ermittelt. Nun verweist Herr Gerlach Sie wieder auf die Artikeldateien der Rahmenleisten. Hier hat er Ihnen bereits das Bestellverfahren eingetragen, das durchgeführt werden soll: Das **Bestellpunktverfahren**.

Aber nicht nur das sollen Sie bearbeiten. Auch für die Artikel „Tischplatte" und „Schraube/Mutter" sollen Sie sich Gedanken über geeignete Bestellverfahren machen. Herr Gerlach gibt den Hinweis, dass Sie dabei das Ergebnis der ABC-Analyse berücksichtigen sollen.

Bevor nun die Produktion endgültig angestoßen wird, sind Sie aufgefordert Herrn Gerlach Ihre Ergebnisse in geeigneter Form zu erläutern.

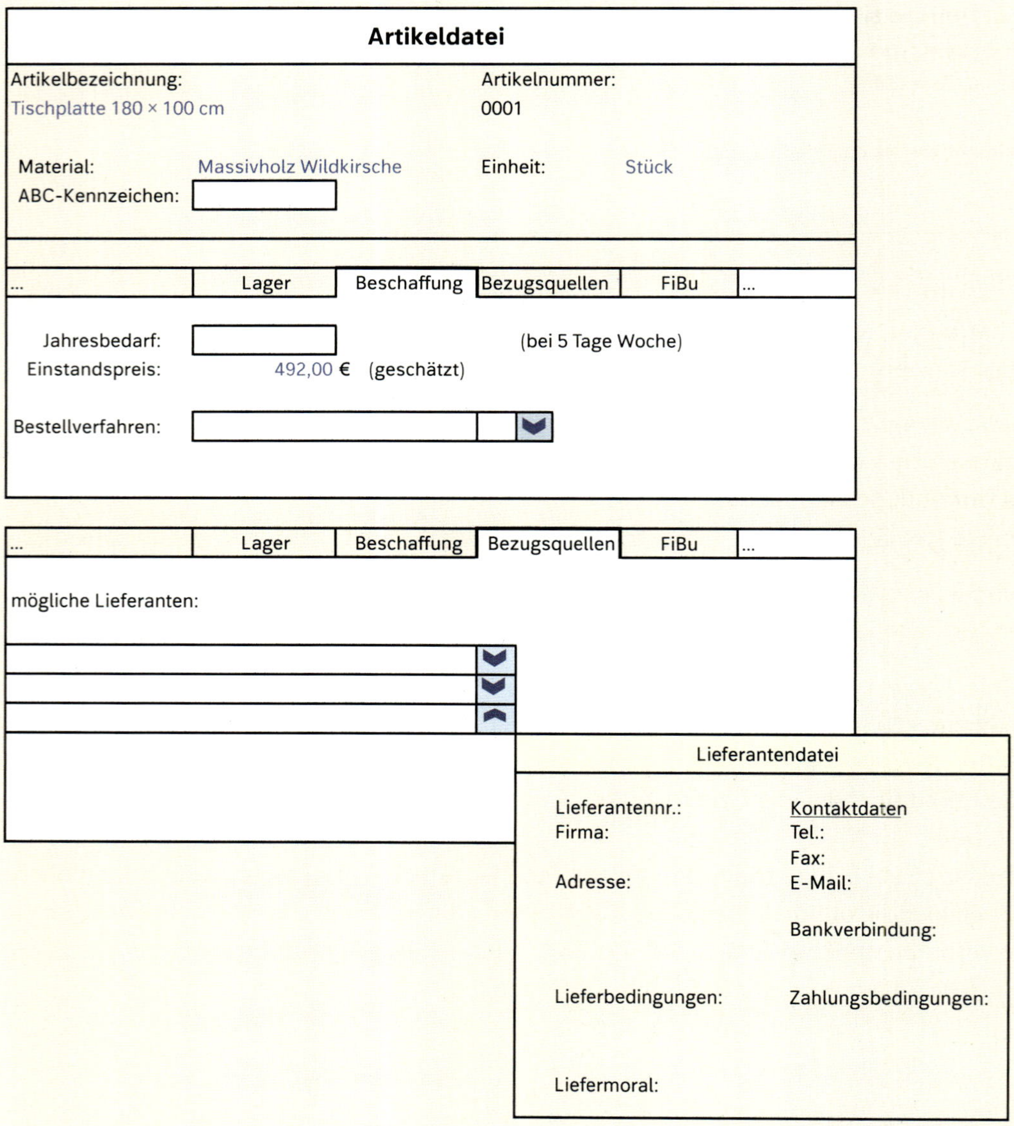

Artikeldatei

Artikelbezeichnung: Schraube / Mutter		Artikelnummer: 0008	
Material:	Edelstahl	Einheit:	Stück
ABC-Kennzeichen:			

...	Lager	Beschaffung	Bezugsquellen	FiBu	...

Jahresbedarf:		(bei 5 Tage Woche)
Einstandspreis:	0,18	€
Kosten je Bestellung:		€
Bestellverfahren:		

Arbeitsauftrag 1 (orientieren und informieren)

Verschaffen Sie sich noch einmal einen Überblick über die vorliegenden Artikeldateien. Informieren Sie sich anschließend im Lehrbuch „BüroWelt 1“ über das Thema „Beschaffungsverfahren“.

LF 4, 3

Arbeitsauftrag 2 (planen)

Planen Sie die Reihenfolge, in der Sie die drei verschiedenen Artikel (Tischplatte, Rahmenleisten, Schraube/Mutter) und deren Bestellverfahren bearbeiten wollen.

Arbeitsauftrag 3 (durchführen)

Entsprechend Ihrer geplanten Reihenfolge

a) bestimmen und erläutern Sie für die Artikel „Tischplatte“ und „Schraube/Mutter“ das jeweils plausible Beschaffungsverfahren;
b) erklären Sie das für die Rahmenleisten festgelegte Bestellpunktverfahren und berechnen Sie die fehlenden Kennzahlen;
c) skizzieren Sie in zwei Grafiken das Bestellpunkt- und das Bestellrhythmusverfahren so, dass die Unterschiede erkennbar werden.

Halten Sie Ihre Ergebnisse in geeigneter Form fest, um Sie später präsentieren zu können.

Arbeitsauftrag 4 (bewerten und reflektieren)

Wägen Sie – wenn möglich im Gespräch mit der Gruppe oder einem Partner – ab, ob für einen der vorgegebenen Artikel alternative Beschaffungsverfahren möglich wären. Diskutieren Sie Vor- und Nachteile der jeweiligen Alternative.

Vertiefende Aufgaben

Aufgabe 1

Ein Großhändler für Bürotechnik möchte die Bedeutung seiner Produkte ermitteln. Die Produkte sollen nach Jahresumsatz wertmäßig in die Kategorien A : B : C sortiert werden. Das Verhältnis beträgt 80 : 15 : 5.

Web

Ermitteln Sie, welche Waren in die Kategorien A, B, oder C gehören. Verwenden Sie zur Berechnung – wenn möglich – ein Tabellenkalkulationsprogramm. Nutzen Sie hierfür die vorgefertigte Datei „BM_LS4.1_VA1“.

Wertbetrachtung: Bürotechnik

Rang	Artikel	Umsatz €	%-Anteil vom Gesamtwert	%-Anteil kumuliert	Wertgruppe
1	Tischkopierer Sung	57.750,00 €	28,00 %	28,00 %	
2	Scann-Chef 100	43.480,00 €			
3	Drucker all in one	34.930,00 €			
4	Scann-Pro 50	28.490,00 €			
5	Schreibtischleuchte Lumen 610	9.240,00 €			
6	Multifax 0912	7.691,00 €			
7	Aktenvernichter Safeway	7.350,00 €			
8	Schreibtischleuchte Lumen 300	7.310,00 €			
9	Beamer Visio	5.225,00 €			
10	Stehlampe Assisto	4.765,00 €			
	Gesamt	**206.231,00 €**			

Aufgabe 2

Bei einem Lieferanten der Duisdorfer BüroKonzept KG besteht zurzeit das Problem, dass die Kosten der Lagerhaltung zu hoch sind. Es ist zu viel Kapital in den Artikeln gebunden, das infolgedessen nicht anderweitig eingesetzt werden kann.

Im Unternehmen besteht keine Unterscheidung zwischen Gütern mit hoher und mit niedriger Kapitalbindung. Der Geschäftsführer entscheidet, eine ABC-Analyse des Bestands durchzuführen. Dies ist notwendig, um die Beschaffung optimieren zu können.

Aus der Lagerbuchhaltung stehen Daten über den Stückpreis und den Jahresbedarf der einzelnen Artikel zur Verfügung:

a) Führen Sie eine ABC-Analyse durch. Bilden Sie die Kategorien A, B und C wertmäßig im Verhältnis 80 : 15 : 5. Setzen Sie zur Berechnung – wenn möglich – ein Tabellenkalkulationsprogramm ein. Die vorgefertigte Datei lautet „BM_LS4.1_VA2“.

Vorliegende Daten:

Artikelnummer	Jahresbedarf (Stück)	Einstandspreis pro Stück	Jahresbedarf in €	Rang
45-300	7 500	13,90 €		
45-301	24 000	9,00 €		
45-302	31 500	8,00 €		
45-303	1 240	1.150,00 €		
45-304	1 320	295,00 €		
45-305	72 500	1,70 €		
45-306	119 000	0,80 €		
45-307	141 000	0,20 €		
45-308	39 800	8,50 €		
45-309	620	2.400,00 €		
45-310	67 000	5,20 €		
45-311	16 200	27,00 €		
45-312	59 000	2,20 €		
45-313	1 800	49,00 €		
45-314	1 210	2.650,00 €		
	583 690			

Wertbetrachtung:

Rang	Artikelnummer	Jahresbedarf €	%-Anteil vom Gesamtwert	%-Anteil kumuliert	Wert-gruppe
1					
2					
3					
4					
5					
6					
7					
8					
9					
10					
11					

Rang	Artikelnummer	Jahresbedarf €	%-Anteil vom Gesamtwert	%-Anteil kumuliert	Wert-gruppe
12					
13					
14					
15				100 %	
	Gesamt:		100%		

Mengenbetrachtung:

Rang	Artikelnummer	Jahresbedarf Stück	%-Anteil von der Gesamtmenge	%-Anteil kumuliert
1				
2				
3				
4				
5				
6				
7				
8				
9				
10				
11				
12				
13				
14				
15				100 %
	Summe:		100 %	

Wertgruppe	Materialpositionen	%-Anteil Menge	%-Anteil Wert	Jahresbedarf (€)
A				
B				
C				
Gesamt	15	100 %	100 %	

b) Stellen Sie Ihr Ergebnis grafisch dar. Verwenden Sie – wenn möglich – ein Tabellenkalkulationsprogramm.

Excel Kap. 7

c) Machen Sie Verbesserungsvorschläge, auf welche Weise die Kapitalbindung im Lager reduziert werden könnte. Gehen Sie dabei auf Beschaffungsverfahren ein.

Aufgabe 3

Die Duisdorfer BüroKonzept KG produziert hochwertige Schreibtischstühle. Die Rüdiger Kiel GmbH liefert dem Betrieb regelmäßig u.a. bandscheibenfreundliche Rückenpolster. Im September sollen 250 Schreibtischstühle der Serie „Bandscheiben-Drehstuhl extra“ hergestellt werden.

a) Erklären Sie den Unterschied zwischen Primär- und Sekundärbedarf in der programmorientierten Bedarfsermittlung.

b) Ermitteln Sie den Nettobedarf an Rückenpolstern im vorangestellten Beispiel.
Der regelmäßig eingeplante Zusatzbedarf von 2% und Restbestände von 12 Stück sind zu berücksichtigen. Allerdings sind neun Schreibtischstühle für einen bestehenden Auftrag noch nicht produziert worden.

Aufgabe 4

Die Willi Lauf OHG benötigt voraussichtlich 2500 Tonerkassetten (schwarz/4000 Seiten) pro Jahr, deren Einstandspreis 23,00 €/Stück beträgt. Für eine Bestellung fallen Kosten in Höhe von 35,00 € an; den Lagerkostensatz setzt die Willi Lauf OHG mit 13[%] an.

a) Berechnen Sie mithilfe eines Tabellenkalkulationsprogramms die optimale Bestellmenge und die optimale Bestellhäufigkeit. Verwenden Sie die vorbereitete Datei „BM_LS4.1_VA4“ mit den in der Tabelle vorliegenden Werten und Daten. Nutzen Sie geeignete Formeln und Zellbezüge.

Web

b) Stellen Sie Ihr Ergebnis mithilfe des Tabellenkalkulationsprogramms grafisch dar.

c) Überprüfen Sie Ihr Ergebnis auf rechnerischem Weg. Verwenden Sie beispielhaft die Bestellhäufigkeiten 2, 5, 9, 10, 11, 17, 25.

Aufgabe 5

Ein Produktionsbetrieb benötigt für die Herstellung von Aktenschränken Teleskopschienen für die Schubladen. Es wurde eine optimale Bestellmenge von 2520 Stück festgelegt. Pro Tag werden regelmäßig 120 Schienen eingebaut. Der Mindestbestand des Produktionsbetriebs überbrückt einen Zeitraum von zwei Tagen. Die relativ zuverlässige Zimmermann OHG hat eine durchschnittliche Lieferzeit von drei Tagen.

a) Bestimmen Sie den Mindestbestand und den Höchstbestand.

b) Zum festgelegten Bestellzeitpunkt sind im Lager noch 620 Stück vorhanden. Ermitteln Sie die Bestellmenge mithilfe des Bestellrhythmusverfahrens.

LF 4, 3

c) Berechnen Sie aus den oben stehenden Angaben den Meldebestand, bei dem die Teleskopschienen nachbestellt werden müssen. Verwenden Sie dazu das Bestellpunktverfahren.

d) Stellen Sie das Bestellpunktverfahren unter der Annahme eines regelmäßigen Verbrauchs grafisch dar. Setzen Sie zur Darstellung – wenn möglich – ein geeignetes Tabellenkalkulationsprogramm ein.

Aufgabe 6

LF 4, 4.6

Der Sohn von Frau Beckmann hat in zwei Wochen Geburtstag. Auf der Wunschliste des fußballbegeisterten Kindes steht zum einen ein Tischkicker und zum anderen das neueste Fußball-Computerspiel der laufenden Saison. Weil Frau Beckmann gute Erfahrungen mit dem Online-Shop *Sports4You* gemacht hat, bestellt sie dort die gewünschten Produkte. Schon nach drei Tagen werden der Kicker und das Computerspiel geliefert. Am Abend baut Frau Beckmann den Kicker zusammen, um zu testen, ob alles vorhanden ist und funktioniert. Dabei wird der Umkarton leicht beschädigt. In der Zwischenzeit prüft Herr

Beckmann die Funktionsfähigkeit des Computerspieles und entfernt dazu die Folienverpackung. Beide Produkte sind einwandfrei.

Am nächsten Morgen im Telefonat mit dem Patenonkel des Geburtstagskindes stellt Frau Beckmann fest, dass dieser ebenfalls die Geschenke erstanden hat. Beide vereinbaren, dass Frau Beckmann die beiden Produkte an *Sports4You* zurückschickt und den Kauf widerruft.

a) Erläutern Sie, ob im geschilderten Fall ein Fernabsatzgeschäft vorliegt?

b) Erklären Sie, warum Verbraucher bei Fernabsatzverträgen besonders geschützt werden.

c) Stellen Sie heraus, welche Rechte Frau Beckmann grundsätzlich aus den Regelungen zu Fernabsatzverträgen genießt.

d) Erörtern Sie, ob Frau Beckmann die von ihr angestrebten Rechte uneingeschränkt einfordern kann.

Lernsituation 4.2
Die Aufnahme eines neuen Produkts ins Produktionsprogramm prüfen

Der rote Faden

Die Kosten der Eigenfertigung berechnen

Die Kosten des Fremdbezugs ermitteln

Eigenfertigung und Fremdbezug gegenüberstellen

Ausgangssituation

Eine Erweiterung des Absatzprogramms steht an. Es soll weiteres Zubehör zu den Schreibtischen angeboten werden; eine CPU-Einheit. Dabei handelt es sich um eine einfache Haltevorrichtung für Rechner unterschiedlicher Abmessungen, die mit wenigen Handgriffen am Schreibtisch befestigt werden kann. Zunächst wird eine Menge von 3000 Stück eingeplant.

Nachdem Sie bei der Planung des neuen Schreibtischs überzeugen konnten, sollen Sie nun ermitteln, ob der neue Artikel von der Duisdorfer BüroKonzept KG selbst produziert oder am Beschaffungsmarkt fremdbezogen werden soll. Frau Elling in der Abteilung „Beschaffung von Handelswaren" hat bereits Anfragen an verschiedene Lieferer gestellt. Dabei wird ersichtlich, dass der Bezugspreis für diese CPU-Einheit bei 53,25 € liegt.

Herr Gerlach, den Sie bereits aus der Produktionsabteilung kennen, bespricht mit Ihnen die notwendigen Eckdaten für eine Produktion der CPU-Einheit im eigenen Produktionsbetrieb.

Nach einem intensiven Arbeitsgespräch haben Sie nun folgende Daten notiert:

Produktionsplanung CPU-Einheit

- *neue Maschine notwendig*
- *geplante Kapazitätsgrenze: 10 000 Stück*
- *geplante Produktionsmenge: 3 000 Stück*
- *voraussichtlich fixe Kosten: 100.000,00 €*
- *Einzelteile (z. B. Lochblech, Kunststoffteile, Schrauben etc.) kosten für jedes Stück 19,85 €*

Arbeitsauftrag 1 (orientieren und informieren)

Informieren Sie sich in Ihrem Lehrbuch „BüroWelt 1" über die wesentlichen Inhalte des Themas „Eigenfertigung oder Fremdbezug".

LF 4, 5

Arbeitsauftrag 2 (planen)

Erstellen Sie, wenn möglich mithilfe eines Tabellenkalkulationsprogramms, eine geeignete Lösungsstrategie.

Arbeitsauftrag 3 (durchführen)

a) Ermitteln Sie ein Ergebnis, das Sie in die Lage versetzt, eine begründete Entscheidung für die Eigenfertigung oder den Fremdbezug zu treffen.

b) Ihr Ergebnis sollen Sie in der nächsten Teamsitzung mit Frau Elling und Herrn Gerlach rechnerisch und grafisch präsentieren.

Arbeitsauftrag 4 (bewerten und reflektieren)

Wägen Sie die Möglichkeiten ab und treffen Sie eine Entscheidung, die Sie mit Argumenten in der Teamsitzung untermauern können. Aufgrund Ihrer Argumentation soll entschieden werden, ob die CPU-Einheit produziert oder fremdbezogen werden soll.

Vertiefende Aufgaben

Aufgabe 1

Die Duisdorfer BüroKonzept KG kann von einem Lieferer als Zubehör für den Schreibtisch Kabelkörbe zu folgenden Bedingungen beziehen:

Der Listeneinkaufspreis je Stück beträgt 32,00 €, ein Liefererrabatt von 12 % und Liefererskonto in Höhe von 3 % werden eingeräumt. Die Frachtkosten werden pauschal von Bareinkaufspreis berechnet und belaufen sich auf 2 %.

Momentan bestehen in der Produktion der Duisdorfer BüroKonzept KG freie Kapazitäten, sodass lediglich folgende Kosten für ein Stück anfallen: Der Materialverbrauch liegt bei 5,80 €, die anteilig anfallenden Löhne belaufen sich auf 18,20 €; an sonstigen variablen Kosten werden für jeden Kabelkorb Kosten in Höhe von 1,20 € veranschlagt.

a) Ermitteln Sie, ob sich die Eigenfertigung lohnt.

b) Ermitteln Sie die kritische Menge. Berücksichtigen Sie dabei, dass fixe Kosten in Höhe von 6.650,00 € anfallen.

Aufgabe 2

Herr Gerlach gibt Ihnen folgende Darstellung zur Frage „Eigenproduktion oder Fremdbezug?“. Sie bezieht sich auf ein weiteres Produkt zum Schreibtischprogramm der Duisdorfer BüroKonzept KG. Es soll entschieden werden, ob das Produkt selbst erstellt oder hinzugekauft werden soll. Herr Gerlach fordert Sie auf, das Schaubild zu interpretieren und entsprechende Schlüsse daraus zu ziehen.

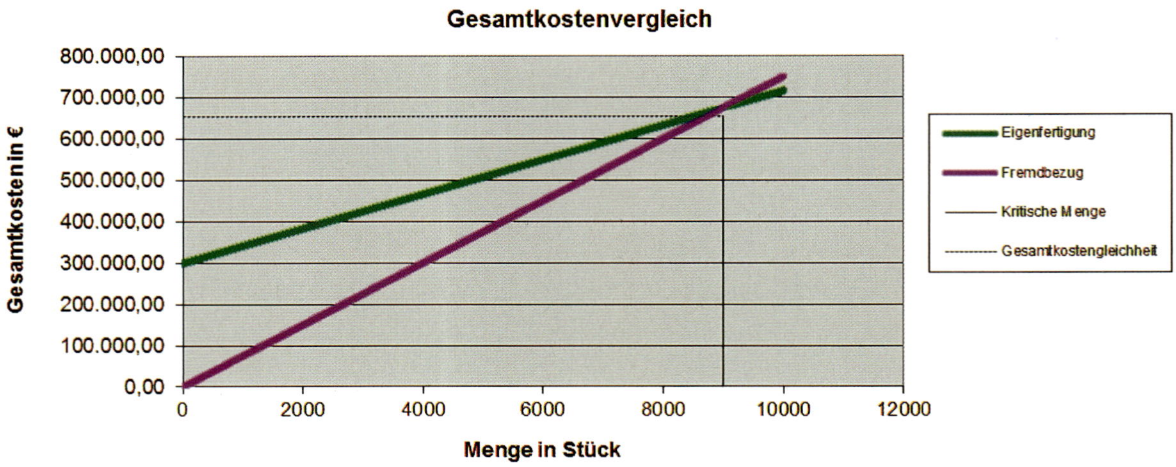

Lernsituation 4.3
Rechtsnormen im Bereich der Beschaffung beurteilen

Der rote Faden

- **Zwei aktuelle Geschäftsfälle bearbeiten**
- **Rechtliche Grundlagen erarbeiten**
- **Eine Mitteilung an die Abteilungsleiterin erstellen**
- **Geschäftsbriefe erstellen**

Ausgangssituation

Sie sind im Rahmen Ihrer kaufmännischen Ausbildung ab heute – 01.08.20.. – in der Abteilung „Beschaffung“ tätig. Die Abteilungsleiterin – Frau Laura Beckmann – begrüßt Sie und stellt Ihnen die Mitarbeiterinnen und Mitarbeiter der Abteilung sowie deren Aufgaben vor. Frau Beckmann weist darauf hin, dass Sie während Ihrer Zeit in der Abteilung an möglichst vielen Aufgaben und Tätigkeiten verantwortungsbewusst mitarbeiten sollen.

Frau Beckmann erklärt Ihnen, dass sie Auszubildende gerne ins „kalte Wasser“ werfe und damit häufig sehr gute Erfahrungen gemacht habe. In Ihrem Fall wird das sogar noch schneller als sonst der Fall sein. Leider hat sich nämlich heute Frau Elling krankgemeldet, die den gestrigen Tag nur mit Mühe und einigen Schmerztabletten bewältigen konnte.

Frau Beckmann informiert Sie, dass sie Ihnen in einer halben Stunde schon ein paar erste Aufgaben übertragen werde und versichert Ihnen aber auch, dass sie noch keine Wunderwerke von Ihnen erwarte.

Arbeitsauftrag 1 (orientieren)

Verschaffen Sie sich zunächst einen Überblick über die durch Frau Beckmann ausgehändigten Unterlagen und die Art, wie Sie diese Unterlagen bearbeiten sollen.

Arbeitsauftrag 2 (informieren)

a) Informieren Sie sich in Ihrem Lehrbuch „BüroWelt 1“ über die rechtlichen Grundlagen (u. a. Eigentum, Besitz sowie Nichtigkeit und Anfechtbarkeit von Rechtsgeschäften).

LF 4, 10 u.13

b) Im Falle zu erstellender Schreiben mithilfe eines Textverarbeitungsprogramms informieren Sie sich im Lehrbuch „BüroTechnik“ über die im kaufmännischen Schriftverkehr einzuhaltenden DIN-Normen.

Word, Kap. 6.2

Arbeitsauftrag 3 (planen)

Planen Sie, in welcher Art Sie Ihre Arbeitsergebnisse dokumentieren wollen (z. B. handschriftlich oder mit einem Textverarbeitungsprogramm).

Arbeitsauftrag 4 (durchführen)

a) Stellen Sie die von Ihnen ermittelten Arbeitsergebnisse hinsichtlich des rechtlichen Sachverhalts zunächst in Form einer internen Mitteilung an Frau Beckmann erläuternd dar.

b) Erstellen Sie zudem die zwei geforderten Geschäftsbriefe. Sofern Sie diese Schreiben mithilfe eines Textverarbeitungsprogramms erstellen wollen, verwenden Sie die Dateivorlage „BM_Briefvorlage Duisdorfer BüroKonzept“ und speichern Sie die erstellten Dokumente unter einem sinnvollen Dateinamen (z. B. „BM_LS4.3_Holzwerke Zwiesel“).

Web

Für die Vervollständigung des Informationsblocks beachten Sie bitte folgende Hinweise:

- In der Zeile „Name“ ist der vollständige Name von Frau Laura Beckmann anzugeben.
- Geben Sie die vollständige Telefonnummer samt der Durchwahl 340 an.
- Die E-Mail-Adresse ist wie folgt aufgebaut:
  1. Buchstabe Vorname.Familienname@duisdorfer-bueko.de.
- Beachten Sie, dass im Informationsblock alle Eintragungen in derselben Schriftart bzw. -größe vorzunehmen sind, die auch im Brief gewählt worden sind.

Arbeitsauftrag 5 (bewerten und reflektieren)

Präsentieren Sie Ihre Arbeitsergebnisse mithilfe eines Overheadprojektors, Beamers etc. Ihren Mitschülern und bewerten Sie diese gegenseitig. Nehmen Sie notwendige Korrekturen an Ihren Arbeitsergebnissen vor.

Duisdorfer
BüroKonzept
KG

Interne Mitteilung

Von	**Name:** Laura Beckmann	**Abteilung:** Beschaffung
An	**Name:** Auszubildende/-r	**Abteilung:** Beschaffung
Betrifft: Vertretung Frau Elling		**Datum:** 01.08.20..

Mit der Bitte um

- ☐ **Kenntnisnahme**
- ☒ **Bearbeitung**
- ☐ **Weiterleitung**
- ☐ **Rücksprache**
- ☐ **Stellungnahme**
- ☐ **Ablage**

Nachricht:

Sehr geehrte/-r Frau/Herr ...,

wie bereits kurz besprochen bin ich Ihnen dankbar, wenn Sie sich gleich am ersten Tag in unserer Abteilung um die folgenden zwei Geschäftsfälle kümmern können:

1. Bestellung per E-Mail bei unserem Lieferanten pc tech AG vom gestrigen Tag. Frau Elling hatte den Auftrag, 200 Einheiten des Artikels Scann-Chef 100 zu bestellen.
   Einen Auszug aus der hausinternen Bestelldatei und aus der E-Mail-Ablage von gestern füge ich als Anlage bei. Bislang (aktuelle Uhrzeit: 08:57 Uhr) ist noch keine E-Mail der pc tech AG eingegangen.

   Sind wir jetzt an die abgegebene Bestellung gebunden?

2. Schreiben der Holzwerke Zwiesel GmbH.

   Müssen wir in diesem Fall wirklich die gelieferten Hölzer zurückgeben?

Bitte prüfen Sie in beiden Fällen den Sachverhalt.

Erstellen Sie bitte in meinem Namen (ich unterschreibe mit „i. V.") jeweils eine E-Mail bzw. einen Brief für die Geschäftsfälle und legen Sie mir diese möglichst schnell vor. Ich werde ggf. Korrekturvorschläge machen.

Vielen Dank

Laura Beckmann
Laura Beckmann

Anlagen

Auszug aus Frau Ellings E-Mail-Ablage vom gestrigen Tag:

Von:	j.elling@duisdorfer-bueko.de
Gesendet:	31. Juli 20.. 17:22
An:	bestellung@pctech-ag.de
Betreff:	Bestellung 860/20..

Sehr geehrte Damen und Herren,

wir bestellen zu den angebotenen Konditionen (Listenpreis 119,00 €, Rabatt 15 % ab 150 Stück, 3 % Skonto bei Zahlung der Rechnung binnen 8 Tage ab Rechnungserhalt) 20000 Einheiten des Produkts Scann-Chef 100 (Art.-Nr. 735100).

Die Lieferung soll am 15.08.20.. frei Haus erfolgen.

Bitte bestätigen Sie uns den Erhalt unserer Bestellung sowie den gewünschten Liefertermin.

Freundliche Grüße

Duisdorfer BüroKonzept KG

Johanna Elling
Einkauf Handelswaren

Auszug aus der Bestelldatei zur oben genannten Bestellung 860/20..
(Informationen wurden direkt nach der Bestellung von Frau Elling persönlich in die Bestelldatei eingegeben.)

Bestelldatei

laufende Best.-Nr.:	860/20..	Bestelldatum:	31.07.20..
Lieferanten-Nr.:	4408	Lieferant:	pc tech AG
Sachbearbeiter:	Johanna Elling	Liefertermin:	15.08.20..

...	**Beschaffung**	Lager	Fibu	...

bestellte Artikel:	bestellte Menge:	LEP/St., netto	ZEP ges., netto
Scann-Chef 100	200	119,00 €	20.230,00 €
		Gesamt	20.230,00 €

Vereinbarte Zahlungskonditionen:

Zahlungsziel:	30 Tage		
Skonto:	3,0%	innerhalb von	8 Tagen

Auszug aus dem Schreiben der Holzwerke Zwiesel GmbH

Holzwerke Zwiesel GmbH * Frauenauer Str. 177 – 181 * 94227 Zwiesel

Posteingang:
01.08.20..

Duisdorfer BüroKonzept KG
Abteilung Beschaffung
Rochusstr. 30
53123 Bonn

Ihr Zeichen	Unser Zeichen	Telefon	Datum
	Mü	09922 8450127	31.07.20..

Ihre von der Holzgroßhandlung Regen OHG erhaltenen Warenlieferungen

Sehr geehrte Damen und Herren,

laut vorliegenden Informationen hat Ihr Haus am 15.06.20.. eine Holzlieferung von der Holzgroßhandlung Regen OHG im Wert von 42.542,20 € netto erhalten.

Leider müssen wir Ihnen mitteilen, dass die gelieferten Holzpositionen ausschließlich durch unser Haus produziert und in unterschiedlichen Lieferpositionen im Mai sowie Juni dieses Jahres unter Eigentumsvorbehalt an die oben genannte Holzgroßhandlung geliefert wurden.

Da die Holzgroßhandlung Regen OHG leider die Rechnungen nicht bezahlt hat und nach eigenen Aussagen auch in den kommenden Wochen nicht zum Ausgleich der Rechnungen in der Lage ist, treten wir mit folgenden Optionen an Sie heran:

1. Herausgabe der an Sie gelieferten Holzpositionen an unser Haus. Weiterhin Übernahme der Kosten für den Abtransport der Holzpositionen bis zu unserem Versandlager in Zwiesel durch Ihr Haus.

   oder

2. Überweisung des Rechnungsbetrags in oben ausgewiesener Höhe zuzüglich der geltenden Umsatzsteuer binnen der nächsten sieben Werktage auf unser Konto.

Bitte teilen Sie uns möglichst umgehend mit, für welche Alternative Sie sich entscheiden.

Wir bedauern den gesamten Vorgang und hoffen, dass wir in Zukunft unter erfreulicheren Umständen eine Geschäftsbeziehung mit Ihrem Haus eingehen können.

Mit freundlichen Grüßen

Holzwerke Zwiesel GmbH

ppa. *Bastian Müller*

Bastian Müller

Kopie des Kontoauszugs vom 25.06.20.. – Kontoinhaber Duisdorfer BüroKonzept KG

	BIC	IBAN	erstellt am	Auszug	Blatt
Volksbank Köln Bonn eG	GENODED1BRS	DE85 3860 0186 2401 2345 67	25.06.20.. 10:47	112	1

BU-TAG	VORGANG			
24.06.20..	Überweisung Holzgroßhandlung Regen OHG IBAN DE49 7415 1450 0350 1201 05 (Sparkasse Regen-Viechtach) Rechnung 3477/20.. vom 15.06.20.. abzgl. 3 % Skonto			- 49.106,46
		SALDO NEU	€	47.643,54+
		Kreditlimit	€	100.000,00

Vertiefende Aufgaben

LF 4, 8–14

Aufgabe 1

a) Informieren Sie sich in Ihrem Lehrbuch „BüroWelt 1" zusätzlich zu den bereits erarbeiteten Kapiteln 10 und 13 auch über die Kapitel zu Geschäftsfähigkeit, Vertragsfreiheit und Formvorschriften, Vertragsarten sowie Allgemeine Geschäftsbedingungen.

b) Erarbeiten Sie für die nachstehenden 12 Situationen jeweils, ob die geschilderten Verträge/Sachverhalte zwischen der Duisdorfer BüroKonzept KG und dem beschriebenen Vertragspartner rechtlich einwandfrei oder zu beanstanden (ggf. nichtig oder anfechtbar) sind. Begründen Sie Ihre Ergebnisse möglichst ausführlich. Vergleichen Sie hierfür die unten stehende – bewusst überzogene – Situation 0.

Halten Sie Ihre Arbeitsergebnisse – sofern möglich – mithilfe eines Textverarbeitungsprogramms fest. Speichern Sie Ihre Datei unter dem Dateinamen „BM_LS4.3_VA1" Sollte kein Computer verfügbar sein, dokumentieren Sie Ihre Ergebnisse handschriftlich. Übernehmen Sie hierfür den Aufbau der nachstehenden Arbeitshilfe.

Situation Nr. 0

Im vergangenen Dezember hat ein Mitarbeiter unseres firmeneigenen Verkaufsshops eine Bestellung unseres Produkts „Bürostuhl Comfort" für Herrn Drechsler zum Preis von 228,00 € entgegengenommen. Das Produkt wurde am Tag der Bestellung bar bezahlt und zwei Tage später an die angegebene Adresse ausgeliefert. Einen Tag nach der Auslieferung erhielten wir einen Anruf von einem Herrn Drechsler, der sich über die Lieferung beschwerte, weil er diesen Auftrag angeblich nie erteilt habe. Bei den durchgeführten Nachforschungen stellte sich heraus, dass Herrn Drechslers sechsjähriger Sohn die Bestellung als „Weihnachtsgeschenk" aufgegeben und bezahlt hat.

Arbeitshilfe

Situation	Einwandfrei/ zu beanstanden	Begründung
0	*zu beanstanden*	*Der Kaufvertrag ist von vornherein nichtig (ungültig), da ein sechsjähriges Kind geschäftsunfähig ist (§§ 104, 105 BGB).*
1		
2		
...	...	...

Situation Nr. 1

Ebenfalls im vergangenen Dezember hat eine 19-jährige Praktikantin das Produkt „Chefsessel Bonn Maxx" zum Vorzugspreis von 333,00 € gekauft und bar bezahlt. Auch hier erhielten wir per Telefon die Beschwerde der Eltern, die mit dem Kauf nicht einverstanden waren. Nach Auffassung der Eltern hätte ein zeitgleich bei einem Discounter angebotener Stuhl zum Preis von 149,00 € auch gereicht. Sie argumentierten, dass der Vertrag wegen Wucher nie zustande gekommen sei.

Situation Nr. 2

Vor zwei Jahren hat Herr Langner aus dem technischen Bereich den Auftrag erhalten, ein Gebrauchtfahrzeug für kurzfristig anfallende Dienstfahrten zu besorgen. Herr Langner hat daraufhin einen dreieinhalb Jahre alten Toyota Verso von der Meyer KG (Neu- und Gebrauchtwagenhandlung mit Werkstatt) zum Preis von 16.599,00 € erworben. Im Kaufvertrag wurde u. a. festgehalten, dass es sich um ein unfallfreies Fahrzeug handle. Bei der TÜV-Inspektion vor rund sechs Monaten stellte sich aber dann heraus, dass das Fahrzeug in einen schweren Unfall verwickelt gewesen war, da der Rahmen verzogen war. Der Geschäftsführer – Herr Falo – nimmt Kontakt zum Ersteigentümer des Toyotas auf und erfährt dabei, dass der Unfallschaden in der Meyer KG fachgerecht behoben worden sei. Einige Wochen später hat die Meyer KG dann das Fahrzeug vom Ersteigentümer in Zahlung genommen.

Situation Nr. 3

Im vergangenen Herbst hat Herr Anderson (tätig in der Abteilung Beschaffung für den Bereich Produktion) eine Position Buchenholz im Wert von 44.500,00 € bestellt. Der Kaufvertrag mit dem Holzlieferanten wurde fristgerecht abgeschlossen und die vereinbarte Anzahlung in Höhe von 6.500,00 € pünktlich gezahlt. Rechtzeitig zwei Wochen nach erfolgter Bestellung trifft die Ware auch in der vereinbarten Qualität bei uns ein.

Auf der zwei Tage später eingetroffenen Rechnung wird allerdings ein Rechnungsbetrag in Höhe von 46.500,00 € ausgewiesen. Im anschließenden Telefonat weist der Händler darauf hin, dass der Marktpreis in den vergangenen Wochen gestiegen und die Erhöhung des Rechnungsbetrags damit unumgänglich sei.

Situation Nr. 4

Vor rund 12 Monaten erhielt die Duisdorfer BüroKonzept KG eine Onlinebestellung von Frau Annika Lüring (17 Jahre alt), die seit einem Jahr einen mit Zustimmung ihrer Eltern ins Leben gerufenen Onlineversandhandel für Bürobedarf betreibt (Erwerbsgeschäft). Die insgesamt vier bestellten Artikel „Tischkopierer Sumsang" wurden binnen einer Woche an Frau Annika Lüring ausgeliefert. Leider erhielt unsere Geschäftsführerin – Frau Niester – eine schriftliche Beschwerde der Eltern, in der u. a. die Rücknahme der Ware gefordert worden ist, da laut Angaben der Eltern ein Vertrag nicht zustande gekommen sei.

Situation Nr. 5
Für den Bau einer zusätzlichen Lagerhalle benötigte unser Unternehmen vor drei Jahren ein angrenzendes Grundstück. Der Verkäufer des Grundstücks, Herr Brückmann, war mit dem von Herrn Falo ausgehandelten Kaufpreis in Höhe von 475.000,00 € einverstanden. Da Herr Brückmann und Herr Falo sich seit vielen Jahren gut kennen und einander vertrauen, wurde der Kaufvertrag gemäß Vorschlag von Herrn Brückmann kurz von einem Mitarbeiter unseres Unternehmens aufgesetzt und von den beteiligten Personen unterschrieben.

Situation Nr. 6
Am 10. August dieses Jahres hat ein 16-jähriger Schüler im firmeneigenen Verkaufsshop unser Produkt „Schreibtisch Ökostar" zum Preis von 489,00 € bestellt. Auf Nachfrage des Mitarbeiters hat der Schüler darauf hingewiesen, dass seine Eltern ihm für die Anschaffung eines soliden Schreibtischs einen Betrag bis zur Höhe von 500,00 € zur Verfügung gestellt hätten. Um sich keinen Ärger mit den Eltern des Schülers einzuhandeln, wurde der Junge gebeten, eine schriftliche Einverständniserklärung seiner Eltern beizubringen. Die erbetene Erklärung wurde samt einer Ausweiskopie des Vaters am 21. August per Post zugestellt, sodass am 23. August die Lieferung des Schreibtischs erfolgt ist.

Situation Nr. 7
Die Duisdorfer BüroKonzept KG hat vor neun Monaten bei einem Holzhändler aus Polen telefonisch angefragt, wie hoch der Preis für eine von ihm angefertigte Tischplatte beim Bezug von 1 000 Einheiten sei. Daraufhin erhält Herr Anderson in dem Telefonat seiner Meinung nach die Tischplatten zum Preis von „eighty Euro" angeboten. Das Angebot soll laut Aussage des Händlers fünf Tage lang gültig sein. Herr Anderson bestellt noch am selben Tag die 1 000 Tischplatten per E-Mail.

In der Antwortmail wird darauf hingewiesen, dass der Preis bei „eighty-eight Euro" liege, was auch der Preisliste auf der Homepage des Lieferanten zu entnehmen ist. Herr Anderson meint zwar, dass er wirklich „eighty" verstanden habe, weist aber auch darauf hin, dass der Mitarbeiter am anderen Ende des Telefons einen sehr starken Dialekt gehabt hätte.

Situation Nr. 8
Unser Kunde – Herr Ralf Schultz (Privatperson) – hat sich schriftlich bei der Geschäftsführung beschwert. Er hat vor rund eineinhalb Jahren den Artikel „Bandscheiben-Drehstuhl extra" gekauft. Nach genau 16 Monaten ließ sich die Höhe des Drehstuhls nicht mehr einwandfrei verstellen. Grund hierfür ist eine defekte Gasdruckfeder, die in den letzten Jahren schon mehrfach als „anfällig" aufgefallen ist. Herr Schultz hat den Drehstuhl reklamiert und erhielt von einem damaligen Praktikanten die Antwort, dass die Gewährleistung seit vier Monaten abgelaufen sei. Herrn Schultz wurde eine kostenpflichtige Reparatur durch unser Unternehmen angeboten.

Situation Nr. 9
In den Sommerferien beschäftigt die Duisdorfer BüroKonzept KG regelmäßig Schüler als sogenannte „Springer". Die im Bereich „Lager und Versand" beschäftigten Schüler benötigen für ihre Aushilfstätigkeit Sicherheitsschuhe, die von ihnen zu einem – von uns subventionierten – Pauschalpreis von 39,00 € über uns zu erwerben sind. Vor einem Jahr kam eine 17-jährige Schülerin in die Abteilung „Personal" und erzählte, dass ihre Eltern wegen der Anschaffung der Sicherheitsschuhe schwer verärgert und der Meinung seien, dass dieser Kauf wegen der Minderjährigkeit ihrer Tochter unwirksam sei. Zu erwähnen ist, dass in der von den Eltern unterschriebenen Einverständniserklärung hinsichtlich der Arbeitstätigkeit ihrer Tochter extra auf die Pflicht zum Erwerb der Sicherheitsschuhe hingewiesen worden ist.

Situation Nr. 10
Vor zwei Jahren stieß unsere Lagerhalle an ihre Kapazitätsgrenze, sodass eine Erweiterung geplant wurde. Ein Bekannter unserer Geschäftsführerin hat der Duisdorfer BüroKonzept KG daraufhin das Angebot unterbreitet, einen Teil seines Lagers für einen festen Zeitraum von 30 Monaten zu vermieten, damit die

notwendigen Umbau- und Erweiterungsarbeiten ungestört durchgeführt werden können. Der Vertrag sollte gemäß dem Wunsch des befreundeten Unternehmers in einem Standard-Mietvertrag schriftlich festgehalten werden.

Situation Nr. 11
Im vergangenen Februar benötigte die Duisdorfer BüroKonzept KG für einen Kundenauftrag 500 Schreibtischplatten (160 × 80 cm) in der Qualität Eiche. Für die Schreibtischplatten wurden drei Angebote eingeholt, die allesamt keine Freizeichnungsklauseln enthielten. Wir bestellten zwei Tage nach Eingang des günstigsten Angebotes bei diesem Anbieter. Die Lieferung erfolgte pünktlich innerhalb von 14 Tagen – allerdings mit dem Hinweis, dass aufgrund gestiegener Produktionskosten nur Schreibtischplatten in der Qualität Fichte zum vereinbarten Preis geliefert werden könnten.

Situation Nr. 12
Vor rund drei Jahren hat der Vertreter eines neuen Lieferanten Herrn Anderson dazu aufgefordert, sein Unternehmen beim Einkauf von Stahlprofilen angemessen zu berücksichtigen. Der Vertreter wies Herrn Anderson auf den Umstand hin, dass dieser auf der letztjährigen Weihnachtsfeier des gemeinsamen Fußballvereins damit angegeben habe, dass er die gefahrene Strecke zum Arbeitsplatz um einen Kilometer aufrunde, um so seine Steuerlast zu reduzieren. Aus Angst vor einer Strafe wegen Steuerhinterziehung vergibt Herr Anderson tatsächlich einen Teilauftrag an den neuen Lieferanten.

Nach drei Tagen schildert Herr Anderson den Vorfall der Abteilungsleiterin Laura Beckmann. Gemeinsam mit dem Steuerberater der Duisdorfer BüroKonzept KG klärt Herr Anderson die fehlerhaften Angaben beim Finanzamt und kommt mit einem mahnenden Schreiben des Finanzamts davon.

Aufgabe 2
Bei den zuvor bearbeiteten Aufgaben ist Ihnen sicherlich bewusst geworden, dass Sie zur kompetenten Beurteilung alltäglich anfallender Probleme ein intensives Faktenwissen benötigen. Damit Sie dieses Wissen zukünftig – beispielsweise auch in Prüfungssituationen – rasch wieder zur Hand haben, sollen Sie sich für die folgenden Themen Übersichten – z. B. in Form einer Tabelle oder einer Mindmap – erstellen:

- Geschäftsfähigkeit, Arten der Geschäftsfähigkeit,
- Nichtigkeit und Anfechtbarkeit von Rechtsgeschäften

LF 4, 8 u. 13

a) Erarbeiten Sie sich hierfür zunächst noch einmal die Inhalte aus Ihrem Lehrbuch „BüroWelt 1". Entscheiden Sie, welche Informationen und Details Ihnen für eine Zusammenfassung wichtig erscheinen.

b) Treffen Sie eine Entscheidung, in welcher Form Sie die Übersichten erstellen wollen (z. B. handschriftlich oder mithilfe eines Textverarbeitungsprogramms, als Informationstext bzw. als Tabelle). Speichern Sie Ihre Datei unter dem Dateinamen „BM_LS4.3_VA2".

c) Erstellen Sie anschließend die Übersichten. Berücksichtigen Sie hierbei unbedingt die jeweiligen Ausnahmen und Fristen der oben genannten Themen.

Aufgabe 3
Die Duisdorfer BüroKonzept KG hat sich entschieden, für die Vereinheitlichung ihrer Vertragsbedingungen Allgemeine Geschäftsbedingungen (AGB) zu erstellen.

Ihre Aufgabe besteht darin, für die nachstehend aufgeführten Inhalte Allgemeine Geschäftsbedingungen mit entsprechenden Formulierungen zu erstellen.

LF 3, 6
LF 4, 14

a) Wiederholen Sie das Thema „Inhalte des Kaufvertrags" und erarbeiten Sie das Thema „Allgemeine Geschäftsbedingungen" aus Ihrem Lehrbuch „BüroWelt 1".

b) Entscheiden Sie anschließend für die nachstehend aufgeführten Inhalte, welche Regelungen in den AGB aufgeführt werden sollen.

Anmerkung:
Sofern den aufgeführten Inhalten keine ausdrücklichen Anmerkungen zugeordnet sind, sollen Sie sinnvolle Regelungen vorgeben. Optional können Sie auch die jeweils gesetzliche Regelung in die AGB aufnehmen.

c) Recherchieren Sie im Internet nach Beispielen und Vorlagen von Allgemeinen Geschäftsbedingungen. Ergänzen Sie die nachstehenden Beispiele – sofern nötig – um derzeit noch fehlende Inhalte.

d) Planen Sie, in welcher Reihenfolge Sie die Inhalte in den AGB aufführen wollen.

e) Erstellen Sie mithilfe eines Textverarbeitungsprogramms eine Datei, die Sie unter dem Dateinamen „BM_LS4.3_AGB" speichern.

f) Erstellen Sie in der ersten Zeile eine sinnvolle Überschrift (Schriftart „Arial", Schriftgröße 14, Fett).

g) Richten Sie das Dokument so ein, dass die AGB in zwei Spalten (Zeitungsstil) je Seite erscheinen (in Word 2016: LAYOUT – SEITE EINRICHTEN – SPALTEN – WEITERE SPALTEN – VOREINSTELLUNGEN (ZWEI) und ÜBERNEHMEN FÜR: (Dokument ab hier)). Verwenden Sie für den gesamten Text die Schriftart „Arial", Schriftgröße 9.

h) Tragen Sie Sorge dafür, dass in der Fußzeile linksbündig der Hinweis „Stand: <Datum>" erscheint. Im Platzhalter <Datum> ist von Ihnen das aktuelle Erstellungsdatum einzutragen. Verwenden Sie für den Hinweis in der Fußzeile die Schriftart „Arial", Schriftgröße 10, Fett.

i) Stellen Sie Ihr Arbeitsergebnis Ihren Mitschülern vor und bewerten Sie gegenseitig Ihre Ergebnisse. Nehmen Sie notwendige Korrekturen an Ihren AGB vor.

Folgende Inhalte sind in die Allgemeinen Geschäftsbedingungen aufzunehmen:

Inhalt	**Anmerkungen hierzu**
Gültigkeit von Angeboten	Formulieren Sie hier eine Gültigkeitsdauer, die dem Kunden ein intensives Prüfen unseres Angebots ermöglicht.
Eigentumsvorbehalt	Vereinbaren Sie hier einen Eigentumsvorbehalt, der nicht zu „abschreckend" auf den Kunden wirkt.
Lieferfrist	
Preisangaben	▪ In Angeboten werden jeweils die Nettopreise zuzüglich der aktuellen Umsatzsteuer angegeben. ▪ Bei Bestellungen ohne Angebot gelten jeweils die Nettopreise aus der jeweils gültigen Preisliste.
Versandkosten	
Garantie	Hier soll der Kunde eine Garantie zugesagt bekommen, die zwölf Monate länger gilt als die gesetzliche Gewährleistungsfrist. Die gesetzlichen Regelungen zur Gewährleistung sollen ansonsten unberührt bleiben.

Inhalt	Anmerkungen hierzu
abweichende Vereinbarungen	
Service	Sonderanfertigungen sind grundsätzlich möglich. Gerne erstellt unser Unternehmen auf Anfrage ein schriftliches Angebot.
Zahlungsbedingungen	
Erfüllungsort	Für die Warenschuld gilt stets der Erfüllungsort Bonn als vereinbart.
Gerichtsstand	Es soll die für die Duisdorfer BüroKonzept KG günstigste Regelung aufgeführt werden. **Aber:** Im Fall eines einseitigen Handelskaufs gilt die gesetzliche Regelung als vereinbart.

Lernsituation 4.4
Anfragen – auch in englischer Sprache – für eine neue Handelsware erstellen

Der rote Faden

Notwendige Inhalte für eine Anfrage erarbeiten

Anfragen erstellen, ggf. in Form eines Serienbriefs

Anfragen in englischer Sprache erstellen

Ausgangssituation

Sie sind heute seit acht Tagen in der Abteilung Beschaffung tätig und unterstützen die Mitarbeiter bei ihren unterschiedlichen Tätigkeiten. Als Sie heute im Büro ihren Dienst aufnehmen, erfahren Sie von Ihrem Kollegen Udo Anderson, dass Frau Elling (verantwortlich für den Bereich Handelswaren) aufgrund ihrer schweren Grippe voraussichtlich noch die restliche Woche nicht zur Arbeit erscheinen wird.

Herr Anderson weist Sie darauf hin, dass die Abteilungsleiterin – Frau Laura Beckmann – Ihnen Unterlagen auf Ihrem Schreibtisch hinterlegt hat.

Arbeitsauftrag 1 (orientieren)

Verschaffen Sie sich anhand der auf dem Schreibtisch hinterlegten Unterlagen einen Überblick, bei welcher Aufgabe Sie Frau Beckmann behilflich sein sollen.

Arbeitsauftrag 2 (informieren)

a) Informieren Sie sich in Ihrem Lehrbuch „BüroWelt 1“
   - über die zu berücksichtigenden Inhalte der geforderten Schreiben. Informieren Sie sich zudem mithilfe des Informationsblattes zur Erstellung von Anfragen über hilfreiche Textbausteine.
   - über die Anforderungen an einen englischsprachigen Geschäftsbrief an die im Ausland ansässigen Unternehmen.

LF 3, 2 u.11

b) Informieren Sie sich ggf. im Internet über die englischen Fachbegriffe, mit denen die technischen Anforderungen an den Beamer beschrieben werden.

Arbeitsauftrag 3 (planen und informieren)

a) Planen Sie zunächst, in welcher Art Sie die Schreiben erstellen wollen (Einzeldokumente, Serienbrief oder ggf. E-Mail an die im Ausland ansässigen Lieferanten). Die benötigten Adressen entnehmen Sie – sofern nicht auf den nachstehenden Seiten aufgeführt – der Lieferantenliste im Lehrbuch „BüroWelt 1“.

b) Im Falle eines zu erstellenden Serienbriefs informieren Sie sich zudem in Ihrem Lehrbuch „Büro-Technik“ über die Erstellung eines Serienbriefs.

Word, Kap. 9

Arbeitsauftrag 4 (durchführen)

a) Erstellen Sie die geforderten Schreiben. Verwenden Sie hierfür – sofern möglich – ein Textverarbeitungsprogramm. Zur Vereinfachung Ihrer Arbeit steht Ihnen die Dateivorlage „BM_Briefvorlage Duisdorfer BüroKonzept“ zur Verfügung. Gehen Sie bei der Erstellung der Schreiben vom Datum 08.08.20.. aus. Die Einhaltung der entsprechenden DIN-Normen (vgl. Lehrbuch „BüroTechnik“) wird dabei vorausgesetzt. Beachten Sie zudem die Hinweise zur Speicherung der Dokumente in den Richtlinien für die Erstellung von Anfragen – Stand: Februar 2018.

Web

Word, Kap. 6.2

   Für die Vervollständigung des Informationsblocks beachten Sie bitte folgende Hinweise:
   - In der Zeile „Name“ ist der vollständige Name von Herrn Udo Anderson anzugeben.
   - Geben Sie die vollständige Telefonnummer samt der Durchwahl 350 an.
   - Die E-Mail-Adresse ist wie folgt aufgebaut:
     1. Buchstabe Vorname.Familienname@duisdorfer-bueko.de.
   - Beachten Sie, dass im Informationsblock alle Eintragungen in derselben Schriftart bzw. -größe vorzunehmen sind, die auch im Brief gewählt worden sind.

b) Nehmen Sie die geforderten Eintragungen in das Postausgangsbuch der Abteilung „Beschaffung“ vor.

Arbeitsauftrag 5 (bewerten und reflektieren)

a) Stellen Sie Ihre Arbeitsergebnisse Ihren Mitschülern vor, z.B. mithilfe eines Overheadprojektors/Beamers, und bewerten Sie gegenseitig Ihre Ergebnisse. Nehmen Sie notwendige Korrekturen an Ihren Arbeitsergebnissen vor.

b) Bewerten Sie die Sinnhaftigkeit der Vorgabe von Frau Beckmann, wonach jeder Geschäftsbrief nicht nur in das Warenwirtschaftssystem, sondern auch in das Postausgangsbuch eingetragen werden muss. Stellen Sie hierbei mögliche Vor- und Nachteile dieses Vorgehens einander gegenüber.

Duisdorfer BüroKonzept KG

Interne Mitteilung

Von	**Name:** Laura Beckmann	**Abteilung:** Beschaffung
An	**Name:** Auszubildende/-r	**Abteilung:** Beschaffung
Betrifft: Vertretung Frau Elling		**Datum:** 08.08.20..

Mit der Bitte um

- ☐ **Kenntnisnahme**
- ☒ **Bearbeitung**
- ☐ **Weiterleitung**
- ☐ **Rücksprache**
- ☐ **Stellungnahme**
- ☐ **Ablage**

Nachricht:

Sehr geehrte/-r Frau/Herr ...,

leider fällt Frau Elling krankheitsbedingt noch für einige Tage aus. Ich bin Ihnen dankbar, wenn Sie einige anstehende Aufgaben für Frau Elling übernehmen könnten.

Zunächst möchte ich Sie bitten, für die neu geplante Handelsware „Beamer" einige mögliche Lieferanten anzuschreiben.

Frau Elling hat bereits einige potenzielle Lieferanten im In- und Ausland ermittelt, deren Anschrift – sofern nicht bereits in unserem Warenwirtschaftssystem hinterlegt – Sie den beigefügten Anlagen entnehmen können.

Die Anforderungen an die gewünschten Ausstattungsmerkmale des Beamers, die Aufnahme des Produkts in unser Produktsortiment usw. entnehmen Sie bitte ebenfalls den beigefügten Unterlagen.

An die zu erstellenden Anfragen stelle ich einige Anforderungen, die ich vor einiger Zeit grundsätzlich für alle Mitarbeiter schriftlich festgehalten und Ihnen als Anlage beigefügt habe (vgl. Richtlinien für die Erstellung von Anfragen – Stand: Februar 2018).

Vergeben Sie für alle zu erstellenden Anfragen für das Produkt „Beamer" die Nummer 423/20... Dokumentieren Sie den Ausgang der Schreiben nach Unterschrift durch Herrn Anderson (er unterschreibt seine Briefe mit „i. A.") im Postausgangsbuch unserer Abteilung.

Sollten Sie Fragen haben, nehmen Sie bitte bis zur Mittagspause Kontakt mit mir auf!

Freundliche Grüße

Laura Beckmann

Anlagen

Duisdorfer
BüroKonzept
KG

Interne Mitteilung

Von	**Name:** Johanna Elling	**Abteilung:** Beschaffung
An	**Name:** Frau Laura Beckmann	**Abteilung:** Beschaffung
Betrifft: Bezugsquellen Produkt „Beamer“		**Datum:** 28.07.20..

Mit der Bitte um

- [x] **Kenntnisnahme**
- [ ] **Bearbeitung**
- [ ] **Weiterleitung**
- [x] **Rücksprache**
- [ ] **Stellungnahme**
- [ ] **Ablage**

Nachricht:

Sehr geehrte Frau Beckmann,

in Anlehnung an Ihre Bitte vom 26.07.20.. habe ich für das – neu in das Produktsortiment aufzunehmende – Produkt „Beamer“ folgende mögliche Bezugsquellen ermittelt:

1. Lieferant-Nr. 4402: Saam KG, Bürotechnik, Ansprechpartner: Herr Klaus Barth

2. Lieferant-Nr. 4409: Willi Lauf OHG, Bürobedarf, Ansprechpartnerin: Frau Jasmin Schacht

3. Lieferant-Nr. 4410: Wittmann AG, Bürotechnik, Ansprechpartner: Herr Fikret Düzgün

Mit allen vorgenannten Lieferanten bestehen seit Jahren gute Geschäftsbeziehungen, auch wenn es bei allen Lieferanten vereinzelt schon zu Problemen mit der Produktqualität sowie den Lieferfristen gekommen ist.

Ihrem Wunsch entsprechend habe ich auch die Möglichkeit recherchiert, Geräte direkt vom Hersteller zu beziehen. Die Adressen der hierbei infrage kommenden Hersteller lauten wie folgt:

Ban-Q Corporation
Rd. King-Lung, No. 230
Nei-Hu, Taipei
Taiwan, R. O. C.
Fax: 00 88 622 790 943 5

Canadian Office Products Corp.
Southern Village Center 510
Dorval, Québec
Canada
Fax: 00 1 387 214 105

Bitte geben Sie mir noch kurz Bescheid, zu welchem Zeitpunkt ich die Anfragen an die möglichen Lieferanten erstellen soll.

Freundliche Grüße

Johanna Elling

Duisdorfer
BüroKonzept
KG

Auszug aus dem Protokoll vom 25.07.20..

Thema:
Erweiterung des Produktsortiments um die Handelsware „Beamer"

Anwesend sind:
Frau Niester, Geschäftsführung
Herr Falo, Geschäftsführung
Frau Beckmann, Beschaffung
Herr Klein, Vertrieb

Beschlussfassung:
Bedingt durch stets wiederkehrende Anfragen unserer Kunden wird geprüft, zum Weihnachtsgeschäft des laufenden Jahres versuchsweise das Produkt „Beamer" in das Produktsortiment aufzunehmen.

Die technischen Anforderungen lauten wie folgt:
- Auflösung mind. 1 280 × 720
- Helligkeit mind. 1 800 ANSI Lumen
- Kontrast mind. 7 000 : 1
- Lampenlebensdauer mind. 2 500 Stunden
- Leistungsaufnahme im Betrieb max. 250 Watt

Frau Beckmann beauftragt Frau Elling (Handelswaren), geeignete Lieferanten zu recherchieren. Neben den oben genannten technischen Anforderungen gelten die folgenden Vorgaben:
- Zunächst soll eine Menge von 750 Geräten bezogen werden.
- Der Bezugspreis darf einen Betrag in Höhe von 385,00 € netto nicht überschreiten.
- Die Geräte müssen spätestens am 10. November 20.. in unserem Lager eintreffen.

Herr Falo regt an, dass die Recherche auch im Ausland ansässige Produzenten oder Großhändler berücksichtigen soll, um hierdurch ggf. günstigere Bezugspreise realisieren zu können.

Duisdorfer
BüroKonzept
KG

Richtlinien für die Erstellung von Anfragen – Stand: Februar 2018

- Verwenden Sie stets die Dateivorlage „BM_Briefvorlage Duisdorfer BüroKonzept".
- Speichern Sie Anfragen unter dem Dateinamen „Anfrage_Produktbeispiel" (z. B. Anfrage_Bürostuhl_Chef).
- Erstellen Sie – sofern möglich – einen Serienbrief. Die notwendige Datenquelle soll als Word-Dokument unter dem Dateinamen „Anfrage_Produktbeispiel_Datenquelle" (z. B. Anfrage_Bürostuhl_Chef_Datenquelle) gespeichert werden.
- Vervollständigen Sie – sofern möglich – stets den Informationsblock mit allen relevanten Angaben. Insbesondere der Name des/der Sachbearbeiters/-in, die vollständige Telefon-/Telefaxnummer, die E-Mail-Adresse sowie das Erstellungsdatum der Anfrage müssen angegeben werden.
- Beachten Sie stets die Einhaltung der DIN 5008.
- Anfragen werden durchnummeriert. Die zu vergebende Nummer wird vom Warenwirtschaftssystem automatisch vergeben und ist im Betreff der Anfrage zu nennen. Sofern für ein Produkt Anfragen bei mehreren Lieferanten gestellt werden, erhalten alle Schreiben trotzdem diese be Nummer.
- Bei speziellen Produktanfragen müssen neben den ausführlichen Produktdetails (z. B. Abmessungen, Materialbeschaffenheit, technische Leistungsdaten) auch der Nettopreis, mögliche Preisnachlässe, die Lieferfrist sowie die Höhe der Bezugskosten angefragt werden.
- Anfragen sind grundsätzlich unter der Angabe von „i. A." von dem/der jeweiligen Mitarbeiter/-in zu unterschreiben.

Ergänzender Hinweis:
Bitte beachten Sie, dass alle erstellten Anfragen vor dem Versand in das Postausgangsbuch der Abteilung „Beschaffung" eingetragen werden. Eine alleinige, digitale Erfassung der Schreiben im Warenwirtschaftssystem reicht mir nicht aus.

Bonn, Februar 2018

Laura Beckmann

Duisdorfer
BüroKonzept
KG

Informationen zur Erstellung von Anfragen

Eine Anfrage besteht in der Regel aus den vier Bestandteilen **Einleitung, Vorstellung des eigenen Unternehmens, Zweck der Anfrage** und den **Schlussformulierungen**. Diese Bestandteile werden nachstehend kurz dargestellt und mögliche Textbausteine genannt:

1. Einleitung

a) Bei neuen Lieferanten: Nach der Begrüßung (z. B. Sehr geehrte Damen und Herren), empfiehlt es sich, den angeschriebenen Lieferanten darüber zu informieren, woher wir die Kontaktdaten bezogen haben. Dabei ist es sinnvoll, dass der Einleitung eine positive Aussage zu entnehmen ist. Die nachstehende Einleitung ist beispielsweise **nicht** sinnvoll: „Auf der Suche nach einem neuen Lieferanten für ... hat die Internetrecherche u. a. Ihr Unternehmen angezeigt“.

Beispiele

- *Wir haben mit Interesse Ihre Anzeige in der Fachzeitschrift ... gelesen und wurden so auf Ihre Produkte aufmerksam.*
- *Sie wurden uns von unserem Geschäftspartner ... als ein bedeutender Hersteller von ... empfohlen.*
- *Im vergangenen Monat haben wir Ihren Messestand auf der ... Messe besucht und sind auf Ihre Produkte aufmerksam geworden.*
- *Wir danken Ihnen für die Zusendung Ihres Produktkatalogs vom ..., den wir mit großem Interesse studiert haben ...*

b) Bei Lieferanten, zu denen wir bereits eine Geschäftsbeziehung haben: Hier empfiehlt sich eine Einleitung, in der die guten Geschäftsbeziehungen der Vergangenheit hervorgehoben werden.

Beispiele

- *Wir danken Ihnen für die bislang gute Zusammenarbeit in den letzten Jahren.*
- *In den vergangenen Jahren haben wir Sie als stets kompetenten Lieferanten hochwertiger Produkte schätzen gelernt.*

2. Vorstellung des eigenen Unternehmens

Bei bestehenden Geschäftsbeziehungen sollte dieser Punkt ausbleiben, da die Lieferanten ausreichende Kenntnisse über den Ruf unseres Unternehmens, unsere Verlässlichkeit etc. verfügen.

Bei neuen Lieferanten ist dieser Teil hingegen sinnvoll bzw. notwendig. Die Lieferanten sollen durch die Ausführungen zu diesem Aspekt den Eindruck vermittelt bekommen, dass sie Geschäftsbeziehungen zu einem seriösen Geschäftspartner aufbauen, der in seinem Marktsegment über einen guten Ruf verfügt.

Beispiele

- *Wir sind ein überregional bekanntes Handelsunternehmen für hochwertige Produkte aus dem Bereich ...*
- *Unser Unternehmen bietet den Kunden seit dem Jahr 1995 ein qualitativ hochwertiges Produktsortiment an ...*
- *Zu unseren langjährigen Stammkunden gehören Unternehmen wie ..., ... und ...*
- *Sofern Sie weitere Informationen über unser Haus benötigen, können Sie sich vertrauensvoll an ... wenden.*

3. Zweck der Anfrage

In diesem Punkt des Schreibens wird dem bestehenden oder neuen Lieferanten konkret mitgeteilt, für welches Produkt bzw. welche Produkte wir uns interessieren **und** erfragen die Konditionen, zu denen wir dieses Produkt beziehen können.

Beispiele

- *Wir möchten unser bestehendes Produktsortiment erweitern und sind am Bezug Ihres Produkts ... interessiert.*
- *Wir benötigen ein ..., dass die folgenden Anforderungen erfüllen sollte: ... Bitte erstellen Sie uns hierfür ein geeignetes Angebot.*
- *Wir planen den Bezug von ... Einheiten Ihres Produkts ... zum Ende des laufenden Jahres.*
- *Bitte schicken Sie uns noch weitere Produktinformationen (Prospekte, technische Merkblätter etc.) zu.*
- *Bitte prüfen Sie, ob Sie uns für die geplante Bezugsmenge von ... Einheiten zu Prüfzwecken vorab ein kostenloses Warenmuster zur Verfügung stellen können.*
- *Bitte erstellen Sie uns ein verbindliches Angebot über Ihr Produkt ...*
- *Nennen Sie uns bitte mögliche Preisnachlässe sowie Ihre Zahlungs- und Lieferbedingungen.*
- *Für die Nennung detaillierter Informationen zur Ihren Liefer- und Zahlungsbedingungen sind wir Ihnen dankbar.*
- *Bitte teilen Sie uns mit, mit welcher Lieferfrist wir bei der Abnahme von ... Einheiten rechnen können.*
- *Wir sind Ihnen dankbar, wenn Sie uns als langjährigem Kunden in diesem Fall einen Sonderrabatt gewähren können.*

4. Schlussformulierungen

In den Schlussformulierungen geht es darum, einen gelungenen Abschluss der Anfrage zu schaffen.

Beispiele

- *Für eine baldige Rückmeldung danken wir Ihnen ...*
- *Im Falle von bestehenden Rückfragen kontaktieren Sie uns bitte unter ...*
- *Sofern uns Ihr Angebot überzeugt, können Sie mit einem Probeauftrag rechnen.*

Zum Abschluss ist dann noch eine sinnvolle Grußformel einzufügen (z. B. Freundliche Grüße).

Duisdorfer
BüroKonzept
KG

Postausgangsbuch (Auszug)

Abteilung Beschaffung

(Zeitraum 01.01.20.. bis 31.12.20..)

Lfd. Nr.	Datum	Empfänger (Name, Ort)	Inhalt	Sachbe-arbeiter/-in
755	*07.08.20..*	*Papier Spoth GmbH, Hamburg*	*Anfrage 421/20..*	*Anderson*
756	*07.08.20..*	*Opitz AG, Siegburg*	*Anfrage 422/20..*	*Anderson*
757	*07.08.20..*	*Wittmann AG, Siegen*	*Bestellung 887/20..*	*Anderson*

Vertiefende Aufgaben

Aufgabe 1

Erläutern Sie den Unterschied zwischen einer allgemeinen und einer speziellen Anfrage. Verwenden Sie für die Beantwortung Beispiele aus Ihrem Ausbildungsbetrieb.

LF 3, 2.1

Aufgabe 2

Die Duisdorfer BüroKonzept KG plant im Rahmen ihrer Sortimentserweiterung die Aufnahme einer Schreibtischlampe als Handelsware. Die Lampen sollen ca. 50 cm hoch sein, aus Aluminium bestehen und mit Energiesparlampen versehen sein. Die Lampen sollen spätestens innerhalb von 30 Tagen geliefert werden. Zunächst soll eine Menge von 500 Einheiten bezogen werden.

Ihre Aufgabe besteht in der Erstellung eines Serienbriefs, mit dessen Hilfe Anfragen an mögliche Lieferanten gestellt werden sollen. Die notwendigen Vorarbeiten hinsichtlich der Ermittlung möglicher Lieferanten sind bereits geleistet worden, sodass Ihnen folgende Informationen vorliegen:

Word Kap. 9

Übersicht der möglichen Lieferanten:

Jendrik Hahn GmbH (Ansprechpartner: Herr Martin Möller)
Lange Str. 115
26122 Oldenburg

Jordan KG Lampenfabrik (Ansprechpartnerin: Frau Saskia Neßen)
Industriestr. 19
90441 Nürnberg

Purlanus KG (Ansprechpartner: Herr Jürgen Essen)
Bahnhofstr. 25
52064 Aachen

a) Beachten Sie für die Erstellung der Anfragen als Serienbrief die Richtlinien für die Erstellung von Anfragen in der aktuellen Lernsituation. Dies gilt auch für die Information hinsichtlich der Speicherung der zu erstellenden Dateien (siehe Richtlinien für die Erstellung von Anfragen – Stand: Februar 2018).

b) Erstellen Sie die notwendige Datenquelle. Planen Sie hierfür, welche Felder die zu erstellende Datenquelle beinhalten soll. Fügen Sie unbedingt ein Feld „Geschlecht" ein, in dem die Angaben „m" bzw. „w" (männlich/weiblich) vermerkt werden sollen.

c) Erstellen Sie anschließend unter Verwendung der Datei „BM_Briefvorlage Duisdorfer BüroKonzept" einen Serienbrief. Gehen Sie bei der Erstellung der Schreiben vom Datum 08.08.20.. aus. Vergeben Sie für alle Anfragen zum oben genannten Produkt die Nummer 424/20... (Anmerkung: Eine Dokumentation der Anfrage im Postausgangsbuch ist nicht vorzunehmen.)

Web

d) Informieren Sie sich im Lehrbuch „BüroTechnik" über die Erstellung einer Wenn-Dann-Sonst-Funktion innerhalb eines Serienbriefs.

Word, Kap. 9

e) Tragen Sie Sorge dafür, dass sowohl im Anschriftenfeld als auch in der Anrede mithilfe einer Wenn-Dann-Sonst-Funktion – in Abhängigkeit vom Feld „Geschlecht" – entweder
   - „Frau" bzw. „Herrn" oder
   - „Sehr geehrte Frau ..." bzw. „Sehr geehrter Herr ..."

   erscheint.

f) Im Informationsblock sind Ihr vollständiger Name, die vollständige Telefonnummer samt der Durchwahl (-355) sowie Ihre E-Mail-Adresse (1. Buchstabe Vorname.Familienname@duisdorfer-bueko.de) anzugeben.

g) Erstellen Sie eine spezielle Anfrage, die neben unseren Anforderungen an das Produkt auch die kaufmännischen Aspekte (Preis, Preisnachlässe, Lieferdauer etc.) anfragt. Fragen Sie zusätzlich nach einem kostenlosen Warenmuster zu Prüfzwecken an.

h) Der Brief soll von Ihnen unter Angabe von „i. A." unterschrieben werden.

Lernsituation 4.5
Einen quantitativen Angebotsvergleich erstellen

Der rote Faden

Vorliegende Angebote auswerten

Einen quantitativen Angebotsvergleich durchführen

Weitere Kriterien, die bei einem Angebotsvergleich zu berücksichtigen sind, erarbeiten

Ausgangssituation

Sie sind nach wie vor in der Abteilung „Beschaffung“ tätig. Die Abteilungsleiterin – Frau Beckmann – war mit den von Ihnen erstellten Anfragen sehr zufrieden und hat Sie gebeten, die mittlerweile eingetroffenen Angebote auszuwerten.

Für die beiden zuerst eingetroffenen Angebote der Lieferanten Saam KG und Willi Lauf OHG hat Ihnen Frau Elling bereits eine Arbeitshilfe erstellt, in der die wichtigsten Inhalte der vorliegenden Angebote eingetragen werden.

Das Ergebnis Ihres Angebotsvergleichs wird anschließend gemeinsam von Frau Beckmann und Frau Elling überprüft.

Arbeitsauftrag 1 (orientieren)

Verschaffen Sie sich anhand der folgenden Unterlagen einen Überblick über die zu leistende Aufgabe, die vorliegenden Angebote und die vorbereitete Arbeitshilfe.

Arbeitsauftrag 2 (informieren)

LF 4, 4.4

Informieren Sie sich in Ihrem Lehrbuch „BüroWelt 1“ über die Vorgehensweise zur Durchführung des quantitativen Angebotsvergleichs.

Arbeitsauftrag 3 (planen)

a) Vervollständigen Sie im ersten Schritt die vorgefertigte Lösungshilfe mit allen relevanten Daten und Werten für den quantitativen Angebotsvergleich. Die Daten von zwei Angeboten wurden bereits eingetragen. Beachten Sie bei den Angeboten der im Ausland ansässigen Lieferanten den angenommenen Wechselkurs von 1,00 € = 1,33 US-$.

b) Planen Sie anschließend, wie Sie den quantitativen Angebotsvergleich erstellen wollen (handschriftlich oder mit einem Tabellenkalkulationsprogramm).

Web

Sofern Sie den quantitativen Angebotsvergleich mit einem Tabellenkalkulationsprogramm durchführen wollen, empfiehlt es sich, die vorgefertigte (aber noch unvollständige) Datei „BM_LS4.5_Angebotsvergleich Beamer“ aus der Online-Ergänzung BuchPlusWeb zu verwenden.

Im Falle einer selbst erstellten Datei speichern Sie diese ebenfalls unter dem Dateinamen „BM_LS4.5_Angebotsvergleich Beamer“.

Arbeitsauftrag 4 (durchführen)

Führen Sie den geforderten Angebotsvergleich durch. Erstellen Sie hierfür ein sorgfältig erarbeitetes Kalkulationsschema, aus dem alle relevanten Bezeichnungen und Werte hervorgehen. Kennzeichnen Sie auf eine geeignete Weise den günstigsten Lieferanten.

Arbeitsauftrag 5 (bewerten und reflektieren)

a) Stellen Sie Ihre Arbeitsergebnisse Ihren Mitschülern vor – z. B. mithilfe eines Overheadprojektors oder Beamers. Nehmen Sie notwendige Korrekturen an Ihren Arbeitsergebnissen vor.

b) Überlegen Sie, ob in der hier vorliegenden Ausgangssituation der Bezugspreis das allein entscheidende Kriterium sein sollte. Diskutieren Sie, welche Kriterien in diesem speziellen Fall für die Lieferantenauswahl von Bedeutung sind. Halten Sie die erarbeiteten Kriterien schriftlich fest.

Auszug aus dem Angebot der Wittmann AG vom 14.08.20..

Posteingang:
15.08.20..

Ihre Anfrage 423/20.. vom 08.08.20..

Sehr geehrte/-r Frau .../Herr ...,

wir danken Ihnen für Ihre o. g. Anfrage vom 08.08.20.. .

Gerne bieten wir Ihnen unser Produkt Beamer „Visiomaster 20“ (Art.-Nr. 322450) mit den folgenden Leistungsdaten an:

Auflösung:	1 600 × 1 200
Helligkeit:	2 200 ANSI-Lumen
Kontrast:	14 000 : 1
Lebensdauer Lampe:	5 000 Stunden
Leistungsaufnahme:	250 Watt

Der Nettoverkaufspreis beträgt 450,00 €, wobei wir ab einer Bestellmenge von 300 Geräten einen Mengenrabatt von 20 % gewähren. Die Lieferung erfolgt innerhalb von 12 Tagen ab Bestelleingang per Spedition zu einem Gesamtpreis von 900,00 € netto.

Die Rechnung ist innerhalb von 10 Tagen ab Rechnungsdatum abzüglich 2 % Skonto oder binnen 30 Tagen ohne Abzug auf unser unten genanntes Konto zu überweisen.

Die Ware bleibt bis zur vollständigen Bezahlung unser Eigentum.

Erfüllungsort für die Ware ist Siegen. Der Gerichtsstand für beide Teile ist Siegen.

Dieses Angebot ist gültig bis zum 15.09.20.. .

Wir hoffen, Ihnen ein attraktives Angebot unterbreitet zu haben und würden uns über Ihre Bestellung sehr freuen.

Mit freundlichen Grüßen

Wittmann AG

Fikret Düzgün

Ban-Q Corporation

視聽娛樂電子產品專業製造商

Ban-Q Corporation
Rd.-King-Lung
No. 230, 2. F.
Nei-Hu, Taipei

by Fax: 002 49 228 987 6580
Duisdorfer BüroKonzept KG
Rochusstr. 30
53123 Bonn
Germany

Erhalten per Fax:
10.08.20..

10 August 20..

Your enquiry about projectors of 8 August 20..

Dear Ms/Mr ...

Thank you for the above-mentioned enquiry which we received today. We are pleased to submit the following offer for our projector Ban-Q MS 321 (article No. 340-747):

Technical data:

Resolution:	1 600 × 1 200
Brightness:	2 200 ANSI Lumens
Contrast:	17 000 : 1
Life (lamp):	4 500 hours
Power consumption:	235 W

We are prepared to grant a volume discount of 20 % on the list price of US-$ 520.00 on orders for at least 500 units.

Delivery will be made within 35 days after receipt of order. The transport costs to your Bonn-Duisdorf premises is US-$ 9,375.00.

Unless otherwise agreed, payment shall be made to the account of the supplier 30 % as advance payment following receipt of the confirmation of order. Payment of the remaining amount shall be made within two weeks after receipt of the consignment.

This offer is firm until the end of the month.

We hope this quotation will find your approval and look forward to hearing from you soon.

Yours sincerely
Ban-Q Corp.

魏 仕 昇

Wei, Shih-Shen
Sales Manager

Bildschirmausdruck des E-Mail-Posteingangs vom 14.08.20..

Your enquiry of 8 August 20..

Von: j.strummer@canadian-office-products.com

Dear Ms/Mr ...

Your enquiry of 8 August 20..

With reference to your enquiry of 8 August 20.. we have pleasure in submitting the following offer for the projector PP 12/4 (article No. 2035/12-4):

Technical specifications:

Resolution:	1 280 × 720
Brightness:	2 000 ANSI Lumens
Contrast:	11 000 : 1
Life (lamp):	4 000 hours
Power consumption:	245 W

The list price of the PP 12/4 is US-$ 549.00. However, we would like to point out that we are willing to give a quantity discount of 15 % off list price for orders over 700 units.

Shipment can be effected within 25 days after receipt of order. The freight costs to your Bonn-Duisdorf warehouse are US-$ 11,025.00.

The following terms of payment apply for initial orders: A 10 % deposit is payable in advance. The remaining amount should be transferred to our bank account within 10 days after delivery.

This offer is firm until 12 September 20.. .

Should you require any further information, please do not hesitate to contact us. We look forward to doing business with you.

Yours sincerely
Canadian Office Products Corp.

Joe Strummer
Sales

Duisdorfer BüroKonzept KG

Abteilung Beschaffung

Relevante Daten des quantitativen Angebotsvergleichs für die Handelsware Beamer

Kriterium	Saam KG	Willi Lauf OHG			
Listeneinkaufspreis/Stück	480,00 €	469,00 €			
Rabatt (%)	25,0 %	17,0 %			
Rabatt wird gewährt ab ... Einheiten	400 Stück	600 Stück			
Skonto (%)	3,0 %	2,0 %			
Bezugskosten gesamt	1.200,00 €	Lieferung frei Haus			

Darstellung der Datei „BM_LS4.5_Angebotsvergleich Beamer“

	A	B	C	D	E	F
1	**Angebotsvergleich für den zu beschaffenden Beamer**					
2						
3	Bezugsmenge:	750				
4						
5	Wechselkurs: 1 EUR =					
6						
7						
8		Saam KG	Willi Lauf OHG			
9	Listeneinkaufspreis/ Stück					
10	Listeneinkaufspreis gesamt					
11	- Rabatt					
12						
13						
14						
15						
16						
17						
18						
19						
20	**Hilfstabelle Ausgangswerte**					
21						
22		Saam KG	Willi Lauf OHG			
23	Listeneinkaufspreis/ Stück					
24	Rabatt in %					
25	Rabatt ab ... Einheiten					
26	Skonto in %					
27	Bezugskosten					

Vertiefende Aufgabe

LF 4, 4.4

Aufgabe

Die Duisdorfer BüroKonzept KG plant die Anschaffung eines Aktenvernichters als Aufsatz für Papierkörbe. Zunächst soll eine Menge von 50 Einheiten des fremdbezogenen Geräts bei einem der drei infrage kommenden Lieferanten bezogen werden. Hierfür liegen folgende Daten vor:

Mögliche Lieferanten sowie die angebotenen Konditionen:

	Kleinert GmbH	Schacht OHG	Wiggert & Co.
Listenpreis/Stück	36,10 €	37,95 €	38,50 €
Skonto	0 %	3 %	2 %
Rabatt	10 %	15 %	20 %
Rabattgewährung ab ... Stück	40	25	60
Beförderungsbedingung	frachtfrei	unfrei	frei Haus

Übersicht über die jeweils anfallenden Gesamt-Beförderungskosten:

	Kleinert GmbH	Schacht OHG	Wiggert & Co.
Anfuhrkosten/ Rollgeld I	4,80 €	5,00 €	6,10 €
Verladekosten	2,10 €	3,60 €	2,00 €
Fracht	30,00 €	40,00 €	35,00 €
Entladekosten	3,50 €	5,00 €	2,50 €
Zufuhrkosten/ Rollgeld II	7,00 €	6,20 €	4,80 €

LF 3, 6.7

a) Informieren Sie sich in Ihrem Lehrbuch „BüroWelt 1“ über die Kosten der Beförderung und Beförderungsbedingungen.

b) Erstellen Sie handschriftlich ein Kalkulationsschema zur Erstellung eines Angebotsvergleichs. Tragen Sie Sorge dafür, dass aus dem Kalkulationsschema alle Fachbegriffe und Werte eindeutig hervorgehen.

c) Führen Sie den Angebotsvergleich durch.

d) Kennzeichnen Sie den günstigsten Lieferanten.

Lernsituation 4.6
Einen qualitativen Angebotsvergleich mithilfe der gewichteten Entscheidungsmatrix durchführen

Der rote Faden

- Die gewichtete Entscheidungsmatrix kennenlernen
- Benötigte Daten und Werte erarbeiten
- Einen qualitativen Angebotsvergleich durchführen

Ausgangssituation

Sie haben gestern den quantitativen Angebotsvergleich für die anzuschaffende Handelsware Beamer durchgeführt und Ihre Ergebnisse Frau Beckmann und Frau Elling vorgelegt.

Als Sie heute ins Büro kommen, informiert Sie Frau Elling kurz darüber, dass Sie sich auch mit den weiteren Schritten befassen sollen. Hierzu hat Frau Beckmann Ihnen gestern nach Dienstende bereits einige Unterlagen auf Ihrem Schreibtisch hinterlegt.

Arbeitsauftrag 1 (orientieren)

Verschaffen Sie sich anhand der folgenden Unterlagen einen Überblick über die durchzuführenden Tätigkeiten.

Arbeitsauftrag 2 (informieren)

Informieren Sie sich in Ihrem Lehrbuch „BüroWelt 1“ über die Vorgehensweise zur Ermittlung des qualitativen Angebotsvergleichs mithilfe einer gewichteten Entscheidungsmatrix. Informieren Sie sich weiterhin über die nachstehenden Informationsmaterialien zum Aufbau und zur Punktevergabe innerhalb der gewichteten Entscheidungsmatrix.

LF 4, 4.5

Arbeitsauftrag 3 (planen)

Planen Sie, wie Sie den qualitativen Angebotsvergleich erstellen wollen (z. B. handschriftlich oder mit einem Tabellenkalkulationsprogramm).

Bei der Erstellung des qualitativen Angebotsvergleichs mithilfe eines Tabellenkalkulationsprogramms speichern Sie die zu erstellende Datei unter dem Dateinamen „BM_LS4.6_qualitativer Angebotsvergleich“.

Arbeitsauftrag 4 (durchführen)

a) Ermitteln Sie im ersten Schritt in der Anlage für das Kriterium „Zuverlässigkeit“ die geforderten Prozentwerte je Lieferant.

b) Vervollständigen Sie anschließend die vorgefertigte Lösungshilfe mit allen relevanten Daten und Werten zur Durchführung eines qualitativen Angebotsvergleichs. Die Daten von zwei Angeboten wurden bereits eingetragen. Die fehlenden Daten und Werte entnehmen Sie den Angeboten aus der Lernsituation 4.5.

c) Erstellen Sie den geforderten qualitativen Angebotsvergleich. Erstellen Sie hierfür ein sorgfältig erarbeitetes Schema, aus dem alle relevanten Bezeichnungen und Werte hervorgehen. Beachten Sie bei der Ermittlung neben den Vorgaben zur Gewichtung des jeweiligen Kriteriums auch die detaillierten Vorgaben zur Punktevergabe je Kriterium. Treffen Sie eine begründete Entscheidung für die Wahl des Lieferanten.

Arbeitsauftrag 5 (bewerten und reflektieren)

a) Präsentieren Sie Ihre Arbeitsergebnisse Ihren Mitschülern und bewerten Sie diese gegenseitig. Nehmen Sie notwendige Korrekturen an Ihren Arbeitsergebnissen vor.

b) Analysieren Sie, welche Auswirkung die pauschale Bewertung noch unbekannter Lieferanten innerhalb des Kriteriums Zuverlässigkeit hat. Überlegen Sie weiterhin, ob die Regelung zur Punktevergabe innerhalb des Kriteriums Lieferdauer sinnvoll ist. Unterbreiten Sie Frau Beckmann und Frau Elling mögliche Verbesserungsvorschläge.

Duisdorfer
BüroKonzept
KG

Interne Mitteilung

Von	**Name:** Laura Beckmann	**Abteilung:** Beschaffung
An	**Name:** Auszubildende/-r	**Abteilung:** Beschaffung
Betrifft: Qualitativer Angebotsvergleich für Handelsware Beamer		**Datum:** 16.08.20..

Mit der Bitte um

- [x] Kenntnisnahme
- [x] Bearbeitung
- [ ] Weiterleitung
- [ ] Rücksprache
- [ ] Stellungnahme
- [ ] Ablage

Nachricht:

Sehr geehrte/-r Frau/Herr ...,

ich danke Ihnen für die rasche und sehr ordentliche Durchführung des Angebotsvergleichs für die geplante Handelsware Beamer.

Ihre Ergebnisse sind von Frau Elling und mir überprüft und analysiert worden. Als erfreulich betrachten wir den Umstand, dass sich für alle Angebote ein Bezugspreis je Stück unterhalb unseres anvisierten Höchstbetrags ergibt.

Wir haben uns – auch aufgrund Ihrer berechtigten Hinweise – überlegt, dass für die Entscheidung des zu wählenden Angebots nicht nur der Bezugspreis als alleiniges Kriterium herangezogen werden soll.

Der quantitative Angebotsvergleich wird daher um einen qualitativen Angebotsvergleich in Form einer gewichteten Entscheidungsmatrix erweitert.

Da Sie bislang den gesamten Vorgang mustergültig bearbeitet haben, bitte ich Sie, auch den qualitativen Angebotsvergleich durchzuführen. Die hierfür benötigten Unterlagen hat Frau Elling bereits zusammengestellt.

Sofern Sie hierzu Fragen haben, kontaktieren Sie doch bitte Frau Elling. Ich würde mich freuen, wenn Sie mir die Ergebnisse Ihrer Arbeit im Laufe des morgigen Tages zukommen ließen.

Freundliche Grüße

Laura Beckmann

Anlagen

Hinweis zur gewichteten Entscheidungsmatrix:

Bitte verwenden Sie für die Durchführung des qualitativen Angebotsvergleichs das folgende Muster. Die zu berücksichtigenden Kriterien sowie die Faktoren bzw. zu erreichenden maximalen Punkte je Kriterium sind ebenfalls dem Muster zu entnehmen.

			Angebot 1		Angebot 2		...
Kriterium	**Faktor**	**Max. Punkte**	**Erreichte Punkte**	**Faktor-Punkte**	**Erreichte Punkte**	**Faktor-Punkte**	...
Preis	20	5					
Qualität	15	10					
Lieferdauer	15	5					
Zuverlässigkeit	10	5					
Gesamt	60	---	---		---		---

Hinweise zur Punktevergabe:

Damit die Vergabe der Punkte nicht subjektiv erfolgt, wurden die folgenden Bewertungsvorgaben je Kriterium festgelegt:

Kriterium: Preis	**Max. Punktzahl: 5 P.**
max. Bezugspreis: 385,00 € netto	
bei Überschreiten des max. Bezugspreises:	0 Punkte
bis zum Erreichen des max. Bezugspreises:	1 Punkt
Unterschreiten des max. Bezugspreises um mind. 5,0 %:	2 Punkte
Unterschreiten des max. Bezugspreises um mind. 7,5 %:	3 Punkte
Unterschreiten des max. Bezugspreises um mind. 10,0 %:	4 Punkte
Unterschreiten des max. Bezugspreises um mind. 12,5 %:	5 Punkte

Kriterium: Qualität	**Max. Punktzahl: 10 P.**

Beurteilt werden hier die folgenden Leistungsdaten: Auflösung, Helligkeit, Kontrast, Lebensdauer der Lampe und Leistungsaufnahme.
Wird ein geforderter Wert erreicht, gibt es einen Punkt. Sofern der geforderte Wert sogar übertroffen wird, gibt es einen zusätzlichen Punkt. Wird der geforderte Wert nicht erreicht, so sind 0 Punkte zu vergeben.
Je höher die in den Angeboten enthaltenen Daten sind, desto vorteilhafter ist das. Lediglich bei der Leistungsaufnahme ist es vorteilhaft, wenn das angebotene Gerät einen geringeren Wert aufweist.

Übersicht über geforderte Leistungsdaten:

- Auflösung mind. 1 280 × 720
- Helligkeit mind. 1 800 ANSI Lumen
- Kontrast mind. 7 000 : 1
- Lampenlebensdauer mind. 2 500 Stunden
- Leistungsaufnahme im Betrieb max. 250 Watt

Kriterium: Lieferdauer	**Max. Punktzahl: 5 P.**
max. Lieferdauer ab Auftragseingang: 45 Tage	
Lieferdauer von maximal 45 Tagen:	1 Punkt
Lieferdauer von maximal 30 Tagen:	2 Punkte
Lieferdauer von maximal 25 Tagen:	3 Punkte
Lieferdauer von maximal 20 Tagen:	4 Punkte
Lieferdauer von maximal 10 Tagen:	5 Punkte

Wichtige Ergänzung:
Angebote mit einer Lieferdauer von über 45 Tagen sind **NICHT** zu berücksichtigen und werden vom qualitativen Angebotsvergleich ausgeschlossen!

Kriterium: Zuverlässigkeit	**Max. Punktzahl: 5 P.**
Bewertet wird hier die Häufigkeit von mangelhaften Lieferungen bzw. verspäteten Lieferungen.	
bei mehr als 10,00 % Beanstandungen:	0 Punkte
bei maximal 10,00 % Beanstandungen:	1 Punkt
bei maximal 8,00 % Beanstandungen:	2 Punkte
bei maximal 6,00 % Beanstandungen:	3 Punkte
bei maximal 4,00 % Beanstandungen:	4 Punkte
bei maximal 2,00 % Beanstandungen:	5 Punkte

Wichtige Ergänzung:
Noch unbekannte Lieferanten erhalten pauschal den Wert von 7,00 % Beanstandungen (2 Punkte) zugewiesen!

Anlage für die Ermittlung des Kriteriums Zuverlässigkeit:

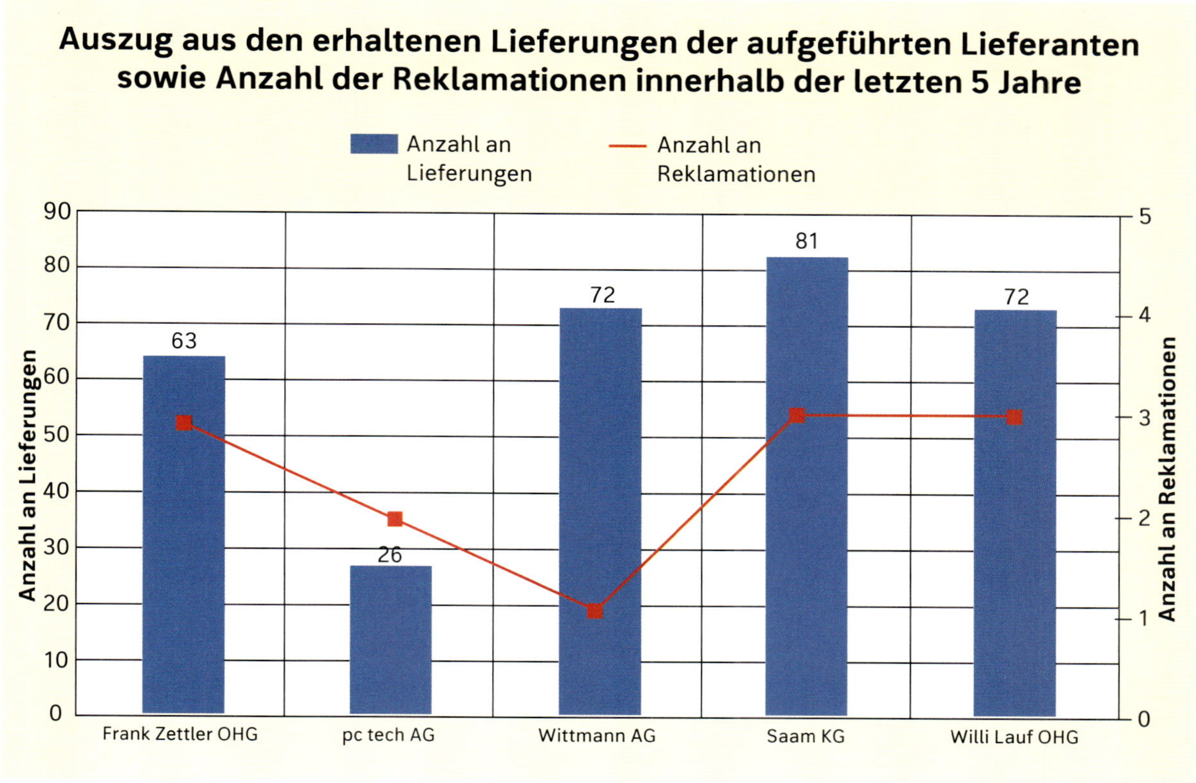

Aus den im Diagramm dargestellten Werten sind noch die Prozentwerte mit zwei Nachkommastellen für die beanstandeten Lieferungen zu ermitteln.

Diese betragen für die nachstehend aufgeführten Lieferanten ...

Frank Zettler OHG	%
pc tech AG	%
Wittmann AG	%
Saam KG	%
Willi Lauf OHG	%

Hinweis:
In der zuvor abgebildeten Tabelle befinden sich auch Lieferanten, die für den hier vorliegenden qualitativen Angebotsvergleich ohne Bedeutung sind. Führen Sie trotzdem für alle Lieferanten die geforderte Berechnung durch.

Für die bislang noch unbekannten Lieferanten (Ban-Q Corporation sowie Canadian Office Products) vergleichen Sie den Hinweis im Bereich des Kriteriums „Zuverlässigkeit“ auf der vorherigen Seite.

Duisdorfer BüroKonzept KG

Abteilung Beschaffung

Relevante Daten des qualitativen Angebotsvergleichs für die Handelsware Beamer

Kriterium	Saam KG	Willi Lauf OHG			
Bezugspreis pro Stück					
Lieferdauer	10 Tage	10 Tage			
Zuverlässigkeit **(Beanstandung in %)**					
Auflösung	1 600 × 1 200	1 920 × 1 080			
Helligkeit	2 100 ANSI-Lumen	2 200 ANSI-Lumen			
Kontrast	12 000 : 1	14 000 : 1			
Lampenlebensdauer	3 500 Stunden	3 000 Stunden			
Leistungsaufnahme	270 Watt	250 Watt			

LF 4, 4.5

Vertiefende Aufgaben

Aufgabe 1

Vor einigen Tagen haben Sie in der Lernsituation 4.4 im Bereich „Vertiefende Aufgaben, Aufgabe 2“ eine Anfrage an drei Unternehmen erstellt. Inhalt war die Bitte um Zusendung von Angeboten für den möglichen Bezug der Handelsware „Schreibtischlampe“.

Zwischenzeitlich liegen der Duisdorfer BüroKonzept KG die drei Angebote vor. Auch die als Prüfmuster angeforderten Schreibtischlampen wurden der Duisdorfer BüroKonzept KG jeweils unentgeltlich überlassen. Die drei Angebote sind von Ihnen mittels eines qualitativen Angebotsvergleichs in Form einer gewichteten Entscheidungsmatrix dahingehend auszuwerten, bei welchem Lieferanten die erforderliche Bestellung aufgegeben werden soll.

Um Ihnen die Arbeit zu vereinfachen, wurden die Inhalte der Angebote bereits zum Teil ausgewertet. Die relevanten Daten und Werte entnehmen Sie der nachstehenden Tabelle:

Lieferant	Netto-Bezugspreis/Stück	Qualität (Punkte)	Lieferdauer (ab Auftragseingang)	Zuverlässigkeit (Fehlerhäufigkeit)
Jendrick Hahn GmbH	64,40 €	7	10 Tage	2,7 %
Jordan KG Lampenfabrik	62,00 €	9	15 Tage	3,6 %
Purlanus KG	58,14 €	8	25 Tage	1,5 %

a) Erstellen Sie gemäß dem nachstehenden Muster ein Schema für den qualitativen Angebotsvergleich mithilfe einer gewichteten Entscheidungsmatrix. Beachten Sie, dass die Angaben zum Faktor sowie der maximalen Punktzahl verbindlich vorgegeben sind.

Kriterium	Faktor	Maximale Punktzahl
Preis	30	5
Qualität	35	10
Lieferdauer	15	5
Zuverlässigkeit	20	5
Gesamt	100	- -

b) Erstellen Sie den geforderten qualitativen Angebotsvergleich mithilfe einer gewichteten Entscheidungsmatrix. Beachten Sie, dass für die Kriterien Lieferdauer sowie Zuverlässigkeit die Bewertungsvorgaben aus der aktuellen Lernsituation zur Anwendung kommen.

Für das Kriterium Qualität wurden die als Muster zugeschickten Schreibtischlampen durch zwei sachverständige Mitarbeiter begutachtet und bewertet. Die ermittelten Punkte entnehmen Sie der oben stehenden Tabelle.

Für das Kriterium Preis gehen Sie von der folgenden Bewertungsvorgabe aus:

Kriterium: Preis max. Bezugspreis: 75,00 € netto	Max. Punktzahl: 5 P.
bei Überschreiten des max. Bezugspreises:	0 Punkte
bis zum Erreichen des max. Bezugspreises:	1 Punkt
bis zu einem Bezugspreis von 67,50 € netto:	2 Punkte
bis zu einem Bezugspreis von 65,00 € netto:	3 Punkte
bis zu einem Bezugspreis von 62,50 € netto:	4 Punkte
bis zu einem Bezugspreis von 60,00 € netto:	5 Punkte

c) Treffen Sie eine begründete Entscheidung für die Wahl des Lieferanten.

d) Stellen Sie Ihre Arbeitsergebnisse Ihren Mitschülern vor – z. B. mithilfe eines Overheadprojektors oder Beamers. Nehmen Sie notwendige Korrekturen an Ihren Arbeitsergebnissen vor.

Aufgabe 2

Ausgangssituation

Wie Sie bei der Durchführung des qualitativen Angebotsvergleichs in der aktuellen Lernsituation festgestellt haben, ist die Ermittlung des „besten“ Angebots ein ziemlich aufwendiger Vorgang. Zukünftig sollen diese Vergleiche mithilfe eines Tabellenkalkulationsprogramms durchgeführt werden. Ihre Aufgabe besteht in der Erstellung der hierfür notwendigen Tabellen sowie Formeln und Funktionen. Ausgangspunkt sind erneut die Daten/Werte für die zu beschaffende Handelsware „Beamer“.

Information:

Zur Vereinfachung wurden bereits alle Daten und Werte der einzelnen Angebote (vgl. aktuelle Lernsituation) in die Eingabefelder des Tabellenblatts „Ermittlung Punktzahlen“ eingetragen. Im Bereich der Qualität wurden bei einigen Leistungsdaten jeweils nur die ersten Werte angegeben (z. B. die Angabe „Auflösung 1 600 × 1 200“ wurde zur Angabe „1 600“ vereinfacht).

1. Erstellen Sie eine Datei und speichern Sie diese unter dem Dateinamen „BM_LS4.6_VA2“ ab. Speichern Sie Ihre Datei regelmäßig, um einen ungewünschten Datenverlust zu vermeiden.
   Optional öffnen Sie die vorgefertigte Datei „BM_LS4.6_VA2“ aus der Online-Ergänzung BuchPlusWeb.
2. Benennen Sie das Tabellenblatt 1 in **Angebotsvergleich**, das Tabellenblatt 2 in **Ermittlung Punktzahlen** um. Übertragen Sie die nachstehenden abgebildeten Werte und Formatierungen in die umbenannten Tabellenblätter.
3. Vergeben Sie den oberen vier Hilfstabellen des Tabellenblatts **Ermittlung Punktzahlen** (bis Zeile 22) sinnvolle Namen und verwenden Sie diese – sofern möglich – in den späteren Formeln und Funktionen.
4. Ermitteln Sie im Tabellenblatt **Ermittlung Punktzahlen** mithilfe von geeigneten Formeln bzw. Funktionen in den Zellen ...
   a) der Zeilen 27 bis 31 die vom jeweiligen Anbieter erreichten Punkte in der Qualität. **Hierfür gilt:** Übertrifft die Leistungsangabe den geforderten Wert, gibt es 2 Punkte, wird der geforderte Wert genau erreicht, gibt es 1 Punkt. Wird der geforderte Wert nicht erreicht, so sind 0 Punkte auszuweisen. **Ausnahme:** Beim Kriterium Leistungsaufnahme sind Werte unterhalb des geforderten Wertes mit 2 Punkten zu bedenken, Werte oberhalb hingegen mit 0 Punkten.

b) der Zeile 32 den jeweiligen Gesamtwert der je Anbieter erreichten Punktzahl.

c) C5 bis C9 die in der Kategorie Preis erreichten Punkte je Anbieter. Für die Ermittlung dieser Punktzahlen empfiehlt sich die Verwendung der SVERWEIS-Funktion.

Excel, Kap. 6.1 u. 6.2

d) E5 bis E9 die zuvor ermittelten Gesamtwerte im Bereich Qualität. Übertragen Sie diese mithilfe von Zellbezügen aus den Zellen der Zeile 32.

e) G5 bis G9 die in der Kategorie Lieferdauer erreichten Punkte je Anbieter.

f) I5 bis I9 die in der Kategorie Zuverlässigkeit erreichten Punkte je Anbieter.

5. Ermitteln Sie im Tabellenblatt **Angebotsvergleich** mithilfe von geeigneten Formeln bzw. Funktionen in den Zellen ...

   a) der Spalten D, F, H, J und L die von den Lieferanten erreichten Punkte je Kriterium. Beziehen Sie sich dabei mithilfe der Funktion SVERWEIS auf die im Tabellenblatt **Ermittlung Punktzahlen** ermittelten Werte.

   b) der Spalten E, G, I, K und M die von den Lieferanten erreichten Faktorpunkte je Kriterium.

   c) der Zeile 10 die Gesamtergebnisse der relevanten Spalten.

6. Markieren Sie das beste Angebot auf eine geeignete Weise (z. B. durch farbliche Hervorhebung des Lieferanten in Zeile 3).

7. Kopieren Sie die Ergebnisse der bestehenden Tabellenblätter in die Tabellenblätter 3 und 4. Benennen Sie die Tabellenblätter in **Formeln 1** sowie **Formeln 2** um. Richten Sie alle Tabellenblätter so ein, dass Sie diese später im Querformat auf jeweils ein bis zwei Seiten ausdrucken können. Beachten Sie, dass alle Ausdrucke in der Kopfzeile Ihren Namen aufweisen und die Zeilen- und Spaltenüberschriften enthalten sind.

8. Drucken Sie die Tabellenblätter **Angebotsvergleich, Ermittlung Punktzahlen, Formeln 1** und **Formeln 2** aus.

Tabellenblatt Angebotsvergleich

	A	B	C	D	E	F	G	H	I	J	K	L	M
1	Qualitativer Angebotsvergleich für den zu beschaffenden Beamer												
2													
3				Saam KG		Willi Lauf OHG		Wittmann AG		Ban-Q Corp.		Canadian Office	
4	Kriterium	Faktor	maximale Punktzahl	erreichte Punkte	Faktor-Punkte	erreichte Punkte	Faktor-Punkte	erreichte Punkte	Faktor-Punkte	erreichte Punkte	Faktor-Punkte	erreichte Punkte	Faktor-Punkte
5	Preis	20	5										
6	Qualität	15	10										
7	Lieferdauer	15	5										
8	Zuverlässigkeit	10	5										
9													
10	Gesamt		---	---		---		---		---		---	

Tabellenblatt Ermittlung Punktzahlen

Qualitativer Angebotsvergleich für Handelsware Beamer

	Preis (Eingabefelder)	erreichte Punkte	Qualität (Eingabefelder)	erreichte Punkte	Lieferdauer (Eingabefelder)	erreichte Punkte	Zuverlässigkeit (Eingabefelder)	erreichte Punkte
Saam KG	350,80		- - -		10		3,70	
Willi Lauf OHG	381,48		- - -		10		4,17	
Wittmann AG	354,00		- - -		12		1,39	
Ban-Q Corp.	322,18		- - -		35		7,00	
Canadian Office	361,92		- - -		25		7,00	

Hilfstabellen für die Punktevergabe:

Preis:

Peis ab ... €	Punkte hierfür
0,00	5
336,89	4
346,51	3
356,14	2
365,76	1
385,01	0

Lieferdauer:

Lieferdauer ab ... Tage	Punkte hierfür
0	5
11	4
21	3
26	2
31	1
46	0

Zuverlässigkeit:

Fehlerhäufigkeit ab ... %	Punkte hierfür
0	5
2,01	4
4,01	3
6,01	2
8,01	1
10,01	0

Qualität:

	geforderte Werte:	Saam KG	Punkte hierfür	Willi Lauf OHG	Punkte hierfür	Wittmann AG	Punkte hierfür	Ban-Q. Corp.	Punkte hierfür	Canadian Office	Punkte hierfür
Auflösung	1.280	1.600		1.920		1.600		1.600		1.280	
Helligkeit	1.800	2.100		2.200		2.200		2.200		2.000	
Kontrast	7.000	12.000		14.000		14.000		17.000		11.000	
Lebensdauer L.	2.500	3.500		3.000		5.000		4.500		4.000	
Leistungsaufn.	250	270		250		250		235		245	

Lernsituation 4.7
Verträge abschließen

Der rote Faden

- **Bezugspreise ermitteln**
- **Lieferanten auswählen**
- **Bestellschreiben in Form eines Serienbriefs erstellen**

Ausgangssituation

Als Sie heute in der Abteilung Beschaffung eintreffen, informiert Abteilungsleiterin Laura Beckmann Sie darüber, dass Ihre Kollegen in der Abteilung Beschaffung wegen der bevorstehenden Teilnahme an einer Messe heute kaum Zeit für das Alltagsgeschäft haben. Daher sollen Sie für einige Verträge die Bestellschreiben vorbereiten. Hierunter befindet sich auch das Bestellschreiben für die Handelsware Beamer. An diesem Beschaffungsvorgang sind Sie seit Anfang August besonders beteiligt.

In einigen Fällen müssen Sie zunächst den günstigsten Anbieter ermitteln. Um Ihnen die Arbeit zu vereinfachen, hat Frau Beckmann die Unterlagen mit einigen Kommentaren versehen.

Arbeitsauftrag 1 (orientieren)

Verschaffen Sie sich anhand der auf dem Schreibtisch hinterlegten Unterlagen einen Überblick über die genaue Aufgabenstellung.

Arbeitsauftrag 2 (informieren)

Informieren Sie sich ...

a) in Ihrem Lehrbuch „BüroWelt 1“ erneut über die Vorgehensweise zur Ermittlung des quantitativen Angebotsvergleichs. Vergleichen Sie hierzu ebenfalls Ihre Vorgehensweise in der Lernsituation 4.5 „Einen quantitativen Angebotsvergleich erstellen“.

b) im Lehrbuch „BüroTechnik“ über das Erstellen eines Serienbriefs.

LF 4, 4.4

Word, Kap. 9

Arbeitsauftrag 3 (planen)

a) Planen Sie zunächst, wie Sie die Ermittlung der Zieleinkaufs- bzw. Bezugs-/Einstandspreise durchführen wollen (z. B. handschriftlich oder mithilfe eines Tabellenkalkulationsprogramms).

b) Überlegen Sie, welche Informationen Sie für die Erstellung der Datenquelle benötigen (vgl. die als Anlage beigefügten Richtlinien für die Erstellung von Serienbriefen für Bestellungen – Stand: Februar 2018). Die benötigten Adressen entnehmen Sie – sofern nicht auf den nachstehenden Seiten aufgeführt – der Lieferantenliste im Lehrbuch „BüroWelt 1“.

c) Denken Sie darüber nach, wie Sie den Serienbrief so gestalten, dass dieser den Ansprüchen der Abteilungsleiterin entspricht (vgl. ebenfalls die vorgenannten Richtlinien für die Erstellung von Serienbriefen).

Arbeitsauftrag 4 (durchführen)

Führen Sie im Anschluss an die erfolgte Planung ...

a) ... die Ermittlung der Bezugs-/Einstandspreise durch. Sofern Sie hierfür ein Tabellenkalkulationsprogramm verwenden, speichern Sie die Datei unter dem Dateinamen „BM_LS4.7_Angebotsvergleiche“. Beachten Sie für die Verträge 4 und 6, dass Sie selbstständig die Entscheidung für den günstigsten Lieferanten zu treffen haben.

b) ... die Erstellung der für den Serienbrief benötigten Datenquelle durch. Beachten Sie hierbei auch die Hinweise in den Richtlinien für die Erstellung von Serienbriefen für Bestellungen sowie den Hinweis zum Speichern der Datei.

Web

c) ... die Erstellung eines Serienbriefs durch. Verwenden Sie hierfür die Datei „BM_Briefvorlage Duisdorfer BüroKonzept“. Gehen Sie bei der Erstellung der Briefe vom Datum 18.08.20.. aus. Beachten Sie auch hier die vorgenannten Richtlinien und den in den Richtlinien vermerkten Hinweis zum Speichern der Datei.

Für die Vervollständigung des Informationsblocks beachten Sie bitte folgende Hinweise:
- In der Zeile „Name“ ist der vollständige Name von Frau Laura Beckmann anzugeben.
- Geben Sie die vollständige Telefonnummer samt der Durchwahl 340 an.
- Die E-Mail-Adresse ist wie folgt aufgebaut: 1. Buchstabe Vorname.Familienname@duisdorfer-bueko.de.
- Beachten Sie, dass im Informationsblock alle Eintragungen in derselben Schriftart bzw. -größe vorzunehmen sind, die auch im Brief gewählt worden sind.

d) ... die Vervollständigung des Bestellbuchs mit allen geforderten Informationen durch. Tragen Sie in der Spalte „Sachbearbeiter/-in“ Ihren Namen ein.

Arbeitsauftrag 5 (bewerten und reflektieren)

Präsentieren Sie Ihre Arbeitsergebnisse Ihren Mitschülern (z. B. mithilfe eines Overheadprojektors oder Beamers). Bewerten Sie gegenseitig Ihre Ergebnisse und nehmen Sie ggf. notwendige Korrekturen an Ihren Arbeitsergebnissen vor.

Duisdorfer BüroKonzept KG

Interne Mitteilung

Von	**Name:** Laura Beckmann	**Abteilung:** Beschaffung
An	**Name:** Auszubildende/-r	**Abteilung:** Beschaffung
Betrifft: Bestellschreiben für die nachstehenden Verträge		**Datum:** 18.08.20..

Mit der Bitte um

- ☐ **Kenntnisnahme**
- ☒ **Bearbeitung**
- ☐ **Weiterleitung**
- ☐ **Rücksprache**
- ☐ **Stellungnahme**
- ☐ **Ablage**

Nachricht:

Sehr geehrte/-r Frau/Herr ...,

aufgrund der derzeit laufenden Vorbereitungen für unsere Teilnahme an der Internationalen Büromesse bitte ich Sie, für die nachstehenden Verträge die nötigen Bestellschreiben zu erstellen, sodass diese heute im Laufe des Tages von mir unterschrieben werden können:

1. Bestellung von 750 Stück der anzuschaffenden Beamer bei der Firma Wittmann AG.
2. Bestellung von 200 Stück Aktenvernichter Safeway bei der Firma Saam KG.
3. Bestellung von 400 Schreibtischplatten, Typ Buche 400, bei der Firma Opitz AG.
4. Bestellung von 200 Geräten des Artikels Scann-Chef 100. Hierfür ist zunächst noch ein Angebotsvergleich zwischen den infrage kommenden Lieferanten durchzuführen. Die entsprechenden Daten habe ich Ihnen als Anlage beigefügt.
5. Bestellung von 100 Kartons Kopierpapier mit jeweils 2500 Stück DIN-A4-Papier bei der Firma Papier Spoth GmbH.
6. Vertragsvergabe über die Neugestaltung unseres Empfangsbereiches beim günstigsten Anbieter. Auch hier ist ein Angebotsvergleich der vorliegenden Angebote durchzuführen. Die entsprechenden Unterlagen habe ich Ihnen als Anlage beigefügt.

Informationen zu den jeweiligen Vertragsdetails entnehmen Sie bitte der beigefügten Anlage.
Für das Anfertigen der Bestellungen erstellen Sie bitte einen Serienbrief. Orientieren Sie sich hierfür an den Vorgaben unserer Abteilung für die Erstellung von Serienbriefen für Bestellungen. Die Postanschriften der Lieferanten entnehmen Sie – sofern nicht ausdrücklich genannt – unserer Lieferantendatei.

Ermitteln Sie für die Verträge zusätzlich die Zieleinkaufspreise, Bezugspreise/Einstandspreise sowie Bezugskosten für die Gesamtlieferung. Diese Angaben sind von Ihnen zum Teil im Bestellbuch zu vermerken, um beim späteren Rechnungseingang eine rasche Kontrolle über die rechnerische Richtigkeit der Eingangsrechnung durchführen zu können.

Erstellen Sie für die Ermittlung der vorgenannten Preise ein aussagekräftiges Kalkulationsschema per Hand oder mithilfe eines Tabellenkalkulationsprogramms. Sorgen Sie bitte dafür, dass das Kalkulationsschema alle relevanten Werte und Bezeichnungen enthält.

Legen Sie mir die erstellten Schreiben mit dem zugehörigen Kalkulationsschema bitte bis heute Nachmittag zur Kontrolle und Unterschrift vor. Sofern ich keine Korrekturen vorzunehme habe, werde ich den Postversand veranlassen.

Ich danke Ihnen für Ihre tatkräftige Unterstützung.

Freundliche Grüße

Laura Beckmann

Anlagen

Anlagen zu den Verträgen 1 bis 6

Vertrag 1 – Anschaffung von 750 Beamern (Art.-Nr. 322450)

LS 4.5

Die Daten (Anschrift, Artikelbezeichnung, Listenpreis etc.) sind allesamt im Angebot der Fa. Wittmann AG enthalten, welches Sie vor einigen Tagen ausgewertet haben. Liefertermin: 30.08.20.. . Die Fa. Wittmann AG hat vorab per E-Mail mitgeteilt, dass dieser Liefertermin bei Bestelleingang bis zum 20.08.20.. möglich ist.

Vertrag 2 – Anschaffung von 200 Aktenvernichtern Safeway (Art.-Nr. 435-10)

Die Handelsware ist bei unserem Lieferanten Saam KG (Lieferanten-Nr. 4402) zu bestellen. Der Lieferant hat uns ein verbindliches Angebot zum Listenpreis von 54,40 € netto unterbreitet. Weitere Konditionen: 15 % Rabatt ab einer Bestellmenge von 150 Einheiten sowie 3 % Skonto bei Zahlung binnen 14 Tagen ab Rechnungserhalt, Lieferkostenpauschale: 140,00 €, Liefertermin: 30.08.20.. .

Vertrag 3 – Bestellung von 400 Schreibtischplatten, Typ Buche 400 (Art.-Nr. 2007-12-04)

Bestellen Sie die Schreibtischplatten bei unserem Lieferanten Opitz AG (Lieferanten-Nr. 4403). Gemäß Rahmenliefervertrag aus dem März dieses Jahres beträgt der Listenpreis 85,20 € netto je Stück. Rabatt wird bei einer Abnahmemenge von 300 Stück in Höhe von 10 % gewährt. Bei Zahlung binnen 8 Tagen ab Rechnungserhalt gewährt uns der Lieferant einen Skonto in Höhe von 2 %. Die Lieferkosten betragen 2,00 € netto je Schreibtischplatte. Liefertermin: 30.08.20.. .

Vertrag 4 – Bestellung von 200 Geräten des Artikels Scann-Chef 100

Hierfür kommen die Lieferanten Saam KG (Lieferanten-Nr. 4402) bzw. pc tech AG (Lieferanten-Nr. 4408) infrage. Beide Lieferanten haben gestern per E-Mail verbindliche Angebote zu den nachstehenden Konditionen angeboten. Liefertermin: 30.08.20.. .

	Saam KG	**pc tech AG**
Artikel-Nr.	26510-X	735100
Listenpreis/Stück:	122,00 €	119,00 €
Skonto:	3 %	3 %
Rabatt:	12 %	15 %
Rabatt wird gewährt ab ... Stück:	250 Stück	150 Stück
Bezugskostenpauschale:	80,00 € netto gesamt	0,35 € netto je Stück

Vertrag 5 – Bestellung von 100 Kartons Kopierpapier (Art.-Nr. 22-09-2011)
Die Bestellung der 100 Kartons Kopierpapier im Format DIN A4 (zu je 2500 Blatt in der Qualität 80 g/m²) ist bitte bei unserem Lieferanten Fa. Papier Spoth GmbH (Lieferanten-Nr. 4407) vorzunehmen. Der Listenpreis beträgt je Karton 18,50 € netto. Ab einer Bestellmenge von 70 Kartons gewährt uns der Lieferant 12,5 % Rabatt. Der gewährte Skonto liegt – Zahlung innerhalb von 8 Tagen vorausgesetzt – bei 2 %. Für die Lieferung fallen pauschal 70,00 € netto Versandkosten an. Liefertermin: 30.08.20.. fix.

Vertrag 6 – Vertragsvergabe über die Neugestaltung unseres Empfangsbereichs
Bis Ende November dieses Jahres wird unser Empfangsbereich komplett modernisiert und neu gestaltet. Hierfür habe ich die Angebote von drei regionalen Handwerksunternehmen vorliegen. Aufgrund der detaillierten Vorgaben hinsichtlich der Qualität der auszuführenden Arbeiten sowie der Verlässlichkeit aller Handwerksunternehmen reicht die Durchführung eines quantitativen Angebotsvergleichs aus.

Angebot 1: Fa. Innenausbau Becker KG (Art.-Nr. GW-1-130)
Adresse: Servatiusstr. 36, 53332 Bornheim

Materialkosten:	27.650,00 €
Abbau des vorhandenen Empfangsbereichs:	3.250,00 €
Arbeitslohn Facharbeiter pro Stunde:	38,50 €
Arbeitslohn Hilfsarbeiter pro Stunde:	26,80 €
Benötigte Stundenzahl für Facharbeiter:	155
Benötigte Stundenzahl für Hilfsarbeiter:	60

Angebot 2: Fa. Trocken- u. Innenausbau S. Schmitz e. K. (Art.-Nr. III.25.175)
Adresse: Bonner Talweg 57, 53113 Bonn

Materialkosten:	26.450,00 €
Abbau des vorhandenen Empfangsbereichs:	2.700,00 €
Arbeitslohn Facharbeiter pro Stunde:	39,10 €
Arbeitslohn Hilfsarbeiter pro Stunde:	28,70 €
Benötigte Stundenzahl für Facharbeiter:	150
Benötigte Stundenzahl für Hilfsarbeiter:	55

Angebot 3: Fa. Werner Bölke KG, Trockenbau (Art.-Nr. 20-15-1500)
Adresse: Kirchstr. 33, 53347 Alfter

Materialkosten:	28.000,00 €
Abbau des vorhandenen Empfangsbereichs:	2.200,00 €
Arbeitslohn Facharbeiter pro Stunde:	40,50 €
Arbeitslohn Hilfsarbeiter pro Stunde:	28,90 €
Benötigte Stundenzahl für Facharbeiter:	135
Benötigte Stundenzahl für Hilfsarbeiter:	30

Alle drei Angebote enthalten einen Skonto in Höhe von 2 % bei Begleichung der jeweiligen Rechnung innerhalb von 10 Tagen. Die Bezugskosten für die Materialien sind bereits in der Position Materialkosten enthalten. Die Arbeiten beginnen am 01.11.20.. (Liefertermin!).

Duisdorfer
BüroKonzept
KG

Richtlinien für die Erstellung von Serienbriefen für Bestellungen – Stand: Februar 2018

Web

- Verwenden Sie stets die Datei „BM_Briefvorlage Duisdorfer BüroKonzept“.
- Speichern Sie Bestellungen unter dem Dateinamen „Bestellung_Datum“ (z. B. Bestellung_21.02.2018).
- Erstellen Sie eine Datenquelle im verwendeten Textverarbeitungsprogramm gemäß dem folgenden Muster. Richten Sie hierfür die Seite im Querformat ein. Die notwendige Datenquelle ist unter dem Dateinamen „Bestellung_Datum_Datenquelle“ (z. B. Bestellung_21.02.2018_Datenquelle) zu speichern.

Firma	Anschrift	PLZ	Ort	Bestell-Nr.	Artikel	Art.-Nr.	Menge	Liefertermin	Preis

Anmerkungen:

Die zu vergebende Bestell-Nr. ist dem Bestellbuch der Abteilung Beschaffung zu entnehmen (beachten Sie die fortlaufende Nummerierung!).
In der Spalte „Preis“ ist stets der Netto-Listenpreis je Stück einzutragen.

Ausnahme: Bei zu bestellenden Projekten etc. ist der Netto-Listenpreis für das Gesamtprojekt anzugeben

- Vervollständigen Sie stets den Informationsblock mit allen relevanten Angaben. Insbesondere der Name des Sachbearbeiters, die Telefonnummer, die E-Mail-Adresse sowie das Datum der Bestellung müssen angegeben werden.
- Beachten Sie stets die Einhaltung der DIN 5008.
- Bedanken Sie sich zu Beginn des Briefs stets für das erhaltene Angebot, sofern eines vorliegt.
- Teilen Sie dem Empfänger den/die zu bestellenden Artikel, die Bestellmenge sowie den Netto-Listenpreis pro Stück (bzw. Netto-Listenpreis gesamt) mit.
- Teilen Sie dem Empfänger weiterhin mit, dass wir die Einhaltung des Liefertermins erwarten. Zudem sind wir für eine Versandinformation per E-Mail (beschaffung@duisdorfer-bueko.de) sowie für eine Empfangsbestätigung der Bestellung dankbar.
- Die Schreiben sind von dem jeweiligen Mitarbeiter grundsätzlich mit „i. A.“ (im Auftrag) zu unterschreiben. Ausnahme: Sofern die Abteilungsleiterin die Bestellung unterschreibt, ist der Vermerk „i. V.“ (in Vollmacht) auf den Bestellungen zu vermerken.

Ergänzender Hinweis:

Bitte beachten Sie, dass alle erstellten Bestellungen vor dem Versand in das Bestellbuch der Abteilung Beschaffung eingetragen werden.

Bonn, Februar 2018

Laura Beckmann

Bestellbuch (Auszug)

Duisdorfer BüroKonzept KG

Abteilung Beschaffung

(Zeitraum 01.01.20.. bis 31.12.20..)

Lfd. Nr.	Datum	Lieferant	Bestellte Artikel	Zieleinkaufspreis, netto	Bezugskosten, netto	Liefertermin	Sachbearbeiter/-in
887	*07.08.20..*	*Wittmann AG*	*Scann-Chef 100*	*1.000,00 €*	*25,00*	*30.08.20..*	*Anderson*

Vertiefende Aufgaben

LF 4, 12

Aufgabe 1

Nach erfolgter Fertigstellung der Aufträge 1 bis 6 tritt Frau Beckmann mit der Bitte an Sie heran, ob Sie auch noch einige Verträge soweit vorbereiten könnten, dass diese in den kommenden Tagen von den verantwortlichen Mitarbeiterinnen abgeschlossen werden.

Nachstehend erhalten Sie einen Auszug aus dem Schreiben von Frau Beckmann:

Vertrag 7 – Vertrag für die studentische Aushilfskraft
In der Zeit vom 01.10.20.. bis zum 30.11.20.. wird Frau Jasmin Schacht (Studentin an der Universität-Gesamthochschule in Siegen) als Aushilfe in der Abteilung Beschaffung tätig sein. Die Abteilung Personalwesen hat mich gebeten, hier einen Vertrag zu entwerfen (die zuständige Mitarbeiterin im Bereich Personalwesen ist derzeit auf einem mehrtägigen Seminar). Bitte skizzieren Sie mir hierfür die wesentlichen Vertragsinhalte. Führen Sie hierfür ggf. eine Internetrecherche durch.

Vertrag 8 – Vertrag zur kostenlosen Überlassung von fünf nicht mehr benötigten Computern
Zum 01.08. erhielt unsere Abteilung fünf neue Personal Computer. Die alten Geräte wurden zunächst in einem Teil des Lagers aufbewahrt. Herr Lembke hat in Erfahrung gebracht, dass die örtliche Grundschule in Bonn-Duisdorf die drei Jahre alten Geräte gut gebrauchen könnte. Die Geräte wurden vollständig gereinigt und die Festplatten wurden mithilfe einer Spezialsoftware gelöscht und neu formatiert. Skizzieren Sie hier bitte auch relevante Inhalte für den erforderlichen Vertrag.

Vertrag 9 – Vertrag über das kostenlose Zurverfügungstellen eines Transportfahrzeugs
Der Mitarbeiter Frank Gerlach zieht am 15.10.20.. um. Herr Gerlach hat angefragt, ob er das Transportfahrzeug vom Typ Mercedes Sprinter mieten könne. Die Geschäftsführerin Frau Niester hat entschieden, Herrn Gerlach das Fahrzeug kostenlos zur Verfügung zu stellen, will diesen Vorgang jedoch vertraglich geregelt haben und hat unsere Abteilung daher mit der Anfertigung eines entsprechenden Vertrags beauftragt. Auch in diesem Fall reicht mir eine Skizze des Vertrags.

Für die Verträge 7 bis 9 reicht es aus, wenn Sie in einer Übersicht (vgl. nachstehende Abbildung!) die geforderten Informationen zusammenstellen.

Vertrag	Art des Vertrags	Vertragspartner (juristische Begriffe)	Kommt durch unser Schreiben bereits ein Vertrag zustande?	Welche Formvorschrift ist einzuhalten? Welche ist sinnvoll?	Welche Inhalte sind sinnvollerweise im Vertrag festzuhalten?
Nr. 7					
Nr. 8					
Nr. 9					

LF 4, 11

a) Informieren Sie sich in Ihrem Lehrbuch „BüroWelt 1“ über die Vertragsarten. Für die Beantwortung der Spalte „Welche Formvorschrift ist einzuhalten? Welche ist sinnvoll?“ informieren Sie sich in Ihrem Lehrbuch über das Thema „Vertragsfreiheit und Formvorschriften“.

b) Erstellen Sie die vorstehend abgebildete Tabelle und dokumentieren Sie Ihre erarbeiteten Ergebnisse in den vorgesehenen Kästchen. Beachten Sie, dass Sie in der letzten Spalte möglichst viele Stichpunkte nennen, um dem verantwortlichen Sachbearbeiter die spätere Arbeit zu vereinfachen.

Sofern möglich erstellen Sie die Tabelle mithilfe eines Textverarbeitungsprogramms. In diesem Fall speichern Sie die Datei unter dem Dateinamen „BM_LS4.7_Vertragsdetails“.

c) Besprechen Sie Ihre Ergebnisse mit Ihren Mitschülern und begründen Sie Ihre jeweiligen Antworten. Nehmen Sie – sofern notwendig – Korrekturen an Ihren Arbeitsergebnissen vor.

Aufgabe 2

In der Duisdorfer BüroKonzept KG werden jedes Jahr unzählige Verträge abgeschlossen. Nachstehend erhalten Sie eine Auswahl an zustande gekommenen Verträgen.

a) Informieren Sie sich in Ihrem Lehrbuch „BüroWelt 1“ über die Vertragsarten.

b) Erarbeiten Sie die nachstehenden Beispiele und tragen Sie die Namen der beschriebenen Vertragsarten in die Spalte „Vertragsart“ ein.

LF 4, 12

c) Besprechen Sie Ihre Ergebnisse mit Ihren Mitschülern und begründen Sie Ihre jeweiligen Antworten. Nehmen Sie – sofern notwendig – Korrekturen Ihrer Arbeitsergebnisse vor.

Beschreibung	Vertragsart
Die Duisdorfer BüroKonzept KG ...	
1. ... stellt im kommenden Monat zwei neue Mitarbeiter/-innen für die Abteilung Lager/Versand ein.	
2. ... stellt Herrn Anderson für ein – gemeinsam mit seinen Nachbarn – anzusehendes Fußballspiel kostenlos einen Beamer für das gesamte Wochenende zur Verfügung.	
3. ... überlässt ihren kaufmännischen Auszubildenden grundsätzlich kostenlos ein Notebook, damit diese sich – unabhängig von den PCs im Büro – mit der für die IHK-Prüfung notwendigen Software beschäftigen können. Das Eigentum der Notebooks geht dabei auf die Auszubildenden über.	
4. ... hat einen regionalen Elektriker damit beauftragt, die Stromleitungen in den älteren Büroräumen zu erneuern. Der Elektriker garantiert, dass nach einigen Tagen die gesamten Leitungen ausgetauscht sein werden.	
5. ... hat sich per Vertrag für die nächsten 30 Jahre die Nutzungsrechte an einem Waldgrundstück mit zugehörigem Fischteich gesichert. Bei Interesse können die im Fischteich lebenden Fische gefangen und konsumiert werden.	
6. ... versucht, ihren eigenen Bedarf an Nachwuchskräften zu „produzieren“. Hierfür stellt das Unternehmen jedes Jahr mehrere junge Leute mit der Zielsetzung ein, ihnen im Lauf von maximal drei Jahren alle erforderlichen Kenntnisse beizubringen und sie so fit für die IHK-Prüfung zu machen.	
7. ... hat im vergangenen Monat zwei neue Transportfahrzeuge beim örtlichen Händler für insgesamt 150.000,00 € in Auftrag gegeben.	
8. ... benötigt für einen aus Chile stammenden Praktikanten für ein Jahr eine Zweizimmerwohnung. Das Nutzungsrecht für ausschließlich private Zwecke an der Wohnung wird durch einen schriftlichen Vertrag erworben.	
9. ... hat im vergangenen Jahr aufgrund der Knappheit an Kirschbaumholz kostenlos eine Position von einem befreundeten Unternehmer erhalten und diese restlos verarbeitet. Zwischenzeitlich hat der Unternehmer eine qualitativ und quantitativ gleichwertige Position zurückerstattet bekommen.	

Beschreibung	Vertragsart
10. ... beschäftigt für die Reinigung der Büroräume in der Regel studentische Hilfskräfte, die zu einem fairen Stundenlohn beschäftigt werden.	
11. ... stellt der örtlichen Förderschule für das alljährliche Sommerfest zwei große Kaffeemaschinen und eine Industriespülmaschine kostenlos zur Verfügung. Das Eigentum verbleibt bei der Duisdorfer BüroKonzept KG.	
12. ... lässt sich von einem Unternehmen für Trockenbau ein bestehendes Büro durch eine Trockenbauwand in zwei kleinere Büros unterteilen.	
13. ... erwirbt für drei Abteilungen neue Laserdrucker im Gesamtwert von 2.070,00 € und zahlt den Rechnungsbetrag abzgl. 3 % Skonto.	
14. ... überlässt die zuvor ausgemusterten Laserdrucker unentgeltlich einer örtlichen Grundschule sowie einem Kindergarten. Das Eigentum geht dabei auf die genannten Einrichtungen über.	
15. ... beschäftigt jeweils drei Monate vor der IHK-Abschlussprüfung einen Lehrer, der die Auszubildenden möglichst optimal auf die IHK-Prüfung vorbereiten soll. Eine Erfolgsgarantie seitens des Lehrers kann selbstverständlich nicht gewährleistet werden.	
16. ... hat zugestimmt, dass ein Mitarbeiter für das Erstellen von privaten Einladungskarten eine Packung farbiges Kopierpapier mit nach Hause nimmt. Der Mitarbeiter hat gemäß mündlicher Vereinbarung das Paket in gleicher Qualität in den nächsten zwei Wochen zu ersetzen.	
17. ... lässt von einem örtlichen Handwerksbetrieb eine zerbrochene Fensterscheibe austauschen. Der Handwerksbetrieb garantiert, dass die Fensterscheibe noch am selben Tag fachgerecht eingebaut wird.	
18. ... benötigt für zwei ausgemusterte Lagerfahrzeuge bis zu deren Verkauf einen Abstellplatz. Hierfür wird ein zeitlich befristetes Nutzungsrecht – gegen Zahlung einer angemessenen Gebühr – für eine Stellfläche auf einem Privatgelände erworben.	
19. ... stimmt zu, dass eine Praktikantin ein unternehmenseigenes Notebook zur Erstellung des Praktikumsberichts am Wochenende mit nach Hause nimmt. Das Gerät muss jedoch am Montag wieder mit in das Unternehmen gebracht werden.	
20. ... überlässt ihrer langjährigen Reinigungskraft zum 60. Geburtstag eine zweiwöchige Schiffsreise nach Norwegen.	

Lernsituation 4.8
Wareneingangskontrolle durchführen

Der rote Faden

Ein Formular für die Wareneingangskontrolle erstellen

Ergebnisse der Wareneingangskontrolle dokumentieren

Briefe zur Meldung der festgestellten Fehler erstellen

Ausgangssituation

Damit Sie den vollständigen Ablauf eines Warenbeschaffungsvorgangs kennenlernen, hat die Abteilungsleiterin Frau Beckmann angeregt, dass Sie gemeinsam mit Frau Elling im Lager einige Wareneingangskontrollen durchführen. Zur Kontrolle stehen Warenlieferungen an, für die Sie in der Lernsituation 4.7 Bestellschreiben verfasst haben.

Die Kontrolle ist heute Vormittag umgesetzt worden, wobei sich bei der Dokumentation der festgestellten Mängel gezeigt hat, dass der bislang verwendete Kontrollbeleg nicht mehr zeitgemäß ist.

Nach der Mittagspause finden Sie eine interne Mitteilung von Frau Beckmann vor. Sie möchte, dass die bestehenden Kontrollbelege überarbeitet werden. Außerdem sollen die heute im Wareneingang festgestellten Fehler dokumentiert werden.

Des Weiteren werden Sie gebeten, individuelle Briefe an Lieferanten zu erstellen, bei deren Warenlieferungen Mängel festgestellt worden sind.

Arbeitsauftrag 1 (orientieren)

Verschaffen Sie sich anhand der folgenden internen Mitteilung vom 30.08.20.. zunächst einen Überblick über die vorliegende Aufgabenstellung.

Arbeitsauftrag 2 (informieren)

a) Informieren Sie sich in Ihrem Lehrbuch „BüroWelt 1“ über die Wareneingangskontrolle.

b) Informieren Sie sich im Lehrbuch „BüroTechnik“ über die Erstellung und Gestaltung von Formularen.

LF 4, 15

Arbeitsauftrag 3 (planen)

a) Überlegen Sie sich, wie Sie die geforderten Inhalte des Wareneingangskontrollbelegs im zu erstellenden Formular anordnen wollen.

Word, Kap. 10

b) Planen Sie für das zukünftige Ausfüllen der Wareneingangskontrollbelege, welche Informationen Sie hierfür benötigen. Markieren Sie sich diese Informationen ggf. auf den zur Verfügung gestellten Belegen.

Arbeitsauftrag 4 (durchführen)

a) Erstellen Sie das Formular gemäß den Anweisungen von Frau Beckmann und speichern Sie dieses unter dem vorgegebenen Dateinamen (vgl. „interne Mitteilung") ab. Speichern Sie während der Erstellung des Formulars regelmäßig Ihren aktuellen Bearbeitungsstand ab, um Datenverluste zu vermeiden.

b) Erstellen Sie mithilfe des erstellten Formulars die vier benötigten Wareneingangskontrollbelege. Speichern Sie die einzelnen Belege gemäß den Anweisungen in der internen Mitteilung ab. Drucken Sie – sofern möglich – die vier Belege aus.

c) Erstellen Sie in den Fällen, in denen nicht akzeptable Probleme bei der Wareneingangskontrolle festgestellt worden sind, Geschäftsbriefe an die betroffenen Lieferanten. Beachten Sie hierbei, dass in den Briefen das aufgetretene Problem präzise dargestellt werden sollte.
Stellen Sie zudem stets die Forderung, dass die Duisdorfer BüroKonzept KG in diesen Fällen **keine** Nach- bzw. Ersatzlieferungen wünscht (vgl. weitere Informationen in der internen Mitteilung). Vielmehr sollen neue, entsprechend reduzierte Rechnungen zugeschickt werden.
Speichern Sie die Briefe gemäß den Anweisungen in der internen Mitteilung ab. Drucken Sie – sofern möglich – die Briefe aus.

Arbeitsauftrag 5 (bewerten und reflektieren)

Stellen Sie Ihre Arbeitsergebnisse Ihren Mitschülern vor, z. B. Ihrem direkten Nachbarn am eigenen PC oder allen Mitschülern mithilfe eines Beamers. Bewerten Sie gegenseitig Ihre Ergebnisse und machen Sie ggf. Vorschläge zur Optimierung Ihrer Arbeitsergebnisse. Nehmen Sie notwendige Korrekturen an Ihren Arbeitsergebnissen vor.

Duisdorfer BüroKonzept KG BK

Interne Mitteilung

Von	**Name:** Laura Beckmann	**Abteilung:** Beschaffung
An	**Name:** Auszubildende/-r	**Abteilung:** Beschaffung
Betrifft: Überarbeitung des Wareneingangskontrollbelegs		**Datum:** 30.08.20..

Mit der Bitte um

- ☐ **Kenntnisnahme**
- ☒ **Bearbeitung**
- ☐ **Weiterleitung**
- ☒ **Rücksprache**
- ☐ **Stellungnahme**
- ☐ **Ablage**

Nachricht:

Sehr geehrte/-r Frau/Herr ...,

vielen Dank für Ihre mühselige Arbeit bei der heute Vormittag durchgeführten Wareneingangskontrolle. Ich hoffe, Sie konnten einen kleinen Einblick in die Notwendigkeit einer umfassenden Wareneingangskontrolle gewinnen.

Frau Elling hat mir von dem Problem erzählt, dass durch die Verwendung des scheinbar veralteten Kontrollbelegs entsteht. Die Hauptursache liegt wohl darin, dass dieser handschriftlich ausgefüllt wird und es hierbei häufig zu fehlerhaften Eintragungen kommt. Zudem sind einige handschriftliche Vermerke kaum zu entziffern, sodass die Bearbeitung der Belege zur Geduldsprobe geraten kann.

In Abstimmung mit der Geschäftsführung und der Abteilung „Lager/Versand“ haben wir heute sofort entschieden, dass die für die Wareneingangskontrolle zuständigen Kollegen in den kommenden Tagen zwei PCs erhalten. Mithilfe dieser Geräte sollen zukünftig die Ergebnisse der vorgenommenen Kontrollen dokumentiert werden. Allerdings wird hierfür ein moderner Kontrollbeleg benötigt.

In diesem Zusammenhang bitte ich Sie, unseren nachstehend abgebildeten Kontrollbeleg für den Wareneingang vollständig zu überarbeiten. Folgende Anforderungen sollen erfüllt werden:

- Der Beleg soll als Formular erstellt werden. Die Datei ist unter dem Dateinamen „Formular_Wareneingangskontrolle“ zu speichern.
- Tragen Sie Sorge dafür, dass das Formular nach Fertigstellung vor Änderungen schreibgeschützt ist. Vergeben Sie für den anzuwendenden Schutz aber **kein** Passwort.
- Die grundsätzliche Struktur des aktuellen Belegs soll beibehalten werden. Allerdings sind folgende Verbesserungen vorzunehmen (beachten Sie die rot umkreisten Markierungen im aktuellen Kontrollbeleg):

1. Das Feld „Wareneingangs-Nr.“ soll durch ein Feld „Unsere Bestell-Nr.“ ausgetauscht werden. Für die einzutragenden Bestellnummern soll ein Nur-Text-Inhaltssteuerelement erstellt werden. Das Wareneingangsdatum ist mittels des Datumsauswahl-Inhaltssteuerelements auszuwählen.
2. Die Felder **Lieferanten-Nr.** und **Lieferant** sind zu einem Feld zusammenzuführen. Verwenden Sie hierfür ein Kombinationsfeld-Inhaltssteuerelement. Geben Sie im Bereich Eigenschaften die Daten unserer Lieferanten gemäß der aktuellen Lieferantendatei ein (z. B. 4410 – Wittmann AG).
3. Das Bestelldatum ist mithilfe des Datumsauswahl-Inhaltssteuerelements auszuwählen.
4. Die bislang durch Ankreuzen zu beantwortenden Fragen sollen zukünftig durch Dropdownlisten-Inhaltssteuerelemente ersetzt werden. Geben Sie im Bereich **Eigenschaften** die Antwortmöglichkeiten „ja“ und „nein“ vor.
5. Die Frage „wenn ja, welche?“ soll zukünftig nicht mehr individuell beantwortet werden. Auch hier ist mittels eines Dropdownliste-Steuerelements eine der folgenden Antworten auszuwählen: („Fehlanzeige“, „Lackschaden“, „Kratzer“, „Ware zerbrochen“, „Ware unvollständig“, „Ware verdreckt“ bzw. „Verkaufsverpackung beschädigt“).

   Fügen Sie an geeigneter Stelle unterhalb des Dropdownliste-Inhaltssteuerelements ein Nur-Text-Inhaltssteuerelement ein, in welchem die Mitarbeiter/-innen ergänzende Anmerkungen zur genauen Art und Menge des vorliegenden Mangels bzw. Schadens machen können.
6. Das Datum der Kontrolle ist mittels des Datumsauswahl-Inhaltssteuerelements auszuwählen.

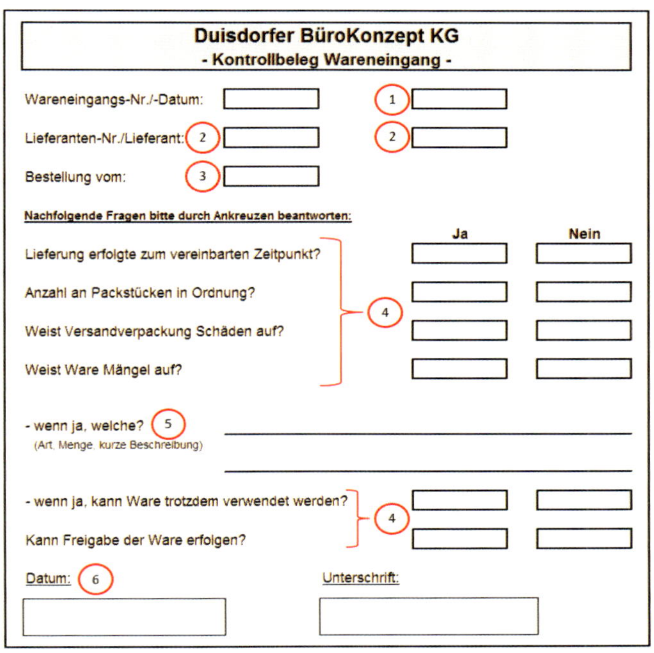

Wenn Sie das Formular erstellt haben, bin ich Ihnen für die sofortige Prüfung auf seine Alltagstauglichkeit dankbar. Erstellen Sie daher die vier Wareneingangskontrollbelege des heutigen Tages.

In der Anlage erhalten Sie hierfür die Ausdrucke aus unserer Bestelldatei sowie die Lieferscheine zu den heute eingetroffenen Warenlieferungen. Auch die handschriftlichen Notizen von Frau Berg und Frau Elling habe ich diesem Schreiben als Anlage beigefügt.

Beachten Sie noch folgende Hinweise:

- Unterschreiben Sie die zu erstellenden Wareneingangskontrollbelege unter der Angabe „i. A.".
- Speichern Sie die einzelnen Belege unter dem Dateinamen „Wareneingangskontrolle_Bestellnummer" ab (z. B. Wareneingangskontrolle_887 für unsere Bestellnummer 887/20..).
- Im Fall der nicht korrekten Warenlieferungen sollen **keine** Nach-/Ersatzlieferungen erfolgen. Schreiben Sie hier die betroffenen Lieferanten an und nennen Sie im Betreff unsere Bestell-Nr. sowie die Lieferschein-Nr. des Lieferanten. Informieren Sie unsere Lieferanten genau über die festgestellten Mängel bzw. Schäden und fordern Sie jeweils eine Kürzung der Rechnungen an. Dabei ist es immer sinnvoll, wenn der zu reduzierende Listeneinkaufspreis (netto) bereits von uns im Schreiben aufgeführt wird **(übrigens, die Transportkosten werden von uns immer anteilig mit gekürzt)**. Führen Sie die zugehörige Berechnung bitte selbstständig durch und dokumentieren Sie den Rechenweg. Damit die Briefe möglichst rasch zu unseren Lieferanten gelangen, sind diese von Ihnen mit „i. A." zu unterschreiben.

  Für die Vervollständigung des Informationsblocks beachten Sie bitte folgende Hinweise:
  - In der Zeile „Name" ist Ihr vollständiger Name anzugeben.
  - Geben Sie die vollständige Telefonnummer samt der Durchwahl 355 an.
  - Die E-Mail-Adresse ist wie folgt aufgebaut: 1. Buchstabe Vorname.Familienname@duisdorfer-bueko.de.
  - Beachten Sie, dass im Informationsblock alle Eintragungen in derselben Schriftart bzw. -größe vorzunehmen sind, die auch im Brief gewählt worden sind.
- Speichern Sie die Briefe unter dem Dateinamen „Reklamation_Bestellnummer" ab (z. B. Reklamation_887 für unsere Bestellnummer 887/20..).

Bitte stellen Sie mir die Ergebnisse Ihrer Arbeit zeitnah vor. Sofern ich keine Korrekturen vorzunehmen habe, werde ich den Postversand veranlassen.

Freundliche Grüße

Laura Beckmann

Anlagen

Vorgang 1

Bestelldatei				
laufende Best.-Nr.:	887/20..	Bestelldatum: 07.08.20..		
Lieferanten-Nr.:	4410	Lieferant: Wittmann AG		
Sachbearbeiter:	Udo Anderson (Vertretung für Frau Elling)	Liefertermin: 30.08.20..		
...	**Beschaffung**	Lager	Fibu	...
bestellte Artikel:	bestellte Menge:	LEP/St., netto	ZEP ges., netto	
Scann-Chef 100	10	125,00 €	1.000,00 €	
		Gesamt	1.000,00 €	

Vereinbarte Zahlungskonditionen:

Zahlungsziel:	30 Tage		
Skonto:	2,0%	innerhalb von	10 Tagen

WITTMANN AG

Bürotechnik

Wittmann AG, Untere Dorfstr. 130, 57074 Siegen

Duisdorfer BüroKonzept KG
Rochusstraße 30
53213 Bonn

Ihr Zeichen: AP
Ihre Bestellung vom:
Unser Zeichen: BK
Unsere Nachricht vom:

Name: Bianca Kuhn
Telefon: 0271 80053-72
Telefax: 0271 80053-10
E-Mail: bianca.kuhn@wittmann-ag.de

Datum: 28.08.20..

Wareneingang:
30.08.20..

Lieferschein-Nr. L-50722

Lieferanten-Nummer: 4410

Kunden-Nr.:	2495420
Ihre Bestell-Nr.:	887/20.. vom 07.08.20..
Versanddatum:	28.08.20..
Anzahl Packstücke:	1

Position	Artikel-Bezeichnung	Menge
300213	Scann-Chef 100	10

Bitte überprüfen Sie die Ware <u>unverzüglich</u> auf Vollständigkeit und Beschädigungen an der Verpackung sowie der Ware.

Im Falle einer Beanstandung dokumentieren Sie die Fehler auf dem Lieferschein und lassen Sie diese vom Versandfahrer bestätigen.

Haben Sie bitte Verständnis dafür, dass wir spätere Reklamationen nicht anerkennen können.

Ware vollständig und einwandfrei
J. Elling, 30.08.20..

Vorgang 2

Bestelldatei				
laufende Best.-Nr.:	888/20..	Bestelldatum: 18.08.20..		
Lieferanten-Nr.:	4410	Lieferant: Wittmann AG		
Sachbearbeiter:	Auszubildender	Liefertermin: 30.08.20..		
...	**Beschaffung**	Lager	Fibu	...
bestellte Artikel:	bestellte Menge:	LEP/St., netto	ZEP ges., netto	
Beamer "Visiomaster 20"	750	450,00 €	270.000,00 €	
		Gesamt	270.000,00 €	

Vereinbarte Zahlungskonditionen:

Zahlungsziel: 30 Tage

Skonto: 2,0% innerhalb von 10 Tagen

WITTMANN AG

Bürotechnik

Wittmann AG, Untere Dorfstr. 130, 57074 Siegen

Duisdorfer BüroKonzept KG
Rochusstraße 30
53213 Bonn

Wareneingang: 30.08.20..

Ihr Zeichen: AP
Ihre Bestellung vom:
Unser Zeichen: BK
Unsere Nachricht vom:

Name: Bianca Kuhn
Telefon: 0271 80053-72
Telefax: 0271 80053-10
E-Mail: bianca.kuhn@wittmann-ag.de

Datum: 28.08.20..

Lieferschein-Nr. L-50733

Lieferanten-Nummer: 4410

Kunden-Nr.: 2495420
Ihre Bestell-Nr.: 888/20.. vom 18.08.20..
Versanddatum: 29.08.20..
Anzahl Packstücke: 19

Position	Artikel-Bezeichnung	Menge
322450	Beamer "Visiomaster 20"	750

Bitte überprüfen Sie die Ware <u>unverzüglich</u> auf Vollständigkeit und Beschädigungen an der Verpackung sowie der Ware.

Im Falle einer Beanstandung dokumentieren Sie die Fehler auf dem Lieferschein und lassen Sie diese vom Versandfahrer bestätigen.

Haben Sie bitte Verständnis dafür, dass wir spätere Reklamationen nicht anerkennen können.

Warenlieferung unvollständig
vgl. handschriftl. Vermerk hierzu
M. Berg, 30.08.20..

Vorgang 3

Bestelldatei

laufende Best.-Nr.:	889/20..	Bestelldatum:	18.08.20..
Lieferanten-Nr.:	4402	Lieferant:	Saam KG
Sachbearbeiter:	Auszubildender	Liefertermin:	30.08.20..

...	**Beschaffung**	Lager	Fibu	...

bestellte Artikel:	bestellte Menge:	LEP/St., netto	ZEP ges., netto
Aktenvernichter Safeway	200	54,40 €	9.248,00 €
		Gesamt	9.248,00 €

Vereinbarte Zahlungskonditionen:

Zahlungsziel: 40 Tage

Skonto: 3,0% innerhalb von 14 Tagen

SAAM KG

Bürotechnik

Saam KG, Am Sonnenhang 9, 36039 Fulda

Duisdorfer BüroKonzept KG
Rochusstraße 30
53213 Bonn

Ihr Zeichen: AP
Ihre Bestellung vom:
Unser Zeichen: fs
Unsere Nachricht vom:

Name: Frank Scheuren
Telefon: 0661 88672-210
Telefax: 0661 88672-444
E-Mail: f.scheuren@saam-kg.de

Datum: 28.08.20..

Wareneingang:
30.08.20..

Lieferanten-Nummer:
4402

Lieferschein-Nr. 7322/20..

Kunden-Nr.: 244877
Ihre Bestell-Nr.: 889/20.. vom 18.08.20..
Versanddatum: 28.08.20..
Anzahl Packstücke: 4

Position	Artikel-Bezeichnung	Menge
435-10	Aktenvernichter Safeway	200

Bitte überprüfen Sie die Ware unverzüglich auf Vollständigkeit und Beschädigungen an der Verpackung sowie der Ware.

Transportverpackung beschädigt
J. Elling, 30.08.20..

Vorgang 4

Bestelldatei

laufende Best.-Nr.:	891/20..	Bestelldatum:	18.08.20..
Lieferanten-Nr.:	4408	Lieferant:	pc tech AG
Sachbearbeiter:	Auszubildender	Liefertermin:	30.08.20..

...	**Beschaffung**	Lager	Fibu	...

bestellte Artikel:	bestellte Menge:	LEP/St., netto	ZEP ges., netto
Scann-Chef 100	200	119,00 €	20.230,00 €
		Gesamt	20.230,00 €

Vereinbarte Zahlungskonditionen:

Zahlungsziel:	30 Tage		
Skonto:	3,0%	innerhalb von	8 Tagen

pc tech AG

Fachhandel für Elektronik

pc tech AG, Hamburger Str. 111, 45317 Essen

Duisdorfer BüroKonzept KG
Rochusstraße 30
53213 Bonn

Ihr Zeichen: AP
Ihre Bestellung vom:
Unser Zeichen: OZ
Unsere Nachricht vom:

Name: Othmar Zirse
Telefon: 0201 487665-49
Telefax: 0201 487665-12
E-Mail: o.zirse@pctechag.de

Datum: 29.08.20..

Wareneingang:
30.08.20..

Lieferanten-Nummer:
4408

Lieferschein-Nr. 10275/20..

Kunden-Nr.:	38742
Ihre Bestell-Nr.:	891/20.. vom 18.08.20..
Versanddatum:	29.08.20..
Anzahl Packstücke:	10

Position	Artikel-Bezeichnung	Menge
735100	Scann-Chef 100	200

Bitte überprüfen Sie die Ware unverzüglich auf Vollständigkeit und Beschädigungen an der Verpackung sowie der Ware.

Verkaufsverpackung z. T. beschädigt
vgl. handschriftl. Vermerk hierzu
M. Berg, 30.08.20..

Handschriftliche Vermerke zur Wareneingangskontrolle am 30.08.20.. (Auszüge)

Ergänzung zur Wareneingangskontrolle am 30.08.20..

Unsere Bestell-Nr. 889/20..

Lieferant: Saam KG, Fulda

Lieferschein-Nr. 7322/20..

Die Transportverpackungen weisen an mehreren Stellen Schäden auf. Ein entsprechender Hinweis wurde auf dem Lieferschein vermerkt.

Bei der später erfolgten Kontrolle der enthaltenen Waren (Aktenvernichter Safeway) stellte sich heraus, dass die Verkaufsverpackungen optisch in Ordnung sind. Eine Stichprobe hinsichtlich der Funktionsfähigkeit an zwei Geräten verlief ebenfalls ohne Beanstandung.

J. Elling

Anmerkungen zur Wareneingangskontrolle am 30.08.20..

Bestell-Nr. 888/20.. vom Lieferanten Wittmann AG

Lieferschein-Nr. L-50733

Statt der auf dem Lieferschein vermerkten 750 Einheiten des Produkts Beamer „Visiomaster 20" waren nur 745 Einheiten auf den Paletten verpackt. Die gelieferte Menge wurde zwei Mal von mir und Herrn Barth kontrolliert.

Bestell-Nr. 891/20.. vom Lieferanten pc tech AG

Lieferschein-Nr. 10275/20..

Von den 200 gelieferten Einheiten des Produkts Scann-Chef 100 weisen sieben Verkaufsverpackungen so große optische Schäden auf, dass diese nicht von uns akzeptiert werden. Die sieben Einheiten werden an den Lieferanten zurückgeschickt.

M. Berg

Vertiefende Aufgaben

Aufgabe 1

Erläutern Sie ausführlich, warum die Duisdorfer BüroKonzept KG eine personal- und somit auch kostenintensive Wareneingangskontrolle vornimmt.

LF 4, 15

Aufgabe 2

Erstellen Sie anhand der Informationen aus dem Lehrbuch „BüroWelt 1" eine per Hand angefertigte Übersicht über die zu vollziehenden Kontrolltätigkeiten im Bereich der Wareneingangskontrolle.

LF 4, 15

Vergleichen Sie die aufgezeigten Kontrolltätigkeiten mit denen in Ihrem Ausbildungsbetrieb und erläutern Sie mögliche Abweichungen.

Aufgabe 3
Die Duisdorfer BüroKonzept KG erhält regelmäßig Warenlieferungen mit beschädigten Versandverpackungen.

Erläutern Sie, warum die Lieferungen trotz der vorhandenen Beschädigungen angenommen werden.

Aufgabe 4
Erklären Sie ausführlich, warum festgestellte Mängel nicht nur auf den hausinternen Kontrollbelegen, sondern stets auch auf den Lieferscheinen dokumentiert werden.

Aufgabe 5
Erläutern Sie den Unterschied zwischen einer Vollprüfung und einer Stichprobenprüfung. Überlegen Sie sich für jede Prüfungsart fünf beispielhafte Produkte, die bei der Warenanlieferung entsprechend geprüft werden sollten.

Aufgabe 6
Überlegen Sie sich eine sinnvolle Reaktion, wenn Sie bei der Wareneingangskontrolle die nachstehend aufgezeigten Mängel feststellen. Unterstellen Sie, dass der Versandfahrer in den Situationen a) und b) noch anwesend ist, in den restlichen Situationen hingegen nicht. Halten Sie die Ergebnisse Ihrer Überlegungen schriftlich fest.

a) Ein Karton enthält laut dem Lieferschein Toner für Bürodrucker. Im ungeöffneten Zustand bemerken Sie, dass mindestens ein Toner beschädigt worden ist und das schwarze Pulver aus dem Karton herausrieselt.

b) Sie erhalten am 25.09.20.. eine Warenlieferung, für die im EDV-System der Vermerk „Lieferung erfolgt am 22.09.20.. fix" hinterlegt worden ist. Die Pakete sind vollständig und äußerlich unversehrt.

c) In einem Karton befinden sich fünf Einheiten des bestellten Toners, auf dem Lieferschein ist hingegen eine Menge von sechs Einheiten vermerkt.

d) In einem Karton befinden sich 500 Kugelschreiber. Sie entnehmen stichprobenartig fünf Kugelschreiber und stellen fest, dass drei von ihnen beim Schreiben stark schmieren. Ein Kugelschreiber ist sogar vollständig ausgetrocknet.

e) Beim Öffnen eines Kartons mit Aktenordner stellen Sie fest, dass nicht die auf dem Lieferschein vermerkten 16 „Aktenordner breit, 8 cm" enthalten sind, sondern 16 „Aktenordner schmal, 5 cm".

Aufgabe 7

Erstellen und Auswertung einer Statistik über festgestellte Probleme bei Wareneingangslieferungen für den abgelaufenen Monat

LF 4, 15

Ausgangssituation

Sie haben gestern Vormittag gemeinsam mit Frau Elling einige Wareneingangskontrollen durchgeführt. Am Nachmittag haben Sie die Belege für die Wareneingangskontrollen erstellt und die Lieferanten Wittmann AG und pc tech AG schriftlich über die festgestellten Mängel ihrer Warenlieferungen informiert und sie um Zusendung korrigierter Rechnungen gebeten.

Da heute ein vergleichsweise ruhiger Tag bevorsteht, bittet Frau Beckmann Sie um die Erstellung einer Statistik. Mit deren Hilfe soll ein Überblick über die im vergangenen Monat aufgetretenen Mängel im Bereich der Warenanlieferungen festgestellt werden.

Ein Mangel liegt bereits dann vor, wenn nur ein kleiner Teil der gesamten Lieferung den dokumentierten Schaden aufweist. Ein Mangel bzw. Schaden wird in der verwendeten Excel-Tabelle durch die Zahl 1 gekennzeichnet. Sofern lediglich die Versandverpackung beschädigt ist, liegt jedoch kein relevanter Mangel/Schaden vor.

a) Beschaffen Sie sich im Lehrbuch „BüroTechnik“ die notwendigen Informationen zu den Themen „Diagramme“ und „Weitere Funktionen“ (hier speziell die Funktionen ZÄHLENWENN und SUMMEWENN).

Excel, Kap. 7 u. 10

b) Erstellen Sie mithilfe eines Tabellenkalkulationsprogramms eine Datei und speichern Sie diese unter dem Dateinamen „BM_LS4.8_VA7“ ab. Optional öffnen Sie die vorgefertigte Datei „BM_LS4.8_VA7“ aus der Online-Ergänzung „BuchPlusWeb“.

Web

c) Sofern Sie die Datei selbst erstellen, übernehmen Sie die nachstehend dargestellten Inhalte und Formatierungen in das Tabellenblatt 1. Benennen Sie das Tabellenblatt 1 in **Auswertung** um. Beachten Sie, dass für die bessere Lesbarkeit das Tabellenblatt nachfolgend in zwei Abbildungen dargestellt wird.

d) Vervollständigen Sie die Zeilen 51 bis 54 mit den Ergebnissen der von Ihnen durchgeführten vier Wareneingangskontrollen (vgl. aktuelle Lernsituation).

e) Ermitteln Sie mithilfe geeigneter Funktionen die geforderten Werte in den Zellen der Zeilen 59, 64 sowie 70 bis 79.

f) Erstellen Sie anschließend die von Frau Beckmann gewünschten Diagramme zur grafischen Veranschaulichung der im Wareneingang festgestellten Mängel. Vergleichen Sie hierfür die Anforderungen von Frau Beckmann auf dem handschriftlich erstellten Blatt „Informationen zur Diagrammerstellung“.

g) Kopieren Sie die Ergebnisse des bestehenden Tabellenblattes **Auswertung** in das Tabellenblatt 2. Benennen Sie das Tabellenblatt 2 in **Formeln** um. Richten Sie beide Tabellenblätter so ein, dass Sie diese später im Querformat auf jeweils 1 bis 2 Seiten ausdrucken können. Beachten Sie, dass alle Ausdrucke in der Kopfzeile Ihren Namen aufweisen und die Zeilen- und Spaltenüberschriften enthalten sind.

h) Drucken Sie die Tabellenblätter Auswertung, Formeln und die Tabellenblätter mit den Diagrammen aus.

i) Stellen Sie Ihre Arbeitsergebnisse auf geeignete Weise Ihren Mitschülern vor und nehmen Sie ggf. notwendige Korrekturen an Ihren Arbeitsergebnissen vor.

j) Überlegen Sie, warum die Duisdorfer BüroKonzept KG erst bei einem Fehleranteil von 30 % von einem kritischen Wert ausgeht. Halten Sie Ihre Ergebnisse schriftlich fest.

Web

Tabellenblatt Auswertung (Teil 1)

	A	B	C	D	E	F	G	H	I
1	**Auswertung der Ergebnisse der Wareneingangskontrolle im August 20.. (Auszug)**								
2									
3	lfd. Nr.	Lieferer-Nr.	ohne Beanstandung	Lackschaden	Kratzer	Ware zerbrochen	Ware unvollständig	Ware verdreckt	Verkaufsverpackung beschädigt
4	840	4403	1						
5	841	4410	1						
6	842	4402		1					
7	843	4404							1
8	844	4407			1				
9	845	4401	1						
10	846	4406	1						
11	847	4402	1						
12	848	4405		1					
13	849	4403			1			1	
14	850	4410				1			
15	851	4409	1						
16	852	4404	1						
17	853	4408						1	
18	854	4403	1						
19	855	4406	1						
20	856	4410					1		
21	857	4409	1						
22	858	4405	1						
23	859	4401					1		
24	860	4403		1					
25	861	4407	1						
26	862	4408	1						
27	863	4404					1		
28	864	4408							1
29	865	4402	1						
30	866	4401			1				
31	867	4404		1					
32	868	4406	1						
33	869	4404	1						
34	870	4409							1
35	871	4410	1						
36	872	4407	1						
37	873	4403						1	
38	874	4408	1						
39	875	4409	1						
40	876	4402							1
41	877	4406			1				
42	878	4405	1						
43	879	4402	1						
44	880	4401	1						
45	881	4408	1						
46	882	4404	1						
47	883	4405				1			
48	884	4407					1		
49	885	4402	1						
50	886	4410	1						
51	887								
52	888								
53	889								
54	891								

Tabellenblatt Auswertung (Teil 2)

	A	B	C	D	E	F	G
55							
56							
57	Auswertungsbereich:						
58							
59	Warenlieferungen gesamt:						
60							
61	Übersicht über die Anzahl fehlerfreier Lieferungen bzw. der dokumentierten Mängel						
62							
63	ohne Beanstandung	Lackschaden	Kratzer	Ware zerbrochen	Ware unvollständig	Ware verdreckt	Verkaufsverpackung beschädigt
64							
65							
66							
67	Übersicht über die Anzahl fehlerfreier und fehlerhafter Lieferungen je Lieferant						
68							
69	Lieferant	Anzahl der Lieferungen	Anzahl fehlerfreier Lieferungen	fehlerfreie Lieferungen (in %)	fehlerhafte Lieferungen (in %)		
70	4401						
71	4402						
72	4403						
73	4404						
74	4405						
75	4406						
76	4407						
77	4408						
78	4409						
79	4410						

Informationen zur Diagrammerstellung an Frau/Herrn ...

Bitte erstellen Sie nach Erstellung der Statistik drei Diagramme, die folgende Anforderungen erfüllen:

Erstellen Sie ein **Diagramm**, aus dem ...

1. die Anzahl der fehlerfreien Lieferungen unserer Lieferanten bzw. die Anzahl der dokumentierten Mängel hervorgeht (Zeilen 63 und 64). Stellen Sie die Ergebnisse als Kreisdiagramm (2D) dar. Tragen Sie Sorge dafür, dass dem Diagramm ein aussagekräftiger Diagrammtitel zugewiesen wird. Die Legende ist unterhalb des Diagramms anzubringen. In den Kreissegmenten sollen die Werte als Prozentzahl mit zwei Nachkommastellen angegeben werden. Versehen Sie den Diagrammbereich mit einer geeigneten Bild- oder Texturfüllung.
   Das Diagramm soll auf einem eigenen Tabellenblatt mit dem Namen „Übersicht Gesamtlieferungen" ausgewiesen werden.

2. die Anzahl der Lieferungen sowie die Anzahl der fehlerfreien Lieferungen unserer Lieferanten (Zeile 70 bis Zeile 79, Spalten B und C) hervorgehen. Erstellen Sie aus den Zahlen ein 2D-Säulendiagramm. Neben einem aussagekräftigen Diagrammtitel sollen dem Diagramm an den Achsen sinnvolle Achsentitel zugewiesen werden. Tragen Sie Sorge dafür, dass die Legende unterhalb der Überschrift positioniert wird. Versehen Sie den Diagrammbereich mit einer geeigneten Bild- oder Texturfüllung.
   Das Diagramm soll auf einem eigenen Tabellenblatt mit dem Namen „Übersicht Lieferanten" ausgewiesen werden.

3. die fehlerhaften Lieferungen unserer Lieferanten in % (Zellbereich E70:E79) hervorgehen. Stellen Sie die Ergebnisse in einem 2D-Säulendiagramm dar. Weisen Sie dem Diagramm einen aussagekräftigen Diagrammtitel zu. Verzichten Sie im Diagramm auf die Angabe einer Legende. Versehen Sie die Achsen mit sinnvollen Achsentiteln. Ziehen Sie beim Wert von 30 % eine rote Linie (in der Stärke von 3 Punkt) parallel zur x-Achse ein. Diese Linie soll den kritischen Wert kennzeichnen. Versehen Sie den Diagrammbereich mit einer geeigneten Bild- oder Texturfüllung.
   Das Diagramm soll auf einem eigenen Tabellenblatt mit dem Namen „Fehlerhafte Lieferungen" ausgewiesen werden.

Vielen Dank!

Laura Beckmann

Lernsituation 4.9
Das Lager als wichtiger Faktor für Unternehmensprozesse

Das Lager als Funktionsbereich kennenlernen

Tätigkeiten in der Lagerlogistik durchführen

Dokumente im Lagerbereich bearbeiten

Ausgangssituation

Im Rahmen Ihrer Berufsausbildung sollen Sie alle Bereiche und Funktionen des Unternehmens kennenlernen. Sie haben in der Vertriebsabteilung bereits Erfahrungen mit den Prozessen der Auftragsbearbeitung gemacht. Dabei wurde auch die Abteilung „Lager" angesprochen. Im Laufe der Bearbeitung haben Sie die Abteilung beauftragt, die bestellten Artikel bereitzustellen und für den Versand vorzubereiten. Leider wissen Sie bisher nicht genau, was eigentlich passiert, wenn Sie einen Auftrag an diese Abteilung weiterleiten, denn Sie haben bisher vorwiegend Büro- und Verwaltungstätigkeiten ausgeführt. Im nächsten Monat sollen Sie endlich für vier Wochen diesen wichtigen Kernprozess aktiv erleben.

Eine Woche, bevor Sie im Bereich „Lager" ausgebildet werden sollen, erhalten Sie eine E-Mail von Marian Berg, dem Bereichsleiter, mit folgendem Inhalt:

Von:	m.berg@duisdorfer-bueko.de
Datum:	Dienstag, 12.09.20.., 14:55
An:	...@duisdorfer-bueko.de
Betreff:	Ausbildung im Lagerbereich

Hallo liebe Auszubildenden,

ich freue mich, Sie nächste Woche in unserer Abteilung begrüßen zu dürfen. Damit Sie nicht ganz unbedarft in die „Lagerwelt" kommen, bitte ich Sie, sich vorher ein wenig Theoriewissen anzueignen.

Beachten Sie dazu bitte die **Arbeitsaufträge aus dem Anhang dieser E-Mail.**

Ich werde versuchen, in Ihrer Zeit bei uns die Theorie mit Ihnen zusammen an Praxisbeispielen verständlicher zu machen. Ich freue mich auf eine gute Zusammenarbeit und wünsche Ihnen noch eine schöne Woche.

Marian Berg

Arbeitsauftrag 1 (orientieren und informieren)

Lesen Sie in Ihrem Lehrbuch „BüroWelt 1" die Informationen zum Thema Lagerlogistik noch einmal aufmerksam durch.

LF 4, 16

Verschaffen Sie sich einen Überblick, indem Sie den Bereich in einer Mindmap kurz visualisieren. Achten Sie dabei auf die korrekte Darstellung der Inhalte in Form einer Mindmap und geben Sie jedem Hauptzweig mindestens zwei Nebenäste mit erklärenden Schlagwörtern.

Arbeitsauftrag 2 (informieren)

Das Lager ist ein interessanter und vielseitiger Arbeitsplatz. Die Tätigkeiten sind nie langweilig und sehr wichtig für das Unternehmen. Für diesen Bereich gibt es einen eigenen Ausbildungsberuf, die Fachkraft für Lagerlogistik. Leider konnte das Unternehmen im letzten Jahr zwei Ausbildungsplätze nicht besetzen. Dies soll sich schnellstmöglich ändern.

Die Duisdorfer BüroKonzept KG möchte durch eine Kommunikationsoffensive zusammen mit den Auszubildenden in der Ausbildung zu Kaufleuten für Büromanagement geeignete Bewerber/-innen finden.

Damit Sie wissen, worum es in dem Beruf überhaupt geht, sollen Sie sich zunächst über den Ausbildungsberuf genau informieren. Führen Sie eine Recherche durch, bei der Sie die wesentlichen Stichpunkte auf einer DIN-A4-Seite notieren.

Zur ersten Information lesen Sie bitte den folgenden Text:

Fachkräfte für Lagerlogistik: Aufgaben und Tätigkeiten (Kurzform)

Sie nehmen in Logistikzentren, Industriebetrieben, Speditionen und im Versandhandel Waren aller Art an und prüfen anhand der Begleitpapiere Menge und Beschaffenheit. Fachkräfte für Lagerlogistik organisieren die Entladung, sortieren die Güter und lagern sie sachgerecht an vorher bereits eingeplanten Plätzen. Dabei achten sie darauf, dass die Waren unter optimalen Bedingungen gelagert werden und regulieren z.B. Temperatur und Luftfeuchtigkeit. Im Warenausgang planen sie Auslieferungstouren und ermitteln die günstigste Versandart. Sie stellen Lieferungen zusammen, verpacken die Ware und erstellen die Begleitpapier wie Lieferscheine oder Zollerklärungen. Außerdem beladen sie Lkws, Container oder Eisenbahnwaggons, bedienen Gabelstapler und sichern die Fracht gegen Verrutschen oder Auslaufen. Darüber hinaus optimieren Fachkräfte für Lagerlogistik den innerbetrieblichen Informations-, Material- und Wertefluss von der Beschaffung bis zum Absatz. Sie erkunden Warenbezugsquellen, erarbeiten Angebotsvergleiche, bestellen Waren und veranlassen deren Bezahlung. Das Berechnen von Lagerkennziffern, Inventurarbeiten und einfache Jahresabschlüsse gehören ebenfalls zu ihren Aufgaben.

Quelle: Bundesagentur für Arbeit: BERUFENET, Fachkraft für Lagerlogistik, abgerufen unter: www.berufenet.arbeitsagentur.de [16.10.2013]

Arbeitsauftrag 3 (informieren und planen)

Nach langen Diskussionen ist in der Arbeitsgruppe beschlossen worden, dass durch zwei Maßnahmen mögliche Bewerber/-innen für die Duisdorfer BüroKonzept KG angesprochen werden sollen. Geeinigt wurde sich in der Gruppe auf einen Infoflyer, der an verschiedenen Orten verteilt bzw. ausgelegt werden soll. Außerdem ist eine besondere Aktion im Lager für Jugendliche beim nächsten „Tag der offenen Tür“ geplant.

Ihre Aufgabe ist es jetzt, im Vorfeld jeweils ein Konzept

- für einen Infoflyer (Konzept 1) oder
- eine besondere Aktion am „Tag der offenen Tür“ (Konzept 2)

zu entwickeln.

Überlegen Sie dazu vorher genau, welche Informationen und Kontakte Sie jeweils brauchen. Hinweis: Beachten Sie bei Ihren Planungen, dass folgende Fragestellungen zwingend zu klären sind:

- Wer soll von der jeweiligen Maßnahme genau angesprochen werden (Zielgruppe)?
- Was genau sollen die Inhalte der geplanten Maßnahme sein?
- Wer kann dabei helfen bzw. muss zwingend eingebunden werden?

Arbeitsauftrag 4 (durchführen)

Im Arbeitsauftrag 3 haben Sie sich für eine bestimmte Maßnahme entschieden. Bearbeiten Sie nun einen der folgenden Aufträge.

- Erstellen Sie unter Verwendung einer geeigneten Software (z. B. PowerPoint) einen professionellen und ansprechenden Infoflyer.

PP

oder

- Erstellen Sie einen Tagesplan für die Durchführung einer besonderen Aktion im Lager am „Tag der offenen Tür". Darauf sollten alle beteiligten Personen mit ihren jeweiligen Aufgaben, die zeitliche Abfolge der Angebote und die benötigten Materialien aufgeführt sein.

Arbeitsauftrag 5 (bewerten und reflektieren)

In der Duisdorfer BüroKonzept KG hat vor Kurzem eine Unternehmensberatung eine ausführliche Untersuchung der allgemeinen Kostenstruktur durchgeführt.

Das Lager ist auch hier ein sehr kostenintensiver Bereich. Daher haben die Berater empfohlen, Teilbereiche des Lagers auszulagern und in eine Fremdbetreuung zu geben.

- Beurteilen Sie die Empfehlung der Berater in einem ersten Schritt hinsichtlich ihrer konkreten Auswirkungen auf die
  a) Kosten (fix und variabel),
  b) Mitarbeiter/-innen im Lager,
  c) Transportwege und
  d) Qualität der eingelagerten Güter.
- Überlegen Sie sich in einem zweiten Schritt, welche Alternative es zur Auslagerung an einen Fremdanbieter geben könnte. Machen Sie dazu konkrete Vorschläge. **Hinweis:** Es ist sinnvoll, im Vorfeld zu klären, welche Kosten im Lagerbereich grundsätzlich anfallen können.

Vertiefende Aufgaben

Aufgabe 1

Lesen Sie noch einmal den Abschnitt zu den Ablagevarianten chaotische Lagerung und Festplatzsystem innerhalb des Lagerbereichs durch.

LF 4, 16.2

Fassen Sie die wesentlichen Vor- und Nachteile der jeweiligen Ausprägung in einer Tabelle stichwortartig zusammen. Verwenden Sie dazu die folgende Vorlage als Orientierung:

Varianten/Beurteilung	**Chaotische Lagerung/(Freiplatzsystem)**	**Festplatzsystem**
Vorteile		
Nachteile		

***Vorlage für** die Gegenüberstellung von Vor- und Nachteilen bei den Platzsystemen*

LF 4, 16.2

Aufgabe 2
Informieren Sie sich noch einmal in Ihrem Lehrbuch „BüroWelt 1“ über das Thema „unterschiedliche Positionierung des Lagers im Unternehmen“.

Dies kann entweder zentral oder dezentral erfolgen. Stellen Sie die beiden Varianten zunächst in Form einer Grafik dar.

a) Fertigen Sie dafür zunächst eine handschriftliche Skizze der beiden Varianten an.

b) Erstellen Sie in einem zweiten Arbeitsschritt unter Verwendung einer Präsentationssoftware (z. B. PowerPoint) oder eines anderen geeigneten Programms zur grafischen Darstellung aus den Skizzen professionelle Abbildungen.

Hinweis zur Bearbeitung: Verwenden Sie für Funktionsbereiche runde oder ovale Formen, für das Zentrallager bzw. die Lagerplätze eher eckige oder quadratische Formen. Die jeweiligen Transportwege sollen als farbige Pfeile visualisiert werden.

Die Geschäftsleitung der Duisdorfer BüroKonzept KG hat z. Zt. den Lagerbereich in der Mitte des Unternehmensgeländes positioniert. Es ist im nächsten Jahr geplant, die Produktion durch fünf kleine ausgelagerte Einheiten zu erweitern.

c) Stellen Sie diese Umsetzungspläne konkret für die Duisdorfer BüroKonzept KG in einer grafischen Übersicht dar.

Aufgabe 3
In der Praxis der modernen Lagerverwaltung haben sich zwei neue Systeme bei der Kommissionierung von Aufträgen etabliert. Gerade Großhändler praktizieren im Lager die Varianten Pick-by-light und Pick-by-voice.

Informieren Sie sich im Internet oder auch über andere Quellen über diese Varianten bei der Kommissionierung. Stellen Sie die beiden Varianten jeweils auf einer DIN-A4-Seite kurz dar. Orientieren Sie sich bei der Struktur Ihrer Erläuterung an den anschließenden Stichworten:
- Kurzerklärung/Definition
- Darstellung des Ablaufs
- technische Voraussetzungen
- Vor- und Nachteile des Systems

Die folgenden Abbildungen sollen Ihnen einen ersten Eindruck der oben genannten Systeme vermitteln.

***Variante Pick-by-light** in der Anwendung*

***Variante Pick-by-voice** in der Anwendung*

Aufgabe 4
Die Duisdorfer BüroKonzept KG überlegt aufgrund temporärer Kapazitätsengpässe (hier im Sinne von Platzmangel) das eigene Versandlager zeitweise an einen Fremdanbieter zu vergeben.

Informieren Sie sich (bei freier Wahl der Vorgehensweise und der Quellen) über einen regionalen oder überregionalen Anbieter von Lagerhäusern.

Klären Sie dabei die jeweilige Bedeutung der aufgelisteten Aspekte:
- allgemeine Funktion von Dienstleistern im Bereich Einlagerung von Gütern,
- den Lagervertrag,
- den Lagerschein und
- die Rechte und Pflichten der Vertragspartner.

Stellen Sie abschließend Ihre Ergebnisse in einer tabellarischen Übersicht schriftlich zusammen.

Lernsituation 4.10
Eingangsrechnungen kontrollieren und deren Überweisung vornehmen

Der rote Faden

Eingangsrechnungen sachlich und rechnerisch kontrollieren

Die Möglichkeit einer Kreditaufnahme für den Abzug von Skonto prüfen

Fehlerfreie Rechnungen überweisen

Ausgangssituation

Heute werden Sie gebeten, die mittlerweile eingetroffenen Eingangsrechnungen zu den vier Wareneingängen vom 30.08.20.. (vgl. Lernsituation 4.8) auf ihre sachliche und rechnerische Richtigkeit hin zu überprüfen. Anschließend sollen Sie auch die Rechnungen mithilfe von Überweisungsträgern zur Zahlung anweisen.

Eigentlich werden diese Aufgaben in der Abteilung Rechnungswesen durchgeführt. Ihre Abteilungsleiterin Frau Beckmann ist jedoch der Ansicht, dass Sie einmal den vollständigen Ablauf von der Anfrage bis zum Rechnungsausgleich kennenlernen sollten. Sie hat Ihnen daher in Abstimmung mit der Abteilung Rechnungswesen die notwendigen Rechnungen und Überweisungsträger besorgen lassen.

Die im Falle fehlerhafter Rechnungen notwendigen Anschreiben werden von der Abteilung Rechnungswesen übernommen.

Arbeitsauftrag 1 (orientieren)

Verschaffen Sie sich zunächst einen Überblick über die Ihnen zur Verfügung gestellten Belege.

Arbeitsauftrag 2 (informieren)

a) Informieren Sie sich in Ihrem Lehrbuch „BüroWelt 1" über die Durchführung der sachlichen und rechnerischen Rechnungskontrolle.

LF 4, 17

b) Informieren Sie sich – ggf. durch mehrfaches Durcharbeiten des Informationsschreibens von Herrn Fernandez – zum Thema „Lohnt sich der Abzug von Skonto, wenn hierfür ein Bankkredit benötigt wird“.

Arbeitsauftrag 3 (planen)

Für die Prüfung der Rechnungen benötigen Sie neben den Rechnungen weitere Belege. Diese sind die Kalkulationen der Bezugspreise (Lernsituation 4.7), die zugehörigen Bestellschreiben (Lernsituation 4.7), die Auszüge aus der Bestelldatei (Lernsituation 4.8) und die Belege zur Wareneingangskontrolle (Lernsituation 4.8). Zur besseren Übersicht werden die wichtigsten Informationen aus den vorgenannten Belegen auf den nächsten Seiten kompakt dargestellt.

Planen Sie, in welcher Reihenfolge Sie die Belege auswerten, und überlegen Sie, welche der vorliegenden Informationen ggf. schon wieder veraltet und somit unbrauchbar sind.

Arbeitsauftrag 4 (durchführen)

a) Führen Sie die sachliche und die rechnerische Rechnungskontrolle für die vorliegenden vier Rechnungen durch. Prüfen Sie für die Rechnungen 888/20.. sowie 891/20.., wie hoch der neue Bezugspreis sein sollte. Verwenden Sie hierfür die vorbereitete Lösungshilfe. Dokumentieren Sie mögliche Fehler bzw. ungenaue Angaben **auf den Rechnungen**.

b) Ermitteln Sie, ob sich die Inanspruchnahme eines Bankkredits zum Ausgleich der Rechnungen lohnt. Führen Sie diese Berechnungen nur für die korrekten Rechnungen bzw. Rechnungen durch, die laut dem Informationsblatt zum einheitlichen Umgang mit fehlerhaften Eingangsrechnungen pünktlich überwiesen werden.
Gehen Sie bei Ihren Berechnungen von einem Bankzinssatz von 11,0 % p. a. aus. Beachten Sie weiterhin, dass die Duisdorfer BüroKonzept KG bei diesen Berechnungen immer von den Brutto-Rechnungsbeträgen ausgeht.

c) Ermitteln Sie für die korrekten Rechnungen (vgl. Aufgabe 4 b) zusätzlich auch den Zinssatz der Lieferantenkredite, den die Duisdorfer BüroKonzept KG unter Umständen zahlen müsste. Berechnen Sie die Höhe des Zinssatzes sowohl mit der kaufmännischen Überschlagmethode als auch mit der mathematisch genauen Methode zur Ermittlung des effektiven Zinssatzes.

d) Für ordnungsgemäße Rechnungen sind von Ihnen die beigefügten Überweisungsträger auszufüllen. Beachten Sie hierbei, dass ...

- die Rechnungen stets einen Tag vor dem spätesten möglichen Zeitpunkt des Skontozeitraums zur Zahlung angewiesen werden, um die Vorgaben des Urteils des EuGH aus dem Jahr 2008 umzusetzen. Der Zeitraum für den Skontoabzug beginnt dabei gemäß der Zahlungsbedingungen unserer Lieferanten mit dem Tag des Rechnungsdatums. Tragen Sie das von Ihnen ermittelte Datum auf dem Überweisungsträger ein.
- die Zeile BIC auf den Überweisungsträgern bei Zahlungen innerhalb Deutschlands nach dem 01.02.2014 nicht mehr ausgefüllt werden muss. Es reicht die Angabe der IBAN des Begünstigten.
- die Unterschrift gemäß der betrieblichen Regelung vom Abteilungsleiter der Abteilung Rechnungswesen zu leisten ist.

Arbeitsauftrag 5 (bewerten und reflektieren)

a) Stellen Sie Ihre Ergebnisse auf eine geeignete Weise – z. B. an der Tafel oder mithilfe des Overheadprojektors – Ihren Mitschülern vor. Erklären Sie dabei Ihr Vorgehen und die Ermittlung der jeweiligen Zwischenwerte.

b) Überlegen Sie, welche Konsequenzen es für die Duisdorfer BüroKonzept KG haben könnte, wenn sie beim Zahlungsausgleich ihrer Eingangsrechnungen grundsätzlich auf den Abzug des Skontos verzichtet.

Übersicht über die vorgenommenen Ermittlungen der Bezugspreise

Bestell-Nr.	887/20..	888/20..	889/20..	891/20..
Lieferant	Wittmann AG	Wittmann AG	Saam KG	pc tech AG
Artikel	Scann-Chef 100	Beamer Visiomaster 20	Aktenvernichter Safeway	Scann-Chef 100
Menge	10	750	200	200
Listeneinkaufspreis/Stück	125,00 €	450,00 €	54,40 €	119,00 €
Listeneinkaufspreis gesamt	1.250,00 €	337.500,00 €	10.880,00 €	23.800,00 €
- Rabatt	250,00 €	67.500,00 €	1.632,00 €	3.570,00 €
Zieleinkaufspreis gesamt	1.000,00 €	270.000,00 €	9.248,00 €	20.230,00 €
- Skonto	20,00 €	5.400,00 €	277,44 €	606,90 €
Bareinkaufspreis gesamt	980,00 €	264.600,00 €	8.970,56 €	19.623,10 €
+ Bezugskosten	25,00 €	900,00 €	140,00 €	70,00 €
Bezugspreis gesamt	1.005,00 €	265.500,00 €	9.110,56 €	19.693,10 €
Bezugspreis/Stück	100,50 €	354,00 €	45,55 €	98,47 €

Ergänzende Hinweise zu den vorgenommenen Bestellungen

Bestell-Nr.	887/20..	888/20..	889/20..	891/20..
Lieferant	Wittmann AG	Wittmann AG	Saam KG	pc tech AG
Artikel-Nr.	300213	322450	435-10	735100
Rabattsatz	20 %	20 %	15 %	15 %
Rabattgewährung ab ... Einheiten	0	300	150	150
Skontosatz	2 %	2 %	3 %	3 %
Liefertermin	30.08.20..	30.08.20..	30.08.20..	30.08.20..
Zahlungsbedingungen	Zahlungsziel in 30 T., Skontofrist 10 T.	Zahlungsziel in 30 T., Skontofrist 10 T.	Zahlungsziel in 40 T., Skontofrist 14 T.	Zahlungsziel in 30 T., Skontofrist 8 T.

Auszug aus der vorgenommenen Wareneingangskontrolle

Bestell-Nr.	Lieferant	Artikel	Menge	Mangelbeschreibung	Maßnahme
888/20..	Wittmann AG	Beamer „Visiomaster 20“	5	im Vergleich zum Lieferschein zu wenig Geräte geliefert	Lieferant informiert und korrigierte Rechnung angefordert.
891/20..	pc tech AG	Scann-Chef 100	7	Verkaufsverpackungen beschädigt	Geräte zurückgeschickt und korrigierte Rechnung angefordert.

Lösungshilfe zur erneuten Ermittlung des Bezugspreises

Bestell-Nr.	888/20..	891/20..
Lieferant	Wittmann AG	pc tech AG
Listeneinkaufspreis/Stück		
× Menge		
Listeneinkaufspreis gesamt		
– Rabatt (in €)		
Zieleinkaufspreis		
– Skonto (in €)		
Bareinkaufspreis		
+ Bezugskosten		
Bezugspreis gesamt		
Bezugspreis/Stück		

Eingangsrechnung zu unserer Bestellnummer 887/20..

WITTMANN AG

Bürotechnik

Wittmann AG, Untere Dorfstr. 130, 57074 Siegen

Duisdorfer BüroKonzept KG
Rochusstraße 30
53123 Bonn

Ihr Zeichen:
Ihre Bestellung vom:
Unser Zeichen: BK
Unsere Nachricht vom:

Name: Bianca Kuhn
Telefon: 0271 80053-72
Telefax: 0271 80053-10
E-Mail: bianca.kuhn@wittmann-ag.ce

Datum: 03.09.20..

Posteingang:
05.09.20..

Rechnung

Lieferanten-Nummer:
4410

Kunden-Nr.: 2495420
Rechnungs-Nr.: 50722
Lieferschein-Nr.: L-50722
Versanddatum: 28.08.20..

Artikel-Nr.	Artikel-Bezeichnung	Menge	Einzelpreis€	Gesamtpreis€
300213	Scann-Chef 100	10	125,00	1.250,00
		Warenwert, netto		1.250,00
		abzüglich Mengenrabatt (20 %)		250,00
		Nettobetrag		1.000,00
		Transportkosten gem. Angebot		25,00
		Umsatzsteuer 19,0 %		237,50
		Rechnungsbetrag		1.262,50

zahlbar 30 Tage ab Rechnungsdatum ohne Abzug
1 % Skonto bei Zahlung innerhalb von 10 Tagen ab Rechnungsdatum

Eingangsrechnung zu unserer Bestellnummer 888/20..

WITTMANN AG

Bürotechnik

Wittmann AG, Untere Dorfstr. 130, 57074 Siegen

Duisdorfer BüroKonzept KG
Rochusstraße 30
53123 Bonn

Ihr Zeichen:
Ihre Bestellung vom:
Unser Zeichen: BK
Unsere Nachricht vom:

Name: Bianca Kuhn
Telefon: 0271 80053-72
Telefax: 0271 80053-10
E-Mail: bianca.kuhn@wittmann-ag.de

Datum: 03.09.20..

Posteingang:
05.09.20..

Rechnung

Lieferanten-Nummer:
4410

Kunden-Nr.: 2495420
Rechnungs-Nr.: 50733
Lieferschein-Nr.: L-50733
Versanddatum: 29.08.20..

Artikel-Nr.	Artikel-Bezeichnung	Menge	Einzelpreis€	Gesamtpreis€
322450	Beamer "Visiomaster 20"	745	450,00	335.250,00
		Warenwert, netto		335.250,00
		abzüglich Mengenrabatt (20 %)		67.050,00
		Nettobetrag		268.200,00
		Transportkosten für 745 Stück		894,00
		Umsatzsteuer 19,0 %		51.127,86
		Rechnungsbetrag		320.221,86

zahlbar 30 Tage ab Rechnungsdatum ohne Abzug
2 % Skonto bei Zahlung innerhalb von 10 Tagen ab Rechnungsdatum

Eingangsrechnung zu unserer Bestellnummer 889/20..

SAAM KG

Bürotechnik

Saam KG, Am Sonnenhang 9, 36039 Fulda

Duisdorfer BüroKonzept KG
Rochusstraße 30
53123 Bonn

Ihr Zeichen:
Ihre Bestellung vom:
Unser Zeichen: fs
Unsere Nachricht vom:

Name: Frank Scheuren
Telefon: 0661 88672-210
Telefax: 0661 88672-444
E-Mail: f.scheuren@saam-kg.de

Datum: 04.09.20..

Posteingang:
05.09.20..

Rechnung

Lieferanten-Nummer:
4402

Kunden-Nr.: 244877
Rechnungs-Nr.: 7322/20..
Lieferschein-Nr.: 7322/20..
Versanddatum: 28.08.20..

Artikel-Nr.	Artikel-Bezeichnung	Menge	Einzelpreis€	Gesamtpreis€
435-10	Aktenvernichter Safeway	200	54,40	10.880,00

Warenwert, netto	10.880,00
abzüglich Mengenrabatt (15 %)	1.632,00
Nettobetrag	9.248,00
Lieferpauschale	140,00
Umsatzsteuer 19,0 %	1.783,72
Rechnungsbetrag	11.172,71

zahlbar 40 Tage ab Rechnungsdatum ohne Abzug
3 % Skonto bei Zahlung innerhalb von 14 Tagen ab Rechnungsdatum

Eingangsrechnung zu unserer Bestellnummer 891/20..

pc tech AG

Fachhandel für Elektronik

pc tech AG, Hamburger Str. 111, 45317 Essen

Duisdorfer BüroKonzept KG
Rochusstraße 30
53123 Bonn

Ihr Zeichen:
Ihre Bestellung vom:
Unser Zeichen: OZ
Unsere Nachricht vom:

Name: Othmar Zirse
Telefon: 0201 487665-49
Telefax: 0201 487665-12
E-Mail: o.zirse@pctechag.de

Datum: 04.09.20..

Posteingang:
05.09.20..

Rechnung

Lieferanten-Nummer:
4408

Kunden-Nr.: 38742
Rechnungs-Nr.: 10275/20..
Lieferschein-Nr.: 10275/20..
Versanddatum: 29.08.20..

Artikel-Nr.	Artikel-Bezeichnung	Menge	Einzelpreis €	Gesamtpreis €
735100	Scann-Chef 100	193	119,00	22.967,00
		Warenwert, netto		22.967,00
		abzüglich Mengenrabatt (15 %)		3.045,45
		Nettobetrag		19.921,55
		Versandkosten		67,55
		Umsatzsteuer 19,0 %		3.797,93
		Rechnungsbetrag		23.787,03

zahlbar 30 Tage ab Rechnungsdatum ohne Abzug
3 % Skonto bei Zahlung innerhalb von 8 Tagen ab Rechnungsdatum

Duisdorfer
BüroKonzept
KG

INFORMATIONSBLATT

zum einheitlichen Umgang mit fehlerhaften Eingangsrechnungen

Liebe Kolleginnen und Kollegen,

in den vergangenen Monaten hat sich leider die Anzahl fehlerhafter Eingangsrechnungen deutlich gesteigert.

Um eine problemlose Abwicklung der Zahlungen an unsere Lieferanten zu gewährleisten, hat die Geschäftsführung folgende Regelungen als **VERBINDLICH** für alle Eingangsrechnungen ab dem 01.07.20.. beschlossen:

Rechnungen werden bei folgenden Fehlern **pünktlich überwiesen**:

- bei fehlerhaften Angaben der Zahlungsbedingungen.
- bei Fehlern in der Anschrift unseres Unternehmens.
- bei Differenzen im Rechnungsbetrag **bis max.** 10,00 € (hier wird allerdings stets der korrekte Betrag zur Zahlung angewiesen).

Rechnungen werden – in folgenden Fällen – solange gesperrt, bis die korrigierten Rechnungen eintreffen:

- bei falsch ausgewiesenen Artikeln.
- bei falsch ausgewiesenen Angaben zur Bestellmenge.
- bei **mehr als einem** festgestellten Fehler (sachlich oder rechnerisch).
- bei einem fehlerhaft ausgewiesenen Umsatzsteuerbetrag bzw. einem falschen Umsatzsteuersatz.
- bei Differenzen im Rechnungsbetrag **über** 10,00 €.

Wichtig:
Bitte markieren Sie grundsätzlich alle Fehler, die Sie auf den Rechnungen finden. Geben Sie zudem – sofern möglich – die korrekten Werte bzw. Informationen an, um eine spätere Bearbeitung zu vereinfachen.

gez. Victor Fernandez

Abteilung Rechnungswesen

Duisdorfer
BüroKonzept
KG

Bonn, 07.09.20..

INFORMATION

an die Auszubildenden der Abteilung Rechnungswesen

Thema: Lohnt sich der Abzug von Skonto, wenn hierfür ein Bankkredit benötigt wird?

Liebe Auszubildende,

die Duisdorfer BüroKonzept KG verzeichnet nahezu jeden Tag Ein- und Auszahlungen auf ihren Konten. Bedingt durch die Ende eines jeden Monats ausgezahlten Löhne und Gehälter kann es vorkommen, dass sich der Kontostand dem Wert Null nähert oder sogar in den negativen Bereich absinkt.

Hierfür hat uns die Hausbank einen Überziehungskredit in Höhe von 100.000,00 € zur Verfügung gestellt, den wir ohne gesonderte Antragsstellung voll ausschöpfen können. Das ist natürlich nicht kostenlos. Für die Inanspruchnahme des Kreditbetrags berechnet uns die Bank einen Zinssatz von aktuell 11,0 % p. a. (pro Jahr).

Auch eine über die 100.000,00-€-Grenze hinausgehende Überziehung unseres Kontos ist möglich. Aufgrund unserer langjährigen guten Geschäftsbeziehung berechnet uns die Bank bei rechtzeitiger Antragstellung hierfür ebenfalls nur 11,0 % p. a.

Wir müssen daher bei jeder Überweisung für die folgende Fragestellung die richtige Antwort finden:

Lohnt sich die Inanspruchnahme des Skontos, wenn wir dafür einen Kredit aufnehmen müssen?

Für die Ermittlung der korrekten Antwort bedienen wir uns eines Rechenverfahrens, das ich Ihnen anhand des nachstehenden Beispiels erklären möchte.

Beispiel

Uns liegt eine Lieferantenrechnung über 20.000,00 € vor. Die Rechnung ist datiert auf den 31.08.20...
Im Kaufvertrag wurde die folgende Zahlungsbedingung vereinbart: „Bei Zahlung innerhalb von 10 Tagen ab Rechnungsdatum abzgl. 2 % Skonto, sonst innerhalb von 30 Tagen ohne Abzug.“
Um die Frage zu klären, ob sich das Überziehen unseres Kontos (Beanspruchung eines Bankkredits) zur Inanspruchnahme des Skontos lohnt, sind folgende Rechenschritte notwendig:

Schritt 1: Ermittlung des Skontobetrags

Zur Klärung der oben genannten Ausgangsfrage benötigen wir zunächst die Höhe des Skontobetrags, den wir vom Rechnungsbetrag abziehen können.

Rechenweg:

20.000,00 € · 2 % = 400,00 €

Schritt 2: Ermittlung des notwendigen Kreditbetrags

Hier ist zu beachten, dass die Duisdorfer BüroKonzept KG nur den Betrag aufnehmen wird, der zum Ausgleich der Rechnung notwendig ist. Von dem obigen Rechnungsbetrag sind also noch die 2 % Skonto in Abzug zu bringen.

Rechenweg:

20.000,00 € – 400,00 € = 19.600,00 €

Schritt 3: Ermittlung des Kreditzeitraums

Um im vierten Schritt die für den Bankkredit anfallenden Zinsen berechnen zu können, benötigen wir zunächst den Zeitraum, für den unser Unternehmen den Kredit aufnehmen wird. Hierbei gehen wir von folgenden vereinfachenden Annahmen aus:

- *Der Kredit wird erst an dem Tag aufgenommen, an dem unser Unternehmen die Rechnung ausgleicht. Aus Kostengründen ist das in diesem Fall der 10. Tag.*
- *Der Kredit wird nur bis zu dem Tag aufgenommen, an dem die Rechnung spätestens hätte ausgeglichen werden müssen. In diesem Fall wäre das der 30. Tag gewesen.*

Anmerkung:

Für die Ermittlung des Kreditzeitraums ist das Urteil des EuGH (vgl. LF 3, Kap. 6.8) aus dem Jahr 2008 im Falle eines zweiseitigen Handelskaufs ohne Bedeutung. Grund hierfür ist, dass der Abstand zwischen den Tagen (bei Berücksichtigung des Urteils z. B. Tag 9 und Tag 29 bei unterstellter eintägiger Dauer bis zur Gutschrift auf dem Konto des Lieferanten) stets derselbe ist. Aus diesem Grund gehen wir für unsere Berechnungen stets von der hier dargestellten vereinfachten Methode aus.

Rechenweg:

30 Tage – 10 Tage = 20 Tage

Schritt 4: Ermittlung der für den Bankkredit anfallenden Zinsen

Mithilfe der Ihnen sicherlich geläufigen Zinsformel

$$Z = \frac{\text{Kapital} \cdot \text{Zinssatz} \cdot \text{Dauer (Tage)}}{100 \cdot 360}$$

werden die Zinsen in Euro berechnet.

Rechenweg:

$$\text{Zinsen} = \frac{19.600{,}00\ € \cdot 11 \cdot 20\ \text{Tage}}{100 \cdot 360\ \text{Tage}} = 119{,}78\ €$$

Schritt 5: Ermittlung des Finanzierungsgewinns

An diesem Punkt verfügen wir über zwei Werte. Die Höhe des Skontobetrags und die Höhe der Zinsen für den notwendigen Bankkredit. Wenn der Skontobetrag höher als die entstehenden Kreditzinsen ist, sollte unser Unternehmen auf jeden Fall den Skonto in Anspruch nehmen.

Rechenweg:
400,00 € − 119,78 € = 280,22 €

Fazit:
Die Überziehung unseres Kontos lohnt sich hier deutlich, da wir trotz eines Zinsaufwands in Höhe von 119,78 € einen Gesamtbetrag in Höhe von 280,22 € sparen.

Es gibt allerdings auch Situationen, in denen unser Unternehmen in der Vergangenheit gezwungen war, auf die Inanspruchnahme des Skontos zu verzichten. Zahlt unser Unternehmen im vorliegenden Beispiel erst nach 30 Tagen, ist von einem sogenannten „Lieferantenkredit" die Rede.

*Der Begriff **Lieferantenkredit** ist folgendermaßen zu erklären:*

In seiner Kalkulation hat unser Lieferant von vornherein den Wert von 19.600,00 € als Ziel ausgerechnet. Psychologisch ist es aber nun geschickt, wenn uns als Kunde der Rechnungsbetrag in Höhe von 20.000,00 € als „tatsächlicher" Wert angepriesen wird und wir vom Lieferanten das „Geschenk" in Höhe von 400,00 € für die vorzeitige Zahlung erhalten.

*Verzichten wir nun aus irgendeinem Grund auf den Abzug der 400,00 € Skonto und zahlen stattdessen die Rechnung erst nach 30 Tagen, so haben wir für 20 Tage quasi einen Kredit bei unserem Lieferanten aufgenommen. Für diesen Kredit verlangt unser Lieferant hier stolze 400,00 € (**zur Erinnerung:** bei unserer Hausbank kostet uns der Kredit nur 119,78 €).*

Alle diese Informationen habe ich zum besseren Verständnis in der nachstehenden Abbildung dargestellt:

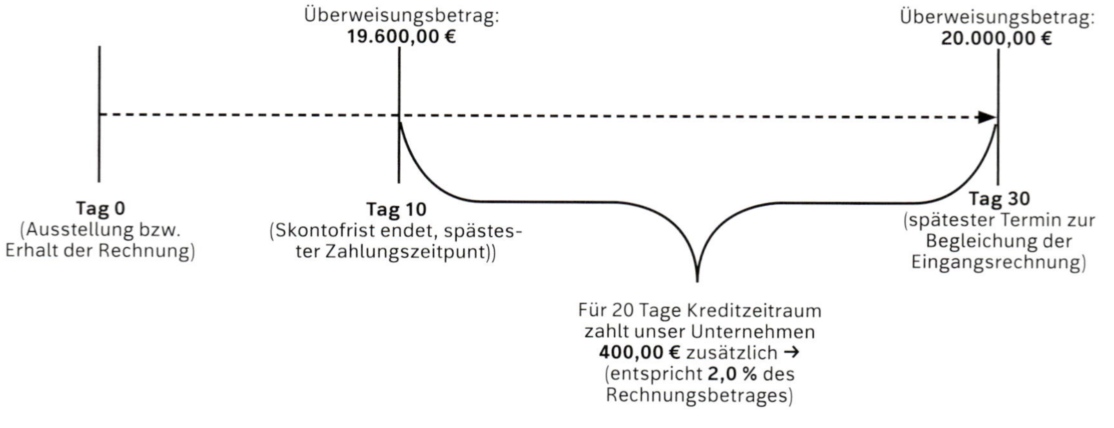

*Häufig glauben unsere Auszubildenden nun, dass die 2,0 % nicht wirklich schlimm seien. Der Denkfehler liegt hier in dem Umstand, dass Zinssätze grundsätzlich pro Jahr (p. a.) ausgewiesen werden. Der in dem vorliegenden Beispiel ausgewiesene Zinssatz bezieht sich aber **auf nur 20 Tage**.*

Im Folgenden erkläre ich Ihnen noch kurz, wie Sie den tatsächlichen Zinssatz für die Höhe des Lieferantenkredits berechnen können:

Möglichkeit 1: Die kaufmännische Überschlagmethode
Bei der kaufmännischen Überschlagmethode werden lediglich der Prozentsatz des Skontobetrags und die Kreditdauer (Differenz zwischen den beiden Zahlungszeitpunkten) benötigt. Ausgehend vom obigen Beispiel haben wir folgende Informationen:

Der Verzicht der Skontoausnutzung und somit die Inanspruchnahme des Lieferantenkredits kostet unser Unternehmen 2,0 % des tatsächlichen Rechnungsbetrags.

Mithilfe der folgenden Formel rechnen wir nun den Zinssatz für 20 Tage auf ein volles Jahr hoch:

$$\text{Zinssatz} = \frac{2{,}0\,\% \cdot 360\text{ Tage}}{20\text{ Tage}} = \underline{\underline{36{,}0\,\%}}$$

Dieser Wert ist aufgrund der Vernachlässigung der zugehörigen Kreditsumme allerdings nur ein Näherungswert und kann nur bei großen Differenzen zwischen dem Kreditzinssatz der Bank und dem des Lieferantenkredits zu einer verlässlichen Aussage führen.

***Möglichkeit 2: Die Ermittlung des effektiven Zinssatzes** (mathematisch genaue Methode)*
Für die Ermittlung des mathematisch genauen Zinssatzes löst man die Zinsformel nach dem Prozentsatz auf und erhält die folgende Formel:

$$\text{Zinssatz} = \frac{\text{Zinsen} \cdot 360 \cdot 100}{\text{Kapital} \cdot \text{Dauer (Tage)}}$$

Da wir nach 10 Tagen nur den um den Skontobetrag verminderten Rechnungsbetrag hätten bezahlen müssen, wird dieser Betrag (19.600,00 €) als Kapital in die Formel eingesetzt. Diesen Betrag gewährt uns der Lieferant schließlich für den Zeitraum von 20 Tagen.

Als Zinsen wird der Betrag eingesetzt, den wir aufgrund der Inanspruchnahme des Kredits mehr zahlen müssen. Dies ist der Skontobetrag (400,00 €), der an den Lieferanten gezahlt werden muss.

Setzt man die erforderlichen Werte in die Gleichung ein, so erhält diese das folgende Aussehen:

$$\text{Zinssatz} = \frac{400{,}00\text{ €} \cdot 360\text{ Tage} \cdot 100}{19.600{,}00\text{ €} \cdot 20\text{ Tage}} = \underline{\underline{36{,}73\,\%}}$$

Sie sehen also, dass die Duisdorfer BüroKonzept KG für den Lieferantenkredit mehr als den dreifachen Satz unserer Hausbank (11,0 % p. a.) zahlen muss. Im vorliegenden Fall tun wir also gut daran, die Rechnung binnen 10 Tagen zu zahlen, auch wenn wir dafür einen Kredit bei unserer Bank in Anspruch nehmen müssen.

Ich hoffe, Sie konnten meinen Erklärungen grundsätzlich folgen!

Freundliche Grüße

Victor Fernandez

Auszufüllende Überweisungsträger unserer Hausbank

Euro-Überweisung/Zahlschein GENODED1BRS
Volksbank Köln Bonn eG

Für Überweisungen in Deutschland, in andere EU- bzw. EWR-Staaten und in die Schweiz in Euro. Überweisender trägt Entgelte und Auslagen bei seinem Kreditinstitut; Begünstigter trägt die übrigen Entgelte und Auslagen.

Angaben zum Begünstigten: Name, Vorname oder Firma (max. 27 Stellen, bei maschineller Beschriftung max. 35 Stellen)

IBAN

BIC des Kreditinstituts

Betrag Euro, Cent

Kunden-Referenznummer bzw. Verwendungszweck

noch Verwendungszweck (insgesamt 2 Zeilen à 27 Stellen, bei maschineller Beschriftung 35 Stellen)

Kontoinhaber: Name, Vorname oder Firma, Ort (max. 27 Stellen)

IBAN
DE

Datum Unterschrift

Euro-Überweisung/Zahlschein GENODED1BRS
Volksbank Köln Bonn eG

Für Überweisungen in Deutschland, in andere EU- bzw. EWR-Staaten und in die Schweiz in Euro. Überweisender trägt Entgelte und Auslagen bei seinem Kreditinstitut; Begünstigter trägt die übrigen Entgelte und Auslagen.

Angaben zum Begünstigten: Name, Vorname oder Firma (max. 27 Stellen, bei maschineller Beschriftung max. 35 Stellen)

IBAN

BIC des Kreditinstituts

Betrag Euro, Cent

Kunden-Referenznummer bzw. Verwendungszweck

noch Verwendungszweck (insgesamt 2 Zeilen à 27 Stellen, bei maschineller Beschriftung 35 Stellen)

Kontoinhaber: Name, Vorname oder Firma, Ort (max. 27 Stellen)

IBAN
DE

Datum Unterschrift

Vertiefende Aufgaben

Aufgabe 1

Nachdem Sie in der Lernsituation 4.8 ein Formular für die Wareneingangskontrolle erstellt haben, sollen Sie auch für den Bereich der Rechnungsprüfung mithilfe eines Textverarbeitungsprogramms ein Formular selbstständig entwickeln und erstellen.

a) Informieren Sie sich in Ihrem Lehrbuch „BüroWelt 1" über die bei der Rechnungskontrolle durchzuführenden Kontrollaspekte hinsichtlich der sachlichen und rechnerischen Prüfung.

LF 4, 17

b) Skizzieren Sie zunächst per Hand die Inhalte sowie den Aufbau des zu erstellenden Formulars. Beachten Sie dabei, dass die nachstehenden Informationen auf jeden Fall enthalten sein sollen:
- Name des Lieferanten
- Rechnungsnummer
- Rechnungsdatum
- Feld mit Datum der Rechnungsprüfung
- Feld mit Unterschrift des Sachbearbeiters

Beachten Sie weiterhin, dass mögliche Fehler in der Rechnung im fertigen Formular mittels Kombinationsfeldern oder Dropdownlisten vom Anwender ausgesucht werden können. Da Rechnungen zum Teil mehrere Fehler enthalten, bietet sich die Erstellung von zwei Feldern zur Dokumentation von Fehlern an (z. B. ein Feld für sachliche Fehler und ein Feld für rechnerische Fehler).

c) Erarbeiten Sie die möglichen Fehler, die in den Kombinationsfeldern bzw. Dropdownlisten später ausgewählt werden können und überlegen Sie sich mögliche kurze Fehlermeldungen (z. B. Umsatzsteuer wurde falsch berechnet → „Umsatzsteuer falsch").

d) Erstellen Sie nach Beendigung der Planungsschritte ein Formular und speichern Sie dieses unter dem Dateinamen „BM_LS4.10_VA1_Formular" ab. Verwenden Sie alle Ihrer Meinung nach sinnvollen Steuerelemente.

e) Tragen Sie Sorge dafür, dass das Formular nach Fertigstellung vor Änderungen schreibgeschützt ist. Vergeben Sie für den anzuwendenden Schutz aber **kein** Passwort.

f) Überprüfen Sie die Funktionsfähigkeit Ihres Formulars. Dies soll durch die Dokumentation der fehlerhaften Rechnungen aus der aktuellen Lernsituation geschehen.

g) Speichern Sie die Dokumente unter dem Dateinamen „BM_LS4.10_Rechnungskontrolle_Bestellnummer" ab (z. B. BM_LS4.10_VA1_Rechnungskontrolle_888).

h) Stellen Sie Ihre Arbeitsergebnisse Ihren Mitschülern vor. Bewerten Sie gegenseitig Ihre Ergebnisse und machen Sie ggf. Vorschläge zur Optimierung der Arbeitsergebnisse. Nehmen Sie notwendige Korrekturen an Ihren Arbeitsergebnissen vor.

Aufgabe 2

Web

a) Erstellen Sie mithilfe eines Tabellenkalkulationsprogramms eine Tabelle gemäß der nachstehenden Abbildung und speichern Sie diese unter dem Dateinamen „BM_LS4.10_VA2". Optional öffnen Sie die vorgefertigte Datei „BM_LS4.10_VA2" aus der Online-Ergänzung „BuchPlusWeb".

	A	B	C	D	E
1	**Lohnt sich der Skontoabzug, wenn dafür eine Kreditaufnahme notwendig ist?**				
2					
3	**Ausgangswerte:**				
4		**Rechnung 1**	**Rechnung 2**	**Rechnung 3**	**Rechnung 4**
5	Rechnungsbetrag:				
6	Skontosatz:				
7	Zahlungsziel ohne Skonto (Tage):				
8	Zahlungsziel bei Skontonutzung (Tage):				
9	Zinssatz für den Bankkredit (p. a.):				
10					
11	**Rechenbereich:**				
12					
13	1. Schritt: Höhe des Skontoabzugs:				
14	2. Schritt: Höhe des Kreditbetrages:				
15	3. Schritt: Ermittlung Kreditdauer (Tage):				
16	4. Schritt: Ermittlung Kreditkosten:				
17	5. Schritt: Ermittlung Finanzierungserfolg:				
18					
19	Ermittlung des eff. Zinssatzes für den Lieferantenkredit:				
20					
21	**Ergebnis der kaufmännischen Überschlagrechnung:**				
22					
23	Ausgehend vom Zahlungsziel ohne Skonto zahlen wir bei Skontoabzug ... Tage früher:				
24	Für diesen Zeitraum zahlen wir nun jedoch ... Prozent (Skontoabzug) weniger:				
25	Auf 360 Tage bezogen ergibt das:				

b) Nach erfolgter Eingabe der Ausgangswerte in den Zellen B5 bis E9 sollen mithilfe geeigneter Formeln in den Zellen B13 bis E25 die geforderten Ergebnisse ermittelt werden.

Hinweis:
Zur Veranschaulichung des gewünschten Aufbaus wurden in der Spalte B (Rechnung 1) die Werte des Informationsschreibens von Herrn Fernandez (vgl. aktuelle Lernsituation) verwendet. **Diese Werte sind gegen die tatsächlichen Werte der ersten Rechnung aus der aktuellen Lernsituation auszutauschen!**

c) Übertragen Sie nach Erstellung der Formeln die Ausgangswerte der vier vorliegenden Rechnungen und kontrollieren Sie die erhaltenen Ergebnisse.

d) Erstellen Sie neben der Ergebnis- auch eine Formelansicht und drucken Sie beide Tabellenblätter aus. Tragen Sie dabei Sorge dafür, dass die Ausdrucke in der Kopfzeile Ihren Namen sowie das aktuelle Datum tragen. Weiterhin sollen alle Ausdrucke die Zeilen- und Spaltenüberschriften aufweisen.

Aufgabe 3

In der Duisdorfer BüroKonzept KG stehen jeden Tag zahlreiche Vorgänge zur Zahlung an. Ermitteln Sie für die nachstehenden Situationen, welche Zahlungsart für die jeweilige Situation sinnvoll ist.

a) Informieren Sie sich in Ihrem Lehrbuch „BüroWelt 1" über die Arten des Zahlungsverkehrs.

b) Erarbeiten Sie die folgenden Beispiele und tragen Sie die sinnvolle Zahlungsart in die hierfür vorgesehene Spalte ein.

LF 4, 18

c) Besprechen Sie Ihre Ergebnisse mit Ihren Mitschülern und begründen Sie Ihre jeweiligen Antworten. Nehmen Sie – sofern notwendig – Korrekturen Ihrer Arbeitsergebnisse vor.

Beschreibung	Sinnvolle Zahlungsart
Die Duisdorfer BüroKonzept KG ...	
1. ... muss jeden Monat am Ersten die Miete in jeweils gleicher Höhe für ein Lagergebäude zahlen. Eine SEPA-Lastschrift soll vermieden werden.	
2. ... schuldet einem Lieferanten noch einen Betrag in Höhe von 5.700,00 €. Der Lieferant hat schriftlich darauf hingewiesen, dass er seine Bankverbindung wechselt und Überweisungen bitte zunächst einmal nicht getätigt werden sollen.	
3. ... möchte allen Mitarbeitern und Mitarbeiterinnen am 28. des laufenden Monats die Gehälter überweisen. Hierbei soll jedoch vermieden werden, dass alle Überweisungen auf dem Kontoauszug erscheinen.	
4. ... hat für die Mitarbeiter/-innen der Abteilungen Beschaffung sowie Vertrieb zwei Dienstfahrzeuge angeschafft. Die jeweiligen Mitarbeiter/-innen sind verantwortlich, dass regelmäßig getankt wird. Die Zahlungen sollen allerdings nicht mit privaten Mitteln der Mitarbeiter und Mitarbeiterinnen geleistet werden. Zudem wünscht sich die Duisdorfer BüroKonzept KG lediglich eine Übersicht über die Zahlungsvorgänge je Monat.	
5. ... bestellt regelmäßig Schulbücher für ihre Auszubildenden in Onlineshops. Sofern möglich soll eine sofortige Zahlung veranlasst werden, damit die Bücher möglichst rasch verschickt werden.	
6. ... hat eine Bestellung eines Kunden vorliegen, der in den letzten Jahren nur sehr zögerlich gezahlt hat. Nach Möglichkeit soll der Kunde die Ware nur gegen Aushändigung des Rechnungsbetrags ausgehändigt bekommen.	
7. ... hat eine Probelieferung von Tischgestellen eines neuen Lieferanten erhalten. Der Rechnungsbetrag in Höhe von 2.500,00 € ist innerhalb von 30 Tagen ohne Abzug von Skonto auf das Konto des Lieferanten zu zahlen.	
8. ... möchte die monatlich anfallende Rechnung für die Telefongebühren nicht immer umständlich per SEPA-Überweisung bezahlen. Ideal wäre es, wenn der monatlich jeweils unterschiedlich hohe Rechnungsbetrag automatisch vom Konto abgebucht würde.	
9. ... besorgt für gelegentlich kurzfristig anberaumte Kundenbesuche Brötchen, Aufschnitt, Milch und Getränke vom nahegelegenen Supermarkt. Der Rechnungsbetrag soll nach Möglichkeit binnen ein bis zwei Tagen auf dem Kontoauszug erscheinen.	
10. ... möchte einem Mitarbeiter in Polen möglichst rasch 20.000,00 € zukommen lassen. Der Mitarbeiter benötigt diesen Betrag möglichst im Laufe des heutigen Tages als Anzahlung für eine große Warenlieferung eines derzeit noch neuen Lieferanten.	

Beschreibung	Sinnvolle Zahlungsart
11. ... bestellt bei einem Online-Kaffeehändler in regelmäßigen Abständen Kaffeebohnen und Kakaopulver für die im Unternehmen befindlichen Kaffee-Automaten. Der Rechnungsbetrag soll automatisch vom Bankkonto abgebucht werden.	
12. ... lässt für besondere Anlässe (z. B. Geburtstage, Firmenfeiern) Blumensträuße in einem kleinen Blumenfachgeschäft besorgen. Eine bargeldlose Zahlung ist, genau wie eine Zahlung auf Ziel, in diesem Geschäft nicht vorgesehen.	

Aufgabe 4

Die Duisdorfer BüroKonzept KG akzeptiert von ihren Kunden bislang lediglich die Zahlungsformen SEPA-Überweisung und Barzahlung. Die Geschäftsführung überlegt, zukünftig auch die Zahlung per SEPA-Lastschrift, per Kreditkarte und per Online-Bezahlsystem (z. B. paypal) zu akzeptieren.

Erarbeiten Sie für die Zahlungsarten jeweils Vor- und Nachteile aus Sicht der Duisdorfer BüroKonzept KG und halten Sie Ihre Ergebnisse schriftlich fest. Informieren Sie sich hierzu in Ihrem Lehrbuch „BüroWelt 1“ und führen Sie nach Möglichkeit eine Internetrecherche hierzu durch.

LF 4, 18

Lernsituation 4.11
Auf eine mangelhafte Lieferung reagieren

Der rote Faden

- **Mängelarten erkennen**
- **Die Voraussetzungen für das Vorliegen mangelhafter Lieferung prüfen**
- **Rechte aufgrund mangelhafter Lieferung auswählen**
- **Eine Mängelrüge verfassen**

Ausgangssituation

Aufgrund Ihrer Bestellung werden heute die 400 Schreibtischplatten Typ „Buche“ angeliefert. Die Tischplatten sind in stabilen Karton-Rahmenverpackungen eingepackt, von denen eine jeweils fünf Tischplatten enthält. Herr Schmitz in der Lieferungsannahme prüft sofort in Anwesenheit des Spediteurs der Opitz AG die äußere Verpackung. Anschließend werden einige Kartons geöffnet, um die Tischplatten genauer zu betrachten. Bei der gesamten Wareneingangskontrolle ist letztendlich nichts zu beanstanden. Am Nachmittag prüft Herr Schmitz die Ware genauer und stellt fest, dass in einer Rahmenverpackung die fünf enthaltenen Platten stark verkratzt sind. Offensichtlich ist das Verpacken dieser fünf Platten nicht sorgfältig vorgenommen worden. Die erheblichen Beschädigungen könnten auch in der eigenen Werkstatt abgeschliffen und damit beseitigt werden.

Da Sie bereits mehrfach in der Abteilung „Beschaffung“ bewiesen haben, dass Sie sehr selbstständig arbeiten können, hat Frau Beckmann Ihnen nun die Lösung dieses Problems übertragen. Ihnen liegt der Wareneingangskontrollbeleg vor:

LF 4, 15

Duisdorfer BüroKonzept KG
- Kontrollbeleg Wareneingang -

Wareneingangs-Nr./-Datum:		13.09.20..
Lieferanten-Nr./Lieferant:		Opitz AG
Bestellung vom:	05.09.20..	

Nachfolgende Fragen bitte durch Ankreuzen beantworten:

	Ja	Nein
Lieferung erfolgte zum vereinbarten Zeitpunkt?	x	
Anzahl an Packstücken in Ordnung?	x	
Weist Versandverpackung Mängel auf?		x
Weist Ware Mängel auf?		x

- wenn ja, welche? ______________________
(Art, Menge, kurze Beschreibung) ______________________

	Ja	Nein
- wenn ja, kann Ware trotzdem verwendet werden?		
Kann Freigabe der Ware erfolgen?		

Datum:	Unterschrift:
13. September 20..	*E. Schmitz*

Arbeitsauftrag 1 (orientieren)

Verschaffen Sie sich anhand der vorliegenden Unterlagen einen Überblick über die durchzuführenden Tätigkeiten.

Arbeitsauftrag 2 (informieren)

Informieren Sie sich in Ihrem Lehrbuch „BüroWelt 1“ über das Thema „Mangelhafte Lieferung/Schlechtleistung“.

LF 4, 19.1

Arbeitsauftrag 3 (planen)

Erstellen Sie ein Prüfungsschema. Darunter versteht man ein allgemeingültiges Konzept, das bei jedem neuen Fall eingesetzt werden kann.

Es soll Ihnen und Ihren Nachfolgern in der Abteilung helfen, eine sinnvolle Entscheidung treffen zu können. Vom Aufbau her soll es chronologisch mit den Voraussetzungen für das Vorliegen einer mangelhaften Lieferung beginnen und mit den möglichen Rechten und deren Voraussetzungen enden.

Arbeitsauftrag 4 (durchführen)

a) Prüfen Sie anhand Ihres Prüfungsschemas, ob eine mangelhafte Lieferung vorliegt und erläutern Sie Ihre Feststellung. Wählen Sie eines der möglichen Rechte begründet aus und kontrollieren Sie, ob weitere Bedingungen für die Wahl dieses Rechtes vom Gesetzgeber vorgeschrieben sind. Halten Sie Ihr Ergebnis in geeigneter Form fest.

b) Formulieren Sie anschließend eine schriftliche Mängelrüge (lfd. Nummer 13), die
- alle wichtigen Details, wie die genaue Bezeichnung der Mängel oder das angestrebte Recht, enthält und
- entsprechend der DIN 5008 verfasst ist. Nutzen Sie hierzu - wenn möglich - ein Textverarbeitungsprogramm.

Word Kap. 6

Zur leichteren Bearbeitung liegen Ihnen die „Richtlinien für die Erstellung von Mängelrügen“ der Duisdorfer BüroKonzept KG und einige Formulierungshilfen aus alten Vorgängen vor.

Arbeitsauftrag 5 (bewerten und reflektieren)

Bei der Entscheidung, welches Recht Sie aufgrund des Mangels wählen, gibt es häufig alternative Möglichkeiten. Überprüfen Sie Ihre Entscheidung und erläutern Sie, unter welchen Umständen Sie ein anderes Recht gewählt hätten. Berücksichtigen Sie z. B. dabei die bestehende Geschäftsbeziehung.

Duisdorfer BüroKonzept KG

Richtlinien für die Erstellung von Mängelrügen – Stand: Februar 2018

- Verwenden Sie stets die Dateivorlage „Briefvorlage Duisdorfer BüroKonzept KG".
- Speichern Sie Mängelrügen unter dem Dateinamen „Mängelrüge_Lieferer" (z. B. Mängelrüge_Saam KG).
- Vervollständigen Sie – sofern möglich – stets den Briefkopf mit allen relevanten Angaben. Insbesondere der Name der Sachbearbeiterin, das Lieferdatum der Ware sowie das Erstellungsdatum der Mängelrüge müssen angegeben werden.
- Beachten Sie stets die Einhaltung der DIN 5008.
- Mängelrügen werden durchnummeriert. Die zu vergebende Nummer wird vom Warenwirtschaftssystem automatisch vergeben und ist im Betreff der Mängelrüge zu nennen.
- Bei Formulierung muss darauf geachtet werden, dass, wenn notwendig, eine Nachfrist gesetzt wird. Auf jeden Fall ist das Recht bzw. sind die Rechte aufzuführen, die geltend gemacht werden.
- Mängelrügen sind grundsätzlich vom jeweiligen Mitarbeiter unter Angabe von „i. A." zu unterschreiben.

Bonn, Februar 2018

Laura Beckmann

Formulierungen zu Mängelrügen

- Wir müssen Ihnen leider mitteilen, dass wir mit Ihrer letzten Lieferung nicht zufrieden waren.
- Die Lieferung ... ist am ... bei uns eingetroffen.
- Aufgrund der unzureichenden Nacherfüllung machen wir das Recht auf ... geltend.
- Bei der Prüfung der Sendung wurden folgende Mängel festgestellt: ...
- Bei Nutzung des Gegenstands stellte sich heraus, dass ...
- Die Beschädigung ist auf eine unsorgfältige Verpackung zurückzuführen.
- Im jetzigen Zustand sind die ... unverkäuflich.
- Die beschädigten Artikel stehen zur Abholung bereit.
- Bei einer Kaufpreisminderung von ... % sind wir bereit, die schadhafte Ware zu behalten.

- Bitte senden Sie uns innerhalb von ... Tagen Ersatz für die beschädigten Waren.
- Bitte senden Sie uns bis zum ... Ersatz für die beschädigten Waren, ansonsten werden wir auf ... bestehen.
- Wir erwarten eine Neulieferung bis zum ...
- Wir erwarten eine kostenlose Reparatur der mangelhaften Artikel ... /die Zahlung einer angemessenen Entschädigung.
- Wir behalten uns das Recht vor, Ersatz für die uns entstandenen Aufwendungen zu fordern.
- Wir hoffen, dass sich derartige Vorkommnisse in Zukunft vermeiden lassen.
- Wir erwarten, dass Sie unsere Aufträge künftig mit größerer Sorgfalt ausführen werden.

Vertiefende Aufgaben

Aufgabe 1
Felix, der wie Sie Auszubildender bei der Duisdorfer BüroKonzept KG ist, kauft sich nach langem Sparen die BlackBoX4, die neueste Spielkonsole eines chinesischen Elektronikunternehmens. Da noch einige Teile zusammenzusetzen sind, nimmt er als Erstes die Bedienungsanleitung in die Hand und muss feststellen, dass sie ausschließlich in chinesischer Sprache verfasst ist. Er möchte nun wenigstens die Kopfhörer mit Surround-Effekt ausprobieren, die aber, obwohl sie richtig an den PC angeschlossen worden sind, keinen Laut von sich geben. Verärgert geht er zurück zum Verkäufer, Noob e. K., und bittet ihn zunächst die BlackBoX4 zu montieren, bevor er das Problem mit den Kopfhörern anspricht. Beim Einsetzen des Akkus geht der Verkäufer so ungeschickt vor, dass Teile der Halterung herausbrechen.

Schließlich einigen sich Felix und Herr Noob darauf, dass Felix eine andere, neue BlackBoX4 vormontiert und komplett geprüft am nächsten Tag abholen kann. Zufrieden testet Felix die Konsole am nächsten Abend. Er muss feststellen, dass der Akku, auf den er angewiesen ist, statt der vielfach angekündigten acht Stunden nur zwei Stunden Spielen zulässt. Außerdem enthält die zusätzlich gekaufte Spielebox aus dem Sonderangebot nur drei der angegebenen vier Spiele.

Er hätte doch die Spielekonsole des anderen Herstellers wählen sollen!

Welche Mängelarten wurden in dem Fall angesprochen?

Aufgabe 2
Die Duisdorfer BüroKonzept KG hat einen Posten von 50 Stehlampen der Serie „Assisto“ von der Wittmann AG bestellt, die am Morgen geliefert wurden. Bei der Anlieferung prüft Herr Schmitz die Lieferung im Beisein des Spediteurs. Schäden sind bei der äußeren Prüfung nicht zu erkennen, allerdings fehlen zwei Lampen. Da die Ware ansonsten in Ordnung erscheint, unterschreibt Herr Schmitz den korrigierten Lieferbeleg.

Am nächsten Tag sollen von Ihnen fünf Stehlampen in den Ausstellungsräumen und in den Verkaufsbüros aufgestellt werden. Dabei wird festgestellt, dass bei drei der ausgepackten Lampen der Lampenschirm zerbrochen ist. Auch an weiteren zwei Stehlampen liegt dieser Schaden vor. Als Sie die Lampen anschließen wollen, stellen Sie fest, dass das Kabel lediglich 1 Meter lang ist und nicht bis zur Steckdose reicht. Was Sie bisher nicht erkennen können, ist, dass Leuchtmittel eingebaut worden sind, die aufgrund eines Produktionsfehlers eine kurze Lebensdauer haben. Der Wittmann AG ist das Problem bewusst, sie informiert aber nicht darüber.

Für die gelieferten Waren wurde der Duisdorfer BüroKonzept KG eine Garantie von einem Jahr gewährt.

a) Erläutern Sie, ob die Duisdorfer BüroKonzept KG der Prüfungspflicht ordnungsgemäß nachgekommen ist?

b) Welche Mängel liegen vor? Unterscheiden Sie nach Mängelart und Erkennbarkeit des Mangels.

c) Welche Rügefristen gelten für die vorhandenen Mängel?

d) Erklären Sie, ob Sie Ansprüche aus der Gewährleistung geltend machen können und beurteilen Sie die Garantie der Wittmann AG.

e) Erklären Sie, welche Rechte Sie aufgrund der mangelhaften Lieferung in Anspruch nehmen.

Als am nächsten Tag die Wittmann AG 10 Aktenvernichter mit englischen statt deutschen Steckern liefert, platzt Frau Elling der Kragen. Sie möchte vom Kaufvertrag zurücktreten und Schadenersatz statt der Leistung verlangen.

f) Beurteilen Sie, ob Frau Elling diese Rechte wählen kann.

g) Wie beurteilen Sie die Situation, wenn es sich bei den Aktenvernichtern um einen Fixkauf handelte und die Ware bereits an einen Kunden weiterverkauft wäre.

Aufgabe 3

a) Die Woodland AG liefert an die Duisdorfer BüroKonzept KG 15 Schreibtischplatten Serie „Ahorn“. Beim Auspacken wird festgestellt, dass eine Platte in „Buchenoptik“ geliefert wurde. Eine telefonische Reklamation erfolgte.

   Prüfen Sie,
   - ob mangelhafte Lieferung vorliegt,
   - welches Recht ggf. in Anspruch genommen werden sollte und
   - ob Schadenersatz verlangt werden könnte.

b) Die Woodland AG liefert an die Duisdorfer BüroKonzept KG bewusst 15 Tischplatten aus hochwertigem Ahornfurnier; allerdings war Echtholz vertraglich vereinbart. Die Furnierholzplatten sind wesentlich weniger wert als das Echtholz. Die Duisdorfer BüroKonzept KG erkennt diesen Täuschungsversuch noch in derselben Woche.

   ba) Prüfen Sie, ob die Voraussetzungen der mangelhaften Lieferung vorliegen und erklären Sie Ihr weiteres Vorgehen.

   bb) Wie beurteilen Sie den Fall, wenn die Lieferung am 27.08.20(0) erfolgte; die Täuschung aber erst am 01.10.20(+3) aufgefallen wäre.

c) Von der Rüdiger Kiehl GmbH sind Rücken- und Sitzpolster geliefert worden, die leichte Verschmutzungen aufweisen. Bei der Anlieferung wurde dies festgestellt und auf dem Wareneingangsformular erfasst. Die Ware wurde unter Vorbehalt angenommen. Die vorhandenen Flecken sind von der Duisdorfer BüroKonzept KG ohne großen Aufwand zu reinigen.

   Sie haben die Aufgabe, mit der Rüdiger Kiehl GmbH eine sinnvolle Regelung zu treffen. Beachten Sie, dass Sie die notwendigen Prüfschritte bezüglich der Voraussetzungen und der Auswahl der Rechte vornehmen.

LF 4, 9

d) Die Duisdorfer BüroKonzept KG hat eine der wenigen Originale der Bankerlampe aus den 1930er Jahren erstanden, die mittags geliefert wird. Bei der Anlieferung des Sammlerstücks wurde kein Schaden festgestellt. Erst bei genauer Prüfung, als das wertvolle Stück bei Frau Niester auf dem Schreibtisch steht, wird der Riss im grünen Glasschirm sichtbar.

   Klären Sie die Rechtslage in diesem Fall.

e) Für das Verkaufsbüro der Duisdorfer BüroKonzept KG wurde ein Präsentationsdisplay, 65 Zoll, das auf Toucheingaben reagieren soll, bei der Poll GmbH gekauft. Für diesen Bildschirm mussten spezielle Halterungen angebracht und der Stromanschluss verlegt werden. Die dafür angefallenen Kosten belaufen sich auf 300,00 €. Als das Gerät geliefert wird, stellt sich schnell heraus, dass die Touchfunktion sehr unzuverlässig reagiert. Auch das Ersatzgerät weist das gleiche Problem auf. Herr Lembke will nach dem Ärger bei der alten Lösung bleiben, aber die Poll GmbH besteht auf Vertragserfüllung.

   Entwickeln Sie eine Lösung des Problems.

Aufgabe 4
Verjährung von Mängelansprüchen

a) Die Duisdorfer BüroKonzept KG hat im Jahr 20.. einen Lkw angeschafft. Nach drei Jahren stellt sie einen erheblichen Mangel fest, der schon bei der Übergabe bestand, aber nicht erkennbar war. Es kann nachgewiesen werden, dass die Prüfung des Lkw bei der Übergabe ordnungsgemäß verlaufen ist. Die Duisdorfer BüroKonzept KG verlangt die Neulieferung des Lkw. Der Verkäufer weigert sich jedoch.

   Klären Sie die Rechtslage.

b) Wie beurteilen Sie die Rechtslage, wenn es sich um einen arglistig verschwiegenen Mangel handelt?

c) Bei der Umgestaltung der Ausstellungsräume hat die Duisdorfer BüroKonzept KG den Fußboden mit Basaltfliesen auslegen lassen. Nach vier Jahren wird festgestellt, dass der Handwerker die notwendigen Dehnungsfugen vergessen hat und die Bodenfliesen an manchen Stellen brechen. Die Duisdorfer BüroKonzept KG verlangt eine kostenlose Reparatur, die vom Handwerker abgelehnt wird. Seine Begründung: Ablauf der Verjährungsfrist.

   Erklären Sie, ob die Ablehnung des Handwerkers den rechtlichen Vorgaben entspricht.

d) Vor sieben Monaten wurde von Frau Elling ein 3D-Bildschirm bei der Poll GmbH gekauft, der in ihrem Wohnzimmer aufgestellt wurde. Nun stellt sich heraus, dass die 3D-Funktion des Geräts defekt ist. Unverzüglich reklamiert sie den Mangel und bittet um Neulieferung.

   Die Poll GmbH weigert sich mit dem Hinweis, dass seit der Lieferung bereits mehr als sechs Monate vergangen seien und keine Rechte geltend gemacht werden könnten.

   da) Nehmen Sie Stellung zu dieser Aussage.
   db) Wie wäre die Rechtslage, wenn der Schaden schon nach vier Monaten aufgetreten wäre?
   dc) Reagieren Sie anstelle von Frau Elling in folgender Variante des oben beschriebenen Falls:

   Die Poll GmbH weigert sich mit der Begründung, Sie sollten sich mit dem Schaden an den Hersteller wenden. Dieser sei für die Schadensregulierung zuständig.

Lernsituation 4.12
Maßnahmen bei verspäteten Lieferungen ergreifen

Der rote Faden

- Lieferungsverzug erkennen
- Ein angemessenes Recht auswählen
- Mahnungen in Geschäftsbriefen formulieren

Ausgangssituation

Mit dem in der Duisdorfer BüroKonzept KG vorhandenen elektronischen Warenwirtschaftssystem wird im Bereich der Beschaffung eine Terminüberwachung der Bestellungen durchgeführt. Herr Brückner, Mitarbeiter bei Frau Beckmann, ist u. a. damit betraut, die pünktliche Lieferung der Bestellungen zu überwachen. Falls verspätete Lieferungen auftreten, prüft er die Situation und reagiert in angemessener Weise.

Heute wechseln Sie in seinen Verantwortungsbereich. Herr Brückner ist im Unternehmen dafür bekannt, dass er viel Engagement und eine ausgeprägte Einsatzbereitschaft erwartet. Im Gegenzug ermöglicht er es den Auszubildenden, interessante Aufgaben selbstständig zu lösen.

Herr Brückner zeigt Ihnen einige der vorliegenden Daten der Terminüberwachung. Manche der Bestellungen erkennen Sie wieder, da Sie vorher von Frau Beckmann in diesem Bereich der Abteilung eingesetzt waren. Allerdings fehlen Ihnen einige wichtige Hintergrundinformationen, um die Vorgänge richtig zu bewerten. Diese erhalten Sie im Gespräch mit Herrn Brückner. Er überlässt Ihnen auch einen schriftlichen Überblick über die Gesprächsinhalte.

Arbeitsauftrag 1 (orientieren)

Als Erstes sichten Sie sorgfältig die vorhandenen Unterlagen und Belege, um sich eine Vorstellung von den bevorstehenden Aufgaben zu machen.

Arbeitsauftrag 2 (informieren)

LF 4, 19.2

Aufgrund Herrn Brückners hoher Erwartungshaltung bereiten Sie sich anschließend über das Thema „Lieferungsverzug" vor. Sie informieren sich in Ihrem Lehrbuch „BüroWelt 1".

Arbeitsauftrag 3 (planen)

Wie bereits beim Thema „mangelhafte Lieferung" erstellen Sie ein Prüfungsschema (siehe Lernsituation 4.11 in diesem Buch) für den Lieferungsverzug. Es sollen die Voraussetzungen für das Vorliegen eines Lieferungsverzugs aufgeführt werden. Anschließend erweitern Sie das Schaubild um die möglichen Rechte. Berücksichtigen Sie bei Ihrer Darstellung die Ausnahmen.

Arbeitsauftrag 4 (durchführen)

Prüfen Sie anhand des erstellten Prüfungsschemas die vorliegenden Fälle. Beginnen Sie mit der Feststellung, ob die Voraussetzungen für Lieferungsverzug erfüllt sind. Wählen Sie u. U. anschließend ein angemessenes Recht. Halten Sie Ihre umfassende Lösung schriftlich fest.

Falls erforderlich schreiben Sie die notwendigen Mahnungen und entscheiden Sie, ob eine Nachfrist zu setzen ist. Beachten Sie dabei die abgebildeten Richtlinien für die Erstellung von Mahnungen. Diese sollen Ihnen ebenso als Hilfe dienen wie das Beispiel für eine Mahnung, das Ihnen Herr Brückner zur Verfügung gestellt hat. Die nächste Mahnung erhält die laufende Nummer 17/20..

Arbeitsauftrag 5 (bewerten und reflektieren)

Beim Lieferungsverzug können Sie wie auch bei der mangelhaften Lieferung zu verschiedenen Lösungen kommen. Sind die entsprechenden Voraussetzungen erfüllt, besteht die Wahl zwischen verschiedenen Rechten. Vergleichen Sie in Partnerarbeit oder in Kleingruppen Ihr Ergebnis und tauschen Sie Argumente für die Wahl eines Rechtes aus.

Datei der Terminüberwachung im Beschaffungsbereich:
Stand: 3. September 20..

Terminüberwachung

Aktuelles Datum: **03.09.20..**

Terminüberwachung: **zur Kontrolle angehalten** | fortsetzen

Lieferstatus: ✓ geliefert | ○ nicht geliefert

...	**Beschaffung**	Lager	Fibu	...	...

Bestellungen

Best. Nr.	Anzahl	Artikel	Lieferant	Bestelldatum	vereinbartes Lieferdatum	Lieferstatus
886/ 20..	80	Tischbeine lackiert grau	Rösgen e. K.	06.08.20..	29.08.20.. fix	○
887/20..	10	Scann-Chef 100	Wittmann AG	07.08.20..	30.08.20..	✓
888/20..	...	...	...	...	...	✓
889/20..	...	...	...	...	...	✓
890/20..	400	Schreibtischplatten Buche	Opitz AG	18.08.20..	30.08.20..	✓
891/20..	100	Scann-Chef 100	pc tech AG	18.08.20..	30.08.20..	✓
892/20..	100	Kopierpapier	Papier Spoth GmbH	18.08.20..	30.08.20.. fix	○
893/20..	...	...	...	...	...	✓
894/20..	...	...	...	...	...	✓
895/20..	20	Rücken- und Sitzpolster "Tenno"	Rüdiger Kiel GmbH	19.08.20..	sofort	○
896/20..	15	Aktenschrank	WD Möbel GmbH	19.08.20..	bis zum 15.09.20..	○
897/20..	100	Tischleuchten Lumen 610	Willi Lauf OHG	20.08.20..	ungefähr 1 Woche nach Bestellung	○
898/20..	200	Stehlampe "Assisto"	Willi Lauf OHG	21.08.20..	ab Oktober	○

Informationen zu den Bestellungen:
Bisher haben wir auf keine offene Bestellung reagiert.

Bestellnummer	Vorgang
886/20..	Die Tischbeine werden dringend für die Produktion benötigt. Wir selbst sind an einen festen Liefertermin zum 20.09.20.. mit unserem Kunden, der Stammhaus KG, gebunden. Die letzten Lieferungen der Rösgen e. K. waren im Gegensatz zu denen der Frank Zettler OHG, ein alternativer Lieferer, nicht immer pünktlich. Die Frank Zettler OHG verkauft die Artikel allerdings zum Preis von 25,00 €/Stück statt zu 20,00 €/Stück.
892/20..	Seit einiger Zeit beziehen wir das Kopierpapier in regelmäßigen Abständen bei der Papier Spoth GmbH. Standardmäßig wird ein fester Liefertermin vereinbart. Allerdings sind momentan noch Reserven vorhanden. Das Unternehmen zeichnet sich nicht nur dadurch aus, dass es die Verträge in der Regel ordnungsgemäß erfüllt, sondern dass es auch kurzfristig zuverlässig liefern kann. Alternativ könnte auch die Willi Lauf OHG einspringen, die die gleiche Qualität momentan zum Sonderpreis anbietet. Pro Gebinde kostet die Ware 16,50 € netto bei gleichen Nebenkosten.
895/20..	Wie bei der Bestellung 886/20.. ist die Produktion für die Stammhaus KG bestimmt, die zu den Schreibtischen die Schreibtischstühle „Tenno“ geordert hat. Bisher war die Rüdiger Kiel GmbH bei der Lieferung der notwendigen Polster zuverlässig. Momentan bestehen keine weiteren Geschäftsbeziehungen zu einem alternativen Polsterer. Eine neue Bezugsquelle wäre möglicherweise die O. Krull OHG. Aufgrund früherer Informationen wissen wir, dass die Bezugskosten um 10 % über den Preisen der Rüdiger Kiel GmbH liegen. Pro Rücken- und Sitzpolster-Einheit würde ein Einstandspreis von 115,50 € anfallen.
896/20..	Die Aktenschränke gehen auch an die Stammhaus KG. Die WD Möbel GmbH bietet ein umfassendes Sortiment, das auch bei den Preisen überzeugt. Aber auch die Saam KG könnte dieses Produkt liefern. In einem vorangegangenen Angebotsvergleich haben wir uns aber für die WD Möbel GmbH entschieden. Das Produkt kostet uns momentan 225,00 €/Stück; bei der Saam KG ist der Preis um 8 % höher.
897/20..	Es handelt sich um ein Sonderangebot der Willi Lauf OHG. 50 Lampen gehören zu dem zeitkritischen Auftrag mit der Stammhaus KG. Die Willi Lauf OHG bietet eine gute Qualität zu günstigen Preisen. Aber auch die Wittmann AG, mit der langjährige Geschäftsbeziehungen bestehen, könnte diese Waren liefern. Eine Schreibtischlampe in vergleichbarer Qualität bietet die Wittmann AG zu einem Bezugspreis von 48,15 €/Stück. Er ist um 7 % teurer als der der Willi Lauf OHG.
898/20..	Ebenso wie die Bestellung 897/20.. ist dies ein Sonderangebot, das wir zum Weihnachtsgeschäft anbieten möchten. Auch diese Lieferung könnte die Wittmann AG übernehmen. Die Wittmann AG würde zum gleichen Bezugspreis liefern, allerdings eine Woche früher. Aufgrund fehlender Lagerkapazitäten müsste dann aber Lagerraum zum Preis von 250,00 €/Woche gemietet werden.

Duisdorfer
BüroKonzept
KG

Richtlinien für die Erstellung von Mahnungen – Stand: Februar 2018

- Verwenden Sie stets die Dateivorlage „Briefvorlage Duisdorfer BüroKonzept KG“.
- Speichern Sie Mahnungen unter dem Dateinamen „Mahnung_Lieferer“ (z. B. Mahnung_Saam KG).
- Vervollständigen Sie – sofern möglich – stets den Briefkopf mit allen relevanten Angaben. Insbesondere der Name des Sachbearbeiters, das Lieferdatum der Ware sowie das Erstellungsdatum der Mahnung müssen angegeben werden.
- Beachten Sie stets die Einhaltung der DIN 5008.
- Mahnungen werden durchnummeriert. Die zu vergebende Nummer wird vom Warenwirtschaftssystem automatisch vergeben und ist im Betreff der Mahnung zu nennen.
- Die Mahnung enthält folgende Inhalte:
  - Bestellnummer und Bestelldatum
  - Bezeichnung und Anzahl der bestellten Waren
  - ggf. Datum der Auftragsbestätigung
  - Mitteilung, dass die bestellten Waren noch nicht eingetroffen sind
  - Hinweis auf die Folgen, die durch den Lieferverzug bei der Duisdorfer BüroKonzept KG eintreten
  - ggf. Bestimmung einer angemessenen Nachfrist, innerhalb derer die Waren eintreffen müssen
  - Ankündigung, welches Recht/welche Rechte die Duisdorfer BüroKonzept KG fordert (z. B. auf Erfüllung des Vertrags bestehen)
- Mahnungen sind grundsätzlich unter Angabe von „i. A.“ vom jeweiligen Mitarbeiter zu unterschreiben.

Bonn, Februar 2018

Laura Beckmann

Beispiel

Mahnung mit Nachfristsetzung

Duisdorfer BüroKonzept KG

Duisdorfer BüroKonzept KG • Rochusstraße 30 • 53123 Bonn

Rösgen e. K.
Metallteile
Beethovenstr. 30
38700 Hannover

Ihr Zeichen: bf
Ihre Nachricht vom:
Unser Zeichen: KBr

Unsere Nachricht vom:

Name: **Klaus Brückner**
Telefon: **0228 98765-15**
Telefax: **0228 98765-85**
E-Mail: **k.brueckner@duisdorfer-bueko.de**

Datum: 28. Januar 20..

Mahnung 2/20..
Unserer Bestellung vom 12. Januar 20.., Best.-Nr. 65/20..
Ihre Auftragsbestätigung vom 13. Januar 20..

Sehr geehrter Herr Franke,

am 12. Januar 20.. haben wir bei Ihnen 50 Stück „Rahmenleisten Edelstahl“ für Schreibtische bestellt. In Ihrer Auftragsbestätigung wurde von Ihnen als Liefertermin der 23. Januar 20.. angegeben. Auch nachdem wir Sie telefonisch am 24. Januar 20.. an die ausstehende Lieferung erinnert haben, ist die bestellte Ware noch nicht bei uns eingetroffen. Der zugesagte Liefertermin ist nun um 5 Tage überschritten. Inzwischen ist das Produkt in unserem Lager nicht mehr vorrätig.

Ich fordere Sie auf, der Erfüllung des Vertrages nachzukommen und setze hiermit eine Nachfrist bis zum 1. Februar 20.. . Sollte die Ware bis dahin nicht eintreffen, werde ich anderweitig Ersatz beschaffen und von Ihnen Schadenersatz verlangen.

Mit freundlichen Grüßen

Duisdorfer BüroKonzept KG

i. A. *Klaus Brückner*

Klaus Brückner

Vertiefende Aufgaben

Aufgabe 1
Zählen Sie die Voraussetzungen dafür auf, dass ein Lieferant in Lieferungsverzug gerät.

Aufgabe 2
In welchen Fällen gerät ein Lieferant auch ohne Mahnung in Verzug?

Aufgabe 3
Entscheiden Sie, ob in folgenden Lieferbedingungen ein kalendermäßig bestimmter/bestimmbarer oder ein kalendermäßig nicht bestimmter/nicht bestimmbarer Liefertermin vorliegt.

Lieferbedingung	Kalendermäßig bestimmt/ bestimmbar	Nicht kalendermäßig bestimmt/bestimmbar
Lieferung sofort		
Lieferung bis zum 20. Oktober 20..		
Lieferung ab dem 1. September 20..		
Lieferzeit beträgt 4 Wochen		
Lieferung zwei Wochen nach Bestellung		
Lieferung bis Mitte Mai		
Lieferung im neuen Jahr		

Aufgabe 4
Der Geschäftsführer der Duisdorfer BüroKonzept KG, Herr Falo, erhält in diesem Jahr ein neues Firmenfahrzeug. Entschieden hat er sich für einen Audi A5, den er gespannt erwartet. Die Lieferung bis Ende August 20.. war vertraglich vereinbart.
Als auch am 1. September 20.. keine Lieferung erfolgt, beauftragt Herr Falo Sie, die Situation zu klären. Das Autohaus Becker soll endlich sein Fahrzeug liefern.

Prüfen Sie, ob die Voraussetzungen des Lieferungsverzugs vorliegen und erklären Sie, welches Recht Herr Falo beanspruchen kann.

Aufgabe 5
Die Duisdorfer BüroKonzept KG plant, bei ihrem Sommerfest am 18. August 20.. die traditionelle Ruderregatta DBK*experts* gegen DBK*learners* auf dem Rhein durchzuführen. Dazu wurden wieder bedruckte T-Shirts bei der Tex GmbH bestellt. Diese sollten laut Vertrag bis zum 14. August 20.. geliefert werden. Am 15. August 20.. erkundigt sich Frau Müller, die für Frau Beckmann als Sekretärin arbeitet, nach dem Verbleib der Kleidungsstücke. Als Antwort erhält sie von der Tex GmbH die Aussage, dass ein wichtiger Großkunde unerwartet alle Kapazitäten ausgeschöpft habe und eine Lieferung der geringen Menge an die Duisdorfer BüroKonzept KG nicht mehr interessant sei.
Frau Müller findet einen Ersatzlieferanten, der 250,00 € teurer ist, und dessen Preis damit über dem veranschlagten Budget liegt. Können die Teams ohne Budgetüberschreitung in ihren Trikots antreten?

Helfen Sie Frau Müller bei der Lösung des Problems.

Aufgabe 6
Ausgangsfall:
Udo Anderson hat am 7. September 20.. bei der Frank Zettler OHG 300 Edelstahl-Tischbeine bestellt, die laut Kaufvertrag sofort geliefert werden sollten. Dieses Produkt wäre auch von der Rösgen e. K. zu beziehen. Obwohl vom Lieferanten eine Auftragsbestätigung vorliegt, ist auch nach drei Wochen keine Ware eingetroffen. Herr Anderson erkundigt sich bei Herrn Soest, Mitarbeiter der Frank Zettler OHG, nach der Lieferung.

Nachfolgend sehen Sie verschiedene Varianten des Ausgangsfalles. Prüfen Sie die Voraussetzungen für das Vorliegen eines Lieferungsverzugs.
Nehmen Sie als Hilfe oder zur Kontrolle Ihr Prüfschema zur Hand.

Variante 1
Erklären Sie, ob im obigen Ausgangsfall ein Lieferungsverzug vorliegt.

Variante 2
Wie wäre die Situation zu beurteilen, wenn kein Liefertermin vereinbart worden wäre und deshalb die gesetzliche Regelung griffe?

Variante 3
Im Kaufvertrag ist eine „Lieferung bis zum 28. September 20..“ vereinbart worden. Begründen Sie, ob in diesem Fall ein Lieferungsverzug vorliegt?

Variante 4
Herr Soest, Mitarbeiter der Frank Zettler OHG, ruft Herrn Anderson an und teilt ihm am 10. September 20.. mit, dass aufgrund eines Produktionsengpasses die Lieferung erst im Dezember 20.. erfolgen könne.

Erklären Sie, ob in dieser Variante Rechte aus dem Lieferungsverzug in Anspruch genommen werden können.

Variante 5
Herr Anderson ruft bei der Frank Zettler OHG an und erfährt von Herrn Soest, dass aufgrund eines Blitzeinschlags die Lagerhalle vollständig ausgebrannt sei. Herr Soest entschuldigt sich für die Schwierigkeiten, erklärt aber unmissverständlich, dass in den nächsten Wochen nicht mit Warenlieferungen zu rechnen sei. Man könne außerdem unter diesen Umständen nicht auf das Bestehen von Kaufverträgen beharren.

Wie beurteilen Sie die Aussage des Herrn Soest?

Prüfen Sie mögliche Rechte bei vorliegendem Lieferungsverzug.

Variante 6
Nachdem Lieferungsverzug bei der Bestellung der Edelstahl-Tischbeine vorliegt, wendet sich Herr Anderson telefonisch an Herrn Soest und mahnt ihn an. Er weist Herrn Soest darauf hin, dass er die gleiche Ware bei einem anderen Konkurrenten beziehen werde. Zwar sind die Tischbeine insgesamt um 1.000,00 € teurer, aber die Mehrkosten müsse die Frank Zettler OHG im Rahmen des Schadenersatzes übernehmen.

Nehmen Sie Stellung dazu, ob Herr Anderson dieses Recht durchsetzen kann.

Variante 7
Im Gegensatz zur Variante 6 setzt Herr Anderson im Telefonat neben der Mahnung eine Nachfrist von einer Woche. Auch jetzt droht er an, die Mehrkosten bei der Frank Zettler OHG einzufordern. Herr Soest ist entsetzt über die kurze Nachfrist und erwidert, dass die Tischbeine in solch kurzer Zeit nicht zu produzieren seien. Daher entfiele auch der Anspruch auf Ersatz der Mehrkosten.
a) Argumentieren Sie anstelle von Herrn Anderson bezüglich der Nachfrist.
b) Aus welchen Rechten kann Herr Anderson in dieser Variante auswählen? Zählen Sie diese auf.

Variante 8
Wie wäre **Variante 6** zu beurteilen, wenn im Kaufvertrag als Liefertermin der 14. September 20.. fix vereinbart worden wäre?

Variante 9
Die Lieferung der Waren zum 7. September 20.. fix wurde von der Frank Zettler OHG unglücklicherweise vergessen. Die Tischbeine können nun erst am 9. September eintreffen. Dies erfährt Herr Anderson in seiner telefonischen Mahnung. Durch diese Verspätung kann die Duisdorfer BüroKonzept KG einen Auftrag nicht rechtzeitig ausführen, dessen nicht rechtzeitige Ausführung eine Konventionalstrafe von 2.000,00 € zur Folge haben wird. Die Rösgen e. K. kann nicht rechtzeitig einspringen. Ein anderer Lieferant ist in der kurzen Zeit nicht zu finden.

Treffen Sie für Herrn Anderson eine begründete Entscheidung.

Variante 10
Gehen Sie von der Variante 9 aus.

Wie würden Sie handeln, wenn die Rösgen e. K. einspringen und rechtzeitig liefern könnte? Allerdings wäre die Lieferung um 3.000,00 € teurer als bei der Frank Zettler OHG.

Erläutern Sie, welches Recht die Duisdorfer BüroKonzept KG in Anspruch nehmen kann.

Aufgabe 7
Die Duisdorfer BüroKonzept KG hat am 2. August 20.. 500 Rollen für Schreibtischstühle bestellt. In der Bestellung war eine Lieferung zwei Wochen ab Bestelldatum vereinbart. Als am 17. August die benötigten Rollen noch nicht eingetroffen sind, wird Herr Anderson, bei der Duisdorfer BüroKonzept KG zuständig für die Beschaffung der Werkstoffe, unruhig. Sicherheitshalber hat er schon einmal recherchiert, wo er die dringend benötigten Werkstoffe schnell bekommen könnte. Er ist bei einem noch für ihn unbekannten Lieferanten fündig geworden, der die Rollen bereits am nächsten Tag günstiger liefern würde.

Beraten Sie Herrn Anderson über die Vorgehensweise.
a) Prüfen Sie, ob die Voraussetzungen für den Lieferungsverzug vorliegen.
b) Entscheiden Sie, ob eine Mahnung und/oder Nachfristsetzung notwendig ist.
c) Schlagen Sie die Rechte vor, die Ihnen in diesem Fall sinnvoll erscheinen.

LernFeld 5

Kunden akquirieren und binden

Lernsituationen

Lernsituation 5.1
Eine Marksituation anhand von Sekundärforschungsdaten kennenlernen und analysieren

Der rote Faden

Eine Präsentation zu externen Sekundärforschungsdaten erstellen

Ein Dokument zur Analyse interner Sekundärforschungsdaten erstellen

Den Aussagegehalt der aufbereiteten Daten der internen und externen Sekundärforschung vergleichen

Ausgangssituation

Zurzeit sind Sie im Rahmen Ihrer Berufsausbildung bei der Duisdorfer BüroKonzept KG in der Marktforschung eingesetzt. Herr Thaler erhält täglich mehrere Zeitschriften. Er hat Ihnen die Aufgabe übertragen, diese Zeitschriften jeden Morgen durchzusehen. Sie sollen alle Artikel, die mit der wirtschaftlichen Entwicklung im Zusammenhang stehen, ausschneiden und unter Angabe der Quelle auf ein leeres Blatt aufkleben. Nachdem Sie schon drei Wochen täglich zwei Stunden mit dieser Aufgabe verbracht haben, fragen Sie nach deren Sinn. Herr Thaler antwortet, dass die allgemeine wirtschaftliche Entwicklung häufig die wirtschaftliche Entwicklung der Unternehmen beeinflusse. Befände sich die Wirtschaft in einem Abwärtstrend (konjunktureller Abschwung), so beträfe dies oft auch die einzelnen Unternehmen und umgekehrt.

Am 10.07. können Sie Herrn Thaler u. a. die folgenden Artikel vorlegen:

Der Konjunkturmotor brummt im ganzen Land

Getragen durch einen soliden Mittelstand wächst die Wirtschaftsleistung in Deutschland. Das bestätigen auch die neuen konjunkturellen Statistiken, die die Statistischen Ämter der Länder und des Bundes gestern veröffentlicht haben. Demnach ist die Wirtschaftsleistung in den Bundesländern außer Berlin in den letzten sechs Monaten um mindestens 2 % gewachsen. Der Spitzenreiter der Konjunkturliste ist Baden-Württemberg mit einem Wirtschaftswachstum von 5,6 %, gefolgt vom Saarland mit 4,8 % und Sachsen-Anhalt mit 4,5 %. Insgesamt wuchs der Wert aller in Deutschland erzeugten Güter und Dienstleistungen (BIP) im ersten Halbjahr um 3,9 % auf 1.242 Milliarden € an, wobei die alten Bundesländer mit 4,1 % stärker wuchsen als die neuen Bundesländer mit 3,6 %. Ob Deutschland am Ende des Jahres das Wirtschaftswachstum des vergangenen Jahres (3,7 %) halten oder übertreffen kann, steht derzeit noch nicht fest.

Inflationsrate in Europa bleibt stabil

Die wachsende Wirtschaft hat in der Vergangenheit zu steigenden Inflationsängsten geführt. Die Nachfrage der privaten Haushalte ist stark wie schon lange nicht mehr und die Konsumneigung ist ungebrochen. So ist der Konsumklimaindex von 6,1 Punkten im April auf 6,5 Punkte (Mai) auf aktuell 6,8 Punkte (Juni) gestiegen. Die Produktionskapazitäten des produzierenden Gewerbes sind nahezu ausgelastet. Löhne und Gehälter sowie Rohstoffpreise steigen. Die steigenden Preise für Produktionsfaktoren sind aber noch nicht auf die Verbraucherpreise durchgeschlagen. Wesentliche Gründe hierfür liegen nach Ansicht von Experten in der gestiegenen Produktivität und in der wachsenden internationalen Konkurrenz. In den letzten Monaten ist sogar ein leichter Rückgang der Inflationsrate zu verzeichnen, sodass sie aktuell mit 1,7 % deutlich unter der von der EZB einzuhaltenden Grenze von 2 % liegt.

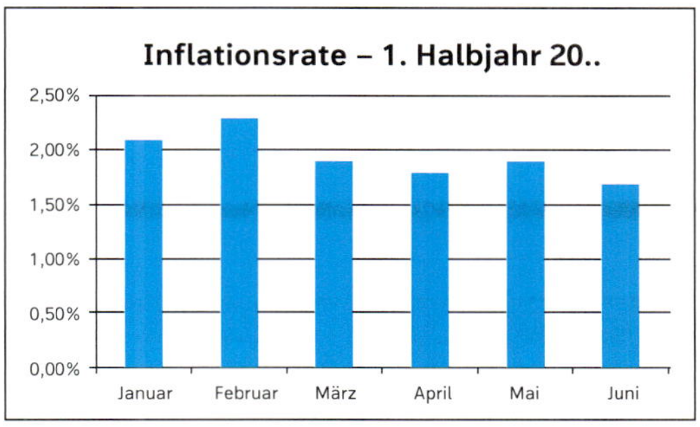

Positive Stimmung in den Unternehmen belebt den Arbeitsmarkt

Die gute Stimmung im Handel, dem verarbeitenden Gewerbe und dem Baugewerbe hält weiter an. Der Geschäftsklimaindex kletterte zum vierten Mal in Folge. Der Wert für Juni beläuft sich auf 107,5 Punkte. Damit ist er im Vergleich zu Mai um 2,5 Punkte gestiegen. Die positive Lage und Erwartung der Unternehmen spiegelt sich in einer sinkenden Arbeitslosenquote wieder. Die aktuelle Arbeitslosenquote beträgt 6,6 %, d. h., 2.714.250 Menschen gingen im Juni keiner Erwerbstätigkeit nach. Das sind 130.000 Personen weniger als im Vormonat.

Arbeitsauftrag 1 (orientieren und informieren)

Herr Thaler beauftragt Sie, die wirtschaftliche Entwicklung anhand geeigneter Indikatoren in einer Präsentation darzustellen. Informieren Sie sich in Ihrem Lehrbuch „BüroWelt 1" über Messgrößen zur Darstellung der konjunkturellen Lage. Lesen Sie die drei Zeitungsartikel aufmerksam durch und bearbeiten Sie die folgenden Aufgaben.

LF 5, 5.1

a) Erklären Sie, warum Herr Thaler gut über die allgemeine wirtschaftliche Entwicklung informiert sein möchte.

b) Ermitteln Sie die Höhe des BIP in der ersten Hälfte des Vorjahres.

BIP erstes Halbjahr des aktuellen Jahres	Rechenweg	BIP erstes Halbjahr des Vorjahres

c) Beschreiben Sie die Entwicklung des BIP.

d) Aus welchen Gründen führt ein Anstieg des Konsums zu Inflationsängsten?

e) Im Zeitraum von März bis Juni liegt die Inflationsrate unter 2 %. Worin sehen Experten die Gründe für die geringen Inflationsraten der vergangenen Monate?

f) Berechnen Sie die prozentuale Veränderung des Konsumklimaindex zwischen April und Juni.

Konsumklimaindex April	Konsumklimaindex Juni	Berechnung der prozentualen Veränderung

g) Legen Sie den Zusammenhang zwischen Geschäftsklimaindex und Arbeitslosenquote dar.

h) Ermitteln Sie die Erwerbspersonen für Juni. Berechnen Sie auf dieser Grundlage die Arbeitslosenquote im Mai.

Arbeitslosenquote Juni	Erwerbslose Juni	Berechnung der Erwerbspersonen im Juni

Erwerbslose Mai	Berechnung der Arbeitslosenquote im Mai

Arbeitsauftrag 2 (planen und durchführen)

Erstellen Sie eine selbstbeschreibungsfähige Präsentation, die die aktuelle wirtschaftliche Entwicklung darstellt. Beziehen Sie wesentliche Konjunkturindikatoren (BIP, Arbeitslosenquote, Inflationsrate etc.) ein. Verwenden Sie die Präsentationsmedien, die Ihnen zur Verfügung stehen. Achten Sie auf die Verwendung sinnvoller Diagramme.

Arbeitsauftrag 3 (beurteilen)

Ergänzen Sie die Präsentation um eine Beurteilung der wirtschaftlichen Entwicklung.

Fortsetzung der Ausgangssituation

Herrn Thaler hat Ihre Darstellung zur wirtschaftlichen Entwicklung gut gefallen. Auf Ihre Frage hin, ob die positive konjunkturelle Lage auf die Situation der Duisdorfer BüroKonzept KG durchschlage, macht Herr Thaler Ihnen den Vorschlag, diesen Zusammenhang selbstständig zu analysieren. Dazu stellt er Ihnen eine Auftragsübersicht der eigenen Erzeugnisse des vergangenen Halbjahres in Form einer Excel-Tabelle zur Verfügung. Die folgende Abbildung zeigt einen Ausschnitt der Tabelle:

Auftragsübersicht Januar bis Juni 20.. - eigene Erzeugnisse

Kunden-Nr.	Name 1	Rabattsatz	Datum	Monat	Artikel-Nr.	Artikelbezeichnung	Menge	Listenpreis pro Stück	Rabatt pro Stück	Gesamtbetrag
2401			05.01.		202114		14			
2406			07.01.		101111		35			
2408			12.01.		401589		14			
2402			12.01.		202112		41			
2405			15.01.		202113		26			
2407			17.01.		101112		23			
2401			18.01.		202112		16			
2404			18.01.		101115		31			
2402			24.01.		202115		16			
2408			26.01.		101113		48			
2401			30.01.		202114		36			
2405			30.01.		101114		56			
2406			02.02.		202111		41			
2403			02.02.		202115		24			
2408			05.02.		401589		11			
2408			06.02.		101111		16			
2405			08.02.		401589		27			
2406			12.02.		202112		26			
2402			12.02.		202111		31			
2401			16.02.		101113		46			

Arbeitsauftrag 4 (orientieren)

Öffnen Sie die Datei „BM_LS5.1_Auftragsübersicht“ und machen Sie sich mit deren Struktur vertraut.

Web

Arbeitsauftrag 5 (informieren und planen)

Überlegen Sie, wie Sie die fehlenden Informationen ermitteln könnten.

Arbeitsauftrag 6 (durchführen)

Ermitteln Sie unter Verwendung von Formeln und Funktionen die fehlenden Werte. Mithilfe der Funktion *=Text(D4;„MMMM“)* kann aus dem Datum der Monat als Text ermittelt werden.

Excel Kap. 6.1

Arbeitsauftrag 7 (planen und durchführen)

Werten Sie in einem neuen Tabellenblatt die Auftragsübersicht aus. Mögliche Ansatzpunkte könnten dabei sein:

- die Anzahl der Aufträge, die verkaufte Gesamtmenge und der Gesamterlös je Artikel
- die Anzahl der Aufträge und die Gesamterlöse je Monat
- die Erlöse je Artikel

Excel Kap. 10.6

LF 5, 7 u. 8

Die Tabelle enthält die abgegebenen Angebote je Monat.

Monat	Angebote
Januar	18
Februar	20
März	23
April	15
Mai	16
Juni	15

Das monatliche Marktvolumen beläuft sich auf 500.000,00 €. Beziehen Sie in die Auswertung die monatliche Angebotserfolgsquote und den Marktanteil ein. Achten Sie auf eine übersichtliche und zweckmäßige Darstellung. Nutzen Sie geeignete Formeln und Funktionen.

Excel Kap. 7

Arbeitsauftrag 8 (durchführen)

Erstellen Sie aus der Auswertung sinnvolle Diagramme mit Überschriften und ggf. Legenden. Jedes Diagramm sollte in einem eigenen Tabellenblatt dargestellt werden.

Arbeitsauftrag 9 (bewerten)

Bewerten Sie die wirtschaftliche Entwicklung der Duisdorfer BüroKonzept KG innerhalb des letzten halben Jahres. Fügen Sie hierzu an geeigneten Stellen Textfelder ein.

Arbeitsauftrag 10 (bewerten)

Die Ergebnisse Ihrer Auswertungen sind Herrn Thaler natürlich nicht neu. Er hält es für dringend erforderlich, die Leiterin der kaufmännischen Verwaltung, Frau Engler, den Vertriebsleiter Herr Klein und die Geschäftsführung über die Entwicklung zu informieren.

Erstellen Sie mithilfe eines Textverarbeitungsprogramms ein Dokument, das die wirtschaftliche Entwicklung der Duisdorfer BüroKonzept KG darstellt. Vergleichen Sie diese Entwicklung mit der konjunkturellen Entwicklung. Fügen Sie Diagramme aus den Auswertungen mit geeigneten Kommentierungen ein. Das Dokument richtet sich an verschiedene Abteilungsleiter/-innen und die Geschäftsführung. Achten Sie daher auf eine entsprechende Gestaltung. Fertigen Sie ein Deckblatt an.

Arbeitsauftrag 11 (reflektieren)

Führen Sie mögliche Ursachen für die unterschiedliche wirtschaftliche Entwicklung der Duisdorfer BüroKonzept KG und der allgemeinen wirtschaftlichen Lage an.
Geben Sie Empfehlungen, wie man innerhalb der Duisdorfer BüroKonzept KG mit den Erkenntnissen aus Ihren Auswertungen umgehen könnte.

Vertiefende Aufgaben

Aufgabe 1

LF 5, 1

Erklären Sie den Begriff „Markt". Welche Märkte kennen Sie?

Aufgabe 2

Beschreiben Sie, worin sich Käufer- und Verkäufermärkte unterscheiden. Auf welchem dieser Märkte befindet sich die Duisdorfer BüroKonzept KG? Begründen Sie Ihre Ansicht.

Aufgabe 3

Bergründen Sie, warum Marketing eine Grundstrategie zur Unternehmensführung darstellt.

Aufgabe 4

LF 5, 3

Entwickeln Sie je ein Beispiel zu den vier grundlegenden Marketingstrategien von Ansoff. Beziehen Sie sich dabei auf die Duisdorfer BüroKonzept KG oder Ihren eigenen Ausbildungsbetrieb.

	Bestehende Produkte	**Neue Produkte**
Bestehende Märkte	Marktdurchdringung z. B.:	Produktentwicklung z. B.:
Neue Märkte	Marktentwicklung z. B.:	Diversifikation z. B.:

Aufgabe 5

Marktforschung gliedert sich in drei Bereiche. Ergänzen Sie das folgende Schaubild.

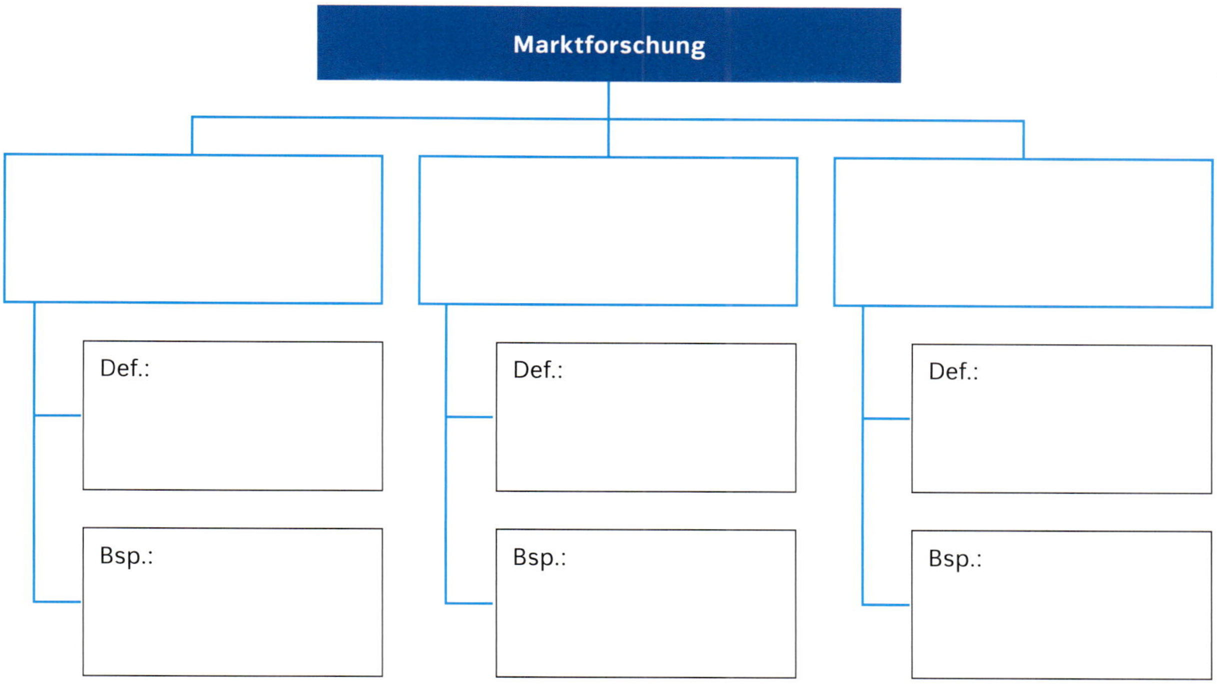

Aufgabe 6

Unterscheiden Sie Primär- und Sekundärforschung voneinander.

LF 5, 5

Aufgabe 7

Informieren Sie sich im Internet und in Zeitungen über die allgemeine wirtschaftliche Entwicklung. Beschreiben Sie diese Entwicklung anhand unterschiedlicher Wirtschaftskennzahlen. Bereiten Sie die Ergebnisse grafisch und verbal auf. Führen Sie dabei mögliche Ursachen für die beschriebene Entwicklung an.

Aufgabe 8

Erklären Sie den Begriff „Bruttoinlandsprodukt".

Aufgabe 9

Begründen Sie, ob die folgenden Leistungen zum Bruttoinlandsprodukt der Bundesrepublik Deutschland zählen oder nicht.

a) Herr Müller hilft seiner achtzigjährigen Nachbarin Frau Krause bei der Gartenarbeit.

b) Frau Krause bestellt für die Gartenarbeit einen Landschaftsgärtner.

c) Frau Krause baut Obst in ihrem Garten an. Als Dank für diverse Hilfeleistungen schenkt sie Herrn Müller einen Obstkorb.

d) Herr Müller bestellt über das Internet bei einem französischen Winzer Wein.

e) Herr Müller kauft auf dem Wochenmarkt Obst von einem heimischen Erzeuger.

f) Ein Obstbauer verkauft Äpfel an einen Saftproduzenten.

Aufgabe 10

Unterscheiden Sie die Begriffe „Erwerbspersonen" und „Erwerbstätige".

Lernsituation 5.2
Die Marktsituation anhand von Primärforschungsdaten kennenlernen und analysieren

Der rote Faden

- Methoden der Primärforschung
- Primärforschungsdaten auswerten
- Diagramme erstellen
- Kennzahlen interpretieren
- Die eigene Marktsituation bewerten

Ausgangssituation

Die Duisdorfer BüroKonzept KG beschließt, zur Ermittlung der eigenen Stellung am Markt und zur Ableitung zukünftiger Marketingmaßnahmen Befragungen durchzuführen. Herr Thaler, Inhaber der Stabsstelle Marktforschung, wird mit deren Planung, Durchführung und Auswertung beauftragt. Mit zum Team zählen Frau Dmitrijew und Herr Klein. Um differenziertere Aussagen zu erhalten, soll im Großraum Bonn eine mündliche Straßenbefragung durchgeführt werden. Außerdem sollen alle Kunden einen Fragebogen erhalten. Bei den Kunden handelt es sich ausschließlich um Unternehmen. Nachdem die Interviews abgeschlossen und die Fragebogen eingegangen sind, hat Herr Thaler die Ergebnisse tabellarisch zusammengefasst.

Web

Die folgenden Tabellen stellen die Ergebnisse der beiden Befragungen in zusammengefasster Form dar (BM_LS5.2_Befragung).

Zusammenfassende Darstellung der Straßenbefragung (Interview)

befragte Personen	1 350
Männer	720
Frauen	630

Altersstruktur	
zwischen 20–30	250
zwischen 31–50	575
älter als 50	525

1. Kennen Sie die Duisdorfer BüroKonzept KG?

	Männer	**Frauen**
Ja	310	225
Nein	410	405

	Alter		
	Zwischen 20–30	**Zwischen 31–50**	**Älter als 50**
Ja	85	205	245
Nein	165	370	280

2. Woher kennen Sie die Duisdorfer BüroKonzept KG?

	Männer	**Frauen**	**Zwischen 20–30**	**Zwischen 31–50**	**Älter als 50**
Logo am Firmensitz	85	55	16	53	71
Bekannte	120	73	27	57	109
Internet	47	39	29	37	20
Gelbe Seiten	12	8	3	8	9
Printmedien	24	12	4	17	15
weiß nicht	22	38	6	33	21

3. Welcher der folgenden Aspekte sind für Sie beim Kauf langlebiger Produkte besonders wichtig? Entscheiden Sie sich für zwei Kriterien.

	Männer	**Frauen**	**Zwischen 20–30**	**Zwischen 31–50**	**Älter als 50**
Preis	181	156	78	148	111
Qualität	192	172	58	155	151
Funktionalität	68	52	18	49	53
Design	115	104	42	98	79
Umweltschutz	61	55	21	52	43
Image	40	37	19	34	24
Service	63	54	14	39	64

4. Wie beurteilen Sie die Qualität der Produkte der Duisdorfer BüroKonzept KG auf einer Notenskala von 1 bis 6?

	1	2	3	4	5	6	Weiß nicht
Männer	24	47	73	29	8	3	126
Frauen	19	37	62	21	4	2	80
zwischen 20–30	7	13	16	7	3	2	37
zwischen 31–50	12	31	43	17	5	2	95
älter als 50	24	40	76	26	4	1	74

5. Wie beurteilen Sie das Design der Produkte der Duisdorfer BüroKonzept KG auf einer Notenskala von 1 bis 6?

	1	2	3	4	5	6	Weiß nicht
Männer	4	14	93	69	17	7	106
Frauen	2	9	72	41	13	7	81
zwischen 20–30	1	4	24	15	6	6	29
zwischen 31–50	2	8	48	46	13	4	84
älter als 50	3	11	93	49	11	4	74

6. Wie schätzen Sie das Preis-Leistungs-Verhältnis ein?

	1	2	3	4	5	6	Weiß nicht
Männer	13	28	81	53	13	4	118
Frauen	8	21	69	31	8	5	83
zwischen 20–30	3	10	23	13	3	2	31
zwischen 31–50	7	12	53	41	4	1	87
älter als 50	11	27	74	30	14	6	83

Zusammenfassende Darstellung der Kundenbefragung (Fragebogen)

Befragte Kunden	375
Rücklauf	243

Wiederverkäufer	198
Endabnehmer	45

1. Wie zufrieden sind Sie mit dem Service der Duisdorfer BüroKonzept KG bezüglich ...

		1	2	3	4	5	6	Weiß nicht
... der Kompetenz der Mitarbeiter?	Wiederverkäufer	78	69	38	5	1	0	7
	Endabnehmer	10	8	11	4	0	0	12
... der Erreichbarkeit?	Wiederverkäufer	88	67	30	3	0	0	10
	Endabnehmer	7	15	7	1	1	0	14
... der Freundlichkeit der Mitarbeiter?	Wiederverkäufer	83	76	22	6	0	2	9
	Endabnehmer	9	10	9	4	1	1	11
... der Termintreue?	Wiederverkäufer	40	64	53	30	4	0	7
	Endabnehmer	5	10	10	4	2	1	13

2. Wie beurteilen Sie die Qualität der Produkte der Duisdorfer BüroKonzept KG?

	1	2	3	4	5	6	Weiß nicht
Wiederverkäufer	33	80	62	15	2	0	6
Endabnehmer	9	21	8	2	0	1	4

3. Wie beurteilen Sie das Design der Produkte der Duisdorfer BüroKonzept KG?

	1	2	3	4	5	6	Weiß nicht
Wiederverkäufer	13	30	58	72	12	3	10
Endabnehmer	4	10	16	9	1	0	5

4. Wie schätzen Sie das Preis-Leistungs-Verhältnis ein?

	1	2	3	4	5	6	Weiß nicht
Wiederverkäufer	25	62	61	35	7	0	8
Endabnehmer	7	13	14	6	0	1	4

Arbeitsauftrag 1 (informieren und orientieren)
Befassen Sie sich einzeln mit den Tabellen. Bilden Sie sich eine erste Meinung zu den Ergebnissen. Dabei können folgende Fragestellungen hilfreich sein:

- Wo liegen Besonderheiten?
- In welchen Bereichen weichen die Einschätzungen von Männern und Frauen, der Altersgruppen sowie der Kundenarten voneinander ab?
- Sind die Ergebnisse eher als positiv oder eher als negativ zu bewerten?

Arbeitsauftrag 2 (informieren und orientieren)
Bilden Sie Dreiergruppen, die die Rollen der Teammitglieder übernehmen. Vertreten Sie Ihre Ansichten zu den Ergebnissen in einer anschließenden Gesprächsrunde. Protokollieren Sie nach dem Gespräch die wichtigsten Ergebnisse.

LF 5, 7 u. 8

Arbeitsauftrag 3 (planen)
Die Geschäftsleitung erwartet Ergebnisse. In einer internen Mitteilung werden die Teammitglieder von der Geschäftsführung (Lehrerin) aufgefordert, einen Terminvorschlag für die Abschlusspräsentation zu unterbreiten.

a) Entscheiden Sie in Ihrem Team, in welcher Form diese Präsentation durchgeführt werden kann.

b) Entwickeln Sie Vorschläge, wie Sie die Daten aus den Tabellen aufbereiten wollen und welche vergleichenden Aussagen hinsichtlich der Ergebnisse möglich sind.

c) Legen Sie einen möglichen Präsentationstermin fest und stimmen Sie ihn mit der Geschäftsleitung ab.

Arbeitsauftrag 4 (durchführen)
Erstellen Sie arbeitsteilig in Ihrem Team die Präsentation. Bewerten Sie auch die Stellung der Duisdorfer BüroKonzept KG in den einzelnen Marktsegmenten und im Ganzen. Unterbreiten Sie Vorschläge, wie die Marktsituation für die Duisdorfer BüroKonzept KG verbessert werden könnte.

Arbeitsauftrag 5 (bewerten und reflektieren)
Die Geschäftsführung hat alle Abteilungsleiter/-innen und die Stabsstelleninhaber/-innen zum vereinbarten Präsentationstermin eingeladen. Tragen Sie Ihre Präsentation vor und stellen Sie diese anschließend zur Diskussion.

Vertiefende Aufgaben

LF 5, 5.2

Aufgabe 1
Unterscheiden Sie Feld- und Laborexperimente. Gehen Sie dabei auf deren jeweilige Vor- und Nachteile ein.

Aufgabe 2
Aus welchen Gründen beschließt die Duisdorfer BüroKonzept KG im Rahmen der primären Marktforschung eine Befragung durchzuführen?

Aufgabe 3
Begründen Sie, warum neben einer Kundenbefragung eine Straßenbefragung durchgeführt wird.

Aufgabe 4
Nennen Sie drei mögliche Maßnahmen, um eine hohe Beteiligung bei der Fragebogenaktion zu erreichen.

Aufgabe 5

Viele Menschen reagieren ablehnend auf Telefonbefragungen. Beschreiben Sie mögliche Ursachen für dieses ablehnende Verhalten. Überlegen Sie, wodurch der Interviewer die Einstellung des zu Befragenden positiv beeinflussen kann.

Aufgabe 6

Erklären Sie, warum eine Teilerhebung in vielen Fällen ausreichend ist.

Aufgabe 7

Führen Sie eine Fragebogenaktion zur Ermittlung des Images Ihrer Schule durch. Überlegen Sie, welche Personengruppen Sie befragen möchten und ob für diese Gruppen unterschiedliche Fragen notwendig sind. Beachten Sie bei der Erstellung des Fragebogens, dass eine leichte und schnelle Auswertung möglich ist. Halten Sie die Grundregeln zur Erstellung eines Fragebogens ein. Werten Sie die Fragebögen aus. Entscheiden Sie, in welchem Rahmen die Ergebnisse präsentiert werden sollen. *LF 5, 6*

Aufgabe 8

Die Duisdorfer BüroKonzept KG erzielte im letzten Monat einen Umsatz von 475.000,00 €. Die Konkurrenten erwirtschafteten in diesem Zeitraum einen Umsatz von 4,6 Mio. €. Es wird davon ausgegangen, dass auf dem relevanten Markt monatlich 6,7 Mio. € umgesetzt werden können. Nach einer aufwendigen Werbekampagne stieg der Quartalsumsatz der Duisdorfer BüroKonzept KG von 1.440.000,00 € um 13 %. Die Kosten für die Werbekampagne betrugen 330.000,00 €. *LF 5, 8*

a) Berechnen Sie den Marktanteil der Duisdorfer BüroKonzept KG und die Marktsättigung.
b) Unterscheiden Sie Marktanteil und Marktsättigung.
c) Ermitteln Sie die Werberendite der durchgeführten Werbekampagne.
d) Nennen Sie weitere Faktoren, die den Umsatz der Duisdorfer BüroKonzept KG positiv beeinflusst haben können.
e) Der Umsatzzuwachs liegt unter den Kosten für die Werbekampagne. Ist es möglich, dass die Kampagne trotzdem sinnvoll gewesen ist?

Lernsituation 5.3
Einen Marketingmix entwickeln, präsentieren und beurteilen

Der rote Faden

- Marketinginstrumente kennenlernen
- Einen Marketingmix erstellen

Ausgangssituation

Die Duisdorfer BüroKonzept KG hat im vergangenen Jahr erstmalig ein selbst produziertes Elektrogerät in ihr Sortiment aufgenommen: den Ventilator „Orkano". Mit diesem Produkt wollte das Unternehmen diejenigen Betriebe ansprechen, für die sich die Installation aufwendiger Klimaanlagen in kleinen Büroräumen nicht lohnt.

Die Mitglieder der Geschäftsführung, Herr Falo und Frau Niester, erhofften sich durch die Herstellung und den Vertrieb des Ventilators als Alternative zu Klimaanlagen ein deutliches Umsatzplus. Leider wurden ihre Erwartungen nicht erfüllt, denn „Orkano" konnte sich gegenüber der Konkurrenz nicht durchsetzen. Wie die Ergebnisse der Abteilung „Marktforschung" zeigten, lag die Hauptursache für das Scheitern von „Orkano" in der falschen Kombination der Marketinginstrumente. Aufgrund einer übereiligen Markteinführung wurden gravierende, handwerkliche Fehler bei der Planung und beim Einsatz des Marketingmix begangen.

Diese Fehler müssen nun behoben werden, zumal die Geschäftsleitung an dem Produkt, nicht zuletzt auch wegen der anhaltenden Kritik an Büroklimaanlagen, weiterhin festhält. Da der bisher verantwortliche Produktmanager für „Orkano" inzwischen ein anderes Betätigungsfeld gefunden hat, werden Sie nun von der Geschäftsleitung beauftragt, in einem Projektteam einen neuen Marketingmix für diesen Ventilator zu erstellen. Dazu stehen Ihnen mehrere Stunden zur Verfügung.

Für die Erstellung des neuen Marketingmix erhalten Sie noch die folgenden Hinweise:

- Den Ausgangspunkt aller Überlegungen bildet die Produktpolitik. Erst wenn Sie eine Vorstellung von der Produktgestaltung haben, können Sie daraus konkrete Hinweise für die anderen Marketinginstrumente ableiten.
- Bedenken Sie, dass nicht alle Maßnahmen sinnvoll miteinander kombiniert werden können. So ist es z. B. nicht sinnvoll, ein teures Exklusivprodukt über einen Billigladen zu verkaufen. Die einzelnen Maßnahmen müssen miteinander harmonieren.
- Formulieren Sie möglichst konkrete Vorschläge. Es reicht z. B. nicht aus, festzustellen, dass die Farbe geändert werden soll. Benennen und begründen Sie eine konkrete Farbauswahl.

Arbeitsauftrag 1 (analysieren)

Analysieren Sie mithilfe des nachfolgenden Textes, warum sich der Ventilator „Orkano" bisher nicht erfolgreich auf dem Markt durchsetzen konnte. Notieren Sie stichpunktartig zentrale Aussagen.

Ergebnisse der Abteilung Marktforschung

Ein Fehler bei der Markteinführung von „Orkano" war die aggressive Werbung. So wurden Werbeanzeigen geschaltet, in denen insbesondere die Leistungsfähigkeit des Ventilators hervorgehoben wurde. Hierdurch kam es bei den Kunden zu einer negativen Produktbewertung, die durch die unglückliche Namensgebung „Orkano" noch verstärkt wurde. Die Kunden vermuteten nämlich, dass eine Feinregulierung der Geschwindigkeitsstufen nicht möglich sei und darüber hinaus das Gerät einen hohen Stromverbrauch verursachen würde. Tatsächlich hatten Tests der Stiftung Warentest jedoch ergeben, dass der Energieverbrauch von „Orkano" niedriger ist als bei vergleichbaren Produkten. Auf diese Testergebnisse hatte die Duisdorfer BüroKonzept KG allerdings hinzuweisen vergessen.

Des Weiteren bemängelten die Kunden die Farbgebung des Produkts, die als zu konservativ empfunden wurde. Das Bedürfnis potenzieller Kunden besteht eher darin, durch Elektrokleingeräte farbliche Akzente in Büros zu setzen. Auch der Zusammenbau des Geräts erwies sich als schwierig. Zwar wird der Ventilator in mehreren Systemteilen hergestellt, die letztlich nur zusammengesteckt werden müssen. Aber die Kunden erhielten beim Kauf eine Anleitung zur Montage, die sich als völlig unbrauchbar erwies. Selbst die Verkäufer in den Fachgeschäften waren mit der Montage des Ventilators gemäß Anleitung überfordert. Eine Reihe erboster Kunden reklamierten den Ventilator als mangelhaft und forderten ihr Geld zurück.

Um die Produktionskapazitäten schrittweise zu erhöhen, wurde Orkano zunächst lediglich über zwei Großhändler angeboten. Der Einführungspreis (Angebotspreis) lag bei 36,00 € netto. Der Preiskalkulation von „Orkano" lagen folgende Daten zugrunde:

- Fertigungsmaterial 7,00 €
- Materialgemeinkostenzuschlagssatz 15 %
- Fertigungslöhne 9,00 €
- Fertigungsgemeinkostenzuschlagssatz 100 %
- Verwaltungsgemeinkostenzuschlagssatz 10 %
- Vertriebsgemeinkostenzuschlagssatz 5 %
- Gewinnzuschlagssatz 10 %
- Kundenskonto 2 %
- Kundenrabatt 10 %

Die Preise für vergleichbare Produkte der Konkurrenz – allerdings mit höherem Stromverbrauch – liegen zwischen 20,00 € und 30,00 € netto. Kunden sind grundsätzlich bereit, etwas mehr für Ventilatoren auszugeben, wenn ihnen der „Mehrwert" des Produkts auch vermittelt wird.

Arbeitsauftrag 2 (informieren)

Informieren Sie sich umfassend in Ihrem Lehrbuch „BüroWelt 1" über die folgenden Marketinginstrumente, die einem Unternehmen grundsätzlich zur Verfügung stehen:

LF 5, 11

- Produkt- und Sortimentspolitik
- Preis- und Konditionenpolitik
- Servicepolitik
- Kommunikationspolitik
- Distributionspolitik

Arbeitsauftrag 3 (planen)

Entwickeln Sie im Projektteam für jedes Marketinginstrument erste Ideen zur Verbesserung des Marketingmix von „Orkano". Beachten Sie dabei, dass Herr Falo und Frau Niester von Ihnen zwingend die Berücksichtigung folgender Aspekte erwarten:

- Berücksichtigen Sie im Rahmen der Preis- und Konditionengestaltung soweit möglich die Nachfrage-, Konkurrenz- und Kostensituation der Duisdorfer BüroKonzept KG.
- Planen Sie im Rahmen der Kommunikationspolitik eine Werbeanzeige für den Ventilator mit einem Textverarbeitungsprogramm und entwerfen Sie einen Werbeplan. Gehen Sie insbesondere auf die Werbeelemente „Zielgruppe" (Streukreis), „Werbegebiet" (Streugebiet) und „Werbezeit" (Streuzeit) ein.

Arbeitsauftrag 4 (durchführen)

a) Erstellen Sie nun den überarbeiteten Marketingmix für den Ventilator „Orkano". Nutzen Sie die Präsentationsmedien, die Ihnen zur Verfügung stehen (z. B. PowerPoint).

b) Stellen Sie sicher, dass die von Ihnen ausgewählten Maßnahmen sinnvoll miteinander kombiniert werden können. Nehmen Sie ggf. Änderungen vor.

c) Präsentieren Sie Herrn Falo und Frau Niester Ihre Ergebnisse und begründen Sie die Auswahl Ihrer Maßnahmen.

Arbeitsauftrag 5 (beurteilen)
Wie bewerten Sie die Erfolgsaussichten Ihrer Projektergebnisse verglichen mit den Ergebnissen der anderen Projektteams?

Lernsituation 5.4
Einen Werbebrief als Serienbrief verfassen

Der rote Faden

Einen Werbebrief formulieren

Einen Serienbrief gestalten

Ausländische Kunden gewinnen

Ausgangssituation
Die Geschäftsführung der Duisdorfer BüroKonzept KG ist sehr zufrieden mit Ihrer Präsentation des neuen Ventilators. Aus diesem Grund bittet Sie Herr Falo, einen Werbebrief für alle Kunden der Duisdorfer BüroKonzept KG zu schreiben. Neben den zentralen Aussagen zum neuen Marketingmix sollen Sie auch auf den Artikel „Wenn Büroluft krank macht" eingehen. Herr Falo meint, dass sich aus der Kritik an Klimaanlagen sicherlich auch Argumente für den Ventilator ableiten ließen: „Die Schwächen der Klimaanlagen sind die Stärken unseres klassischen Ventilators!"

Wenn Büroluft krank macht

In heißen Sommern halten in vielen Büros Klimaanlagen die Temperaturen im angenehmen Bereich. Doch die Mediziner warnen: Durch die Kühlgeräte führt das „Sick-Building-Syndrom" immer häufiger zu Krankheiten.

Drückende Hitze draußen, angenehme Frische drinnen: In der brütenden Sommerhitze 2010 sind die Klimaanlagen in Büros auf Hochtouren gelaufen. Das brachte zwar kühle Temperaturen, aber bisweilen schlechtes Klima im Büro. „Manche Angestellte sitzen im Hochsommer im Pulli am Arbeitsplatz und ärgern sich darüber", sagt der Chef der Sektion Krankenhaushygiene an der Uniklinik Freiburg, Markus Dettenkofer. Und das nicht zu Unrecht: Denn teilweise seien die Anlagen zu kalt eingestellt. Der Hitzeschock bei mehr als zehn Grad Temperaturunterschied zwischen drinnen und draußen könnte dann zur Erkältung oder zu neurologischen Beschwerden führen.

Krankheitserreger in der Luft

Seit zehn Jahren litten immer häufiger Büroangestellte an dem sogenannten „Sick-Building-Syndrom“ (deutsch: Krankes-Gebäude-Syndrom), wobei das Krankheitsrisiko durch ungünstig gebaute oder ausgestattete Gebäude steige, sagt der Mediziner. Ein Grund dafür seien Klimaanlagen. Das Risiko von Erkältungen oder Atemwegserkrankungen wie Asthma steigt durch schlechtgewartete Klimaanlagen, die Krankheitserreger in die Luft pusten.

Auch Anlagen mit regelmäßig gewechselten Filtern verstärkten das Krankheitsrisiko in Büros, sagt Dettenkofer. Für einen gesunden Organismus sei der häufige Wechsel von der Hitze draußen ins kalte Büro drinnen zwar „keine Katastrophe“. Wer aber gesundheitlich schon angeschlagen sei, bei dem könnte der Ausbruch von Erkältungen beschleunigt werden. Letztlich komme es aber auf die individuelle Empfindlichkeit der einzelnen Büroangestellten an. Die ideale Raumtemperatur liege bei 20 bis 24 Grad, von 18 Grad Bürotemperatur, wie häufig in Amerika der Fall, rät er dringend ab. „Draußen ist dann Backofen und drinnen Kühlschrank, das geht nicht.“

Trockene Schleimhäute

(...) Der HNO-Arzt Jörg Waldmüller hat in seiner Praxis in Stuttgart in diesem Jahr deutlich mehr Patienten behandelt, die wegen Klimaanlagen erkrankt waren. Weil die Kühlgeräte der Luft die Feuchtigkeit entziehen, trockneten die Schleimhäute der Menschen aus. Dann sei der Nasen- und Rachenbereich anfälliger für Krankheitserreger, sagt Waldmüller. (...) Auch die Techniker Krankenkasse (TK) sieht das Thema Klimaanlagen kritisch. Die Filter müssten einmal im Jahr ausgetauscht werden. Damit soll der Entstehung von Keimen und Schimmelpilzen vorgebeugt werden. Außerdem sollte das Gerät im Sommer nicht durchgehend in Betrieb sein. „Wer kann, sollte nach wie vor morgens oder abends richtig lüften“, sagt ein Sprecher der TK Baden-Württemberg.

Quelle: Klimaanlagen am Arbeitsplatz. Wenn Büroluft krank macht, in: n-tv Ratgeber vom 23.08.2010, abgerufen unter: www.n-tv.de/ratgeber/Wenn-Bueroluft-krank-macht-article1327591.html [12.10.2013]

Arbeitsauftrag 1 (informieren und planen)
Lesen Sie den Artikel „Wenn Büroluft krank macht“ und versuchen Sie, aus diesem Text Argumente für den Einsatz von Ventilatoren in Büroräumen abzuleiten.

Arbeitsauftrag 2 (durchführen)
Formulieren Sie einen Werbebrief für den Ventilator. Berücksichtigen Sie dabei den geplanten neuen Marketingmix und Ihre Ergebnisse aus Arbeitsauftrag 1.

Arbeitsauftrag 3 (informieren)
Informieren Sie sich im Lehrbuch „BüroTechnik“ über das Erstellen von Serienbriefen.

Word Kap. 9

Arbeitsauftrag 4 (durchführen)
Gestalten Sie mithilfe eines Textverarbeitungsprogramms den Werbebrief als Serienbrief. Nutzen Sie hierzu die Kundendatei der Duisdorfer BüroKonzept KG.

Arbeitsauftrag 5 (durchführen)
Um auch potenzielle ausländische Kunden ansprechen zu können, bittet Sie Herr Falo, den Werbebrief in englischer Sprache abzufassen. Nutzen Sie hierfür unten stehende Informationen.

Arbeitsauftrag 6 (bewerten und reflektieren)
Präsentieren Sie die erstellten Briefe Ihren Mitschülerinnen. Bewerten Sie gegenseitig Ihre Ergebnisse und nehmen Sie ggf. Korrekturen vor.

Sales letter

Useful words

air-conditioning (Klimaanlage), cold (Erkältung), cold (Kälte), heat, dry air, fresh air, pleasant indoor climate (angenehmes Raumklima), assembly instructions (Montageanleitung), shape (Form), powerful performance (kraftvolle Leistung), high-quality (hochwertig), plastic, material(s), infinitely adjustable (stufenlos regulierbar), fan (Ventilator), propeller, airstream (Luftstrom), pleasant (angenehm), refreshing (erfrischend), reliable (zuverlässig), low/high energy consumption (niedriger/hoher Energieverbrauch), energy efficient, stylish (elegant), well-designed, eye-catcher (Hingucker)

Useful phrases

Addressing the reader	Den Leser ansprechen
▪ Dear Ms/Mr (name) ▪ Dear Sir or Madam ▪ Ladies and gentlemen	▪ Sehr geehrte(-r) (Name), ▪ Sehr geehrte Damen und Herren,
Attracting the reader's attention and getting his interest	**Aufmerksamkeit und Interesse des Lesers wecken**
▪ Are you looking for something ... (special/unique/different/....)? ▪ Are you tired of ... (bad coffee/sitting on uncomfortable chairs/...)? ▪ Thinking of ... (expanding your business/investing money abroad/...)?	▪ Sind Sie auf der Suche nach etwas (Besonderem/Einzigartigem/Anderem/...) ▪ Sind Sie es leid ... (schlechten Kaffee zu trinken/auf unbequemen Stühlen zu sitzen/...?) ▪ Schon mal daran gedacht ... (Ihr Geschäft zu erweitern/Geld im Ausland zu investieren/...)?
Pointing out advantages	**Vorteile herausstellen**
▪ X* is the only product that ... ▪ We have developed/designed a ... (highly innovative/ revolutionary/stylish/ technologically advanced/...) (product). ▪ According to (source) X is ... (the most reliable car in its class/the most user-friendly laptop computer/...)	▪ X ist das einzige Produkt, das ... ▪ Wir haben ein ... (äußerst innovatives/revolutionäres/elegantes/technologisch fortschrittliches/...) (Produkt) entwickelt. ▪ Laut (Quelle) ist X ... (das zuverlässigste Auto seiner Klasse/der benutzerfreundlichste Laptop/...).
Stating the features and benefits	**Merkmale und Nutzen benennen**
▪ X is made of ... ▪ X comes in different ... (sizes/colours/...). ▪ X has the following outstanding features: ... ▪ For your convenience the X has (a/an) ... (touch screen/adjustable armrests/...). ▪ We used ... (one of the fastest CPUs/...) to ... (fulfil your demands/...). ▪ X uses/has one of the best (touchscreens/engines/...) which makes it (easy to use/highly economical/...).	▪ X besteht aus ... ▪ X ist erhältlich in verschiedenen (Farben/Größen/...). ▪ X weist folgende herausragende Merkmale auf: ... ▪ Als besondere Annehmlichkeit verfügt X über ... (einen Touchscreen/verstellbare Armlehnen/...). ▪ Wir haben ... (einen der schnellsten Prozessoren/...) verwendet, um ... (Ihren Ansprüchen gerecht zu werden/...). ▪ X verfügt über eine(n) der besten (Touchscreens/Motoren/...), wodurch er/sie/es (leicht zu bedienen/sehr sparsam/...) ist.

X = Produkt/Produktname*

Saying what the reader should do	Dem Leser erklären, was er tun soll
▪ To test X in your organisation/company, you can arrange a free no-obligation trial now.	▪ Wollen Sie X in Ihrem Unternehmen ausprobieren, können Sie es/sie/ihn kostenlos und unverbindlich testen.
▪ For more detailed information call us on … We would be pleased to assist you.	▪ Benötigen Sie genauere Informationen, rufen Sie uns unter … an. Gerne helfen wir Ihnen weiter.

Vertiefende Aufgaben

Aufgaben zur Produkt- und Sortimentspolitik

Aufgabe 1
Beschreiben Sie das Modell des Produktlebenszyklus.

Aufgabe 2
Erläutern Sie den Unterschied zwischen Grundnutzen und Zusatznutzen eines Produkts.

Aufgabe 3
Erläutern Sie die unterschiedlichen Möglichkeiten der Produktmarkierung.

Aufgabe 4
Im Rahmen der Produktpolitik werden die Begriffe „Produktinnovation", „Produktvariation" und „Produktdifferenzierung" unterschieden. Erläutern Sie diese Formen der Produktpolitik am Beispiel der Duisdorfer BüroKonzept KG.

Aufgabe 5
Unterscheiden Sie die verschiedenen Formen der Produktdiversifikation.

Aufgabe 6
Erklären Sie die Begriffe „Sortimentsbreite" und „Sortimentstiefe".

Aufgaben zur Preis- und Konditionenpolitik

Aufgabe 7
Erklären Sie die Bedingungen des vollkommenen Marktes.

Aufgabe 8
Erläutern Sie die Arten der Preisbildung.

Aufgabe 9
Unterscheiden Sie die langfristige, kurzfristige und liquiditätsorientierte Preisuntergrenze.

Aufgabe 10
Erläutern Sie jeweils an einem Beispiel den Unterschied zwischen
a) Einzel- und Gemeinkosten,
b) variablen und fixen Kosten.

Aufgabe 11

Für ein Produkt liegen folgende Daten vor: Fertigungsmaterial 2.500,00 €, Fertigungslöhne 1.000,00 €. Die Materialgemeinkosten betragen 40 %, die Fertigungsgemeinkosten 130 %. Die Verwaltungs- und Vertriebsgemeinkostenzuschlagssätze betragen jeweils 10 %. Von den Material- und Fertigungsgemeinkosten sind 30 % fix und 70 % variabel. 20 % der fixen Kosten sind ausgabewirksam.
Berechnen Sie die kurzfristige, die langfristige sowie die liquiditätsorientierte Preisuntergrenze.

Aufgabe 12

Die Duisdorfer Bürokonzept KG muss den Preis für den Tischkopierer Sumsang aufgrund gestiegener Kosten neu kalkulieren. Es liegen folgende Informationen vor: Bezugspreis 130,00 €, Handlungskosten 70 %, Gewinn 20 %, Kundenskonto 2 % und Rabatt 10 %.

a) Ermitteln Sie den neuen Angebotspreis.
b) Berechnen Sie den Kalkulationszuschlag (auf eine Stelle nach dem Komma runden) und den Kalkulationsfaktor (auf drei Stellen nach dem Komma runden).

Aufgabe 13

Ein Unternehmen möchte ermitteln, ab welcher Menge ein Produkt Gewinn erwirtschaftet (Break-even-Point). Die variablen Stückkosten betragen 200,00 € und die fixen Kosten 150.000,00 €. Das Produkt wird zu einem Verkaufspreis von 500,00 € verkauft.
Stellen Sie zunächst die Kosten- und die Erlösfunktion auf. Ermitteln Sie dann durch Gleichsetzen der Funktionen den Break-even-Point.
Hinweis: Da am Break-even-Point der Gewinn gleich null ist, gilt die folgende Bedingung: Erlöse – Kosten = 0

Aufgabe 14

Erklären Sie die Preiselastizität der Nachfrage.

Aufgabe 15

Ein Unternehmen erhöht für ein Produkt den Verkaufspreis von 158,00 € auf 197,50 €. Daraufhin sinkt der Absatz von 75 Stück auf 50 Stück. Ermitteln Sie die Preiselastizität der Nachfrage und beurteilen Sie die Entscheidung des Unternehmens.

Aufgabe 16

Beschreiben Sie vier grundsätzliche Preisstrategien.

Aufgabe 17

Was bedeutet Psychologische Preisfestsetzung?

Aufgabe 18

Erklären Sie die unterschiedlichen Formen der Preisdifferenzierung jeweils anhand eines Beispiels.

Aufgabe 19

Welche Art der Preisdifferenzierung liegt in den folgenden Fällen vor?

a) Ein Produkt wird als Markenartikel und als No-Name-Produkt verkauft.
b) Senioren erhalten im Museum freien Eintritt.
c) Die Preise sind in der Nebensaison günstiger als in der Hochsaison.
d) Bei Abnahme von 100 Stück gewährt der Verkäufer einen Rabatt.

Aufgabe 20

Beschreiben Sie mögliche Maßnahmen im Rahmen der Konditionenpolitik.

Aufgabe 21
Unterscheiden Sie Skonto, Rabatt und Bonus. Erklären Sie auch verschiedene Rabattarten.

Aufgabe 22
Die Zahlungsbedingungen in einer Rechnung über 2.500,00 € lauten: „Zahlbar innerhalb von 10 Tagen mit 1 % Skonto oder innerhalb von 60 Tagen netto Kasse.“
Ermitteln Sie den Finanzierungsgewinn oder -verlust, wenn für die Inanspruchnahme von Skonto ein Kredit bei der Bank aufgenommen werden muss, für den 9 % Zinsen zu zahlen sind.

Aufgabe zur Servicepolitik

Aufgabe 23
Deutschland wird zuweilen immer noch als Servicewüste bezeichnet. Finden Sie aus Ihrem persönlichen Lebensbereich jeweils 2 Beispiele, die diese Behauptung unterstützen und widerlegen.

Aufgaben zur Kommunikationspolitik

Aufgabe 24
Welche Gebiete umfasst die Kommunikationspolitik eines Unternehmens?

Aufgabe 25
Unterscheiden Sie Absatzwerbung nach
a) der Zielsetzung,
b) nach der Zahl der Werbenden.

Aufgabe 26
Erläutern Sie die AIDA-Formel an einem selbst gewählten Beispiel.

Aufgabe 27
Beschreiben Sie fünf Werbegrundsätze.

Aufgaben zur Distributionspolitik

Aufgabe 28
Je nach Abhängigkeit der Distributionsorgane vom Hersteller werden das werkeigene, das werkgebundene und das werkunabhängige Vertriebssystem unterschieden. Erläutern Sie diese Vertriebssysteme.

Aufgabe 29
Unterscheiden Sie den direkten und den indirekten Absatz. Beschreiben Sie auch die Vor- und Nachteile des direkten Absatzes.

Aufgabe 30
Die Schöller KG prüft, ob sie für ein neues Produkt einen Handlungsreisenden oder einen Handelsvertreter einsetzen soll. Der Reisende erhält ein monatliches Fixum in Höhe von 3.500,00 €, sonstige Kosten im Jahr 24.000,00 €, Umsatzprovision 2 %. Der Handelsvertreter erhält eine Provision in Höhe von 6 %. Wie lautet Ihre Handlungsempfehlung?

LernFeld 6

Wertströme erfassen und beurteilen

Lernsituationen

Lernsituation 6.1.1
Das Rechnungswesen in das Gesamtgefüge eines Unternehmens einordnen

Der rote Faden

Das Zusammenspiel der einzelnen Bereiche eines Unternehmens erkennen

Andere Unternehmen und Institutionen in das Unternehmensgeschehen einordnen

Ausgangssituation

Bevor Sie Ihren Ausbildungsabschnitt in der Abteilung „Rechnungswesen" beginnen, erhalten Sie in der Berufsschule folgendes Schaubild.

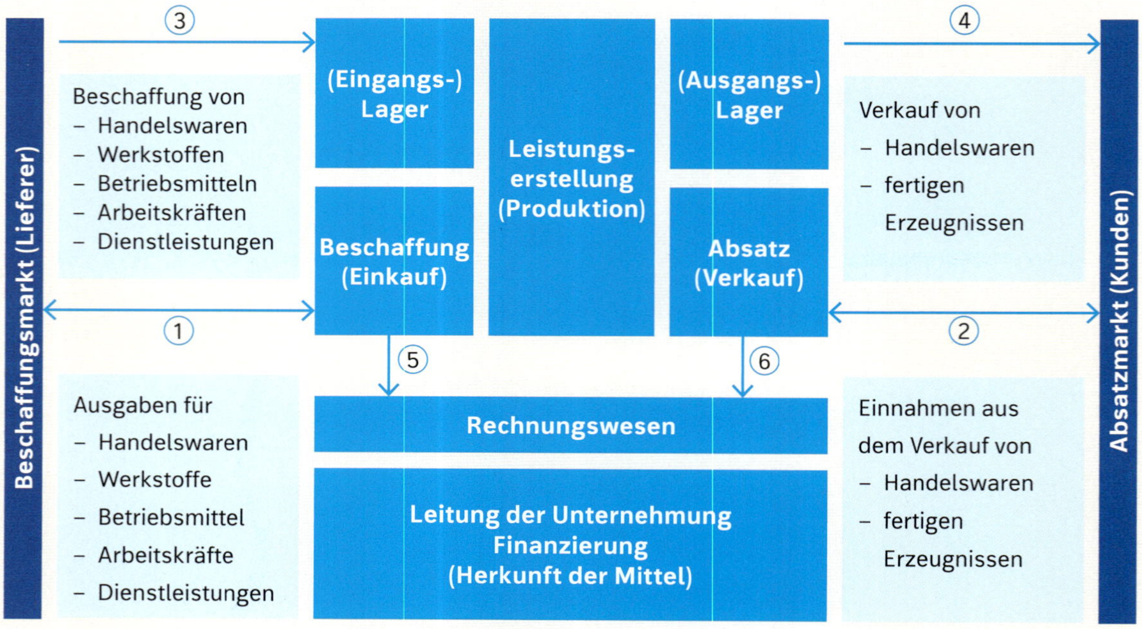

Arbeitsauftrag 1 (analysieren)

Analysieren Sie das dargestellte Schaubild.

Arbeitsauftrag 2 (informieren)

LF 6, 1

Informieren Sie sich in Ihrem Lehrbuch „BüroWelt 1" über die Einordnung des Rechnungswesens in das Gesamtgefüge eines Unternehmens.

Arbeitsauftrag 3 (planen und durchführen)

Bearbeiten Sie die folgenden Aufgaben:

a) Die folgenden Ereignisse stellen typische Geschäftsprozesse eines Industrieunternehmens dar. Ordnen Sie diesen Geschäftsprozessen die zutreffende Ziffer (1 bis 6) aus der obigen Abbildung zu.

- ☐ Kauf einer neuen EDV-Anlage für die Verwaltung
- ☐ Weitergabe einer Rechnung für bezogene Produktionsmaterialien zum Zwecke des Rechnungsausgleichs
- ☐ Lieferung der hergestellten Erzeugnisse an einen Kunden
- ☐ Weiterleitung einer Ausgangsrechnung (Verkauf von Handelswaren) zur Überprüfung des Zahlungseingangs
- ☐ Eingang der bestellten Produktionsmaterialien
- ☐ Verkauf der selbst hergestellten Erzeugnisse an einen Kunden
- ☐ Eingang der Rechnung für den Einkauf der Büromaterialien
- ☐ Abgabe eines Angebots für Büroschränke
- ☐ Eingang eines Angebots für Handelswaren

b) Das oben stehende Schaubild kann durch den **Geld- und Kapitalmarkt (Banken)** und den **Staat** erweitert werden. Folgende Leistungen zwischen der Duisdorfer BüroKonzept KG und diesen Institutionen stellen grundsätzliche Ereignisse dar:

⑦ Überweisung der Gewerbesteuer für das abgelaufene Geschäftsjahr
⑧ Aufnahme eines Darlehens zur Finanzierung einer Produktionsanlage
⑨ Subventionszahlung für die Teilnahme an einem ökologischen Projekt
⑩ Tilgung einer aufgenommenen Hypothek

Erweitern Sie das obige Schaubild, indem Sie die Institutionen **Geld- und Kapitalmarkt (Banken)** und **Staat** hinzufügen. Verbinden Sie die Institutionen mit Pfeilen im Schaubild und weisen Sie diesen Pfeilen die Ziffern 7 bis 10 (siehe oben) zu.

Lernsituation 6.1.2
Aufgaben und Bereiche des Rechnungswesens beschreiben

Der rote Faden

- **Aufgaben des Rechnungswesens erarbeiten**
- **Bereiche des Rechnungswesens zuordnen**

Ausgangssituation

Auf dem Weg vom Parkplatz ins Büro treffen sich Frau Albers (Ausstattungsberatung, Vertrieb) und Herr Fernandez, der Leiter der Abteilung „Rechnungswesen“. Es kommt zu folgendem Gespräch:

Herr Fernandez: „Guten Morgen, Frau Albers. Sie sind heute aber auch schon früh dran.“

Frau Albers: „Ja, das stimmt. Wir bekommen heute Besuch von den Einkäufern eines neuen Kunden. Ich muss die Produktpräsentation noch einmal durchgehen. Wenn alles gut läuft, dann ziehen wir einen richtig großen Auftrag an Land. In der letzten Zeit hatten wir daher wirklich viel zu tun. Aber so ist es eben im Vertrieb. Wenn wir unsere Arbeit nicht gut machen und nichts verkaufen, sind wir bald alle arbeitslos.“

Herr Fernandez: „Wie meinen Sie das denn? Das hört sich ja gerade so an, als ob Sie der Auffassung sind, dass die Arbeit in den anderen Abteilungen total unwichtig sei. Dabei können Sie doch überhaupt nicht wissen, ob die Preise, die Sie dem Kunden mitteilen, unsere Kosten decken, und wie das Unternehmen insgesamt wirtschaftlich dasteht. Woher wissen Sie denn, welche unserer Produkte welchen Anteil am Gewinn haben?“

Frau Albers: „Okay, das Gesamtergebnis unseres Unternehmens können Sie ermitteln. Das ist bestimmt auch sehr wichtig. Aber welchen Anteil unsere einzelnen Produkte am Gesamtergebnis haben, das wissen Sie doch auch nicht. Sie arbeiten doch hauptsächlich für das Finanzamt, und das nur deswegen, weil das Gesetz das so vorschreibt.“

Herr Fernandez: „Jetzt bin ich aber schon sehr vor den Kopf gestoßen. Ich hätte nicht gedacht, dass Sie so wenig über unsere Arbeit im Rechnungswesen wissen. Es ist schon richtig, dass wir alle Aufwendungen und Erträge dokumentieren und daraus können wir dann natürlich den Erfolg ermitteln. Diese Tätigkeiten gehören zu den Jahresabschlussarbeiten, ohne die die Steuererklärung nicht erstellt werden könnte. Das ist aber noch lange nicht alles. Wir führen Aufzeichnungen über alle unsere Vermögensgegenstände und wir haben natürlich auch einen Überblick über die Höhe der Schulden unseres Unternehmens. Das ist aber nur möglich, wenn wir alle Vorgänge, die zu einer Veränderung des Vermögens oder der Schulden führen, ganz genau aufschreiben. Ach ja, und wenn ein Lieferant behauptet, dass eine Rechnung nicht bezahlt wurde, dann können wir auch das mit der ganz leicht überprüfen. Außerdem können wir feststellen, ob unsere Kunden pünktlich bezahlen. Das alles sind übrigens die Aufgaben der Finanzbuchhaltung, die nur ein Teilbereich des Rechnungswesens darstellt.“

Frau Albers: „Na gut, ich habe Ihre Arbeit vielleicht ein bisschen unterschätzt. Aber uns im Vertrieb bringt der ganze Kram doch wirklich nicht viel, oder?“

Herr Fernandez: „Das stimmt so nicht ganz. Direkt bringt Ihnen die Arbeit in der Buchhaltung vielleicht nicht sehr viel, aber die Ergebnisse der Arbeit in der Finanzbuchhaltung bilden die Grundlage für eine Reihe von Auswertungen. So werden z. B. die Ein- und Ausgaben den Abteilungen unseres Unternehmens zugerechnet. Wir können dann genau erkennen, welche Abteilung, also Kostenstelle, welche Kosten verursacht hat und somit können wir auch bestimmen, wie hoch der Anteil Ihrer Abteilung am Erfolg unseres Unternehmens war. Aber was für Sie noch viel wichtiger ist: Wir liefern Ihnen die Grundlage für die Kalkulation der Verkaufspreise. Erst durch diese Arbeiten ist es möglich, eine Aussage zur Wirtschaftlichkeit unseres Unternehmens zu machen. Der Bereich des Rechnungswesens, der sich mit diesen Dingen beschäftigt, wird bei uns als Kosten- und Leistungsrechnung bezeichnet.“

Frau Albers: „Ich muss zugeben, dass mir das bislang gar nicht so klar war."

Herr Fernandez: „Das ist ja noch nicht alles. Die Ergebnisse der Finanzbuchhaltung und der Kosten- und Leistungsrechnung werden bei uns noch weiter verwendet und ausgewertet. Wir erstellen z. B. Diagramme, die die Umsätze einzelner Produkte oder Produktgruppen darstellen. Damit wir beurteilen können, ob sich unser Unternehmen gut entwickelt und ob wir auf dem Markt gut aufgestellt sind, vergleichen wir diese Diagramme mit den Ergebnisauswertungen aus den Vorjahren und, sofern uns diese Informationen vorliegen, mit den Ergebnissen der Konkurrenz. Hierdurch schaffen wir eine weitere Entscheidungsgrundlage für die strategische Unternehmensplanung. Dieser Bereich des Rechnungswesens wird bei uns als Statistik bezeichnet."

Frau Albers: „Sie haben mich wirklich überzeugt. Eine Frage habe ich jetzt aber doch: Kann es nicht zu Fehlentscheidungen kommen, wenn unsere Chefs Ihre Entscheidungen ausschließlich auf der Grundlage der Daten aus vergangenen Geschäftsjahren treffen?"

Herr Fernandez: „Das ist tatsächlich so. Aus diesem Grund nehmen wir z. B. die Ergebnisse der Kosten- und Leistungsrechnung und der Statistik und versuchen möglichst genaue Aussagen über die zukünftige Umsatzentwicklung abzuleiten. Das können natürlich nur Schätzungen sein, aber im Zusammenhang mit den übrigen Daten kommt eine richtig gute Entscheidungsgrundlage zustande. Außerdem müssen wir ja irgendwie die Budgets für die einzelnen Abteilungen für das jeweilig kommende Geschäftsjahr festlegen. Wichtig ist natürlich, dass wir im laufenden Geschäftsjahr ständig prüfen, ob unsere Schätzungen mit den tatsächlichen Werten übereinstimmen. Wenn das nicht der Fall ist, dann müssen die Ursachen herausgefunden und eventuell Anpassungen vorgenommen werden. Dies ist bei uns die Aufgabe der Planung und des Controllings."

Frau Albers: „Ich bin wirklich beeindruckt. Herr Fernandez, ich danke Ihnen für die interessanten Einblicke in die Aufgaben und Bereiche Ihrer Abteilung."

Arbeitsauftrag 1 (analysieren)

Analysieren Sie die Unterhaltung zwischen Frau Albers und Herrn Fernandez.
Worum geht es in der Unterhaltung allgemein?

Arbeitsauftrag 2 (informieren)

Informieren Sie sich in Ihrem Lehrbuch „BüroWelt 1" über die Einordnung der Aufgaben und Bereiche des Rechnungswesens.

LF 6, 1.1 u. 1.2

Arbeitsauftrag 3 (planen und durchführen)

Erstellen Sie eine Übersicht, aus der sowohl die Bereiche des Rechnungswesens als auch deren zugehörige Aufgaben hervorgehen.

Lernsituation 6.1.3
Gesetzliche Vorgaben für die Buchführung anwenden – GoB

Der rote Faden

Gesetzliche Vorgaben für die Buchführung erarbeiten

Die Grundsätze ordnungsmäßiger Buchführung anwenden

Ausgangssituation

Als Auszubildende sind Sie derzeit im Rechnungswesen eingesetzt. Herr Fernandez konfrontiert Sie mit folgenden Aussagen zu den Grundsätzen ordnungsmäßiger Buchführung:

a) Früher war alles besser. Wir mussten falsch erstellte Buchungen nicht durch aufwendige Stornobuchungen korrigieren. Stattdessen haben wir die falsche Buchung einfach gelöscht.

b) Die letzte Autowäsche für einen unserer Geschäftswagen haben wir bar bezahlt. Ich habe den Beleg nicht mehr gefunden und daher auch nicht gebucht. Die Ausgabe lag aber ohnehin nur bei 5,50 €. Dafür lohnt sich das Suchen auch nicht mehr.

c) Im Alltag ist es mir manchmal zu aufwendig, alles auszuschreiben. Ich verwende daher häufig Abkürzungen. Die Abkürzungen haben aber manchmal nichts mit dem eigentlichen Begriff zu tun. Damit die vom Finanzamt nichts zu meckern haben, lege ich immer meine selbst erstellte Legende zu den Unterlagen.

d) Manchmal haben wir für Barverkäufe keinen Beleg. Damit wir keine Schwierigkeiten mit dem Finanzamt bekommen, buchen wir diese Vorgänge dann einfach, ohne einen Beleg zu haben.

e) Wir werden regelmäßig vom Finanzamt geprüft. Das ist immer total lästig. Um den Sachbearbeitern ihre Arbeit etwas zu erschweren, achten wir darauf, dass einige Sachverhalte etwas unklar und unübersichtlich aufgezeichnet werden.

f) Wir versuchen, den Aufwand immer so gering wie möglich zu halten. Aus diesem Grund rechnen wir die Mietaufwendungen (Mieten, Pachten) und die Mieterträge (Nebenerlöse aus Vermietung und Verpachtung) gegeneinander auf und dokumentieren nur den sich daraus ergebenden Wert.

g) Um effizienter arbeiten zu können, haben wir zu Beginn des Geschäftsjahres festgelegt, die Kasseneinnahmen und Kassenausgaben nur noch zweimal im Monat im System zu erfassen.

Arbeitsauftrag 1 (analysieren)

Analysieren Sie die von Herrn Fernandez gemachten Aussagen.

Arbeitsauftrag 2 (informieren)

Informieren Sie sich in Ihrem Lehrbuch „BüroWelt 1“ über die gesetzlichen Vorgaben für die Buchführung.

LF 6, 1.3

Arbeitsauftrag 3 (planen und durchführen)

Stellen Sie die Aussagen unter Angabe der entsprechenden Rechtsgrundlage(n) inhaltlich richtig.

Arbeitsauftrag 4 (beurteilen und bewerten)

Nehmen Sie Stellung zur folgenden Aussage: „Die Grundsätze ordnungsgemäßer Buchführung verursachen in Unternehmen einen erheblichen Mehraufwand in der Buchführung. Sie stehen in keinem Verhältnis zu deren Nutzen.“

Lernsituation 6.1.4
Gesetzliche Vorgaben für die Buchführung anwenden – Aufbewahrungsfristen

Der rote Faden

Die Aufbewahrungsfristen für Belege und für in der Buchführung erstellte Unterlagen unterscheiden

Ausgangssituation

Herr Fernandez ist unzufrieden. Er sitzt vor einem Berg von bereits dokumentierten (gebuchten) Belegen und schimpft: „Was sollen wir mit dem ganzen Papier noch anfangen? Am besten schmeißen wir den ganzen Kram einfach ins Altpapier!"

Sie wagen einen Blick auf den Schreibtisch Ihres Vorgesetzten und sehen den folgenden Beleg:

WITTMANN AG

Bürotechnik

Wittmann AG, Untere Dorfstr. 130, 57074 Siegen

Duisdorfer BüroKonzept KG
Rochusstraße 30
53123 Bonn

Ihr Zeichen:
Ihre Bestellung vom:
Unser Zeichen: BK
Unsere Nachricht vom:

Name: Bianca Kuhn
Telefon: 0271 80053-72
Telefax: 0271 80053-10
E-Mail: bianca.kuhn@wittmann-ag.de

Datum: 27.06.20..

Rechnung

Lieferanten-Nummer:
4410

Kunden-Nr.: 2495420
Rechnungs-Nr.: 50215
Lieferschein-Nr.:
Versanddatum:

Artikel-Nr.	Artikel-Bezeichnung	Menge	Einzelpreis €	Gesamtpreis €
300213	Scann-Chef 100	10	100,00	1.000,00
		Nettobetrag		1.000,00
		Umsatzsteuer 19,0 %		190,00
		Rechnungsbetrag		1.190,00

Arbeitsauftrag 1 (analysieren)

Analysieren Sie den oben abgebildeten Beleg.

Arbeitsauftrag 2 (informieren)

Informieren Sie sich in Ihrem Lehrbuch „BüroWelt 1" über die gesetzlichen Aufbewahrungsfristen.

LF 6, 1.3

Arbeitsauftrag 3 (planen und durchführen)

a) Entscheiden Sie, wie lange der Beleg aufbewahrt werden muss, wann die Frist beginnt und in welcher Form der Beleg archiviert werden darf.

b) Vervollständigen Sie folgende Tabelle:

Beleg	Ausstellungsdatum	Aufbewahrungsfrist	Fristbeginn	Fristende
Eingangsrechnung	04.01.2010			
Angebot an einen Kunden	10.10.2015			
Kontoauszug der Volksbank Köln Bonn eG	31.12.2016			
Bilanz zum 31.12.2017	10.01.2018			
Ausgangsrechnung	31.08.2013			
Bestellung an einen Lieferanten	20.07.2012			

Arbeitsauftrag 4 (beurteilen und bewerten)

Nehmen Sie Stellung zur folgenden Aussage: „Ein Unternehmen sollte selbst entscheiden dürfen, wie lange es seine Belege aufbewahrt."

Lernsituation 6.1.5
Zusammenhang zwischen Kapital und Vermögen erkennen

Der rote Faden

Kapital und Vermögen unterscheiden

Den Zusammenhang zwischen Anlage- und Umlaufvermögen, Eigen- und Fremdkapital erkennen

Ausgangssituation

Um Sie für die weitere Arbeit in der Buchhaltung der Duisdorfer Bürokonzept KG zu wappnen, erhalten Sie von Herrn Fernandez die Aufgabe, einige Übungen durchzuführen, um sich die in der Buchhaltung elementaren Begriffe „Vermögen" und „Kapital" zu erschließen.

LF 6, 1.4

Arbeitsauftrag 1 (informieren)
Informieren Sie sich in Ihrem Lehrbuch „BüroWelt 1“ über den Zusammenhang zwischen Kapital und Vermögen.

Arbeitsauftrag 2 (planen und durchführen)
Bilden Sie aus folgenden Begriffen zutreffende Gleichungen:
Lösungshinweis: Es müssen nicht immer alle Begriffe verwendet werden.

Erstellen Sie aus den folgenden Begriffen jeweils Gleichungen:

a) Mittelherkunft, Anlagevermögen, Eigenkapital, Kapital, Mittelverwendung, Vermögen, Fremdkapital, Umlaufvermögen

b) Vermögen, Anlagevermögen, Eigenkapital, Fremdkapital, Umlaufvermögen

c) Vermögen, Anlagevermögen, Kapital, Eigenkapital, Fremdkapital

d) Mittelverwendung, Vermögen, Eigenkapital, Mittelherkunft

Vertiefende Aufgabe

Aufgabe
Vervollständigen Sie die folgende Tabelle, indem Sie die fehlenden Werte ermitteln.

	Anlagevermögen	Umlaufvermögen	Eigenkapital	Fremdkapital	Vermögen	Kapital
a)		60.000,00 €	120.000,00 €	80.000,00 €		
b)	150.000,00 €		122.000,00 €	75.000,00 €		
c)	145.000,00 €	45.000,00 €		95.000,00 €		
d)	152.000,00 €	63.000,00 €	131.000,00 €			
e)	149.000,00 €			78.000,00 €	220.000,00 €	
f)		67.000,00 €	139.000,00 €			218.000,00 €

Lernsituation 6.1.6
Eine Inventur durchführen

Der rote Faden

Die Grundlagen einer Inventur erarbeiten

Eine Inventur planen und durchführen

Ausgangssituation

Am Ende des Geschäftsjahres stehen in der Duisdorfer BüroKonzept KG die Inventurarbeiten an. Der Kiosk, an dem die Mitarbeiterinnen sich mit kleinen Snacks versorgen können, ist von den Arbeiten nicht ausgenommen. Die folgenden Unterlagen stellen exemplarisch die Situation im Kiosk dar.

In der Geschäftskasse befinden sich zwei Banknoten à 20,00 €, vier Banknoten à 10,00 €, drei Banknoten à 5,00 €, zwölf Münzen à 2,00 €, acht Münzen à 1,00 € und sechs Münzen à 0,50 €.

Anlagenkarten (vereinfacht)

Bezeichnung:	Verkaufsregale High Vision
Anzahl:	4 Stück
Aktueller Wert pro Stück:	350,00 €

Bezeichnung:	Registerkasse CSH 3000
Anzahl:	1 Stück
Aktueller Wert pro Stück:	275,00 €

Bezeichnung:	Verkaufstheke Wonderboost
Anzahl:	1 Stück
Aktueller Wert pro Stück:	400,00 €

Bezeichnung:	Beleuchtungs-system FlashFire
Anzahl:	1 Stück
Aktueller Wert pro Stück:	210,00 €

Bezeichnung:	Notebook (netzwerkfähig)
Anzahl:	1 Stück
Aktueller Wert pro Stück:	630,00 €

Bezeichnung:	Kühlschrank SK 350Z
Anzahl:	1 Stück
Aktueller Wert pro Stück:	750,00 €

Bezeichnung:	Verkaufsraum
Aktueller Wert pro Stück:	45.000,00 €

	BIC	IBAN	erstellt am	Auszug	Blatt
Volksbank Köln Bonn eG	GENODED1BRS	DE85 3860 0186 2401 2345 67	02.01.20.. 12:16	87	1

BU-TAG	VORGANG	
30.12.20..	Überweisung Süßwaren Kübler DE30 4507 0002 0147 2583 69 Deutsche Bank Rechnung 27 325 vom 28.12.20..	64,50
	SALDO NEU €	1.245,60+
	Kreditlimit €	5.000,00

Darlehensauszug
Postbank Köln

IBAN	BIC	Datum	Auszug	Blatt
DE23 3701 0050 8884 4412 34	PBNKDEFF370	31.12.20..	1	1

Zeile	Buchungstag	Wert	Verwendungszweck	Betrag (€)
1	31.12.	31.12.	Stand des Darlehens	3.500,00 S

Vereinbarungen:
Das Darlehen ist am 30.03.20.. in einer Summe zurückzuzahlen
Die Zinsen i.H.v. 5,5 % sind in Teilbeträgen jeweils am 30.03. jeden Jahres nachträglich zu zahlen.

Kontostand am 31.12.20.. 3.500,00 S

Duisdorfer BüroKonzept KG
Rochusstraße 30
53123 Bonn

Lagerbestände

Artikel	Anzahl	Einstandpreis pro Stück
Super saure Zungen	5 Dosen	3,50 €
ABC Bären	3 Dosen	4,20 €
Schokosticks	4 Packungen	6,50 €
Mineralwasser	8 Kästen	5,50 €
Orangensaft	6 Kästen	8,50 €
Apfelsaft	5 Kästen	7,00 €
Nusskracher	2 Kartons	11,40 €

HANDELSHAUS KG

SÜSSWAREN UND DELIKATESSEN

Handelshaus KG, Hauptstraße 13, 53111 Bonn

Duisdorfer BüroKonzept KG
Rochusstraße 30
53123 Bonn

Ihr Zeichen:
Ihre Bestellung vom:
Unser Zeichen: nf
Unsere Nachricht vom:

Name: Nicole Frisch
Telefon: 0228 4569137
Telefax: 0288 4569110
E-Mail: n.frisch@handelshauskg.de

Datum: 20.12.20..

Rechnung

Lieferanten-Nummer
4499

Kunden-Nr.: 7913
Rechnungs-Nr. 3247
Lieferschein-Nr.: 3247
Versanddatum:

Artikel-Nr.	Artikel-Bezeichnung	Menge	Einzelpreis €	Gesamtpreis €
1212	saure Zungen	2 Dosen	0,80	1,60
3541	Schokolade Nusskracher	4 Kartons	11,40	45,60
		Nettobetrag		47,20
		Umsatzsteuer 19,0 %		8,97
		Rechnungsbetrag		56,17

Duisdorfer BüroKonzept KG

Inventurliste

Aufnahme durchgeführt von	
Aufnahme durchgeführt am	

Lfd. Nr.	Menge	Bezeichnung des Vermögensgegenstands	Wert gesamt

Arbeitsauftrag 1 (analysieren)

Analysieren Sie die aufgeführten Unterlagen.

Arbeitsauftrag 2 (informieren)

Informieren Sie sich in Ihrem Lehrbuch „BüroWelt 1" über die Inventur.

LF 6, 1.4

Arbeitsauftrag 3 (planen und durchführen)

a) Erstellen Sie auf der Grundlage der Ihnen zur Verfügung stehenden Informationen eine Inventurliste. Übertragen Sie hierzu die obige Vorlage in Ihr Arbeitsheft oder erstellen Sie sie mit einem Tabellenkalkulationsprogramm.

b) Erstellen Sie eine Übersicht aus den Positionen Ihrer Inventurliste, die körperlich bzw. nicht körperlich erfasst werden, und erklären Sie im Anschluss den grundsätzlichen Unterschied zwischen diesen beiden Inventurarten.

Vertiefende Aufgabe

Aufgabe

Der Arbeitsaufwand, der durch die Inventur entsteht, ist in der Regel sehr hoch. Per Gesetz sind daher Inventurvereinfachungsverfahren erlaubt. Vergleichen Sie diese Inventurvereinfachungsverfahren miteinander. Formulieren Sie Herrn Langner einen schriftlichen, begründeten Vorschlag, welches Inventurverfahren Sie für den Kiosk der Duisdorfer BüroKonzept KG als sinnvoll erachten.

Lernsituation 6.1.7
Ein Inventar erstellen

Der rote Faden

Ein Inventar aufstellen

Den Aussagegehalt eines Inventars erkennen

Ausgangssituation

In Kapitel 1.4.2 b) (BüroWelt 1) befindet sich das Inventar der Duisdorfer BüroKonzept KG des laufenden Geschäftsjahres. Die ausgewiesenen Werte weichen vom Inventar des aktuellen Geschäftsjahres der Duisdorfer BüroKonzept KG ab. Dem Vorjahresinventar liegen folgende Werte zugrunde:

Grundstücke in der Rochusstraße 30	120.000,00 €
Betriebsgebäude	461.250,00 €
Lagerhalle	112.750,00 €
Verwaltungsgebäude	399.750,00 €
Technische Anlagen und Maschinen lt. AV 1	600.000,00 €
Werkzeuge	56.000,00 €
Lager- und Transporteinrichtung	90.000,00 €
Fuhrpark	105.000,00 €
Büromaschinen, Kommunikationsanlagen	40.000,00 €
Büromöbel	25.000,00 €
Rohstoffe/Fertigungsmaterial lt. IV 1	21.000,00 €
Hilfsstoffe lt. IV 2	7.200,00 €
Betriebsstoffe lt. IV 3	1.800,00 €
Unfertige Erzeugnisse lt. IV 4	86.000,00 €
Fertige Erzeugnisse lt. IV 5	34.050,00 €
Handelswaren lt. IV 6	130.000,00 €
Forderungen a. LL lt. FV	22.000,00 €
Kasse	3.200,00 €
Guthaben Volksbank Köln Bonn eG (Bank)	45.000,00 €
Guthaben Postbank Köln (Postbank)	115.000,00 €
Hypothek bei der Volksbank Köln Bonn eG	990.000,00 €
Darlehen bei der Postbank Köln	850.000,00 €
Verbindlichkeiten a. LL lt. VV	320.000,00 €

Frau Niester bemerkt die zum Teil erheblichen Abweichungen und betraut Sie mit weiteren Aufgaben.

Arbeitsauftrag 1 (analysieren)
Analysieren Sie das dargestellte Arbeitsmaterial.

Arbeitsauftrag 2 (informieren)
Informieren Sie sich in Ihrem Lehrbuch „BüroWelt 1“ über das Inventar.

LF 6, 1.4

Arbeitsauftrag 3 (planen und durchführen)
Erstellen Sie aus obiger Tabelle ein formgerechtes Inventar. Übertragen Sie hierzu die abgebildete Vorlage in Ihr Arbeitsheft. Erweitern Sie die Anzahl der Zeilen nach den Erfordernissen der Aufgabe. Alternativ können Sie das Formular auch mit einem Tabellenkalkulationsprogramm erstellen.

Duisdorfer BüroKonzept KG, Rochusstraße 30, 53123 Bonn
Inventar zum 31.12.20..

Duisdorfer BüroKonzept KG

	€	€

AV = Anlagenverzeichnis, IV = Inventurverzeichnis, FV = Forderungsverzeichnis, VV = Verbindlichkeitenverzeichnis

LF 6, 1.4

Arbeitsauftrag 4 (beurteilen und bewerten)
Stellen Sie in einer Übersicht die Veränderungen des Anlagevermögens, des Umlaufvermögens, der langfristigen Schulden und der kurzfristigen Schulden des Inventars aus Arbeitsauftrag 3 (Vorjahr) und des Inventars aus dem Lehrbuch „BüroWelt 1“ Kap. 1.4.2 b) (aktuelles Jahr) gegenüber. Analysieren Sie das Gesamtergebnis und unterbreiten Sie Frau Niester mögliche Ursachen für die Veränderungen.

Vertiefende Aufgabe

Aufgabe
Erstellen Sie aus den folgenden Angaben ein aussagekräftiges Inventar für Paul Klössgen e. Kfm. zum 31.12.20... Orientieren Sie sich bei der Gestaltung des Formulars am Arbeitsauftrag 3.
Verwaltungsgebäude 637.000,00 €, Kunde Eibenholz OHG 110.000,00 €, Lieferer Schmiedt e. Kfm. 105.000,00 €, Hypothek bei der Deutschen Bank 875.000,00 €, Bankguthaben bei der Commerzbank 111.000,00 €, Rohstoffe/Fertigungsmaterial lt. IV 1 285.000,00 €, Grundstück 250.000,00 €, Lieferer Clarksen KG 201.000,00 €, Darlehensschulden Commerzbank 920.000,00 €, Kasse 13.500,00 €, Kunde Schneider KG 217.000,00 €, Betriebsstoffe lt. IV 2 42.000,00 €, Fabrikhalle 415.000,00 €, Betriebs- und Geschäftsausstattung lt. AV 2 167.000,00 €, Hilfsstoffe lt. IV 3 18.000,00 €, Fertige Erzeugnisse lt. IV 5 723.000,00 €, Darlehensschulden Deutsche Bank 1.377.000,00 €, Technische Anlagen und Maschinen lt. AV 1 575.000,00 €, Unfertige Erzeugnisse lt. IV 4 508.000,00 €, Bankguthaben Deutsche Bank 95.000,00 €, Lieferer Müller und Meier OHG 69.000,00 €.

Lernsituation 6.1.8
Unternehmenserfolg durch Eigenkapitalvergleich ermitteln

Der rote Faden

Den Unternehmenserfolg durch Eigenkapitalvergleich ermitteln

Privateinlagen/-entnahmen bei der Erfolgsermittlung berücksichtigen

Ausgangssituation

Sie haben an der Erstellung des Inventars für die Duisdorfer BüroKonzept KG mitgearbeitet und teilen dies auch stolz Ihrem Mitauszubildenden Manfred mit. Manfred war in den ersten Wochen seiner Ausbildung in einer anderen Abteilung und weiß bislang nur wenig über die Vorgänge im Rechnungswesen. Es kommt zu folgendem Gespräch:

Sie: „Die Aufstellung des Inventars war echt mit viel Arbeit verbunden. Das hätte ich vorher nicht gedacht. Aber jetzt ist es fertig. Als ich das fertige Inventar gesehen habe, war ich schon ein bisschen stolz. Schließlich habe ich auch einen Beitrag geleistet."

Manfred: „Na ja, im Prinzip habt ihr die Inventurergebnisse doch nur ein bisschen zusammengefasst. Gut, ihr bringt da eine Ordnung rein, sodass das Inventar etwas übersichtlicher wirkt. Aber so richtig aussagekräftig finde ich es jetzt nicht."

Sie: „Dann solltest du die Inventurliste und das fertige Inventar aber mal nebeneinanderlegen. Im Inventar bekommst du auf den ersten Blick einen Eindruck von der Vermögens- und Kapitallage unseres Unternehmens. Durch die Aufteilung in Anlage- und Umlaufvermögen erkennst du schon, wo das Geld im Unternehmen steckt."

Manfred: „Das mag ja stimmen. Aber über den Gewinn macht das Inventar keine Aussage. Es ist bestimmt nicht unwichtig zu wissen, wie hoch Anlage- und Umlaufvermögen sind. Und auch die Höhe der Schulden und das Eigenkapital kann man gut erkennen. Aber was soll das alles bringen, wenn man nicht weiß, ob im abgelaufenen Geschäftsjahr ein Gewinn erwirtschaftet worden ist?"

Nachdenklich schauen Sie Manfred an und überlegen, ob der Gewinn mithilfe des Inventars wirklich nicht ermittelt werden kann.

Arbeitsauftrag 1 (analysieren)

Analysieren Sie die das Gespräch und formulieren Sie die Problemstellung mit eigenen Worten.

Arbeitsauftrag 2 (informieren)

Informieren Sie sich in Ihrem Lehrbuch „ BüroWelt 1" über die Möglichkeiten, den Erfolg eines Unternehmens durch einen Eigenkapitalvergleich zu berechnen.

LF 6, 1.4

Arbeitsauftrag 3 (planen und durchführen)

a) Ermitteln Sie den Erfolg der Duisdorfer BüroKonzept KG auf der Grundlage der vorliegenden Inventare.

b) Erweitern Sie Ihre Berechnungen, indem Sie folgende Informationen in die Erfolgsermittlung miteinbeziehen:
Zum 18. Geburtstag hat Herr Falo seinem Sohn einen gebrauchten Kleinwagen geschenkt. Er hat die Rechnung über das Geschäftskonto der Duisdorfer BüroKonzept KG beglichen. Das Konto wurde mit 8.000,00 € belastet. Im gleichen Geschäftsjahr hatte Frau Niester fünf Richtige im Lotto. Die Gewinnsumme beträgt insgesamt 12.000,00 €. Da Frau Niester das Geld derzeit nicht benötigt, hat sie es nach Absprache mit Herrn Falo auf das Geschäftskonto des Unternehmens eingezahlt.
Welchen Einfluss haben die beschriebenen Vorgänge auf die Höhe des Erfolgs der Duisdorfer BüroKonzept KG?

Vertiefende Aufgaben

Aufgabe 1

Erklären Sie, aus welchem Grund die Privateinlagen bzw. die Privatentnahmen bei der Ermittlung des Erfolgs berücksichtigt werden müssen. Machen Sie in Ihrer Erklärung außerdem deutlich, wieso die Privateinlagen vom ermittelten Zwischenergebnis abgezogen werden, während die Privatentnahmen zum Zwischenergebnis hinzuaddiert werden müssen.

Aufgabe 2

Das Eigenkapital eines Unternehmens beträgt am Geschäftsjahresende 750.000,00 €. Zu Beginn des Geschäftsjahres betrug das Eigenkapital 720.000,00 €. Im Verlauf des Geschäftsjahres wurden dem Unternehmen insgesamt 25.000,00 € für private Zwecke entnommen. Dafür konnte einer der Gesellschafter dem Unternehmen ein geerbtes Grundstück überschreiben. Der Wert des Grundstücks beträgt 90.000,00 €. Ermitteln Sie den Erfolg des Unternehmens.

Aufgabe 3

Am Anfang des Geschäftsjahres beträgt das Eigenkapital eines Unternehmens 425.000,00 €. Dem Inventar des Unternehmens ist am Geschäftsjahresende ein Anlagevermögen von insgesamt 430.000,00 € zu entnehmen. Das Umlaufvermögen weist eine Höhe von 340.000,00 € aus. Die Schulden belaufen sich am Geschäftsjahresende auf insgesamt 310.000,00 €. Die Gesellschafter haben dem Unternehmen im Verlauf des Geschäftsjahres 40.000,00 € für private Zwecke entnommen. Im gleichen Zeitraum kam es auch zu einer privaten Einlage in Höhe von 25.000,00 €. Ermitteln Sie die Höhe des Unternehmenserfolgs.

Lernsituation 6.1.9
Eine Bilanz aufstellen

Der rote Faden

Eine formgerechte Bilanz aufstellen

Ausgangssituation

Manfred ist überrascht, dass man aus dem Inventar den Erfolg eines Unternehmens ermitteln kann. Ganz zufrieden ist er aber dennoch nicht.

Manfred: „Das hätte ich nicht gedacht, dass man den Gewinn so einfach ermitteln kann. Obwohl, eigentlich ist es ja klar, dass eine Steigerung des Eigenkapitals auf einen Gewinn hinweist und eine Senkung des Eigenkapitals auf einen Verlust."

Sie: „Ja, das stimmt. Das ist das Schöne an der Buchführung. Vieles ist wirklich total logisch."

Manfred: „Ich finde das Inventar aber trotzdem zu unübersichtlich. Durch das Aufschreiben aller Einzelpositionen, z. B. bei den Gebäuden oder der Betriebs- und Geschäftsausstattung, wird das ganze Konstrukt doch ziemlich lang und auf den ersten Blick ist es schwer zu erkennen, ob das Unternehmen ein größeres Anlage- oder Umlaufvermögen hat. Und dann wird auch noch alles einfach untereinandergeschrieben. Gibt es keine bessere Darstellungsform?"

Die gleiche Frage haben Sie sich auch schon gestellt. Im Prinzip stimmen Sie Manfreds Kritik durchaus zu. In einem Gespräch mit Herrn Fernandez fiel irgendwann einmal der Begriff „Bilanz". Vielleicht ist das ja was ...

Arbeitsauftrag 1 (analysieren)

Analysieren Sie das Gespräch und formulieren Sie die Problemstellung mit eigenen Worten.

Arbeitsauftrag 2 (informieren)

Informieren Sie sich in Ihrem Lehrbuch „BüroWelt 1" über den Aufbau der Bilanz und die Wesensmerkmale einer formgerecht aufgestellten Bilanz.

LF 6, 1.4

Arbeitsauftrag 3 (planen und durchführen)

a) Halten Sie die wesentlichen Erkenntnisse zur Bilanz schriftlich fest.
b) Erstellen Sie aus folgendem Inventar eine formgerechte Bilanz für die Duisdorfer BüroKonzept KG.

Duisdorfer BüroKonzept KG

Duisdorfer BüroKonzept KG, Rochusstraße 30, 53123 Bonn
Inventar zum 31.12.20..

	€	€
A. Vermögen		
I. Anlagevermögen		
1. Grundstücke und Bauten, Rochusstraße 30		
Unbebautes Grundstück	120.000,00	
Betriebsgebäude	461.250,00	
Lagerhalle	112.750,00	
Verwaltungsgebäude	399.750,00	1.093.750,00
2. Technische Anlagen und Maschinen lt. AV 1		600.000,00
3. Betriebs- und Geschäftsausstattung lt. AV 2		
Werkzeuge	56.000,00	
Lager- und Transporteinrichtungen	90.000,00	
Fuhrpark	105.000,00	
Büromaschinen, Kommunikationsanlagen	40.000,00	
Büromöbel	25.000,00	316.000,00
II. Umlaufvermögen		
1. Rohstoffe/Fertigungsmaterial lt. IV 1		21.000,00
2. Hilfsstoffe lt. IV 2		7.200,00
3. Betriebsstoffe lt. IV 3		1.800,00
4. Unfertige Erzeugnisse lt. IV 4		86.000,00
5. Fertige Erzeugnisse lt. IV 5		34.050,00
6. Handelswaren lt. IV 6		130.000,00
7. Forderungen aus Lieferungen und Leistungen lt. FV		22.000,00
8. Kasse		3.200,00
9. Bankguthaben lt. Kontoauszügen		
Volksbank Köln Bonn eG	45.000,00	
Postbank Köln	115.000,00	160.000,00
Summe des Vermögens		**2.475.000,00**
B. Schulden		
I. Langfristige Schulden		
1. Hypothek bei der Volksbank Köln Bonn eG		990.000,00
2. Darlehen bei der Postbank Köln		850.000,00
II. Kurzfristige Schulden		
Verbindlichkeiten aus Lieferungen und Leistungen lt. VV		320.000,00
Summe der Schulden		**2.160.000,00**
C. Ermittlung des Eigenkapitals		
Summe des Vermögens		2.475.000,00
- Summe der Schulden		2.160.000,00
= **Eigenkapital (Reinvermögen)**		**315.000,00**

AV = Anlagenverzeichnis, IV = Inventurverzeichnis, FV = Forderungsverzeichnis, VV = Verbindlichkeitenverzeichnis

Vertiefende Aufgaben

Aufgabe 1

Herr Kannix ist der Vorgänger von Herrn Fernandez. Ihm wurde vor einigen Jahren die Kündigung ausgesprochen. Herr Kannix fiel immer wieder durch Inkompetenz auf, bis herauskam, dass seine Bewerbungsunterlagen im großen Umfang gefälscht und die Fachkenntnisse im Bereich des Rechnungswesens somit nicht vorhanden waren. Eine der letzten Handlungen von Herrn Kannix bestand in der von ihm aufgestellten Bilanz:

Aktiva	Bilanz der Duisdorfer BüroKonzept KG zum 31. Dezember 20..			Passiva
I. Fremdkapital		I. Umaufvermögen		
1. Hypothekenschulden	623.000,00 €	1. Grundstücke und Bauten		850.000,00 €
2. Darlehensschulden	750.000,00 €	2. Technische Anlagen und Maschinen		385.000,00 €
3. Verbindlichkeiten a. LL	120.000,00 €	3. Betriebs- u. Geschäftsausstattung		275.000,00 €
II. Eigenkapital	254.000,00 €	II. Anlagevermögen		
		1. Rohstoffe/Fertigungsmaterial		19.000,00 €
		2. Hilfsstoffe		5.500,00 €
		3. Betriebsstoffe		1.200,00 €
		4. Unfertige Erzeugnisse		34.000,00 €
		5. Fertige Erzeugnisse		36.500,00 €
		6. Handelswaren		27.000,00 €
		7. Forderungen a. LL		35.000,00 €
		8. Kasse		5.800,00 €
		9. Bank		73.000,00 €
	1.747.000,00 €			1.747.000,00 €

Bonn, 15. Januar 20.. i. A. Kaunix

Analysieren Sie die abgebildete Bilanz im Hinblick auf Formfehler. Halten Sie die Formfehler schriftlich fest und erstellen Sie eine formgerechte Bilanz.

Aufgabe 2

Erstellen Sie aus dem Inventar der vertiefenden Aufgabe zu Lernsituation 6.1.7 eine formgerechte Bilanz und geben Sie so genau wie möglich an, wann (Zeitpunkt) die Bilanz vernichtet werden darf.

Lernsituation 6.2.1
Werteveränderungen in der Bilanz zuweisen

Der rote Faden

Die Auswirkung eines Geschäftsfalls auf die Werte in der Bilanz darstellen

Ausgangssituation

Als Sie am Morgen das Büro betreten, liegt auf Ihrem Schreibtisch folgende Arbeitsanweisung von Herrn Fernandez:

Duisdorfer BüroKonzept KG
Rochusstraße 30
53123 Bonn

Telefon: 0228 98765-0
Fax: 0228 98765 80
E-Mail: info@duisdorfer-bueko.de

Duisdorfer BüroKonzept KG

Liebe Auszubildende,

ich habe Ihnen vier Belege auf Ihren Schreibtisch gelegt, mit denen Sie sich bitte heute Vormittag beschäftigen. Damit Ihnen die Arbeit leichter fällt, habe ich Ihnen ebenfalls einige Formulare bzw. Vorlagen zum Ausfüllen beigelegt. Bitte verwenden Sie diese Unterlagen bei Ihrer Arbeit. Ich bin am Nachmittag wieder zurück und möchte Ihr Arbeitsergebnis und Ihre Vorgehensweise dann mit Ihnen besprechen.

Bis später
Victor Fernandez

Beleg 1

Willi Lauf OHG

Bürobedarf

Willi Lauf OHG, Manderscheider Platz 1, 34414 Warburg

Duisdorfer BüroKonzept KG
Rochusstraße 30
53123 Bonn

Ihr Zeichen: pe
Ihre Bestellung vom: 06.04.20..
Unser Zeichen: lf
Unsere Nachricht vom:

Name: Willi Lauf
Telefon: 05641 48006-10
Telefax: 05641 48006-88
E-Mail: wlauf@willi-lauf.de

Datum: 08.04.20..

Rechnung

Lieferanten-Nummer: 4409

Kunden-Nr.: 987654
Rechnungs-Nr.: 236
Lieferschein-Nr.: 5687
Versanddatum:

Artikel-Nr.	Artikel-Bezeichnung	Menge	Einzelpreis €	Gesamtpreis €
302222	Tischkopierer Sumsang	100	275,00	27.500,00
		Rechnungsbetrag		27.500,00

Beleg 2

Duisdorfer BüroKonzept KG

Ausstattung und Beratung für das Büro

Duisdorfer BüroKonzept KG • Rochusstraße 30 • 53123 Bonn

Intermöbel GmbH
Großhandel für Büromöbel
Kaiserstraße 10
57074 Siegen

Ihr Zeichen:
Ihre Bestellung vom:
Unser Zeichen: VK Br
Unsere Nachricht vom:

Name: Frank Bremer
Telefon: 0228 98765-17
Telefax: 0228 98765-80
E-Mail: f.bremer@duisdorfer-bueko.de

Datum: 09.04.20..

Rechnung

Kunden-Nr.: 2402
Rechnungs-Nr.: 458
Lieferschein-Nr.:
Versanddatum:

Pos.	Artikel-Nr.	Artikel-Bezeichnung	Menge	Einzelpreis €	Gesamtpreis €
1	101111	Schreibtisch Ökostar	20	489,00	9.780,00
2	101112	Schreibtisch Ahorn	10	519,00	5.190,00
3	101114	Konferenztischelement lichtgrau	10	98,00	980,00
			Rechungsbetrag€		15.950,00

Beleg 3

Überweisung/Zahlschein

Den Vordruck bitte nicht beschädigen, knicken, bestempeln oder beschmutzen

Volksbank Köln Bonn eG
Name und Sitz des Kreditinstituts des Überweisenden

Bankleitzahl: 3 8 0 6 0 1 8 6

Name, Vorname des Begünstigten: W i l l i L a u f O H G

Konto-Nr. des Begünstigten: 1 5 0 2 2 2 1 0 8

Bankleitzahl: 4 7 2 6 4 3 6 7

€ | Betrag Euro, Cent: 2 7 5 0 0, 0 0 - - -

Verwendungszweck: R e c h n u n g v. 0 8. 0 4. 2 0. .

noch Verwendungszweck: R e c h n u n g N r . 2 3 6

Kontoinhaber: Name, Ort: D u i s d o r f e r B ü r o k o n z e p t K G

Konto-Nr. des Inhabers: 2 4 0 1 2 3 4 5 6 7

08.04.20.. *V. Fernandez*
Datum, Unterschrift

Beleg 4

Autohaus Kunert GmbH * 40678 Ratingen

An
Duisdorfer BüroKonzept KG
Rochusstraße 30
53123 Bonn

Ihre Anfrage vom
06.04.20..

Datum
09.04.20..

Offene Rechnung Nr. BG 26 012.35

Sehr geehrte Frau Niester,

wir bestätigen Ihnen, dass wir gemäß Ihrer Anfrage vom 6. April 20.. ihre Verbindlichkeiten in Höhe von 55.000,00 € aus der oben genannten Rechnung in ein Darlehen mit einer Laufzeit von zwei Jahren umwandeln.

Mit freundlichem Gruß

Kunert

Autohaus Kunert

Arbeitsauftrag 1 (analysieren)

Analysieren Sie die abgebildeten Belege.

Arbeitsauftrag 2 (informieren)

LF 6, 2.1

Informieren Sie sich in Ihrem Lehrbuch „BüroWelt 1" über die vier Möglichkeiten der Werteveränderungen in der Bilanz.

Arbeitsauftrag 3 (planen und durchführen)

a) Erfassen Sie die Belege in dem abgebildeten Vordruck.

Geschäftsfall	Welche Bilanzposten sind von dem Geschäftsfall betroffen?	Befindet sich der jeweilige Bilanzposten auf der Aktiv- oder Passivseite der Bilanz?	Hat der Geschäftsfall eine Mehrung oder Minderung des jeweiligen Bilanzpostens zur Folge?	Art der Bilanzveränderung
Beleg 1				
Beleg 2				
Beleg 3				
Beleg 4				

b) Erstellen Sie für jeden Beleg eine neue Bilanz. Berücksichtigen Sie beim Aufstellen der einzelnen Bilanzen immer die Veränderungen in der vorhergehenden Bilanz.

Ausgangsbilanz für Beleg Nr. 1

Aktiva		Ausgangsbilanz	Passiva
I. Anlagevermögen		I. Eigenkapital	340.000,00 €
1. Grundstücke und Bauten	1.070.000,00 €		
2. Technische Anlagen und Maschinen	850.000,00 €	II. Fremdkapital	
		1. Hypothekenschulden	920.000,00 €
3. Betriebs- und Geschäftsausstattung	333.000,00 €	2. Darlehensschulden	1.100.000,00 €
		3. Verbindlichkeiten a. LL	450.000,00 €
II. Umlaufvermögen			
1. Rohstoffe/Fertigungsmaterial	26.000,00 €		
2. Hilfsstoffe	8.500,00 €		
3. Betriebsstoffe	2.200,00 €		
4. Unfertige Erzeugnisse	67.000,00 €		
5. Fertige Erzeugnisse	102.000,00 €		
6. Handelswaren	137.000,00 €		
7. Forderungen a. LL	66.600,00 €		
8. Kasse	1.900,00 €		
9. Bank	145.800,00 €		
	2.810.000,00 €		2.810.000,00 €

Bilanz nach Berücksichtigung von Beleg Nr. 1

Aktiva		Bilanz	Passiva
I. Anlagevermögen		I. Eigenkapital	
1. Grundstücke und Bauten			
2. Technische Anlagen und Maschinen		II. Fremdkapital	
		1. Hypothekenschulden	
3. Betriebs- und Geschäftsausstattung		2. Darlehensschulden	
		3. Verbindlichkeiten a. LL	
II. Umlaufvermögen			
1. Rohstoffe/Fertigungsmaterial			
2. Hilfsstoffe			
3. Betriebsstoffe			
4. Unfertige Erzeugnisse			
5. Fertige Erzeugnisse			
6. Handelswaren			
7. Forderungen a. LL			
8. Kasse			
9. Bank			

Bilanz nach Berücksichtigung von Beleg Nr. 1 und 2

Aktiva	Bilanz	Passiva
I. Anlagevermögen	I. Eigenkapital	
1. Grundstücke und Bauten		
2. Technische Anlagen und Maschinen	II. Fremdkapital	
3. Betriebs- und Geschäftsausstattung	1. Hypothekenschulden	
	2. Darlehensschulden	
	3. Verbindlichkeiten a. LL	
II. Umlaufvermögen		
1. Rohstoffe/Fertigungsmaterial		
2. Hilfsstoffe		
3. Betriebsstoffe		
4. Unfertige Erzeugnisse		
5. Fertige Erzeugnisse		
6. Handelswaren		
7. Forderungen a. LL		
8. Kasse		
9. Bank		

Bilanz nach Berücksichtigung von Beleg Nr. 1, 2 und 3

Aktiva	Bilanz	Passiva
I. Anlagevermögen	I. Eigenkapital	
1. Grundstücke und Bauten		
2. Technische Anlagen und Maschinen	II. Fremdkapital	
3. Betriebs- und Geschäftsausstattung	1. Hypothekenschulden	
	2. Darlehensschulden	
	3. Verbindlichkeiten a. LL	
II. Umlaufvermögen		
1. Rohstoffe/Fertigungsmaterial		
2. Hilfsstoffe		
3. Betriebsstoffe		
4. Unfertige Erzeugnisse		
5. Fertige Erzeugnisse		
6. Handelswaren		
7. Forderungen a. LL		
8. Kasse		
9. Bank		

Bilanz nach Berücksichtigung von Beleg Nr. 1, 2, 3 und 4

Aktiva	Bilanz	Passiva
I. Anlagevermögen 1. Grundstücke und Bauten 2. Technische Anlagen und Maschinen 3. Betriebs- und Geschäftsausstattung II. Umlaufvermögen 1. Rohstoffe/Fertigungsmaterial 2. Hilfsstoffe 3. Betriebsstoffe 4. Unfertige Erzeugnisse 5. Fertige Erzeugnisse 6. Handelswaren 7. Forderungen a. LL 8. Kasse 9. Bank		I. Eigenkapital II. Fremdkapital 1. Hypothekenschulden 2. Darlehensschulden 3. Verbindlichkeiten a. LL

Schlussbilanz

Aktiva	Bilanz	Passiva
I. Anlagevermögen 1. Grundstücke und Bauten 2. Technische Anlagen und Maschinen 3. Betriebs- und Geschäftsausstattung II. Umlaufvermögen 1. Rohstoffe/Fertigungsmaterial 2. Hilfsstoffe 3. Betriebsstoffe 4. Unfertige Erzeugnisse 5. Fertige Erzeugnisse 6. Handelswaren 7. Forderungen a. LL 8. Kasse 9. Bank		I. Eigenkapital II. Fremdkapital 1. Hypothekenschulden 2. Darlehensschulden 3. Verbindlichkeiten a. LL

c) Welche Veränderungen ergeben sich in den jeweiligen Bilanzen aufgrund der Erfassung der einzelnen Belege?

Arbeitsauftrag 4 (beurteilen, bewerten und reflektieren)

Überdenken Sie diese Vorgehensweise und halten Sie Kritikpunkte schriftlich fest.

Vertiefende Aufgabe

Aufgabe

Erstellen Sie die folgende Tabelle in Ihrem Arbeitsheft oder mit einem Tabellenkalkulationsprogramm. Erfassen Sie anschließend die Geschäftsfälle 1 bis 10 in der Tabelle.

Geschäftsfall	Welche Bilanzposten sind von dem Geschäftsfall betroffen?	Befindet sich der jeweilige Bilanzposten auf der Aktiv- oder Passivseite der Bilanz?	Hat der Geschäftsfall eine Mehrung oder Minderung des jeweiligen Bilanzpostens zur Folge?	Art der Bilanzveränderung	Wie verändern sich die Bilanzsumme und das Eigenkapital?

1. Zieleinkauf von Rohstoffen, 12.000,00 €
2. Wir verkaufen eine gebrauchte Maschine auf Ziel, 23.500,00 €
3. Ein Kunde begleicht die fällige Rechnung auf unser Bankkonto, 5.000,00 €
4. Umwandlung einer kurzfristigen Verbindlichkeit in eine Darlehensschuld, 17.500,00 €
5. Umwandlung einer Darlehensschuld in eine Hypothekenschuld, 250.000,00 €
6. Wir heben Geld vom Bankkonto für die Portokasse ab, 1.800,00 €
7. Wir gleichen eine Lieferantenrechnung per Banküberweisung aus, 10.000,00 €
8. Wir tilgen ein fälliges Darlehen durch Banküberweisung, 150.000,000 €
9. Wir zahlen Bargeld aus der Portokasse auf unser Bankkonto ein, 7.800,00 €
10. Wir kaufen Betriebsstoffe ein und zahlen bar, 450,00 €

Lernsituation 6.2.2
Die Bilanz in Bestandskonten auflösen

Der rote Faden

Die Bilanz in Bestandskonten auflösen

Aktive und passive Bestandskonten unterscheiden

Ausgangssituation

Wie vereinbart haben Sie Ihre Arbeitsergebnisse (Bilanzen ...) Herrn Fernandez präsentiert. Da Sie sorgfältig gearbeitet und die Eintragungen richtig vorgenommen haben, ist er von Ihrer Arbeit ganz angetan.

Herr Fernandez: „Das haben Sie wirklich toll gemacht! Sie haben sehr sauber gearbeitet und keine nennenswerten Fehler gemacht. Beides ist für uns in der Buchhaltung äußerst wichtig. Bald können Sie bestimmt schon unser Team entlasten."

Sie: „Vielen Dank für das Feedback! Ich hatte aber den Eindruck, dass die Vorgehensweise, also für jeden Beleg eine neue Bilanz zu erstellen, sehr umständlich ist. Wenn ich mir die Masse an Belegen anschaue, die hier jeden Tag bearbeitet werden müssen, dann ist das so doch kaum machbar, oder? Im Verlauf eines Geschäftsjahres müssten dann ja mehrere Tausend Bilanzen aufgestellt werden."

Herr Fernandez: „Ihre Einschätzung ist ganz richtig. Allerdings stellt sich die Frage, wie man das System vereinfachen könnte. Haben Sie vielleicht eine Idee?"

Arbeitsauftrag 1 (analysieren)

Analysieren Sie das Gespräch und beschreiben Sie die Problemstellung mit eigenen Worten.

Arbeitsauftrag 2 (informieren)

Informieren Sie sich in Ihrem Lehrbuch „BüroWelt 1“ darüber, wie die Bilanz in Bestandskonten aufgelöst wird.

LF 6, 2.2

Arbeitsauftrag 3 (planen und durchführen)

a) Erstellen Sie sich eine Arbeitshilfe, indem Sie die folgenden Begriffe in die beiden Konten eintragen.
Bestandsmehrung, Schlussbestand, Soll, Soll, Bestandsminderung, Haben, Aktivkonto, Bestandsmehrung, Anfangsbestand, Anfangsbestand, Haben, Passivkonto, Schlussbestand, Bestandsminderung

b) Übertragen Sie die abgebildete Tabelle in Ihr Arbeitsheft oder erstellen Sie sie mit einem Tabellenkalkulationsprogramm. Erfassen Sie anschließend die Geschäftsfälle 1 bis 8 in der Tabelle. Erstellen Sie dann aus den angegebenen Anfangsbeständen eine formgerechte Eröffnungsbilanz. Richten Sie die Bestandskonten ein, indem Sie die Konten bezeichnen und die Anfangsbestände auf die richtige Kontoseite übertragen. Erfassen Sie die Geschäftsfälle auf den jeweiligen Konten. Schließen Sie die Bestandskonten ab und erstellen Sie eine formgerechte Schlussbilanz.

Geschäftsfall	Welche Bilanzposten sind von dem Geschäftsfall betroffen?	Befindet sich der jeweilige Bilanzposten auf der Aktiv- oder Passivseite der Bilanz?	Hat der Geschäftsfall eine Mehrung oder Minderung des jeweiligen Bilanzpostens zur Folge?	Auf welcher Kontenseite wird der Geschäftsfall erfasst?

1. Ausgleich einer Liefererrechnung durch Banküberweisung, 17.000,00 €
2. Tilgung einer Darlehensschuld per Banküberweisung, 50.000,00 €
3. Bareinzahlung auf das Bankkonto, 2.000,00 €
4. Wir kaufen eine EDV-Anlage gegen Bankscheck, 6.300,00 €
5. Wir erhalten eine Eingangsrechnung für bezogene Rohstoffe, 6.150,00 €
6. Unser Kunde gleicht eine fällige Rechnung auf unserem Bankkonto aus, 22.000,00 €
7. Wir nehmen ein Darlehen bei unserer Hausbank auf, 35.000,00 €
8. Umwandlung einer kurzfristigen Verbindlichkeit in ein Darlehen, 10.000,00 €

Anfangsbestände

Grundstücke und Bauten	800.000,00 €	Eigenkapital	???
Technische Anlagen und Maschinen	560.000,00 €	Hypothekenschulden	525.000,00 €
Betriebs- und Geschäftsausstattung	210.000,00 €	Darlehensschulden	470.000,00 €
Rohstoffe/Fertigungsmaterial	57.000,00 €	Verbindlichkeiten a. LL	45.500,00 €
Handelswaren	80.000,00 €		
Forderungen a. LL	33.000,00 €		
Kasse	4.500,00 €		
Bank	88.000,00 €		

Vertiefende Aufgabe

Aufgabe

Die abgebildeten Konten sind bereits fertig abgeschlossen. Analysieren Sie die Eintragungen (Buchungen) auf den Konten. Formulieren Sie im Anschluss die den Eintragungen (Buchungen) zugrunde liegenden Geschäftsfälle und entscheiden Sie, welche Art der Bilanzveränderung den einzelnen Buchungen zugrunde liegt.

Soll	Bank		Haben
Anfangsbestand	15.000,00 €	2) Kasse	800,00 €
1) Forderungen a. LL	4.000,00 €	4) Verbindlichkeiten a. LL	5.500,00 €
6) BGA	8.000,00 €	7) Postbank	1.000,00 €
8) Kasse	300,00 €	Schlussbestand	20.000,00 €
	27.300,00 €		27.300,00 €

Soll	Darlehensschulden		Haben
3) Postbank	5.000,00 €	Anfangsbestand	100.000,00 €
Schlussbestand	107.000,00 €	5) Verbindlichkeiten a. LL	12.000,00 €
	112.000,00 €		112.000,00 €

Lernsituation 6.2.3
Den Buchungssatz im Grundbuch formulieren und in das Hauptbuch eintragen

Der rote Faden

Den einfachen und erweiterten Buchungssatz erstellen

Das Grund- und Hauptbuch führen

Ausgangssituation

Die Auflösung der Bilanz in einzelne Bestandskonten erschien Ihnen zunächst zu umständlich. Inzwischen haben Sie aber erkannt, dass diese Vorgehensweise aufgrund der hohen Anzahl der täglich anfallenden Buchungen die Arbeit erheblich erleichtert und die Übersicht über die Vorgänge in der Duisdorfer BüroKonzept KG deutlich verbessert. Sie haben aber noch einen anderen Bereich gefunden, in dem Sie Optimierungen für möglich halten.

Sie: „Herr Fernandez, ich habe da mal eine Frage. Ich finde, dass es sehr umständlich ist, jeden Geschäftsfall in der Tabelle mit den vier Fragen zu erfassen. Muss ich das wirklich für jeden einzelnen Beleg machen?“

Herr Fernandez: „Sie halten die Beantwortung der vier Fragen also für unwichtig?“

Sie: „Nein, nein. Das nicht. Im Gegenteil. Die Beantwortung dieser Fragen finde ich ganz wichtig, um die richtigen Buchungen vorzunehmen. Aber muss man das wirklich immer alles schriftlich machen?“

Herr Fernandez: „Ihre Einschätzung ist mal wieder richtig. Wenn wir jeden Beleg in dieser Tabelle erfassen wollten, dann müssten wir noch ein paar Mitarbeiter einstellen. Wir können jedoch nicht komplett darauf verzichten, für die zu buchenden Belege eine Buchungsanweisung zu formulieren. Überlegen Sie doch einmal, welche Informationen so eine Buchungsanweisung mindestens enthalten muss.“

Sie: „Hm, wenn diese Buchungsanweisung die Grundlage für die Erfassung eines Belegs auf den Bestandskonten darstellt, dann müssen ja auf jeden Fall die Konten, auf denen gebucht werden soll, darin vorkommen.“

Herr Fernandez: „Stimmt, aber ist das schon alles, was auf den Konten erfasst wird?“

Sie: „Natürlich nicht. Der Betrag, der auf den jeweiligen Konten gebucht wird, muss auch noch vorkommen.“

Herr Fernandez: „Genau richtig. Dieses Konstrukt aus Konten und Euro-Werten wird als Buchungssatz bezeichnet. Ich habe hier noch einmal ein paar Belege für Sie. Versuchen Sie doch einmal, die Buchungssätze für diese Belege zu erstellen.“

Beleg 1

SAAM KG

Bürotechnik

Saam KG, Am Sonnenhang 9, 36039 Fulda

Duisdorfer BüroKonzept KG
Rochusstraße 30
53123 Bonn

Ihr Zeichen:
Ihre Bestellung vom:
Unser Zeichen: fs
Unsere Nachricht vom:

Name: Frank Scheuren
Telefon: 0661 88672-210
Telefax: 0661 88672-444
E-Mail: f.scheuren@saam-kg.de

Datum: 27.06.20..

Rechnung

Lieferanten-Nummer:
4402

Kunden-Nr.: 244877
Rechnungs-Nr.: 38123
Lieferschein-Nr.:
Versanddatum:

Artikel-Nr.	Artikel-Bezeichnung	Menge	Einzelpreis €	Gesamtpreis €
301111	Multifax 0912	35	59,00	2.065,00
		Rechnungsbetrag		2.065,00

Beleg 2

	BIC	IBAN	erstellt am	Auszug	Blatt
Volksbank Köln Bonn eG	GENODED1BRS	DE85 3860 0186 2401 2345 67	27.06.20..	20	1

BU-TAG	VORGANG			
27.06.20..	Überweisung Duisdorfer BüroKonzept KG IBAN DE23 3701 0050 8884 4412 34 Überweisung vom Geschäftskonto bei der Postbank			4.500,00+
		SALDO NEU	€	17.564,23+
		Kreditlimit	€	100.000,00

Beleg 3

	BIC	IBAN	erstellt am	Auszug	Blatt
Volksbank Köln Bonn eG	GENODED1BRS	DE85 3860 0186 2401 2345 67	28.06.20.. 14:37	21	1

BU-TAG	VORGANG			
28.06.20..	Überweisung Keupen Farben AG DE67 7001 0080 9675 5157 74 Postbank München Rechnung 12123 vom 18.06.20..			3.830,00-
28.06.20..	Überweisung RaumDesign, Hannover Rechnung 50137 vom 14.06.20..			7.879,50+
		SALDO NEU	€	21.613,73+
		Kreditlimit	€	100.000,00

Beleg 4

	BIC	IBAN	erstellt am	Auszug	Blatt
Volksbank Köln Bonn eG	GENODED1BRS	DE85 3860 0186 2401 2345 67	27.06.20.. 17:45	22	1

BU-TAG	VORGANG			
28.06.20..	Bareinzahlung Duisdorfer BüroKonzept KG Bareinzahlung aus der Portokasse			800,00+
		SALDO NEU	€	22.413,73+
		Kreditlimit	€	100.000,00

Beleg 5

Opitz AG

Holz- und Spanplatten

Opitz AG, Scheerengasse 177, 53721 Siegburg

Duisdorfer BüroKonzept KG
Rochusstraße 30
53123 Bonn

Ihr Zeichen:
Ihre Bestellung vom:
Unser Zeichen: bg
Unsere Nachricht vom:

Name: Bettina Gause
Telefon: 02241 6955-954
Telefax: 02241 6955-555
E-Mail: b.gause@holz-opitz.de

Datum: 27.06.20..

Rechnung

Lieferanten-Nummer
4403

Kunden-Nr.: 38715/5
Rechnungs-Nr.: 50220
Lieferschein-Nr.:
Versanddatum:

Artikel-Nr.	Artikel-Bezeichnung	Menge	Einzelpreis €	Gesamtpreis €
5627Z4	Holzplatte Ahorn, 3 m × 1,5 m × 4 cm	40	38,50	1.540,00
32857S	Holzdübel, 3,5 cm	500	1,25	625,00
		Rechnungsbetrag		2.135,00

Beleg 6

WITTMANN AG

Bürotechnik

Wittmann AG, Untere Dorfstr. 130, 57074 Siegen

Duisdorfer BüroKonzept KG
Rochusstraße 30
53123 Bonn

Ihr Zeichen:
Ihre Bestellung vom:
Unser Zeichen: BK
Unsere Nachricht vom:

Name: Bianca Kuhn
Telefon: 0271 80053-72
Telefax: 0271 80053-10
E-Mail: bianca.kuhn@wittmann-ag.de

Datum: 29.06.20..

Rechnung

Lieferanten-Nummer: 4410

Kunden-Nr.: 2495420
Rechnungs-Nr.: 50221
Lieferschein-Nr.:
Versanddatum:

Artikel-Nr.	Artikel-Bezeichnung	Menge	Einzelpreis €	Gesamtpreis €
302222	Tischkopierer Sumsang	25	275,00	6.875,00
		Rechnungsbetrag		6.875,00

3.000,00 € bar erhalten, Rest wird innerhalb des Zahlungsziels überwiesen.
J. Müller

Arbeitsauftrag 1 (analysieren)

Analysieren Sie die abgebildeten Belege.

Arbeitsauftrag 2 (informieren)

LF 6, 2.3

Informieren Sie sich in Ihrem Lehrbuch „BüroWelt 1" über den einfachen und den erweiterten Buchungssatz.

Arbeitsauftrag 3 (planen und durchführen)

Formulieren Sie die Geschäftsfälle für die Belege und erstellen Sie die Buchungssätze.

Vertiefende Aufgaben

Aufgabe 1

Erstellen Sie die Buchungssätze für folgende Geschäftsfälle:

1. Wir kaufen Rohstoffe ein, bar .... 38.000,00 €
2. Verkauf eines gebrauchten Geschäftswagens gegen Bankscheck .... 12.000,00 €
3. Wir tilgen eine Darlehensschuld durch Postbanküberweisung .... 45.000,00 €
4. Ausgleich einer Liefererrechnung durch Banküberweisung .... 4.350,00 €
5. Kauf eines Baugrundstücks gegen Bankscheck .... 24.500,00 €
6. Ein Kunde bezahlt die fällige Rechnung durch Banküberweisung .... 14.800,00 €
7. Wir kaufen Hilfsstoffe
   bar .... 2.500,00 €
   auf Ziel .... 4.000,00 €

8. Ein Kunde gleicht eine Rechnung aus
   per Banküberweisung .... 8.000,00 €
   per Postbanküberweisung .... 6.500,00 €
9. Bareinkauf eines PCs für eines unserer Büros .... 500,00 €
10. Einkauf von Betriebsstoffen auf Ziel .... 790,00 €
11. Ausgleich einer Liefererrechnung
    durch Banküberweisung .... 2.000,00 €
    durch Postbanküberweisung .... 1.500,00 €
12. Tilgung einer Hypothekenschuld
    durch Banküberweisung .... 5.000,00 €
    durch Postbanküberweisung .... 6.000,00 €
13. Wir verkaufen aus unseren Büros gebrauchte Faxgeräte
    bar .... 450,00 €
    gegen Bankscheck .... 350,00 €
    auf Ziel .... 150,00 €
14. Aus der Geschäftskasse zahlen wir Geld auf unsere Konten ein
    Bankkonto .... 1.000,00 €
    Postbankkonto .... 1.500,00 €

Aufgabe 2

Welche Geschäftsfälle liegen den folgenden Buchungssätzen zugrunde?

Nr.	Konto Soll	Konto Haben	Betrag Soll	Betrag Haben
1.	Bank		2.000,00 €	
	an	Postbank		2.000,00 €
2.	Kasse		350,00 €	
	an	Betriebs- und Geschäftsausstattung		350,00 €
3.	Bank		15.000,00 €	
	an	Darlehensschulden		15.000,00 €
4.	Fuhrpark		20.000,00 €	
	an	Bank		20.000,00 €
5.	Postbank		12.000,00 €	
	an	Forderungen a. LL		12.000,00 €
6.	Kasse		2.000,00 €	
	Bank		3.000,00 €	
	an	Fuhrpark		5.000,00 €
7.	Betriebs- und Geschäftsausstattung		2.700,00 €	
	an	Bank		1.200,00 €
	an	Postbank		1.500,00 €

Nr.	Konto Soll	Konto Haben	Betrag Soll	Betrag Haben
8.	Bank		4.000,00 €	
	Postbank		3.000,00 €	
	Kasse		2.000,00 €	
	an	Forderungen a. LL		9.000,00 €
9.	Hilfsstoffe		5.000,00 €	
	an	Kasse		1.000,00 €
	an	Bank		4.000,00 €
10.	Rohstoffe/Fertigungsmaterial		15.000,00 €	
	an	Kasse		1.000,00 €
	an	Bank		2.000,00 €
	an	Postbank		4.000,00 €
	an	Verbindlichkeiten a. LL		8.000,00 €

Lernsituation 6.2.4
Eröffnungs- und Schlussbilanzkonto führen

Der rote Faden

Bestandskonten über das Eröffnungsbilanzkonto eröffnen

Bestandskonten über das Schlussbilanzkonto abschließen

Ausgangssituation

Am Morgen ergibt sich zwischen Ihnen und Herrn Fernandez das folgende Gespräch:

Sie: „Guten Morgen, Herr Fernandez! Haben Sie einen Moment Zeit?“
Herr Fernandez: „Guten Morgen. Um was geht es denn?“
Sie: „Sie haben mir doch gesagt, dass auf den Bestandskonten kein Eintrag erscheinen darf, für den es keinen Buchungssatz gibt, oder?“
Herr Fernandez: „Ja, das ist richtig.“

Sie: „Okay, mir ist aufgefallen, dass ich diese Vorgabe bislang nie eingehalten habe Sowohl für den Anfangsbestand als auch für den Schlussbestand gibt es keinen Buchungssatz. Ich weiß auch gar nicht, wie man die beiden Bestände buchen sollte."

Herr Fernandez: „Das ist eine gute Beobachtung. Warum ist es denn schwierig, die beiden Bestände zu buchen?"

Sie: „Na ja, es gibt kein Gegenkonto. In der Bilanz darf ich ja nicht buchen. Und da kommen die Bestände eigentlich her. Aber selbst wenn ich in der Bilanz ausnahmsweise buchen dürfte, würde es zumindest für den Anfangsbestand nicht funktionieren. Die Anfangsbestände stehen doch auf den aktiven Bestandskonten im Soll und in der Bilanz auf der Aktiva-Seite, also ebenfalls auf der linken Seite. Bei den passiven Bestandskonten stehen die Bestände jeweils auf der rechten Seite. Einen Buchungssatz, der den Regeln Soll an Haben entspricht kann es also nicht geben."

Herr Fernandez: „Auch das ist richtig."

Sie gucken Herrn Fernandez erwartungsvoll an, aber er verweist Sie auf Ihr Lehrbuch ...

Arbeitsauftrag 1 (analysieren)

Analysieren Sie das Gespräch und beschreiben Sie das Problem mit eigenen Worten.

Arbeitsauftrag 2 (informieren)

Informieren Sie sich in Ihrem Lehrbuch „BüroWelt 1" über das Eröffnungsbilanzkonto und das Schlussbilanzkonto.

LF 6, 2.5

Arbeitsauftrag 3 (planen und durchführen)

a) Erstellen Sie aus der abgebildeten Eröffnungsbilanz der Duisdorfer BüroKonzept KG ein Eröffnungsbilanzkonto.

Aktiva — **Eröffnungsbilanz der Duisdorfer BüroKonzept KG vom 01.01.20..** — **Passiva**

Aktiva		Passiva	
I. Anlagevermögen		I. Eigenkapital	340.000,00
1. Grundstücke und Bauten	1.070.000,00		
2. Technische Anlagen und Maschinen	850.000,00	II. Fremdkapital	
		1. Hypothekenschulden	920.000,00
3. Betriebs- und Geschäftsausstattung	333.000,00	2. Darlehensschulden	1.155.000,00
		3. Verbindlichkeiten a. LL	395.000,00
II. Umlaufvermögen			
1. Rohstoffe/Fertigungsmaterial	26.000,00		
2. Hilfsstoffe	8.500,00		
3. Betriebsstoffe	2.200,00		
4. Unfertige Erzeugnisse	67.000,00		
5. Fertige Erzeugnisse	86.050,00		
6. Handelswaren	164.500,00		
7. Forderungen a. LL	82.550,00		
8. Kasse	1.900,00		
9. Bank	118.300,00		
	2.810.000,00		2.810.000,00

Bonn, 5. Januar 20.. S. Falo K. Niester

b) Erstellen Sie die Buchungssätze zur Eröffnung der Bestandskonten sowie zur Erfassung der Geschäftsfälle und buchen Sie diese im Hauptbuch. Schließen Sie die Konten ordnungsgemäß ab und stellen Sie das Schlussbilanzkonto auf.

Geschäftsfälle:

1. Wir erhalten eine Eingangsrechnung über bezogene Rohstoffe ... 5.000,00 €
2. Ein Kunde gleicht eine fällige Rechnung durch Überweisung auf unser Bankkonto aus ... 9.500,00 €
3. Einzahlung von der Geschäftskasse auf das Bankkonto ... 1.000,00 €
4. Wir bezahlen eine fällige Eingangsrechnung durch Banküberweisung ... 4.000,00 €
5. Darlehenstilgung durch Banküberweisung ... 10.000,00 €
6. Verkauf eines gebrauchten Kopierers
   gegen Barzahlung ... 500,00 €
   gegen Bankscheck ... 750,00 €

Vertiefende Aufgabe

Aufgabe

Bearbeiten Sie den Geschäftsgang von der Erstellung des Eröffnungsbilanzkontos bis zur Aufstellung des Schlussbilanzkontos (Hauptbuch). Erstellen Sie auch alle notwendigen Buchungssätze (Grundbuch).

Anfangsbestände:

Bauten und Grundstücke	95.000,00 €
Technische Anlagen und Maschinen	97.000,00 €
Betriebs- und Geschäftsausstattung	68.000,00 €
Fuhrpark	38.700,00 €
Rohstoffe/Fertigungsmaterial	12.000,00 €
Fertige Erzeugnisse	45.500,00 €
Handelswaren	79.100,00 €
Forderungen a. LL	14.380,00 €
Bank	6.550,00 €
Kasse	3.750,00 €
Eigenkapital	??,?? €
Darlehensschulden	76.400,00 €
Verbindlichkeiten a. LL	37.750,00 €

Geschäftsfälle:

1. Rohstoffeinkauf auf Ziel ... 3.500,00 €
2. Rückzahlung einer Darlehensrate durch Banküberweisung ... 6.000,00 €
3. Ein Kunde überweist auf unser Bankkonto ... 4.650,00 €
4. Verkauf einer gebrauchten Telefonanlage, bar ... 400,00 €
5. Ausgleich einer Liefererrechnung durch Banküberweisung ... 4.100,00 €
6. Aufnahme eines Darlehens, das auf dem Bankkonto gutgeschrieben wird ... 9.500,00 €
7. Ein Kunde bezahlt eine Rechnung durch Banküberweisung ... 2.650,00 €
8. Kauf neuer Möbel für ein Verwaltungsbüro gegen Bankscheck ... 5.300,00 €
9. Barabhebung vom Bankkonto ... 2.000,00 €
10. Barkauf eines Notebooks ... 750,00 €
11. Rückzahlung eines Darlehens bar ... 2.000,00 €
12. Kauf eines gebrauchten Pkw auf Ziel ... 9.700,00 €

Lernsituation 6.2.5
Aufwendungen und Erträge auf Erfolgskonten buchen

Der rote Faden

Erträge auf Ertragskonten erfassen

Aufwendungen auf Aufwandskonten erfassen

Den Unternehmenserfolg auf dem Gewinn- und Verlustkonto ermitteln

Die Auswirkungen des Unternehmenserfolgs auf das Eigenkapitalkonto erkennen

Ausgangssituation

Nachdem Sie sich die Konten aus dem bereits bearbeiteten Ergebnis genauer angeschaut haben, ist Ihnen etwas aufgefallen, für das Sie keine Erklärung haben. Sie wenden sich daher erneut an Ihren Vorgesetzten, Herrn Fernandez.

Sie: „Guten Morgen, Herr Fernandez. Ich habe eine Frage. Kann ich sie Ihnen jetzt stellen oder soll ich später noch einmal wiederkommen?“

Herr Fernandez: „Guten Morgen. Ich habe den nächsten Termin erst in einer halben Stunde. Sie können Ihre Frage also stellen.“

Sie: „Also, mir ist aufgefallen, dass sich das Eigenkapital durch die bisherigen Geschäftsfälle nicht verändert, d.h., dass weder ein Verlust noch ein Gewinn erwirtschaftet wurde. Ich finde das merkwürdig.“

Herr Fernandez: „Interessant, wie es aussieht, stehen Sie vor Ihrer nächsten Aufgabe.“

Arbeitsauftrag 1 (analysieren)

Analysieren Sie das Gespräch und beschreiben Sie das Problem mit eigenen Worten.

Arbeitsauftrag 2 (informieren)

Informieren Sie sich in Ihrem Lehrbuch „BüroWelt 1“ über das Buchen auf Erfolgskonten.

LF 6, 2.6

Arbeitsauftrag 3 (planen und durchführen)

a) Erstellen Sie sich eine Arbeitshilfe, indem Sie die folgenden Begriffe in die Übersicht eintragen.
Schlussbestände der aktiven Bestandskonten, Bestandsmehrung (= Gewinn), SBK, EBK, Erfolgskonten, aktive Bestandskonten, Saldo, Ertrag, Schlussbestände der passiven Bestandskonten, Salden der Ertragskonten, EBK, Bestandsminderung, Salden der Aufwandskonten, Saldo (= Verlust), Bestandsmehrung, Ertragskonten, EBK, Bestandsminderung, Saldo, passive Bestandskonten, Eigenkapital, GuV-Konto, Saldo (= Gewinn), SBK, Bestandsminderung (= Verlust), Schlussbilanzkonto, Aufwandskonten, Bestandsmehrung, Aufwand, Bestandskonten, SBK

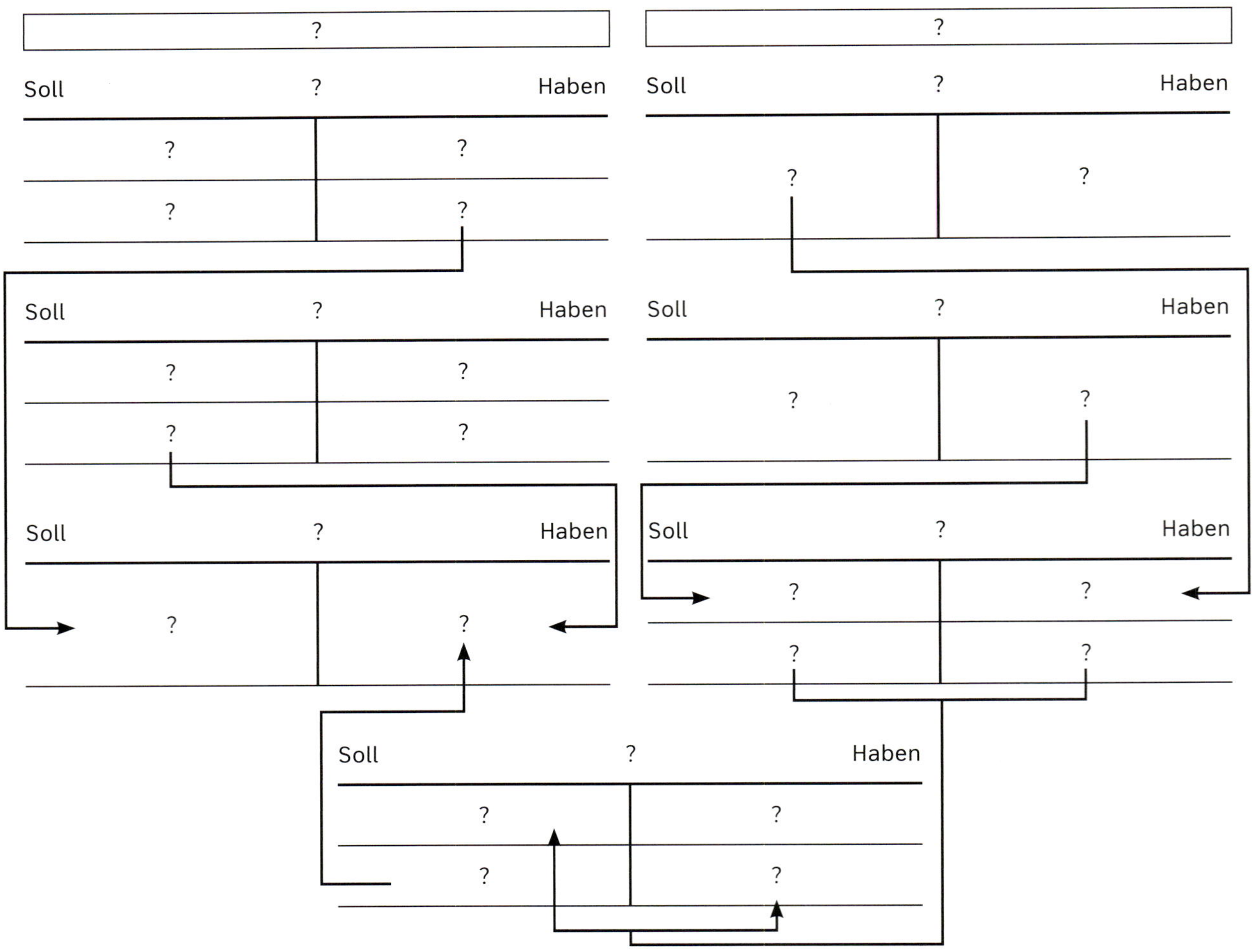

b) Erstellen Sie die Buchungssätze für folgende Geschäftsfälle:

1. Barzahlung einer Werbeanzeige .... 1.000,00 €
2. Banküberweisung für die Miete einer Lagerhalle .... 2.500,00 €
3. Gutschrift der Bank für Zinsen .... 280,00 €
4. Ein Kunde zahlt die fällige Rechnung per Banküberweisung .... 9.800,00 €
5. Für eine vermietete Garage erhalten wir eine Gutschrift auf dem Postbankkonto .... 300,00 €
6. Wir bezahlen eine fällige Rechnung für bezogene Handelswaren per Bankscheck .... 4.300,00 €
7. Wir erhalten Provisionen durch Banküberweisung .... 790,00 €
8. Die Bank belastet uns für
   die Tilgung eines Darlehens .... 8.000,00 €
   angefallene Zinsen .... 1.200,00 €
9. Überweisung der Gehälter über das Postbankkonto .... 42.000,00 €
10. Reisekosten wurden bar beglichen .... 975,00 €

Vertiefende Aufgabe

Aufgabe

Bearbeiten Sie den Geschäftsgang von der Erstellung des Eröffnungsbilanzkontos bis zur Aufstellung des Schlussbilanzkontos. Erstellen Sie auch alle notwendigen Buchungssätze.

Anfangsbestände:

Grundstücke und Bauten	127.000,00 €
Betriebs- und Geschäftsausstattung	54.000,00 €
Fertige Erzeugnisse	26.500,00 €
Forderungen a. LL	43.200,00 €
Bank	11.250,00 €
Kasse	4.350,00 €
Eigenkapital	??,?? €
Darlehensschulden	34.600,00 €
Verbindlichkeiten a. LL	22.400,00 €

Geschäftsfälle:

1.	Wir bezahlen eine fällige Liefererrechnung bar	1.200,00 €
2.	Banküberweisung für einen gemieteten Lagerraum	800,00 €
3.	Einkauf von Büromaterial bar	115,00 €
4.	Wir erhalten eine Rechnung für durchgeführte Reparaturarbeiten	475,00 €
5.	Ein Kunde begleicht eine Rechnung durch Banküberweisung	3.200,00 €
6.	Wir erhalten Provision für die Vermittlung eines Auftrags als Gutschrift auf unser Bankkonto	1.300,00 €
7.	Zinsgutschrift der Bank	1.950,00 €
8.	Ein Außendienstmitarbeiter erhält die Provision durch Banküberweisung	1.400,00 €
9.	Darlehenszinsen werden vom Bankkonto abgebucht	350,00 €
10.	Barverkauf eines nicht mehr benötigten Schreibtischs	150,00 €

Lernsituation 6.2.6
Korrekturbuchungen vornehmen

Der rote Faden

Abweichungen der Finanzbuchhaltung gegenüber den ermittelten Inventurwerten buchen

Ausgangssituation

Am Vormittag treffen Sie Herrn Fernandez, wobei sich folgendes Gespräch ergibt:

Sie:	„Guten Tag, Herr Fernandez. Bei der Bearbeitung der Aufgaben, die Sie mir geben, kommt es hin und wieder vor, dass sich kleine Fehler einschleichen. In der Praxis passiert das doch sicher auch schon mal. Ist das eigentlich schlimm?"
Herr Fernandez:	„Na ja, schlimm ist vielleicht das falsche Wort. Unstimmigkeiten auf den Konten lösen auf jeden Fall immer viel Arbeit aus. Die Gründe müssen herausgefunden werden, und dann sind entsprechende Korrekturbuchungen vorzunehmen."
Sie:	„Und was ist, wenn der Fehler gar nicht in der Buchhaltung entstanden ist?"
Herr Fernandez:	„Das kommt natürlich vor. Es spielt aber leider keine Rolle. Wir hier in der Buchhaltung tragen die Verantwortung dafür, dass die Bücher stimmen. Und wenn das Schlussbilanzkonto nicht ausgeglichen ist oder die Bestände auf den Konten nicht mit den Inventurwerten übereinstimmen, dann fangen wir an, die Ursache dafür zu suchen."
Sie:	„Was sind das denn genau für Gründe, die diese Abweichungen verursachen können?"

Wie gewohnt erhalten Sie auf Ihre letzte Frage keine Antwort mehr von Herrn Fernandez. Stattdessen erteilt er Ihnen die nächste Aufgabe.

Arbeitsauftrag 1 (analysieren)

Analysieren Sie das Gespräch und beschreiben Sie das Problem mit eigenen Worten.

Arbeitsauftrag 2 (informieren)

LF 6, 2.7

Informieren Sie sich in Ihrem Lehrbuch „BüroWelt 1" über die buchhalterische Erfassung von Differenzen zwischen den Werten der Buchführung und dem Inventurergebnis.

Arbeitsauftrag 3 (planen und durchführen)

In den folgenden Aufgaben werden Fälle beschrieben, bei denen es zu Abweichungen zwischen den Beständen der Inventur (Istwerte) und den im Rahmen der Finanzbuchhaltung auf den entsprechenden Konten ermittelten Schlussbeständen (Sollwerte) gekommen ist. Die Ursache für die jeweilige Abweichung wurde bereits herausgefunden und ist ebenso aufgeführt.

a) Erstellen Sie die in den jeweiligen Fällen angesprochenen T-Konten und erfassen Sie die angegebenen Werte.

b) Erstellen Sie für die einzelnen Fälle den notwendigen Korrekturbuchungssatz bzw. die Korrekturbuchungssätze. Streichen Sie den Saldo auf den von Ihnen erstellten T-Konten (Aufgabenteil a) durch. Erfassen Sie den Korrekturbuchungssatz bzw. die Korrekturbuchungssätze auf den entsprechenden Konten und überprüfen Sie, ob die Soll-/Ist-Bestände nach der vorgenommen Korrekturbuchung übereinstimmen.

c) Entscheiden Sie in den folgenden Fällen, ob die Differenz aufgrund eines Fehlers in der Buchhaltung entstanden ist oder ob der Grund für den Fehler nicht in der Buchhaltung zu finden ist.

Fall 1:

Das Konto Technische Anlagen und Maschinen weist einen Schlussbestand von 98.000,00 € aus. Gemäß dem Inventurergebnis darf der Wert aber nur 97.000,00 € betragen. Zudem weist das Konto Verbindlichkeiten a. LL einen Schlussbestand in Höhe von 47.680,00 € aus. Laut Inventurverzeichnis betragen die Verbindlichkeiten a. LL aber nur 46.680,00 €. Die Ursachenanalyse hat ergeben, dass eine Eingangsrechnung mit einem zu hohen Betrag gebucht wurde.

Bei der Bearbeitung der Aufgabenteile sind folgende weitere Werte zu berücksichtigen: Das Konto Technische Anlagen und Maschinen hat einen Eröffnungsbestand von 88.000,00 €. Aufgrund eines Zieleinkaufs wurde auf diesem Konto ein Zugang in Höhe von 10.000,00 € vermerkt. Das Konto Verbindlichkeiten a. LL hat einen Eröffnungsbestand von 37.680,00 €. Aufgrund des bereits genannten Zieleinkaufs hat das Konto einen Zugang von 10.000,00 € zu verzeichnen.

Fall 2:
Das Konto Kasse weist einen Schlussbestand von 5.650,00 € aus. In der Kasse befinden sich aber tatsächlich 5.500,00 €. Die Ursachenanalyse hat ergeben, dass 150,00 € gestohlen wurden.
Bei der Bearbeitung der Aufgabenteile sind folgende weitere Werte zu berücksichtigen:
Das Konto Kasse hat einen Eröffnungsbestand von 5.000,00 €. Die Zugänge in der Kasse belaufen sich insgesamt auf 650,00 €.

Lösungshinweis:
Ein Kassenfehlbetrag aufgrund eines Diebstahls wird auf dem Aufwandskonto „Verluste aus Kassenbeständen“ gebucht.

Fall 3:
Der Schlussbestand auf dem Konto Betriebs- und Geschäftsausstattung beträgt 73.650,00 €. Laut Inventurliste muss das Konto einen Wert von 77.850,00 € ausweisen. Die gleiche Differenz findet sich auch auf dem Konto Verbindlichkeiten a. LL. Hier wird ein Schlussbestand von 52.400,00 € ausgewiesen. Der Schlussbestand muss aber bei 56.600,00 € liegen. Die Ursachenanalyse hat ergeben, dass die Eingangsrechnung für einen Fotokopierer nicht gebucht wurde.
Bei der Bearbeitung der Aufgabenteile sind folgende weitere Werte zu berücksichtigen: Das Konto Betriebs- und Geschäftsausstattung wurde mit 63.650,00 € eröffnet. Auf dem Konto wurden Zugänge in Höhe von 10.000,00 € gebucht. Das Konto Verbindlichkeiten a. LL hat einen Eröffnungsbestand von 42.400,00 €. Auch auf diesem Konto belaufen sich die Zugänge auf 10.000,00 €.

Fall 4:
Das Guthaben auf dem Postbankkonto liegt laut Kontoauszug der Postbank bei 18.250,00 €. Im Hauptbuch weist das Postbankkonto aber einen Schlussbestand in Höhe von 19.500,00 € aus. Die Ursachenanalyse hat ergeben, dass eine Abrechnung über Provisionserlöse versehentlich doppelt gebucht wurde.
Bei der Bearbeitung der Aufgabenteile sind folgende weitere Werte zu berücksichtigen: Das Konto Postbank hat einen Eröffnungsbestand von 15.500,00 €. Die Zugänge auf diesem Konto belaufen sich auf insgesamt 4.000,00 €. Das Konto Provisionserträge weist zwei Zugänge über jeweils 1.250,00 € aus. Der Saldo auf diesem Konto beträgt somit 2.500,00 €.

Fall 5:
Unser Bankkonto weist auf dem Kontoauszug der Bank einen Bestand in Höhe 85.000,00 € aus. Der Schlussbestand des Bankkontos im Hauptbuch beträgt hingegen 90.000,00 €. Die Ursachenanalyse hat ergeben, dass Mietaufwendungen (Mieten, Pachten) in Höhe von 2.500,00 € aus Versehen als Mieterträge (Nebenerlöse aus Vermietung und Verpachtung) gebucht wurden.
Bei der Bearbeitung der Aufgabenteile sind folgende weitere Werte zu berücksichtigen: Das Konto Bank hat einen Eröffnungsbestand von 84.000,00 €. Darüber hinaus befindet sich auf dem Konto ein Eintrag für einen Zugang (Mieterträge) über 2.500,00 € sowie ein weiterer Eintrag für einen Zahlungseingang (Rechnungsausgleich eines Kunden) über 3.500,00 €. Das Konto Nebenerlöse aus Vermietung und Verpachtung weist einen Zugang über 2.500,00 € (Bankgutschrift) und einen Saldo in Höhe von 2.500,00 € aus. Auf dem Konto Mieten, Pachten befinden sich bislang keine Eintragungen.

Lernsituation 6.2.7
Kontenrahmen und Kontenplan benutzen

Der rote Faden

Kontenbezeichnungen durch die Einführung von Kontennummern vereinheitlichen

Ausgangssituation

In einem Gespräch mit Herrn Fernandez kommt es zu folgendem Wortwechsel:

Sie: „Gut Tag, Herr Fernandez. Haben Sie kurz Zeit für eine Frage?"

Herr Fernandez: „Ja, kommen Sie rein."

Sie: „Meine Freundin macht auch gerade eine Ausbildung im kaufmännischen Bereich. Letztens haben wir gemeinsam gelernt. Dabei ist mir aufgefallen, dass in dem Unternehmen, in dem meine Freundin die Ausbildung macht, zum Teil ganz andere Kontenbezeichnungen verwendet werden. Das Konto *Darlehensschulden* heißt dort z.B. *langfristige Bankverbindlichkeiten* und das Bankkonto wird dort mit dem Begriff *Guthaben bei Kreditinstituten* geführt. Ist es denn nicht unpraktisch, wenn jedes Unternehmen sein eigenes Süppchen kocht?"

Herr Fernandez: „Ja, Sie haben genau das richtige Wort gefunden. Es ist unpraktisch. Vor allem ist es den Prüfern vom Finanzamt immer recht, wenn einheitliche Bezeichnungen für die Konten verwendet werden. Die finden sich dann schneller zurecht. Schauen Sie doch einmal in Ihrem Lehrbuch nach, was Sie zu diesem Thema finden."

Arbeitsauftrag 1 (analysieren)

Analysieren Sie das Gespräch und beschreiben Sie das Problem mit eigenen Worten.

Arbeitsauftrag 2 (informieren)

Informieren Sie sich in Ihrem Lehrbuch „BüroWelt 1" über den Kontenrahmen und den Kontenplan.

LF 6, 2.8

Arbeitsauftrag 3 (planen und durchführen)
Formulieren Sie die Geschäftsfälle für die folgenden Buchungssätze.

Nr.	Konto Soll	Konto Haben	Betrag Soll	Betrag Haben
1.	6300		47.000,00 €	
	an	2800		47.000,00 €
2.	4499		5.800,00 €	
	an	2800		5.800,00 €
3.	0870		1.400,00 €	
	an	2880		500,00 €
	an	2800		900,00 €
4.	2800		17.000,00 €	
	an	2499		17.000,00 €
5.	2800		1.200,00 €	
	an	2880		1.200,00 €
6.	6800		65,00 €	
	an	2880		65,00 €
7.	7030		160,00 €	
	an	2800		160,00 €
8.	2850		400,00 €	
	an	5710		400,00 €
9.	2800		650,00 €	
	an	5401		650,00 €
10.	6870		225,00 €	
	an	2800		225,00 €
11.	0840		32.000,00 €	
	an	4499		20.000,00 €
	an	2800		12.000,00 €
12.	2800		40.000,00 €	
	an	4250		40.000,00 €

Vertiefende Aufgaben

Aufgabe 1

Bilden Sie unter Angabe der jeweiligen Kontonummer **und** der Kontenbezeichnung den Buchungssatz.

1. Wir überweisen die Geschäftsmiete über das Bankkonto: 4.500,00 €.
2. Wir erhalten für die Zustellung unserer Erzeugnisse an unsere Kunden eine Rechnung von unserem Spediteur über Frachtkosten: 3.000,00 €.
3. Einkauf von Hilfsstoffen bar: 2.000,00 €, auf Ziel: 3.000,00 €.
4. Wir zahlen die Tankfüllung bar: 110,00 €.
5. Überweisung der Löhne vom Bankkonto: 44.500,00 €.
6. Die Bank schreibt uns Zinsen gut: 680,00 €.
7. Wir erhalten eine Rechnung für eine Maschinenreparatur durch Banküberweisung: 2.100,00 €.
8. Der Kunde begleicht eine Rechnung durch Postbanküberweisung: 7.550,00 €.
9. Wir erstatten unserem Außendienstmitarbeiter die Reisekosten bar: 120,00 €.
10. Wir erhalten die Miete für nicht benötigte Geschäftsräume bar: 4.000,00 €.
11. Die Bank belastet uns mit der Darlehenstilgung: 6.000,00 €, den Darlehenszins: 1.500,00 €.
12. Wir kaufen eine Verpackungsmaschine per Bankscheck: 2.100,00 €, Barzahlung: 700,00 €, auf Ziel: 5.300,00 €.

Aufgabe 2

Wie lautet der Geschäftsfall für die jeweilige Buchung auf dem Konto 2800 Bank?

Soll		2800 Bank	Haben
8000	94.000,00 €	1) 6200	36.000,00 €
3) 2499	17.600,00 €	2) 4250, 7510	8.000,00 €
5) 4250	35.000,00 €	4) 4499	7.350,00 €
6) 2880	2.350,00 €	7) 6050	112,00 €
8) 5710	295,00 €	8010	97.783,00 €
	149.245,00 €		149.245,00 €

Lernsituation 6.3.1
Handelswaren beschaffen und verkaufen (absetzen)

Der rote Faden	Einkäufe von Handelswaren auf Aufwandskonten buchen Verkäufe von Handelswaren auf Ertragskonten buchen Wareneinsatz und Roherfolg berechnen

Ausgangssituation

Am Morgen in der Abteilung Rechnungswesen: Herr Fernandez kommt mit folgendem Beleg auf Sie zu.

Beleg 0

Duisdorfer Bürokonzept KG
Inventurkarte zum 31.12.01 (lt. Inventur vom 31.12.01)
Inventur der Handelswaren
Außenstelle Rochusstr. 30, 53123 Bonn

lfd. Nr.	Bezeichnung	Menge	Einzelpreis	Gesamtpreis
1	Bürostuhl	3	150,00	
2	Drehstuhl	4	200,00	
3	Schreibtisch	2	130,00	
4	Tischkopierer	3	120,00	
	Endsumme Inventur vom 31.12.01			

Anfangsbestand am 01.01.01 (lt. Inventur vom 31.12.00)	600,00
Schlussbestand am 31.12.01 (lt. Inventur vom 31.12.01)	
Bestandsveränderung am 31.12.01	

Inventur am 31.12.01 durchgeführt und Inventurkarte am 08.01.02 erstellt: Frau Schmidt
Inventur am 31.12.01 und Inventurliste geprüft und kontrolliert: Herr Fernandez

Buchungssätze aufgrund der Inventurkarte:

lfd. Nr.	Buchungstext	Betrag Soll	Betrag Haben

Gespräch mit Herrn Fernandez

Herr Fernandez: „Guten Morgen! Sie haben uns ja bei der Inventur Ende des letzten Jahres geholfen. Nun haben wir verschiedene Inventurbelege von der Sachbearbeiterin Frau Schmidt für die weitere Bearbeitung erhalten. Frau Schmidt ist leider krank geworden. Einen davon habe ich bereits mitgebracht. Sie kennen sich in der Bestands- und Erfolgsrechnung doch schon ein wenig aus. Damit sie den Beleg vervollständigen können und auch verstanden haben, was Sie da getan haben, benötigen Sie erst weitere Kenntnisse zum Rechnungswesen. Haben Sie schon das aufwandsrechnerische Verfahren bei der Buchung der Wareneinkäufe und -verkäufe kennengelernt, man spricht auch vom sogenannten *Just-in-Time-Verfahren*?“

Sie: „Nein, das haben wir noch nicht in der Berufsschule thematisiert.“

Herr Fernandez: „Das habe ich mir schon gedacht. Daher habe ich zunächst zwei Belege mitgebracht, ich habe die Umsatzsteuer unten in den Belegen zunächst gestrichen. Sie sagten ja, dass Sie das Thema Umsatzsteuer erst in einigen Wochen behandeln würden. Sie können aber auch ohne die Umsatzsteuer erste Buchungen aufgrund der Belege durchführen und sich in das Thema einarbeiten. Ich muss jetzt leider zu einem Geschäftstermin! Die beiden Belege liegen dort ...“

Beleg 1

pc tech AG

Fachhandel für Elektronik

pc tech AG, Hamburger Str. 111, 45317 Essen

Duisdorfer BüroKonzept KG
Rochusstraße 30
53123 Bonn

Ihr Zeichen:
Ihre Bestellung vom:
Unser Zeichen: OZ
Unsere Nachricht vom:

Name: Othmar Zirse
Telefon: 0201 487665-49
Telefax: 0201 487665-12
E-Mail: o.zirse@pctechag.de

Datum: 22.03.20..

Rechnung

Lieferanten-Nummer:
4408

Kunden-Nr.: 38742
Rechnungs-Nr.: 50215
Lieferschein-Nr.:
Versanddatum:

Artikel-Nr.	Artikel-Bezeichnung	Menge	Einzelpreis €	Gesamtpreis€
302222	Tischkopierer Sumsang	5	275,00	1.375,00
		Betrag		1.375,00

Beleg 2

Duisdorfer
BüroKonzept
KG

Ausstattung und Beratung für das Büro

Duisdorfer BüroKonzept KG • Rochusstraße 30 • 53123 Bonn

Neuhoff KG
RaumDesign
Brunnenstraße 3
38700 Hannover

Ihr Zeichen:
Ihre Nachricht vom:
Unser Zeichen: VK Br
Unsere Nachricht vom:

Name: Frank Bremer
Telefon: 0228 98765-17
Telefax: 0228 98765-80
E-Mail: f.bremer@duisdorfer-bueko.de

Datum: 27.06.20..

Rechnung

Kunden-Nr.: 2401
Rechnungs-Nr.: 50215
Lieferschein-Nr.:
Versanddatum:

Pos.	Artikel-Nr.	Artikel-Bezeichnung	Menge	Einzelpreis €	Rabatt in %	Rabattbetrag €	Gesamtpreis €
1	301111	Multifax 0912	15	59,00	5 %	2,95	840,75
					Betrag €		840,75

Arbeitsauftrag 1 (analysieren)
Analysieren Sie die abgebildeten Belege.
a) Um welche Belege handelt es sich?
b) Welche Geschäftsfälle liegen den Belegen zugrunde?

Arbeitsauftrag 2 (informieren)
Informieren Sie sich in Ihrem Lehrbuch „BüroWelt 1“ über die Beschaffung und den Absatz von Handelswaren nach dem aufwandsrechnerischen Verfahren.

LF 6, 3.1

Arbeitsauftrag 3 (planen und durchführen)
Planen Sie die zeitlichen und organisatorischen Abläufe und führen Sie die notwendigen Tätigkeiten im Rahmen der Finanzbuchhaltung durch.
Kontieren Sie die Belege 1 und 2.

Nr.	Konto Soll	Konto Haben	Betrag Soll	Betrag Haben

Arbeitsauftrag 4 (bewerten und reflektieren)
Reflektieren Sie die bisher bearbeiteten Schritte.
a) Begründen Sie, warum Wareneinkauf und Warenverkauf auf zwei unterschiedlichen Konten dargestellt werden.
b) Begründen Sie, warum die Buchung auf Erfolgskonten erfolgen muss.

Vertiefende Aufgaben

Aufgabe 1
a) Bilden Sie die Buchungssätze zu den folgenden Geschäftsfällen:

1.	Zieleinkauf von Handelswaren	800,00 €
2.	Verkauf von Handelswaren (lt. AR)	1.400,00 €
3.	Verkauf von Handelswaren gegen Bankscheck,	500,00 €
	die Restsumme auf Ziel	4.000,00 €
4.	Einkauf von Handelswaren gegen girocard-Zahlung	600,00 €
5.	Bareinkauf von Handelswaren	700,00 €
6.	Verkauf von Handelswaren gegen girocard-Zahlung	400,00 €

b) Übertragen Sie die sechs Buchungssätze in die Konten 6080 Aufwendungen für Handelswaren und 5100 Umsatzerlöse für Handelswaren (alle anderen Konten werden hier nicht berücksichtigt).

S	6080 Aufwendungen für Handelswaren	H

S	5100 Umsatzerlöse für Handelswaren	H

c) Ermitteln Sie den Wareneinsatz und erläutern Sie den Begriff „Wareneinsatz“.

____

____

d) Ermitteln Sie den Roherfolg des Unternehmens und erläutern Sie den Begriff „Roherfolg“.

____

____

Aufgabe 2

a) Kontieren Sie die folgenden vier Belege.

Beleg 1

Duisdorfer BüroKonzept KG

Ausstattung und Beratung für das Büro

Duisdorfer BüroKonzept KG • Rochusstraße 30 • 53123 Bonn

Stadt Bonn
Gebäudemanagement
Berliner Platz 2
53103 Bonn

Ihr Zeichen:
Ihre Nachricht vom:
Unser Zeichen: VK Br
Unsere Nachricht vom:

Name: Frank Bremer
Telefon: 0228 98765-17
Telefax: 0228 98765-80
E-Mail: f.bremer@duisdorfer-bueko.de

Datum: 03.07.20..

Rechnung

Kunden-Nr.: 2403
Rechnungs-Nr.: 50284
Lieferschein-Nr.:
Versanddatum:

Pos.	Artikel-Nr.	Artikel-Bezeichnung	Menge	Einzelpreis €	Rabatt in %	Rabattbetrag €	Gesamtpreis €
1	300213	Scann-Chef 100	20	150,00			3.000,00
					Betrag €		3.000,00

Beleg 2

pc tech AG

Fachhandel für Elektronik

pc tech AG, Hamburger Str. 111, 45317 Essen

Duisdorfer BüroKonzept KG
Rochusstraße 30
53123 Bonn

Ihr Zeichen:
Ihre Bestellung vom:
Unser Zeichen: OZ
Unsere Nachricht vom:

Name: Othmar Zirse
Telefon: 0201 487665-49
Telefax: 0201 487665-12
E-Mail: o.zirse@pctechag.de

Datum: 22.06.20..

Rechnung

Lieferanten-Nummer:
4408

Kunden-Nr.: 38742
Rechnungs-Nr.: 2843
Lieferschein-Nr.:
Versanddatum:

Artikel-Nr.	Artikel-Bezeichnung	Menge	Einzelpreis €	Gesamtpreis €
300213	Scann-Chef 100	20	100,00	2.000,00
		Betrag		**2.000,00**

Beleg 3

Papier Spoth GmbH

Großhandel für Papier- und Bürobedarf

Papier Spoth GmbH, Auf der Höhe 90, 22076 Hamburg

Duisdorfer BüroKonzept KG
Rochusstraße 30
53123 Bonn

Ihr Zeichen:
Ihre Bestellung vom:
Unser Zeichen: bsch
Unsere Nachricht vom:

Name: Bernd Schmitz
Telefon: 040 963486-47
Telefax: 040 963486-44
E-Mail: b.schmitz@papier-spoth.de

Datum: 29.06.20..

Rechnung

Lieferanten-Nummer:
4407

Kunden-Nr.: 1877
Rechnungs-Nr.: 4321
Lieferschein-Nr.:
Versanddatum:

Artikel-Nr.	Artikel-Bezeichnung	Menge	Einzelpreis €	Gesamtpreis €
300212	Aktenvernichter Safeway	8	49,00	392,00
		Betrag		**392,00**

Beleg 4

Duisdorfer
BüroKonzept
KG

Ausstattung und Beratung für das Büro

Duisdorfer BüroKonzept KG • Rochusstraße 30 • 53123 Bonn

Rhenag GmbH
Bürogroßhandel
Annostraße 56
68239 Mannheim

Ihr Zeichen:
Ihre Nachricht vom:
Unser Zeichen: VK Br
Unsere Nachricht vom:

Name: Frank Bremer
Telefon: 0228 98765-17
Telefax: 0228 98765-80
E-Mail: f.bremer@duisdorfer-bueko.de

Datum: 04.07.20..

Rechnung

Kunden-Nr.: 2408
Rechnungs-Nr.: 50290
Lieferschein-Nr.:
Versanddatum:

Pos.	Artikel-Nr.	Artikel-Bezeichnung	Menge	Einzelpreis €	Rabatt in %	Rabattbetrag €	Gesamtpreis €
1	300212	Aktenvernichter Safeway	8	79,00			632,00
					Betrag €		632,00

Der Rechnungsbetrag ist innerhalb von 10 Tagen mit 2 % Skonto oder nach spätestens 30 Tagen ohne Abzug zu begleichen.

b) Richten Sie die beiden Konten 6080 Aufwendungen für Handelswaren und 5100 Umsatzerlöse für Handelswaren ein und übertragen Sie die vier Buchungssätze in die beiden Konten (alle anderen Konten werden hier nicht berücksichtigt).

c) Ermitteln Sie den Wareneinsatz.

d) Ermitteln Sie den Roherfolg des Unternehmens.

Lernsituation 6.3.2
Bestandsveränderungen buchen

Der rote Faden

- Das Bestandskonto Handelswaren führen
- Bestandsveränderungen buchen

Ausgangssituation

Am Mittag kommt Herr Fernandez auf Sie zu ...

Herr Fernandez: „Nachdem Sie nun den ersten Teil bearbeitet haben, müssen Sie sich nun mit der Inventur bzw. den Inventurergebnissen und dem Bestandskonto 2280 Handelswaren beschäftigen."

Sie: „Aber für Wareneinkäufe und Warenverkäufe verwenden wir doch nun zwei neue Konten. Das Bestandskonto ist doch gar nicht mehr nötig ..."

Herr Fernandez: „Ja, aber das Bestandskonto 2280 Handelswaren existiert weiterhin und wird auch im Rahmen des Jahresabschlusses weiterhin benötigt. Ich habe verschiedene Aufgaben vorbereitet, in denen der Umgang mit diesem Konto geübt wird."

Arbeitsauftrag 1 (analysieren)

Analysieren Sie das kurze Gespräch. Was ist noch unklar?

Arbeitsauftrag 2 (informieren)

Informieren Sie sich in Ihrem Lehrbuch „BüroWelt 1" über das Bestandskonto „Handelswaren" und den Abschluss dieses Kontos.

LF 6, 3

Arbeitsauftrag 3 (planen und durchführen)

Planen Sie die zeitlichen und organisatorischen Abläufe und ermitteln Sie aus den unten stehenden Konten der Duisdorfer BüroKonzept KG zum Geschäftsjahresende

- den Wareneinsatz,
- die Bestandsveränderung,
- den Rohgewinn.

Konten zur Aufgabe:

Soll	2280 Handelswaren		Haben
8000 EBK	1.000,00	8010 SBK	1.000,00

Soll	6080 Aufwendungen für Handelswaren		Haben
4499 Sonstige Lieferanten	7.000,00		

Soll	5100 Umsatzerlöse für Handelswaren		Haben
		2499 Sonstige Kunden	12.000,00

- Schließen Sie zunächst die Konten 6080 und 5100 ordnungsgemäß ab.
- Bilden Sie alle sechs möglichen Buchungssätze zur Aufgabe.
- Geben Sie jeweils die Geschäftsfälle zu den sechs Buchungssätzen an.

Arbeitsauftrag 4 (reflektieren und bewerten)

Begründen Sie, warum das Konto 2280 Handelswaren weiterhin verwendet wird.

Vertiefende Aufgaben

Aufgabe 1

Zum 31.12. weisen die Warenkonten der Duisdorfer BüroKonzept KG die folgenden Eurobeträge aus:

Kontenbezeichnung	Soll	Haben
2280 Handelswaren (Gegenkonto 8000 und 8010)	3.000,00	1.000,00
6080 Aufwendungen für Handelswaren (Gegenkonto 4499)	11.000,00	
5100 Umsatzerlöse für Handelswaren (Gegenkonto 2499)		15.000,00

a) Richten Sie die Konten 2280 Handelswaren, 6080 Aufwendungen für Handelswaren und 5100 Umsatzerlöse für Handelswaren ein und übertragen Sie die oben stehenden Informationen in diese drei Konten.

b) Bilden Sie alle **sieben** möglichen Buchungssätze zur Aufgabe.

c) Ermitteln Sie
- den Wareneinsatz,
- den Rohgewinn,
- die Bestandsveränderung.

d) Geben Sie an, ob es sich um eine Bestandsmehrung oder -minderung handelt.

Aufgabe 2 (Geschäftsgang)

Anfangsbestände der Bestandskonten

Konten	€	Konten	€
4499 Sonstige Lieferanten	30.000,00	4250 Langfristige Bankverbindlichkeiten	40.000,00
2499 Sonstige Kunden	50.000,00	2280 Handelswaren	3.000,00
0860 Büromaschinen, Organisationsmittel, und Kommunikationsanlagen	35.000,00	2880 Kasse	800,00
2800 Bank	23.000,00	3000 Eigenkapital	???

Folgende weitere Konten werden verwendet:

5100 Umsatzerlöse für Handelswaren, 5710 Zinserträge, 6080 Aufwendungen für Handelswaren, 6300 Gehälter, 6700 Mieten, Pachten, 7510 Zinsaufwendungen, 8000 Eröffnungsbilanzkonto, 8010 Schlussbilanzkonto, 8020 Gewinn- und Verlustkonto

a) Bilden Sie die Buchungssätze zu den folgenden Geschäftsfällen:

1.	Eingangsrechnung eines Lieferanten für Bürogeräte (Handelswaren)	2.000,00 €
2.	Weiterverkauf dieser Bürogeräte an einen Kunden (lt. AR)	5.200,00 €
3.	Banküberweisung für Gehälter	3.200,00 €
	für Miete	3.000,00 €
	für Zins	1.500,00 €
4.	Lieferung von Tischkopierern (Handelswaren) gegen ER	8.900,00 €
5.	Ausgangsrechnung an Kunden wegen Verkauf von Tischkopierern	18.900,00 €
6.	Gutschrift von Zinsen auf unserem Bankkonto	360,00 €
7.	Barverkauf von Handelswaren an Kunden	390,00 €
8.	Kassenausgang für den Einkauf von Handelswaren	400,00 €
9.	Abschlussangaben: Der Inventurbestand an Handelswaren betrug am Jahresende	6.000,00 €

b) Führen Sie alle notwendigen Konten und schließen Sie diese ordnungsgemäß ab.

c) Ermitteln Sie
- den Wareneinsatz,
- den Roherfolg,
- den Reinerfolg.

Lernsituation 6.3.3
Auf Werkstoffkonten buchen

Der rote Faden

Einkäufe von Werkstoffen auf Aufwandskonten buchen

Bestandsveränderungen buchen

Werkstoffkonten abschließen

Ausgangssituation

Als Sie am nächsten Morgen zur Arbeit kommen, hat Herr Fernandez Ihnen die folgenden vier Belege ohne Kommentar auf den Schreibtisch gelegt.

Beleg 1

Opitz AG

Holz- und Spanplatten

Opitz AG, Scheerengasse 177, 53721 Siegburg

Duisdorfer BüroKonzept KG
Rochusstraße 30
53123 Bonn

Ihr Zeichen:
Ihre Bestellung vom:
Unser Zeichen: bg
Unsere Nachricht vom:

Name: Bettina Gause
Telefon: 02241 6955-954
Telefax: 02241 6955-555
E-Mail: b.gause@holz-opitz.de

Datum: 23.03.20..

Rechnung

Lieferanten-Nummer: 4403

Kunden-Nr.: 38715/5
Rechnungs-Nr.: 222
Lieferschein-Nr.:
Versanddatum:

Artikel-Nr.	Artikel-Bezeichnung	Menge	Einzelpreis €	Gesamtpreis €
40111	Spanplatten 200 × 200 mm	150	15,00	2.250,00
		Betrag		**2.250,00**

Beleg 2

Duisdorfer BüroKonzept KG

Ausstattung und Beratung für das Büro

Duisdorfer BüroKonzept KG • Rochusstraße 30 • 53123 Bonn

Stammhaus KG
Bürokonzepte
Berliner Damm 9
56077 Koblenz

Ihr Zeichen:
Ihre Nachricht vom:
Unser Zeichen: VK Br
Unsere Nachricht vom:

Name: Frank Bremer
Telefon: 0228 98765-17
Telefax: 0228 98765-80
E-Mail: f.bremer@duisdorfer-bueko.de

Datum: 25.03.20..

Rechnung

Kunden-Nr.: 2407
Rechnungs-Nr.: 1238
Lieferschein-Nr.:
Versanddatum:

Pos.	Artikel-Nr.	Artikel-Bezeichnung	Menge	Einzelpreis €	Rabatt in %	Rabattbetrag €	Gesamtpreis €
1	202111	Bürostuhl Comfort	20	228,00			4.560,00
					Betrag €		**4.560,00**

Beleg 3

Frank Zettler OHG

Metallbau

Frank Zettler oHG, Steinacker 38, 53177 Bonn

Duisdorfer BüroKonzept KG
Rochusstraße 30
53123 Bonn

Ihr Zeichen:
Ihre Bestellung vom:
Unser Zeichen: bsch
Unsere Nachricht vom:

Name: Beate Keuser
Telefon: 0228 58766-122
Telefax: 0228 58766-123
E-Mail: b.keuser@zettler-metallbau.de

Datum: 28.03.20..

Rechnung

Lieferanten-Nummer:
4401

Kunden-Nr.: 4875
Rechnungs-Nr.: 444
Lieferschein-Nr.:
Versanddatum:

Artikel-Nr.	Artikel-Bezeichnung	Menge	Einzelpreis €	Gesamtpreis €
28222	Schrauben verschiedene Sorten Berechnung je kg	2000	3,00	6.000,00
		Betrag		**6.000,00**

Beleg 4

Rösgen e. K.

Metallteile

Rösgen e. K., Beethovenstraße 30, 38700 Hannover

Duisdorfer BüroKonzept KG
Rochusstraße 30
53123 Bonn

Ihr Zeichen:
Ihre Bestellung vom:
Unser Zeichen: bf
Unsere Nachricht vom:

Name: Bertram Franke
Telefon: 0511 23796-487
Telefax: 0511 23796-55
E-Mail: b.franke@schrauben-roesgen.de

Datum: 29.06.20..

Rechnung

Lieferanten-Nummer:
4405

Kunden-Nr.: 556843
Rechnungs-Nr.: 6584
Lieferschein-Nr.:
Versanddatum:

Artikel-Nr.	Artikel-Bezeichnung	Menge	Einzelpreis €	Gesamtpreis €
56p94	Rollen für Bürostühle	500	5,00	2.500,00
		Betrag		**2.500,00**

Arbeitsauftrag 1 (analysieren)

a) Analysieren Sie die abgebildeten Belege.
b) Um welche Belege handelt es sich?
c) Welche Geschäftsfälle liegen den Belegen zugrunde?

Arbeitsauftrag 2 (informieren)

LF 6, 3

Informieren Sie sich in Ihrem Lehrbuch „BüroWelt 1" über die Buchung von Werkstoffkonten und deren Abschluss.

Arbeitsauftrag 3 (planen und durchführen)

Planen Sie die zeitlichen und organisatorischen Abläufe und führen Sie die notwendigen Tätigkeiten im Rahmen der Finanzbuchhaltung durch.

a) Kontieren Sie die vier Belege.

Nr.	Konto Soll	Konto Haben	Betrag Soll	Betrag Haben

b) Die zugehörigen Bestandskonten weisen die folgenden Anfangs- und Schlussbestände auf.

Anfangsbestände	€	Schlussbestände	€
2000 Rohstoffe/Fertigungsmaterial	2.000,00	2000 Rohstoffe/Fertigungsmaterial	4.000,00
2010 Vorprodukte/Fremdbauteile	2.000,00	2010 Vorprodukte/Fremdbauteile	1.400,00
2020 Hilfsstoffe	3.000,00	2020 Hilfsstoffe	3.000,00

Übertragen Sie die vier Buchungssätze und die Bestände in die unten stehenden Konten und schließen Sie diese ordnungsgemäß ab.

Soll	2000 Haben

Soll	6000 Haben

Soll	2010 Haben

Soll	6010 Haben

Soll	2020	Haben

Soll	6020	Haben

Soll	5000	Haben

Soll	8010	Haben

Soll	8020	Haben

Arbeitsauftrag 4 (reflektieren und bewerten)

a) Erläutern Sie die Unterschiede zwischen den Warenkonten auf der einen und den Werkstoffkonten auf der anderen Seite.

b) Stellen Sie die Gemeinsamkeiten beim aufwandsrechnerischen Verfahren zwischen Waren- und Werkstoffkonten dar, indem Sie den Ablauf dieses Verfahrens stichwortartig erläutern.

c) Überlegen Sie, welche Fehler in der Finanzbuchhaltung bei diesem Thema auftreten können.

Vertiefende Aufgabe

Aufgabe

Bilden Sie die Buchungssätze zu den folgenden Geschäftsfällen und schließen Sie anschließend im Grund- und Hauptbuch die Konten 2000 Rohstoffe/Fertigungsmaterial, 2010 Vorprodukte/Fremdbauteile, 2020 Hilfsstoffe und 2280 Handelswaren sowie die zugehörigen Aufwandskonten (6000, 6010, 6020 und 6080) ab[1]. Es liegen zum Anfang des Geschäftsjahres folgende Anfangsbestände vor:

2000 Rohstoffe/Fertigungsmaterial	3.000,00 €
2010 Vorprodukte/Fremdbauteile	4.000,00 €
2020 Hilfsstoffe	2.000,00 €
2280 Handelswaren	3.000,00 €
1. Eingangsrechnung eines Lieferanten für Rohstoffe	2.500,00 €
2. Barverkauf von Bürogeräten (eigene Erzeugnisse) an einen Kunden	6.200,00 €
3. Eingangsrechnung für eine Lieferung Schrauben (Hilfsstoffe)	1.600,00 €
4. Kauf von Rollen für Bürodrehstühle (Vorprodukte) gegen girocard-Zahlung	4.500,00 €
5. Ausgangsrechnung an Kunden wegen Verkauf von Handelswaren	18.900,00 €
6. Kauf einer technischen Anlage für unsere Produkte, der Lieferer gewährt uns ein langfristiges Darlehen	15.000,00 €
7. Zielverkauf von eigenen Erzeugnissen an Kunden	3.900,00 €
8. Kassenausgang für den Einkauf von Handelswaren	400,00 €
9. Abschlussangaben (folgende Inventurbestände ergaben sich am Jahresende)	
Inventurbestand 2280 Handelswaren	2.000,00 €
Inventurbestand 2000 Rohstoffe/Fertigungsmaterial	1.500,00 €
Inventurbestand 2010 Vorprodukte/Fremdbauteile	500,00 €
Inventurbestand 2020 Hilfsstoffe	2.500,00 €

[1] *Alle anderen Konten bleiben unberücksichtigt, es handelt sich also um keinen vollständigen Geschäftsfall.*

Lernsituation 6.3.4
Inventurbelege bearbeiten und -abläufe reflektieren

Der rote Faden

Inventurbelege bearbeiten

Inventur(-abläufe) reflektieren

Ausgangssituation

Sie treffen auf Ihren Ausbilder Herrn Fernandez, der sehr erfreut ist, Sie zu sehen. Er hat nämlich neue Aufgaben für Sie ...

Herr Fernandez: „Guten Morgen! Wir haben uns ja vor einigen Tagen über das Thema Inventur, Inventurbestände und das sogenannte „Just-in-Time“-Verfahren bei Einkäufen auf Waren- und Werkstoffkonten unterhalten.“

Sie: „Ja, ich habe die Informationen dazu gelesen und die verschiedenen Aufgaben bearbeitet.“

Herr Fernandez: „Prima! Dann möchte ich Sie bitten, die folgenden Inventurbelege zu bearbeiten und entsprechend zu vervollständigen.“

Beleg 1

Duisdorfer Bürokonzept KG
Inventurkarte zum 31.12.01 (lt. Inventur vom 31.12.01)
Inventur der Handelswaren
Außenstelle Rochusstr. 30, 53123 Bonn

lfd. Nr.	Bezeichnung	Menge	Einzelpreis	Gesamtpreis
1	Bürostuhl	3	150,00	
2	Drehstuhl	4	200,00	
3	Schreibtisch	2	130,00	
4	Tischkopierer	3	120,00	
	Endsumme Inventur vom 31.12.01			

Anfangsbestand am 01.01.01 (lt. Inventur vom 31.12.00)	600,00
Schlussbestand am 31.12.01 (lt. Inventur vom 31.12.01)	
Bestandsveränderung am 31.12.01	

Inventur am 31.12.01 durchgeführt und Inventurkarte am 08.01.02 erstellt: Frau Schmidt
Inventur am 31.12.01 und Inventurliste geprüft und kontrolliert: Herr Fernandez

Buchungssätze aufgrund der Inventurkarte:

lfd. Nr.	Buchungstext	Betrag Soll	Betrag Haben

Beleg 2

Duisdorfer Bürokonzept KG

Inventurkarte zum 31.12.01 (lt. Inventur vom 31.12.01)
Inventur der Rohstoffe/des Fertigungsmaterials
Außenstelle Rochusstr. 30, 53123 Bonn

lfd. Nr.	Bezeichnung	Menge	Einzelpreis	Gesamtpreis
1	Spanplatten 100 × 100 mm	5	10,00	
2	Spanplatten 200 × 300 mm	8	20,00	
3	Eisenstangen 150 mm	15	5,00	
4	Bleche 150 × 200 mm	20	12,00	
	Endsumme Inventur vom 31.12.01			

Anfangsbestand am 01.01.01 (lt. Inventur vom 31.12.00)	1.500,00
Schlussbestand am 31.12.01 (lt. Inventur vom 31.12.01)	
Bestandsveränderung am 31.12.01	

Inventur am 31.12.01 durchgeführt und Inventurkarte am 08.01.02 erstellt: Frau Schmidt
Inventur am 31.12.01 und Inventurliste geprüft und kontrolliert: Herr Fernandez

Buchungssätze aufgrund der Inventurkarte:

lfd. Nr.	Buchungstext	Betrag Soll	Betrag Haben

Beleg 3

Duisdorfer Bürokonzept KG

Inventurkarte zum 31.12.01 (lt. Inventur vom 31.12.01)
Inventur der Vorprodukte/Fremdbauteile
Außenstelle Rochusstr. 30, 53123 Bonn

lfd. Nr.	Bezeichnung	Menge	Einzelpreis €	Gesamtpreis €
1	Rollen für Bürostuhl Comfort	80	5,00	
2	Metallgestell für Schreibtisch Ahorn	38	25,00	
3	Tischbeine für Schreibtisch Ökostar	88	4,00	
4	Drehgelenk für Bandscheibenstuhl	20	35,00	
	Endsumme Inventur vom 31.12.01			

Anfangsbestand am 01.01.01 (lt. Inventur vom 31.12.00)	4.000,00
Schlussbestand am 31.12.01 (lt. Inventur vom 31.12.01)	
Bestandsveränderung am 31.12.01	

Inventur am 31.12.01 durchgeführt und Inventurkarte am 08.01.02 erstellt: Frau Schmidt
Inventur am 31.12.01 und Inventurliste geprüft und kontrolliert: Herr Fernandez

Buchungssätze aufgrund der Inventurkarte:

lfd. Nr.	Buchungstext	Betrag Soll	Betrag Haben

Beleg 4

Duisdorfer Bürokonzept KG
Inventurkarte zum 31.12.01 (lt. Inventur vom 31.12.01)
Inventur der Hilfsstoffe
Außenstelle Rochusstr. 30, 53123 Bonn

lfd. Nr.	Bezeichnung	Menge	Einzelpreis €	Gesamtpreis €
1	Schrauben 5 × 20 Paket 1 kg	45	4,00	
2	Schrauben 6 × 30 Paket 1 kg	48	4,50	
3	Leim Eimer 10 ltr.	20	18,00	
4	Nägel 8mm Paket 2 kg	18	6,00	
	Endsumme Inventur vom 31.12.01			

Anfangsbestand am 01.01.01 (lt. Inventur vom 31.12.00)	200,00
Schlussbestand am 31.12.01 (lt. Inventur vom 31.12.01)	
Bestandsveränderung am 31.12.01	

Inventur am 31.12.01 durchgeführt und Inventurkarte am 08.01.02 erstellt: Frau Schmidt
Inventur am 31.12.01 und Inventurliste geprüft und kontrolliert: Herr Fernandez

Buchungssätze aufgrund der Inventurkarte:

lfd. Nr.	Buchungstext	Betrag Soll	Betrag Haben

Arbeitsauftrag 1 (analysieren)

Analysieren Sie die abgebildeten Belege. Welche Sachverhalte sind Ihnen unklar?

Arbeitsauftrag 2 (informieren)

LF 6, 3

Welche Informationen fehlen Ihnen noch?
Informieren Sie sich in Ihrem Lehrbuch „BüroWelt 1".

Arbeitsauftrag 3 (planen und durchführen)

Planen Sie die zeitlichen und organisatorischen Abläufe und führen Sie die notwendigen Tätigkeiten im Rahmen der Finanzbuchhaltung auf den Belegen durch.

Arbeitsauftrag 4 (reflektieren und bewerten)

a) Erläutern Sie, welche neuen Erkenntnisse Sie im Lernfeld 6, Kapitel 3 gewonnen haben. Notieren Sie sich die wesentlichen Neuerungen in Stichworten.

b) Erläutern Sie, welche Bedeutung die Inventur für ein Unternehmen hat.

c) Begründen Sie, warum es dringend notwendig ist, dass die in diesem Abschnitt vorgestellten Tätigkeiten im Betrieb genau, vollständig und korrekt durchgeführt werden. Gehen Sie dabei näher darauf ein, welche Auswirkungen Fehler haben,

- die bei der Inventur gemacht werden,
- die bei Eintragungen in der Inventurkarte gemacht werden,
- die bei den Buchungssätzen gemacht werden.

Lernsituation 6.4.1
Grundlagen der Umsatzsteuer kennen

Der rote Faden

- Steuerbare Umsätze identifizieren
- Steuerfreie Umsätze identifizieren
- Steuerpflichtige Umsätze identifizieren
- Unterschiedliche Umsatzsteuersätze anwenden

Ausgangssituation

Sie sind nach wie vor in der Abteilung „Rechnungswesen" eingesetzt. Als Sie am Morgen zur Arbeit kommen, legt Ihnen Herr Fernandez den folgenden Beleg zur Bearbeitung vor.

Reimund Goeken Lebensmittel
Lamadener Straße 15, 53555 Bonn
Tel.: 0228 558462 Fax.: 0228 558463
Steuer-Nr. 29 54 / 54 86 56 35

Kaugummi	0,99 €	B
Weingummi	1,49 €	B
Champignons	1,99 €	B
Cola	0,99 €	A
Pfand	0,25 €	A
Zeitung	0,49 €	B
Blumenstrauß	2,99 €	B
Zwischensumme	9,19 €	
Bar EUR	10,19 €	
Rückgeld EUR	1,00 €	
Nettobetrag	8,47 €	
A = Umsatzsteuer 19 %	0,20 €	
B = Umsatzsteuer 7 %	0,52 €	

Eingegangen
am 02.05.20..: ____________

Betrag in bar dankend erhalten!

Vielen Dank für Ihren Einkauf!

Datum	Zeit	Verkäufer-Nr	Kas.-Pos.
02.05.20..	11:13	58	48

Arbeitsauftrag 1 (analysieren)

Analysieren Sie den oben abgebildeten Beleg.

Arbeitsauftrag 2 (informieren)

Informieren Sie sich in Ihrem Lehrbuch „BüroWelt 1" über steuerbare Umsätze.

LF 6, 4.1

Arbeitsauftrag 3 (planen und durchführen)

Begründen Sie, warum es auf dem Beleg zu der unterschiedlichen Besteuerung der Umsätze in Höhe von 19 % bzw. 7 % kommt. Nennen Sie weitere Umsätze, die den unterschiedlichen Umsatzsteuersätzen unterliegen, und Umsätze, die laut Umsatzsteuergesetz (UStG) steuerfrei sind.

Arbeitsauftrag 4 (reflektieren)

Begründen Sie, inwieweit die unterschiedlichen Umsatzsteuersätze und die steuerfreien Umsätze Ihrer Meinung nach gerechtfertigt sind.

Lernsituation 6.4.2
Vor- und Umsatzsteuer buchen

Der rote Faden

- **Ein- und Ausgangsrechnungen buchhalterisch erfassen**
- **Die Konten 2600 Vorsteuer und 4800 Umsatzsteuer ausgleichen**
- **Die Umsatzsteuervoranmeldung ausfüllen**

Ausgangssituation

Nachdem Sie sich mit den Grundlagen des Umsatzsteuerrechts beschäftigt haben, legt Herr Fernandez Ihnen die folgenden Belege zur Bearbeitung vor.

Beleg 1

WITTMANN AG

Bürotechnik

Wittmann AG, Untere Dorfstr. 130, 57074 Siegen

Duisdorfer BüroKonzept KG
Rochusstraße 30
53123 Bonn

Eingegangen am 16.08.20..: ____________

Ihr Zeichen:
Ihre Bestellung vom:
Unser Zeichen: BK
Unsere Nachricht vom:

Name: Bianca Kuhn
Telefon: 0271 80053-72
Telefax: 0271 80053-10
E-Mail: bianca.kuhn@wittmann-ag.de

Datum: 15.08.20..

Rechnung

Lieferanten-Nummer: 4410

Kunden-Nr.: 2495420
Rechnungs-Nr.: 50569
Lieferschein-Nr.:
Versanddatum:

Artikel-Nr.	Artikel-Bezeichnung	Menge	Einzelpreis €	Gesamtpreis €
301111	Multifax 0912	20	59,00	1.180,00
		Nettobetrag		1.180,00
		Umsatzsteuer 19,0 %		224,20
		Rechnungsbetrag		1.404,20

Beleg 2

Duisdorfer
BüroKonzept
KG

Ausstattung und Beratung für das Büro

Duisdorfer BüroKonzept KG • Rochusstraße 30 • 53123 Bonn

Stadt Bonn
Stadtverwaltung
Berliner Platz 2
53103 Bonn

Ihr Zeichen:
Ihre Nachricht vom:
Unser Zeichen: VK Br
Unsere Nachricht vom:

Name: Frank Bremer
Telefon: 0228 98765-17
Telefax: 0228 98765-80
E-Mail: f.bremer@duisdorfer-bueko.de

Datum: 25.08.20..

Rechnung

Kunden-Nr.: 2403
Rechnungs-Nr.: 458
Lieferschein-Nr.:
Versanddatum:

Pos.	Artikel-Nr.	Artikel-Bezeichnung	Menge	Einzelpreis €	Gesamtpreis €
1	301111	Multifax 0912	20	99,00	1.980,00
			Nettobetrag €		1.980,00
			Umsatzsteuer 19,0 % €		376,20
			Rechnungsbetrag €		**2.356,20**

Arbeitsauftrag 1 (analysieren)

a) Analysieren Sie die abgebildeten Belege. Um welche Belege handelt es sich?

b) Welche Geschäftsfälle liegen diesen Belegen zugrunde?

Arbeitsauftrag 2 (informieren und planen)

Informieren Sie sich in Ihrem Lehrbuch „BüroWelt 1“ über die buchhalterische Erfassung von Eingangs- und Ausgangsrechnungen und den Ausgleich bzw. Abschluss der Konten 2600 Vorsteuer und 4800 Umsatzsteuer. Planen Sie die zeitlichen und organisatorischen Abläufe.

LF 6, 4.2

Arbeitsauftrag 3 (durchführen)

Führen Sie die notwendigen Tätigkeiten im Rahmen der Finanzbuchhaltung durch.

a) Buchen Sie die abgebildeten Belege.

Nr.	Konto Soll	Konto Haben	Betrag Soll	Betrag Haben

b) Buchen Sie den Rechnungsausgleich anhand des abgebildeten Bankauszugs.

	BIC	IBAN	erstellt am	Auszug	Blatt
Volksbank Köln Bonn eG	GENODED1BRS	DE85 3860 0186 2401 2345 67	30.08.20.. 10:36	149	1

BU-TAG	VORGANG	
25.08.20..	Überweisung Wittmann AG IBAN DE82 3701 0050 5135 1547 81 Postbank Köln BIC PBNKDEFF370 Rechnung 50569 vom 15.08.20..	1.404,20-
30.08.20..	Stadt Bonn Rechnung 458 vom 25.08.20..	2.356,20+
	SALDO NEU €	42.568,21+
	Kreditlimit €	100.000,00

Nr.	Konto Soll	Konto Haben	Betrag Soll	Betrag Haben

c) Erfassen Sie die Buchungen aus den Aufgaben a) und b) im abgebildeten Hauptbuch und gleichen Sie anschließend das Vorsteuer- und das Umsatzsteuerkonto im Grund- und Hauptbuch zum 31.08.20.. aus.

Nr.	Konto Soll	Konto Haben	Betrag Soll	Betrag Haben

Soll	6080 Aufwendungen für Handelswaren Haben

Soll	5100 Umsatzerlöse für Handelswaren Haben

Soll	2403 Stadt Bonn Haben

Soll	4410 Wittmann AG Haben

Soll	2800 Bank Haben

Soll	2600 Vorsteuer Haben

Soll	4800 Umsatzsteuer Haben

d) Füllen Sie die Umsatzsteuervoranmeldung für den Monat August 20.. zum 10.09.20.. aus.

Arbeitsauftrag 4 (reflektieren)

Reflektieren Sie die bearbeiteten Schritte.

a) Erläutern Sie, um welche Art des Ausgleiches (Umsatzsteuerzahllast oder Vorsteuerüberhang) es sich handelt.

b) Begründen Sie, warum man beim Abschluss der Konten 2600 Vorsteuer bzw. 4800 Umsatzsteuer zum 31.12.20.. entweder von einer Passivierung der Umsatzsteuerzahllast oder von einer Aktivierung des Vorsteuerüberhangs spricht.

Vertiefende Aufgabe

Aufgabe

a) Erfassen Sie die im Folgenden abgebildeten Belege im Grundbuch der Duisdorfer BüroKonzept KG und führen Sie anschließend den Abschluss der Konten 2600 Vorsteuer und 4800 Umsatzsteuer zum 31.12.20.. im Grund- und Hauptbuch durch.

b) Bis zum 10. Januar 20.. muss eine entsprechende Umsatzsteuervoranmeldung an das Finanzamt geschickt werden. Füllen Sie die Umsatzsteuervoranmeldung aus.

Beleg 1

Rösgen e. K.

Metallteile

Rösgen e. K., Beethovenstraße 30, 38700 Hannover

Duisdorfer BüroKonzept KG
Rochusstraße 30
53123 Bonn

Eingegangen
am 02.12.20..

Ihr Zeichen:
Ihre Bestellung vom:
Unser Zeichen: bf
Unsere Nachricht vom:

Name: Bertram Franke
Telefon: 0511 23796-487
Telefax: 0511 23796-55
E-Mail: b.franke@schrauben-roesgen.de

Datum: 01.12.20..

Rechnung

Lieferanten-Nummer:
4405

Kunden-Nr.: 556843
Rechnungs-Nr.: 6584
Lieferschein-Nr.:
Versanddatum:

Artikel-Nr.	Artikel-Bezeichnung	Menge	Einzelpreis €	Gesamtpreis €
56p94	Metallgestell Marx	50	14,23	711,50
48p33	Bolzen 3 × 7 × 1	200	0,56	112,00
25o69	Schrauben (500 × 20) 100 St.	20	5,99	119,80
		Nettobetrag		943,30
		Umsatzsteuer 19,0 %		179,23
		Rechnungsbetrag		1.122,53

Beleg 2[1]

Empfänger Duisdorfer BüroKonzept KG
Rochusstraße 30, 53123 Bonn

Quittung

Eingegangen
am 10.12.20..:

1 Paket Kopierpapier 80g à 3,99 € 3,99 €

+ 19 % Umsatzsteuer inkl. USt. €

3,99 €

Schreibwaren Kleine und Söhne
Hauptweg 56
53122 Bonn
St.-Nr. 85 987 63698

Betrag erhalten
Kleine
Bonn, 10.12.20..

[1] *Bei sog. Kleinbetragsrechnungen mit einem Bruttobetrag unter 150,00 € muss lt. UStG der Umsatzsteuerbetrag nicht separat ausgewiesen werden.*

Beleg 3

Netto	€	83	ct	19
+ 19 % USt.	€	15	ct	81
Gesamt	€	99	ct	00

Quittung
Nr. **KB 5698**

Gesamtbetrag € in Worten
- neunundneunzig - Cent wie oben
(Im Gesamtbetrag sind 19 % Mehrwertsteuer enthalten)

von Freie Tankstelle, An der kleinen Gasse 3, Bonn

für 81,88 l Dieselkraftstoff (1,209 Euro/Liter)

richtig erhalten zu haben, bestätigt

Ort Bonn

Eingegangen
am 17.12.20..:

Datum 17.12.20..

Buchungsvermerke

Stempel/Unterschrift des Empfängers
Meier

Beleg 4

Willi Lauf OHG

Bürobedarf

Willi Lauf OHG, Manderscheider Platz 1, 34414 Warburg

Duisdorfer BüroKonzept KG
Rochusstraße 30
53123 Bonn

Eingegangen
am 18.12.20..:

Ihr Zeichen: pe
Ihre Bestellung vom: 15.12.20..
Unser Zeichen: lf
Unsere Nachricht vom:

Name: Willi Lauf
Telefon: 05641 48006-10
Telefax: 05641 48006-88
E-Mail: wlauf@willi-lauf.de

Datum: 17.12.20..

Rechnung

Lieferanten-Nummer:
4409

Kunden-Nr.: 987654
Rechnungs-Nr.: 236
Lieferschein-Nr.: 5687
Versanddatum:

Artikel-Nr.	Artikel-Bezeichnung	Menge	Einzelpreis €	Gesamtpreis €
302222	Tischkopierer Sumsang	100	275,00	27.500,00
		Nettobetrag		27.500,00
		Umsatzsteuer 19,0 %		5.225,00
		Rechnungsbetrag		32.725,00

zahlbar 10 Tage ab Rechnungsdatum ohne Abzug

Beleg 5

Blitz und Blank GmbH

Blitz und Blank GmbH, Burgstraße 2, 58095 Hagen

Duisdorfer BüroKonzept KG
Rochusstraße 30
53123 Bonn

Eingegangen
am 13.12.20..:

Ihre Bestellung vom	Unsere Zeichen	Zeit der Leistung/Liefertag	Datum
01.12.20..	RS 4 500 y	09.12.20..	12.12.20..

Rechnung 6598

Wir erbrachten an Ihrem Gebäude folgende Leistungen:

Nr.	Gegenstand	Anzahl	Preis je Einheit €	Betrag €
1	Fensterreinigung	42	10,99	461,58
	+ Umsatzsteuer 19%			87,70
				549,28

Zahlungsbedingungen: Zahlung innerhalb von 30 Tagen netto Kasse

Beleg 6

Duisdorfer BüroKonzept KG

Ausstattung und Beratung für das Büro

Duisdorfer BüroKonzept KG • Rochusstraße 30 • 53123 Bonn

Intermöbel GmbH
Großhandel für Büromöbel
Kaiserstraße 10
57074 Siegen

Ihr Zeichen:
Ihre Nachricht vom:
Unser Zeichen: VK Br
Unsere Nachricht vom:

Name: Frank Bremer
Telefon: 0228 98765-17
Telefax: 0228 98765-80
E-Mail: f.bremer@duisdorfer-bueko.de

Datum: 25.08.20..

Rechnung

Kunden-Nr.: 2402
Rechnungs-Nr.: 458
Lieferschein-Nr.:
Versanddatum:

Pos.	Artikel-Nr.	Artikel-Bezeichnung	Menge	Einzelpreis €	Gesamtpreis €
1	301111	Schreibtisch Ökostar	20	499,00	9.780,00
2	301112	Schreibtisch Ahorn	10	519,00	5.190,00
3	301114	Konferenztischelement lichtgrau	10	98,00	980,00
		Nettobetrag €			15.950,00
		Umsatzsteuer 19,0 % €			3.030,50
		Rechnungsbetrag €			**18.980,50**

Lernsituation 6.5.1
Wir bezahlen Liefererrechnungen unter Abzug von Skonto

Der rote Faden

Skonto und Vorsteuerkorrektur ermitteln

Rechnungen abzüglich Skonto buchen und bezahlen

Ausgangssituation

Am Morgen in der Abteilung Rechnungswesen. Herr Fernandez kommt mit wichtiger Miene auf Sie zu:

Herr Fernandez: „Guten Morgen! Ich habe einen wichtigen Auftrag für Sie. Der Quartalsabschluss steht an, wir sind im Stress, und ich habe einige Aufgaben für Sie. Ich möchte, dass Sie sich in einige neue Sachverhalte einarbeiten und die entsprechenden Buchungen vornehmen. Für heute habe ich den aktuellen Kontoauszug der Volksbank Köln Bonn eG mitgebracht. Es sind mehrere Seiten, die entsprechenden Buchungen müssen vorgenommen werden. Ich habe den Kontoauszug überflogen, nachdem Sie in der Berufsschule nun auch die Umsatzsteuer behandelt haben, sind viele Buchungssätze nicht neu. Allerdings kommen verschiedene Geschäftsfälle vor, in denen Rechnungen bezahlt worden sind, und es ist bei der Bezahlung Skonto in Anspruch genommen worden."

Sie: „... das Thema ist neu, das haben wir noch nicht bearbeitet!"

Herr Fernandez: „Das habe ich mir schon gedacht. Daher habe ich Ihnen verschiedene Belege mitgebracht. Zunächst gebe ich Ihnen zwei Rechnungen und die zugehörige Seite des Kontoauszugs. Ich würde Sie bitten, sich zunächst in dieses Thema einzuarbeiten."

Beleg 1

pc tech AG

Fachhandel für Elektronik

pc tech AG, Hamburger Str. 111, 45317 Essen

Duisdorfer BüroKonzept KG
Rochusstraße 30
53123 Bonn

Ihr Zeichen:
Ihre Bestellung vom:
Unser Zeichen: OZ
Unsere Nachricht vom:

Name: Othmar Zirse
Telefon: 0201 487665-49
Telefax: 0201 487665-12
E-Mail: o.zirse@pctechag.de

Datum: 23.03.20..

Rechnung

Lieferanten-Nummer:
4408

Kunden-Nr.: 38742
Rechnungs-Nr.: 50215
Lieferschein-Nr.:
Versanddatum:

Artikel-Nr.	Artikel-Bezeichnung	Menge	Einzelpreis €	Gesamtpreis €
302222	Tischkopierer Sumsang	5	275,00	1.375,00
		Nettobetrag		1.375,00
		Umsatzsteuer 19,0 %		261,25
		Rechnungsbetrag		1.636,25

Beleg 3

	BIC	IBAN	erstellt am	Auszug	Blatt
Volksbank Köln Bonn eG	GENODED1BRS	DE85 3860 0186 2401 2345 67	31.03.20.. 12:12	59	1

BU-TAG	VORGANG			
27.03.20..	Überweisung pc tech AG Rechnung Nr. 50215 vom 23.03.20.. **abzüglich 3 % Skonto**			1.587,16-
29.03.20..	Überweisung Opitz AG Rechnung Nr. 222 vom 23.03.20.. **abzüglich 2 % Skonto**			2.623,95-
		SALDO NEU	€	38.484,21+
		Kreditlimit	€	100.000,00

Beleg 2

Opitz AG

Holz- und Spanplatten

Opitz AG, Scheerengasse 177, 53721 Siegburg

Duisdorfer BüroKonzept KG
Rochusstraße 30
53123 Bonn

Ihr Zeichen:
Ihre Bestellung vom:
Unser Zeichen: bg
Unsere Nachricht vom:

Name: Bettina Gause
Telefon: 02241 6955-954
Telefax: 02241 6955-555
E-Mail: b.gause@holz-opitz.de

Datum: 23.03.20..

Rechnung

Lieferanten-Nummer:
4403

Kunden-Nr.: 38715/5
Rechnungs-Nr.: 222
Lieferschein-Nr.:
Versanddatum:

Artikel-Nr.	Artikel-Bezeichnung	Menge	Einzelpreis €	Gesamtpreis €
40111	Spanplatten 200 × 200 mm	150	15,00	2.250,00
		Nettobetrag		2.250,00
		Umsatzsteuer 19,0 %		427,50
		Rechnungsbetrag		2.677,50

zahlbar 30 Tage ab Rechnungsdatum ohne Abzug
2 % Skonto bei Zahlung innerhalb von 8 Tagen ab Rechnungsdatum

Arbeitsauftrag 1 (analysieren)

Analysieren Sie das Gespräch und die drei Belege.

a) Welche Belege liegen vor?

c) Welche Dinge sind Ihnen unklar?

Arbeitsauftrag 2 (informieren)

Informieren Sie sich in Ihrem Lehrbuch „BüroWelt 1“ über das Thema „Skonto bei Eingangsrechnungen“.

LF 6, 5

Arbeitsauftrag 3 (planen und durchführen)

Planen Sie die zeitlichen und organisatorischen Abläufe und führen Sie die notwendigen Tätigkeiten im Rahmen der Finanzbuchhaltung durch.

a) Kontieren Sie die Belege 1 und 2.

Nr.	Konto Soll	Konto Haben	Betrag Soll	Betrag Haben

b) Führen Sie die notwendigen Berechnungen für den Beleg 3 durch.

Begriff	Berechnungen für Überweisung pc tech AG	Berechnungen für Überweisung Opitz AG
Rechnungsbetrag		
Überweisungsbetrag		
Bruttoskontobetrag		
Nettoskontobetrag		
Vorsteuerkorrekturbetrag		

c) Bilden Sie die beiden Buchungssätze zum Beleg 3.

Nr.	Konto Soll	Konto Haben	Betrag Soll	Betrag Haben

Arbeitsauftrag 4 (reflektieren und bewerten)

Reflektieren Sie die bearbeiteten Schritte.
Begründen Sie, warum bei den Buchungssätzen auf dem Konto Vorsteuer (im Haben) gebucht wird.

Vertiefende Aufgabe

Aufgabe

Geschäftsfälle (alle Aufgaben mit 19 % Umsatzsteuer):

1. Zieleinkauf von Handelswaren, netto	2.800,00 €
2. Wir zahlen die Handelswaren aus Geschäftsfall 1, abzüglich 2 % Skonto	??? €
3. Einkauf von Rohstoffen auf Ziel (netto)	4.000,00 €
4. Wir bezahlen die Rohstoffe (Geschäftsfall 3) abzüglich 3 % Skonto	??? €
5. Wir kaufen Hilfsstoffe ein (lt. ER), brutto	714,00 €
6. Bezahlung der Hilfsstoffe (Geschäftsfall 5), abzüglich 2,5 % Skonto	??? €

a) Bilden Sie zunächst nur die Buchungssätze zu den Geschäftsfällen 1, 3 und 5.

b) Führen Sie die notwendigen Berechnungen für die Nummern 2, 4 und 6 durch.

c) Bilden Sie die beiden Buchungssätze zu den Nummern 2, 4 und 6.

Lernsituation 6.5.2
Kunden bezahlen Rechnungen unter Abzug von Skonto

Der rote Faden

Ausgangsrechnungen buchen

Skonto berechnen

Rechnungseingang unter Abzug von Skonto kontrollieren und buchen

Ausgangssituation

Eine Stunde später im Unternehmen. Herr Ferndandez kommt mit begeisterter Miene auf Sie zu.

Herr Fernandez: „Die drei Belege haben Sie prima bearbeitet! Hier habe ich die nächsten zwei Rechnungen samt zugehörigem Kontoauszug für Sie.“

Beleg 1

Duisdorfer BüroKonzept KG
Ausstattung und Beratung für das Büro

Duisdorfer BüroKonzept KG• Rochusstraße 30• 53123 Bonn

Rhenag GmbH
Bürogroßhandel
Annostraße 56
68239 Mannheim

Ihr Zeichen:
Ihre Nachricht vom:
Unser Zeichen: VK Br
Unsere Nachricht vom:

Name: Frank Bremer
Telefon: 0228 98765-17
Telefax: 0228 98765-80
E-Mail: f.bremer@duisdorfer-bueko.de

Datum: 22.03.20..

Rechnung

Kunden-Nr.: 2408
Rechnungs-Nr.: 1234
Lieferschein-Nr.:
Versanddatum:

Pos.	Artikel-Nr.	Artikel-Bezeichnung	Menge	Einzelpreis €	Rabatt in %	Rabattbetrag €	Gesamtpreis €
1	300212	Aktenvernichter Safeway	10	79,00			790,00
2	301111	Multifax 0912	10	59,00			590,00
					Nettobetrag €		1.380,00
					Umsatzsteuer 19,0 % €		262,20
					Rechnungsbetrag €		**1.642,20**

Der Rechnungsbetrag ist innerhalb von 10 Tagen mit 2 % Skonto oder nach spätestens 30 Tagen ohne Abzug zu begleichen.

Beleg 2

Duisdorfer BüroKonzept KG
Ausstattung und Beratung für das Büro

Duisdorfer BüroKonzept KG• Rochusstraße 30• 53123 Bonn

Stammhaus KG
Bürokonzepte
Berliner Damm 9
56077 Koblenz

Ihr Zeichen:
Ihre Nachricht vom:
Unser Zeichen: VK Br
Unsere Nachricht vom:

Name: Frank Bremer
Telefon: 0228 98765-17
Telefax: 0228 98765-80
E-Mail: f.bremer@duisdorfer-bueko.de

Datum: 25.03.20..

Rechnung

Kunden-Nr.: 2407
Rechnungs-Nr.: 1238
Lieferschein-Nr.:
Versanddatum:

Pos.	Artikel-Nr.	Artikel-Bezeichnung	Menge	Einzelpreis €	Rabatt in %	Rabattbetrag €	Gesamtpreis €
1	202111	Bürostuhl Comfort	20	228,00			4.560,00
					Nettobetrag €		4.560,00
					Umsatzsteuer 19,0 % €		866,40
					Rechnungsbetrag €		**5.426,40**

Der Rechnungsbetrag ist innerhalb von 10 Tagen mit 3 % Skonto oder nach spätestens 30 Tagen ohne Abzug zu begleichen.

Beleg 3

	BIC	IBAN	erstellt am	Auszug	Blatt
Volksbank Köln Bonn eG	GENODED1BRS	DE85 3860 0186 2401 2345 67	31.03.20.. 12:12	58	1

BU-TAG	VORGANG			
30.03.20..	Rhenag AG Rechnung NR. 1234 vom 22.03.20.. **abzüglich 2 % Skonto**			1.609,36+
30.03.20..	Stammhaus KG Rechnung NR. 1238 vom 25.03.20.. **abzüglich 3 % Skonto**			5.263,61+
		SALDO NEU	€	47.728,21+
		Kreditlimit	€	100.000,00

Arbeitsauftrag 1 (analysieren)

a) Analysieren Sie die drei Belege.

b) Welche Belege liegen vor? Notieren Sie die Sachverhalte, die Ihnen unklar sind.

Arbeitsauftrag 2 (informieren)

Informieren Sie sich in Ihrem Lehrbuch „BüroWelt 1" über das Thema „Kundenskonto".

LF 6, 5

Arbeitsauftrag 3 (planen und durchführen)

Planen Sie die zeitlichen und organisatorischen Abläufe und führen Sie die notwendigen Tätigkeiten im Rahmen der Finanzbuchhaltung durch.

a) Kontieren Sie die Belege 1 und 2.

Nr.	Konto Soll	Konto Haben	Betrag Soll	Betrag Haben

b) Führen Sie die notwendigen Berechnungen für den Beleg 3 durch.

Begriff	Berechnungen für Überweisung Rhenag AG	Berechnungen für Überweisung Stammhaus KG
Rechnungsbetrag		
Überweisungsbetrag		
Bruttoskontobetrag		
Nettoskontobetrag		
Umsatzsteuerkorrekturbetrag		

c) Bilden Sie die beiden Buchungssätze zum Beleg 3.

Nr.	Konto Soll	Konto Haben	Betrag Soll	Betrag Haben

Arbeitsauftrag 4 (reflektieren und bewerten)

Reflektieren Sie die bearbeiteten Schritte.

Begründen Sie, warum bei den Buchungssätzen auf dem Konto Umsatzsteuer (im Soll) gebucht wird.

Vertiefende Aufgaben

Aufgabe 1

Die Duisdorfer BüroKonzept KG erhält auf ihrem Kontoauszug verschiedene Überweisungen ihrer Kunden. Die Kunden haben die folgenden Skontosätze abgezogen:

Nr.	Überweisungsbetrag	Skontosatz	Grund
a)	8.121,75 €	2,5 %	Verkauf von Handelswaren
b)	5.831,00 €	2,0 %	Verkauf von eigenen Erzeugnissen
c)	5.078,92 €	3,0 %	Verkauf von eigenen Erzeugnissen
d)	2.945,25 €	1,0 %	Verkauf von Handelswaren
e)	4.102,53 €	1,5 %	Verkauf von Handelswaren

a) Berechnen Sie die ursprünglichen Rechnungsbeträge und die Nettoskontobeträge.

b) Bilden Sie die Buchungssätze zu den fünf Überweisungen.

Aufgabe 2

Zum 31.12. weisen die Warenkonten der Duisdorfer BüroKonzept KG die folgenden Eurobeträge aus.

Kontenbezeichnung	Soll	Haben
2280 Handelswaren	4.000,00	2.000,00
6080 Aufwendungen für Handelswaren (Gegenkonto 4499 Sonstige Lieferanten)	12.000,00	
6082 Nachlässe (Gegenkonto 4499 Sonstige Lieferanten)		3.000,00
5100 Umsatzerlöse für Handelswaren (Gegenkonto 2499 Sonstige Kunden)		25.000,00
5101 Erlösberichtigungen (Gegenkonto 2499 Sonstige Kunden)	4.000,00	

a) Richten Sie die Konten 2280 Handelswaren, 6080 Aufwendungen für Handelswaren, 6082 Nachlässe, 5100 Umsatzerlöse für Handelswaren und 5101 Erlösberichtigungen ein. Übertragen Sie die oben stehenden Informationen in diese Konten.

b) Bilden Sie die fünf möglichen Buchungssätze zum Abschluss der fünf Konten.

Lernsituation 6.5.3
Nur mithilfe des Kontoauszugs buchen

Der rote Faden

Verschiedene Geschäftsfälle anhand eines Kontoauszuges buchen

Alle notwendigen Skontoberechnungen nur mithilfe des Kontoauszuges durchführen

Ausgangssituation

Am Mittag kommt Herr Fernandez wieder auf Sie zu:

Herr Fernandez: „Guten Tag! Ich hoffe, Sie hatten heute Vormittag Zeit und Gelegenheit, sich in das Thema Skonto einzuarbeiten. Ich habe nun den gesamten Kontoauszug mitgebracht und bitte Sie, die Buchungen vorzunehmen."

Beleg 1

	BIC	IBAN	erstellt am	Auszug	Blatt
Volksbank Köln Bonn eG	GENODED1BRS	DE85 3860 0186 2401 2345 67	01.04.20.. 14:14	60	1

BU-TAG	VORGANG			
30.03.20..	Überweisung Papier Spoth GmbH Rechnung NR. 2400 vom 24.03.20.. für Handelswaren **abzüglich 2,5 % Skonto**			3.480,75-
30.03.20..	Gilles & Partner Rechnung NR. 3222 vom 24.03.20.. für eigene Erzeugnisse **abzüglich 3 % Skonto**			7.849,24+
		SALDO NEU	€	50.096,70+
		Kreditlimit	€	100.000,00

Beleg 2

Volksbank Köln Bonn eG	BIC GENODED1BRS	IBAN DE85 3860 0186 2401 2345 67	erstellt am 01.04.20.. 14:14	Auszug 60	Blatt 2

BU-TAG	VORGANG			
31.03.20..	Willi Lauf OHG			18.659,20-
	Rechnung NR. 1240 vom 25.03.20.. für Handelswaren			
	abzüglich 2 % Skonto			
31.03.20..	Rheinische Brandversicherung			860,00-
	Betriebsgebäude Rochusstr. 30, Bonn			
31.03.20..	**Gehälter Mitarbeiter Monat April**			15.400,00-
		SALDO NEU	€	15.177,50+
		Kreditlimit	€	100.000,00

Beleg 3

Volksbank Köln Bonn eG	BIC GENODED1BRS	IBAN DE85 3860 0186 2401 2345 67	erstellt am 01.04.20.. 14:14	Auszug 60	Blatt 3

BU-TAG	VORGANG			
31.03.20..	Überweisung Frank Zettler oHG			10.273,27-
	Rechnung NR. 2240 vom 21.03.20.. für Rohstoffe			
	abzüglich 3 % Skonto			
31.03.20..	Sieg-Rhein-Vermietung			2.840,00-
	Miete für Betriebsgebäude Rochusstr. 30, Bonn			
31.03.20..	Deutsche Telekom, Telefonkosten März 20.., inkl. 19 % UST			480,00-
		SALDO NEU	€	1.584,23+
		Kreditlimit	€	100.000,00

Beleg 4

Volksbank Köln Bonn eG	BIC GENODED1BRS	IBAN DE85 3860 0186 2401 2345 67	erstellt am 01.04.20.. 14:14	Auszug 60	Blatt 4

BU-TAG	VORGANG			
31.03.20..	Intermöbel GmbH			9.846,06+
	Rechnung NR. 1241 vom 27.03.20.. für eigene Erzeugnisse			
	abzüglich 1,5 % Skonto			
31.03.20..	Stammhaus KG			5.890,50+
	Rechnung NR. 1242 vom 27.03.20.. für Handelswaren			
	abzüglich 1 % Skonto			
31.03.20..	**Abschluss Zinsen für IBAN DE85 3860 0186 2401 2345 67**			830,50-
	Sollzinsen 10,75 % für Kontokorrentkredit			
		SALDO NEU	€	16.490,29+
		Kreditlimit	€	100.000,00

Arbeitsauftrag 1 (analysieren)

Analysieren Sie die vier Belege. Welche Belege liegen vor? Gibt es Sachverhalte, die Ihnen noch unklar sind?

Arbeitsauftrag 2 (informieren)

Informieren Sie sich entsprechend in Ihrem Lehrbuch „BüroWelt 1".

LF 6, 5

Arbeitsauftrag 3 (planen und durchführen)

Planen Sie die zeitlichen und organisatorischen Abläufe und führen Sie die notwendigen Tätigkeiten im Rahmen der Finanzbuchhaltung durch.
Kontieren Sie die 11 Geschäftsfälle auf den vier Blättern des Kontoauszugs vom 31.03.20.. . Geben Sie dabei auch die notwendigen Rechenschritte zu den Geschäftsfällen Nr. 1, 2, 3, 6, 9 und 10 mit an.

Arbeitsauftrag 4 (reflektieren und bewerten)

Reflektieren Sie die bearbeiteten Schritte.

a) Erläutern Sie, welche neuen Erkenntnisse Sie im Lernfeld 6, Kapitel 5 gewonnen haben, indem Sie sich die wesentlichen Neuerungen stichwortartig notieren.

b) Erläutern Sie, welche Bedeutung dieses Thema in Ihrem eigenen Ausbildungsunternehmen hat.

c) Prüfen Sie, ob in der Praxis Buchungssätze nur mithilfe von Kontoauszügen, d. h. ohne das Vorliegen anderer Belege, gebildet werden.

d) Begründen Sie, warum es dringend notwendig ist, dass die in diesem Abschnitt vorgestellten Tätigkeiten im Betrieb genau, vollständig und korrekt durchgeführt werden, indem Sie darstellen welche Auswirkungen Fehler haben,
   - die bei der Berechnung von Skonto gemacht werden.
   - die bei der Verbuchung von Zahlungsein- oder -ausgängen gemacht werden.

Lernsituation 6.6.1
Nebenkosten bei Beschaffung und Absatz buchen

Der rote Faden

Eingangsrechnungen mit Bezugskosten buchen

Ausgangsrechnungen mit Vertriebskosten buchen

Neue Konten abschließen

Ausgangssituation

Als sie am nächsten Morgen in die Abteilung Rechnungswesen kommen, ahnen sie schon, dass neue Aufgaben nicht lange auf sich warten lassen werden. Und Sie haben sich nicht geirrt: Der Sachbearbeiter, Herr Fernandez kommt einmal mehr auf Sie zu.

Herr Fernandez: „Guten Morgen!"

Sie: „Guten Morgen, Herr Fernandez!"

Herr Fernandez: „Den Kontoauszug und das Thema Skonto haben Sie ja hervorragend bearbeitet! Nun haben wir noch mehr Aufgaben im Zusammenhang mit dem Quartalsabschluss für Sie. Heute geht es um Buchungen von Nebenkosten sowie um Stornobuchungen beim Einkauf und Verkauf. Ich habe Ihnen zur Einarbeitung insgesamt vier Belege mitgebracht."

Beleg 1

pc tech AG

Fachhandel für Elektronik

pc tech AG, Hamburger Str. 111, 45317 Essen

Duisdorfer BüroKonzept KG
Rochusstraße 30
53123 Bonn

Ihr Zeichen:
Ihre Bestellung vom:
Unser Zeichen: OZ
Unsere Nachricht vom:

Name: Othmar Zirse
Telefon: 0201 487665-49
Telefax: 0201 487665-12
E-Mail: o.zirse@pctechag.de

Datum: 22.06.20..

Rechnung

Lieferanten-Nummer:
4408

Kunden-Nr.: 38742
Rechnungs-Nr.: 50444
Lieferschein-Nr.:
Versanddatum:

Artikel-Nr.	Artikel-Bezeichnung	Menge	Einzelpreis €	Gesamtpreis €
302222	Tischkopierer Sumsang	5	275,00	1.375,00
	zuzüglich Lkw-Frachtkosten			80,00
		Nettobetrag		1.455,00
		Umsatzsteuer 19,0%		276,45
		Rechnungsbetrag		1.731,45

zahlbar 30 Tage ab Rechnungsdatum ohne Abzug
3 % Skonto bei Zahlung innerhalb von 8 Tagen ab Rechnungsdatum

Beleg 2

Opitz AG

Holz- und Spanplatten

Opitz AG, Scheerengasse 177, 53721 Siegburg

Duisdorfer BüroKonzept KG
Rochusstraße 30
53123 Bonn

Ihr Zeichen:
Ihre Bestellung vom:
Unser Zeichen: bg
Unsere Nachricht vom:

Name: Bettina Gause
Telefon: 02241 6955-954
Telefax: 02241 6955-555
E-Mail: b.gause@holz-opitz.de

Datum: 23.06.20..

Rechnung

Lieferanten-Nummer:
4403

Kunden-Nr.: 38715/5
Rechnungs-Nr.: 288
Lieferschein-Nr.:
Versanddatum:

Artikel-Nr.	Artikel-Bezeichnung	Menge	Einzelpreis €	Gesamtpreis €
40111	Spanplatten 200 × 200 mm	150	15,00	2.250,00
	zuzüglich Transportkosten			60,00
		Nettobetrag		2.310,00
		Umsatzsteuer 19,0%		438,90
		Rechnungsbetrag		2.748,90

zahlbar 30 Tage ab Rechnungsdatum ohne Abzug
2 % Skonto bei Zahlung innerhalb von 8 Tagen ab Rechnungsdatum

Beleg 3

Duisdorfer BüroKonzept KG

Ausstattung und Beratung für das Büro

Duisdorfer BüroKonzept KG• Rochusstraße 30• 53123 Bonn

Rhenag GmbH
Bürogroßhandel
Annostraße 56
68239 Mannheim

Ihr Zeichen:
Ihre Nachricht vom:
Unser Zeichen: VK Br
Unsere Nachricht vom:

Name: Frank Bremer
Telefon: 0228 98765-17
Telefax: 0228 98765-80
E-Mail: f.bremer@duisdorfer-bueko.de

Datum: 24.06.20..

Rechnung

Kunden-Nr.: 2408
Rechnungs-Nr.: 2345
Lieferschein-Nr.:
Versanddatum:

Pos.	Artikel-Nr.	Artikel-Bezeichnung	Menge	Einzelpreis €	Rabatt in %	Rabattbetrag €	Gesamtpreis €
1	300212	Aktenvernichter Safeway	10	79,00			790,00
2	301111	Multifax 0912	10	59,00			590,00
		zuzüglich Transportkosten					80,00
		zuzüglich Verpackung					50,00
					Nettobetrag €		1.510,00
					Umsatzsteuer 19,0 % €		286,90
					Rechnungsbetrag €		**1.796,90**

Der Rechnungsbetrag ist innerhalb von 10 Tagen mit 2 % Skonto oder nach spätestens 30 Tagen ohne Abzug zu begleichen.

Beleg 4

Duisdorfer BüroKonzept KG

Ausstattung und Beratung für das Büro

Duisdorfer BüroKonzept KG• Rochusstraße 30• 53123 Bonn

Stammhaus KG
Bürokonzepte
Berliner Damm 9
56077 Koblenz

Ihr Zeichen:
Ihre Nachricht vom:
Unser Zeichen: VK Br
Unsere Nachricht vom:

Name: Frank Bremer
Telefon: 0228 98765-17
Telefax: 0228 98765-80
E-Mail: f.bremer@duisdorfer-bueko.de

Datum: 25.06.20..

Rechnung

Kunden-Nr.: 2407
Rechnungs-Nr.: 2348
Lieferschein-Nr.:
Versanddatum:

Pos.	Artikel-Nr.	Artikel-Bezeichnung	Menge	Einzelpreis €	Rabatt in %	Rabattbetrag €	Gesamtpreis €
1	202111	Bürostuhl Comfort	20	228,00			4.560,00
		zuzüglich Lkw-Fracht					200,00
					Nettobetrag €		4.760,00
					Umsatzsteuer 19,0 % €		904,40
					Rechnungsbetrag €		**5.664,40**

Der Rechnungsbetrag ist innerhalb von 10 Tagen mit 3 % Skonto oder nach spätestens 30 Tagen ohne Abzug zu begleichen.

Arbeitsauftrag 1 (analysieren)

a) Analysieren Sie die vier Belege.

b) Welche Belege liegen vor, welche Sachverhalte sind Ihnen unklar?

Arbeitsauftrag 2 (informieren)

LF 6, 6.1

Informieren Sie sich in Ihrem Lehrbuch „BüroWelt 1“ über das Thema „Buchung von Nebenkosten bei der Beschaffung und beim Absatz“.

Arbeitsauftrag 3 (planen und durchführen)

Planen Sie die zeitlichen und organisatorischen Abläufe, und führen Sie die notwendigen Tätigkeiten im Rahmen der Finanzbuchhaltung durch.

a) Kontieren Sie die Belege 1 bis 4:

Nr.	Konto Soll	Konto Haben	Betrag Soll	Betrag Haben

b) Übertragen Sie die oben stehenden Informationen in die folgenden Konten der Duisdorfer BüroKonzept KG.

Soll 6080 Aufwendungen für Handelswaren Haben

Soll	Haben

Soll 6081 Bezugskosten Haben

Soll	Haben

Soll	6000 Aufwendungen für Rohstoffe/Fertigungsmaterial	Haben

Soll	6001 Bezugskosten	Haben

c) Bilden Sie die vier möglichen Buchungssätze zum Abschluss der Konten:

Nr.	Konto Soll	Konto Haben	Betrag Soll	Betrag Haben

Arbeitsauftrag 4 (reflektieren und bewerten)

Reflektieren Sie die bearbeiteten Schritte.

a) Welche Fachbegriffe werden bei Beschaffung auf der einen und beim Absatz auf der anderen Seite für die Nebenkosten verwendet?

b) Erläutern Sie die unterschiedlichen Vorgehensweisen zwischen Beschaffung und Absatz bei der Verbuchung der Nebenkosten.

Vertiefende Aufgaben

Aufgabe 1 (alle Rechnungen mit 19 % USt.)

a) Bilden Sie die Buchungssätze zu den folgenden Geschäftsfällen:

1.	Zieleinkauf von Handelswaren, netto	2.800,00 €
	zuzüglich Transportkosten, netto	280,00 €
2.	Ausgangsrechnung für Verkauf von eigenen Erzeugnissen, netto	3.500,00 €
	+ Lkw-Fracht (netto)	300,00 €
3.	Einkauf von Rohstoffen auf Ziel (netto)	2.000,00 €
	+ Verpackung (netto)	220,00 €
4.	Zielverkauf von Handelswaren (inkl. 150,00 € Nettofrachtkosten), brutto	3.748,50 €
5.	Wir kaufen Hilfsstoffe auf Ziel ein (inkl. 100,00 € Nettotransportkosten), brutto	1.309,00 €
6.	Bezahlung der Handelswaren (Geschäftsfall 4), abzüglich 2,5 % Skonto	??? €

Aufgabe 2

Die Rohstoffkonten der Duisdorfer BüroKonzept KG weisen zum 31.12.20.. die folgenden Eurobeträge aus:

Kontenbezeichnung	Soll	Haben
2000 Rohstoffe/Fertigungsmaterial	3.500,00	6.000,00
6000 Aufwendungen für Rohstoffe/Fertigungsmaterial (Gegenkonto 4499 Sonstige Lieferanten)	11.000,00	
6001 Bezugskosten (Gegenkonto 4499 Sonstige Lieferanten)	600,00	
6002 Nachlässe (Gegenkonto 4499 Sonstige Lieferanten)		2.600,00

a) Richten Sie die Konten 2000 Rohstoffe/Fertigungsmaterial, 6000 Aufwendungen für Rohstoffe/Fertigungsmaterial, 6001 Bezugskosten und 6002 Nachlässe ein. Übertragen Sie die oben stehenden Informationen in diese vier Konten.

b) Bilden Sie die vier möglichen Buchungssätze zum Abschluss der vier Konten.

Lernsituation 6.6.2
Nebenkosten auf gesonderter Rechnung buchen

Der rote Faden

Speditionsrechnungen für Wareneinkäufe buchen

Speditionsrechnungen für Warenverkäufe buchen

Ausgangssituation

Etwas später schaut Herr Fernandez vorbei und wendet sich erneut an Sie.

Herr Fernandez: „Die vier Belege haben Sie richtig gebucht. Ich habe nochmals vier Belege mitgebracht. Es geht ebenfalls um Nebenkosten bei der Beschaffung und beim Absatz von Handelswaren. Allerdings sind hier einige Besonderheiten zu beachten.“

Beleg 1

Frank Zettler OHG

Metallbau

Frank Zettler OHG, Steinacker 38, 53177 Bonn

Duisdorfer BüroKonzept KG
Rochusstraße 30
53123 Bonn

Ihr Zeichen:
Ihre Bestellung vom:
Unser Zeichen: bsch
Unsere Nachricht vom:

Name: Beate Keuser
Telefon: 0228 58766-122
Telefax: 0228 58766-123
E-Mail: b.keuser@zettler-metallbau.de

Datum: 28.06.20..

Rechnung

Lieferanten-Nummer:
4401

Kunden-Nr.: 4875
Rechnungs-Nr.: 555
Lieferschein-Nr.:
Versanddatum:

Artikel-Nr.	Artikel-Bezeichnung	Menge	Einzelpreis €	Gesamtpreis €
28222	Schrauben verschiedene Sorten Berechnung je kg	2000	3,00	6.000,00
		Nettobetrag		6.000,00
		Umsatzsteuer 19,0 %		1.140,00
		Rechnungsbetrag		7.140,00

zahlbar 30 Tage ab Rechnungsdatum ohneAbzug
2 % Skonto bei Zahlung innerhalb von 10 Tagen ab Rechnungsdatum

Beleg 2

Balthasar GmbH

Spedition

Balthasar GmbH, Kierbach 27, 52324 Düren

Duisdorfer BüroKonzept KG
Rochusstraße 30
53123 Bonn

Ihr Zeichen:
Ihre Bestellung vom:
Unser Zeichen: PH
Unsere Nachricht vom:

Name: Peter Holzmann
Telefon: 02421 888999-554
Telefax: 02421 888999-11
E-Mail: p.holzmann@balthasar-spedition.de

Datum: 01.07.20..

Rechnung

Lieferanten-Nummer:
4404

Kunden-Nr.: 487762-8
Rechnungs-Nr.: 4321

Leistung		Gesamtpreis €
Für den Transport von 2.000 kg Schrauben am 28.06.20.. von 53177 Bonn, Steinacker 38 nach 53123 Bonn, Rochusstr. 30 dürfen wir Ihnen folgenden Betrag in Rechnung stellen		120,00
	Nettobetrag	120,00
	Umsatzsteuer 19,0 %	22,80
	Rechnungsbetrag	142,80

zahlbar 30 Tage ab Rechnungsdatum ohne Abzug

Beleg 3

Duisdorfer
BüroKonzept
KG

Ausstattung und Beratung für das Büro

Duisdorfer BüroKonzept KG• Rochusstraße 30• 53123 Bonn

Brinkmann OHG
Alles fürs Büro
Im Ruhrfeld 35 a
22866 Norderstedt

Ihr Zeichen:
Ihre Nachricht vom:
Unser Zeichen: VK Br
Unsere Nachricht vom:

Name: Frank Bremer
Telefon: 0228 98765-17
Telefax: 0228 98765-80
E-Mail: f.bremer@duisdorfer-bueko.de

Datum: 29.06.20..

Rechnung

Kunden-Nr.: 2405
Rechnungs-Nr.: 2456
Lieferschein-Nr.:
Versanddatum:

Pos.	Artikel-Nr.	Artikel-Bezeichnung	Menge	Einzelpreis €	Rabatt in %	Rabattbetrag €	Gesamtpreis €
1	101112	Schreibtisch Ahorn	20	519,00			10.380,00
		zuzüglich Lkw-Fracht					600,00
					Nettobetrag €		10.980,00
					Umsatzsteuer 19,0 % €		2.086,20
					Rechnungsbetrag €		**13.066,20**

Beleg 4

Balthasar GmbH

Spedition

Balthasar GmbH, Kierbach 27, 52324 Düren

Duisdorfer BüroKonzept KG
Rochusstraße 30
53123 Bonn

Ihr Zeichen:
Ihre Bestellung vom:
Unser Zeichen: PH
Unsere Nachricht vom:

Name: Peter Holzmann
Telefon: 02421 888999-554
Telefax: 02421 888999-11
E-Mail: p.holzmann@balthasar-spedition.de

Datum: 01.07.20..

Rechnung

Lieferanten-Nummer:
4404

Kunden-Nr: 487762-8
Rechnungs-Nr.: 4322

Leistung		Gesamtpreis €
Für den Transport von 20 Schreibtischen Ahorn am 29.06.20.. von 53123 Bonn, Rochusstr. 30 nach 22866 Norderstedt, Im Ruhrfeld 35 a dürfen wir Ihnen folgenden Betrag in Rechnung stellen		600,00
	Nettobetrag	600,00
	Umsatzsteuer 19,0 %	114,00
	Rechnungsbetrag	714,00

zahlbar 30 Tage ab Rechnungsdatum ohne Abzug

Arbeitsauftrag 1 (analysieren)

Analysieren Sie die vier Belege.

a) Welche Belege liegen Ihnen vor und welche Sachverhalte sind Ihnen noch unklar?
b) Welche Unterschiede bestehen zwischen den Belegen 2 und 4?

Arbeitsauftrag 2 (informieren)

Informieren Sie sich in Ihrem Lehrbuch „BüroWelt 1“ zum Thema „Nebenkosten auf gesonderten Rechnungen“.

LF 6, 6

Arbeitsauftrag 3 (planen und durchführen)

Planen Sie die zeitlichen und organisatorischen Abläufe und führen Sie die notwendigen Tätigkeiten im Rahmen der Finanzbuchhaltung durch.

a) Kontieren Sie die Belege 1 bis 4:

Nr.	Konto Soll	Konto Haben	Betrag Soll	Betrag Haben

b) Richten Sie unten die drei Konten 6020 Aufwendungen für Hilfsstoffe, 6021 Bezugskosten und 6140 Ausgangsfrachten und Nebenkosten (Fremdlager) ein. Übertragen Sie – soweit möglich – die oben genannten Buchungssätze in die drei Konten.

Soll	Haben

Soll	Haben

Soll	Haben

c) Schließen Sie die drei Konten ordnungsgemäß ab, und bilden Sie dazu die drei möglichen Buchungssätze.

Nr.	Konto Soll	Konto Haben	Betrag Soll	Betrag Haben

Arbeitsauftrag 4 (reflektieren und bewerten)

Reflektieren Sie die bearbeiteten Schritte.

a) Erläutern Sie die Unterschiede bei der Verwendung der Konten 6021 Bezugskosten (für Hilfsstoffe) und 6140 Ausgangsfrachten und Nebenkosten (Fremdlager).

b) Begründen Sie, warum bei der Verbuchung einer Speditionsrechnung auf dem Konto Frachten und Fremdlager auch die Konten Vorsteuer und Verbindlichkeiten verwendet werden, obwohl es ja eigentlich um Warenverkäufe geht.

Vertiefende Aufgabe

Aufgabe (alle Angaben mit 19 % USt.)

Unsere **Hausspedition Balthasar GmbH** hat uns folgende sechs Eingangsrechnungen zugeschickt.

Eingangsrechnung für ...

1. Lkw-Transport von Handelswaren zum Kunden, netto	800,00 €
2. Lkw-Transport von Rohstoffen vom Lieferanten, brutto	595,00 €
3. Transportverpackung für Einkauf von Vorprodukten, netto	150,00 €
4. Beladekosten für Bahntransport von eigenen Erzeugnissen zum Kunden, brutto	95,20 €
5. Entladekosten für Bahntransport von Hilfsstoffen vom Lieferanten, netto	90,00 €
6. Lkw-Transport zum Bahnhof für Handelswaren zum Kunden, brutto	101,15 €

Bilden Sie die Buchungssätze zu den sechs Geschäftsfällen.

Lernsituation 6.6.3
Rechnungskorrekturen aufgrund von Rücksendungen und Preisnachlässen durchführen

Der rote Faden

Rücksendungen buchen

Preisnachlässe aufgrund von Mängelrügen buchen

Ausgangssituation

Einige Wochen später spricht Herr Fernandez Sie wieder an ...

Herr Fernandez: „Ich bin sehr zufrieden! Bisher haben Sie das Aufgabengebiet „Nebenkosten" hervorragend bearbeitet. Das Thema ist aber noch nicht vollständig behandelt worden. Leider kommt es immer wieder zu Mängeln bei Lieferungen. Daher habe ich nochmals vier Belege dabei ..."

Beleg 1

Duisdorfer BüroKonzept KG

Ausstattung und Beratung für das Büro

Duisdorfer BüroKonzept KG• Rochusstraße 30• 53123 Bonn

Brinkmann OHG
Alles fürs Büro
Im Ruhrfeld 35 a
22866 Norderstedt

Ihr Zeichen:
Ihre Nachricht vom:
Unser Zeichen: VK Br
Unsere Nachricht vom:

Name: Frank Bremer
Telefon: 0228 98765-17
Telefax: 0228 98765-80
E-Mail: f.bremer@duisdorfer-bueko.de

Datum: 23.07.20..

Rechnungskorrektur/Gutschrift
zur Rechnung Nr. 2456

Kunden-Nr.: 2405

Sehr geehrte Damen und Herren,
aufgrund Ihrer Beanstandung haben wir 4 Schreibtische vom Typ Ahorn zurückgenommen und schreiben Ihnen den folgenden Betrag gut:

Pos.	Artikel-Nr.	Artikel-Bezeichnung	Menge	Einzelpreis€	Gesamtpreis€
1	101112	Schreibtisch Ahorn	4	519,00	2.076,00
			Nettobetrag €		2.076,00
			Umsatzsteuer 19,0 % €		394,44
			Rechnungsbetrag €		**2.470,44**

Beleg 2

Opitz AG

Holz- und Spanplatten

Opitz AG, Scheerengasse 177, 53721 Siegburg

Duisdorfer BüroKonzept KG
Rochusstraße 30
53123 Bonn

Ihr Zeichen:
Ihre Bestellung vom:
Unser Zeichen: bg
Unsere Nachricht vom:

Name: Bettina Gause
Telefon: 02241 6955-954
Telefax: 02241 6955-555
E-Mail: b.gause@holz-opitz.de

Datum: 24.07.20..

Lieferanten-Nummer:
4403

Rechnungskorrektur/Gutschrift

zur Rechnung-Nr. 288

Kunden-Nr.: 556843

Sehr geehrte Damen und Herren,
Sie haben 20 Spanplatten aufgrund defekter Ecken beanstandet.
Wir entschuldigen uns für die Mängel und gewähren Ihnen
gemäß unseremTelefonat vom 31.03.20.. den folgenden Nachlass:

Artikel-Nr.	Artikel-Bezeichnung	Menge	Gesamtpreis €
40111	Spanplatten 200 × 200 mm	20	100,00
		Nettobetrag	100,00
		Umsatzsteuer 19,0 %	19,00
		Rechnungsbetrag	119,00

Beleg 3

pc tech AG

Fachhandel für Elektronik

pc tech AG, Hamburger Str. 111, 45317 Essen

Duisdorfer BüroKonzept KG
Rochusstraße 30
53123 Bonn

Ihr Zeichen:
Ihre Bestellung vom:
Unser Zeichen: OZ
Unsere Nachricht vom:

Name: Othmar Zirse
Telefon: 0201 487665-49
Telefax: 0201 487665-12
E-Mail: o.zirse@pctechag.de

Datum: 25.07.20..

Lieferanten-Nummer:
4408

Rechnungskorrektur/Gutschrift

zur Rechnung-Nr. 50444

Kunden-Nr.: 556843

Sehr geehrte Damen und Herren,
Sie haben 1 Tischkopierer Sumsang aufgrund eines technischen Defektes zurückgeschickt.
Aufgrund Ihrer Beanstandung haben wir den Tischkopierer zurückgenommen
und schreiben Ihnen den folgenden Betrag gut:

Artikel-Nr.	Artikel-Bezeichnung	Menge	Einzelpreis €	Gesamtpreis €
302222	Tischkopierer Sumsang	1	275,00	275,00
		Nettobetrag		275,00
		Umsatzsteuer 19,0%		52,25
		Rechnungsbetrag		327,25

Beleg 4

Duisdorfer
BüroKonzept
KG

Ausstattung und Beratung für das Büro

Duisdorfer BüroKonzept KG• Rochusstraße 30• 53123 Bonn

Stammhaus KG
Bürokonzepte
Berliner Damm 9
56077 Koblenz

Ihr Zeichen:
Ihre Nachricht vom:
Unser Zeichen: VK Br
Unsere Nachricht vom:

Name: Frank Bremer
Telefon: 0228 98765-17
Telefax: 0228 98765-80
E-Mail: f.bremer@duisdorfer-bueko.de

Datum: 26.07.20..

Rechnungskorrektur/Gutschrift
zur Rechnung-Nr. 2348

Kunden-Nr.: 2407

Sehr geehrte Damen und Herren,
aufgrund Ihrer Beanstandung und des anschließenden Telefonates gewähren wir Ihnen den folgenden Nachlass:

Pos.	Artikel-Nr.	Artikel-Bezeichnung	Menge	Gesamtpreis€
1	202111	Bürostuhl Comfort	5	570,00
			Nettobetrag €	570,00
			Umsatzsteuer 19,0 % €	108,30
			Rechnungsbetrag €	**678,30**

Arbeitsauftrag 1 (analysieren)

Analysieren Sie die vier vorliegenden Belege.

a) Welche Belege liegen Ihnen vor und welche Sachverhalte sind Ihnen unklar?

g) Welche Unterschiede bestehen zwischen den Belegen 1 und 4?

Arbeitsauftrag 2 (informieren)

Informieren Sie sich in Ihrem Lehrbuch „BüroWelt 1“ über das Thema „Rechnungskorrekturen bei Rücksendungen und Nachlässen“.

LF 6, 6

Arbeitsauftrag 3 (planen und durchführen)

Planen Sie die zeitlichen und organisatorischen Abläufe und führen Sie die notwendigen Tätigkeiten im Rahmen der Finanzbuchhaltung durch.

a) Kontieren Sie die Belege 1 bis 4.

Nr.	Konto Soll	Konto Haben	Betrag Soll	Betrag Haben

Nr.	Konto Soll	Konto Haben	Betrag Soll	Betrag Haben

b) Richten Sie die beiden Konten 6002 Nachlässe (für Rohstoffe/Fertigungsmaterial) und 5001 Erlösberichtigungen (für eigene Erzeugnisse) ein und übertragen Sie – soweit möglich – die oben genannten Buchungssätze in die beiden Konten.

Soll	Haben

Soll	Haben

c) Schließen Sie die beiden Konten ordnungsgemäß ab und bilden Sie dazu die beiden möglichen Buchungssätze.

Nr.	Konto Soll	Konto Haben	Betrag Soll	Betrag Haben

Arbeitsauftrag 4 (reflektieren und bewerten)

Reflektieren Sie die bearbeiteten Schritte.

a) Erläutern Sie, warum man bei Rechnungskorrekturen die Konten Nachlässe und Erlösberichtigungen verwendet.

b) Begründen Sie, warum Nachlässe auf der Habenseite und Erlösberichtigungen auf der Sollseite gebucht werden.

c) Begründen Sie, warum die Buchungssätze „Bezahlung unter Abzug von Skonto“ (siehe Lernfeld 6, Kapitel 5) und „Rechnungskorrekturen“ (Lernfeld 6, Kapitel 6) sehr ähnlich aufgebaut sind.

d) Erstellen Sie am Beispiel „Handelswaren“ eine Übersicht über die wichtigsten Buchungssätze, die bei der Beschaffung und beim Absatz anfallen. Stellen Sie dabei Beschaffung und Absatz gegenüber und beziehen Sie auch das Thema „Skonto“ mit ein.

Vertiefende Aufgaben

Aufgabe 1

Nennen Sie jeweils den Buchungssatz zum Abschluss der folgenden Konten, und geben Sie an, um welche Art von Konto es sich jeweils handelt (z. B. Aktivkonto).

	Soll		Haben	Kontoart
1. 8020 GuV-Konto (bei Verlust)	(__________	an	__________)	__________
2. 6080 Aufwendungen für Handelswaren	(__________	an	__________)	__________
3. 6001 Bezugskosten	(__________	an	__________)	__________
4. 5001 Erlösberichtigung	(__________	an	__________)	__________
5. 2020 Hilfsstoffe	(__________	an	__________)	__________
6. 6032 Nachlässe	(__________	an	__________)	__________
7. 5000 Umsatzerlöse für eigene Erzeugnisse	(__________	an	__________)	__________
8. 2280 Handelswaren	(__________	an	__________)	__________
9. 6140 Ausgangsfrachten und Nebenkosten (Fremdlager)	(__________	an	__________)	__________

Aufgabe 2

Bilden Sie die Buchungssätze zu den folgenden Geschäftsfällen (inkl. Beträge; Umsatzsteuersatz 19 %).

1. Rechnungskorrektur des Lieferanten für Rohstoffe aufgrund unserer Mängelrüge über netto 500,00 €.
2. Wir senden unbrauchbare Handelswaren an den Lieferanten zurück, brutto 416,50 €.
3. Wir senden eine Rechnungskorrektur an einen Kunden für Handelswaren aufgrund dessen Mängelrüge, brutto 1.785,00 €.
4. Kauf von Handelswaren gegen Bankscheck über netto 2.000,00 €.
5. Wir senden eine Rechnungskorrektur für Rücksendungen von einem Kunden für eigene Erzeugnisse über netto 1.800,00 €.
6. Abschluss des GuV-Kontos bei einem Reingewinn von 8.000,00 €.

Lernsituation 6.7.1
Sachanlagen beschaffen

Der rote Faden

- Die Eingangsrechnung der Sachanlage analysieren
- Die Anschaffungskosten der Sachanlage ermitteln
- Die Anschaffung der Sachanlage (Eingangsrechnung) buchhalterisch erfassen
- Den Zahlungsausgleich (Bankauszug) buchhalterisch erfassen

Ausgangssituation

Herr Fernandez legt Ihnen den folgenden Beleg zur Bearbeitung vor. Sie erhalten von Herrn Fernandez noch den Hinweis, dass für Herrn Hummels aus der Vertriebsabteilung ein Pkw gekauft wurde.

Autohaus FLEISCHMEISTER

Autohaus Fleischmeister GmbH und Co. KG, Postfach, 50823 Köln

Duisdorfer BüroKonzept KG
Rochusstraße 30
53123 Bonn

Ihre Bestellung vom	Unsere Zeichen	Zeit der Leistung/Liefertag	Datum
03.01.20..	RS 4 500 y	15.01.20..	19.01.20..

Eingang: 20.01.20..

Rechnung 25 612

Wir lieferten Ihnen folgenden Pkw:

Nr.	Gegenstand	Betrag €
1	Audi A3 Ambition 3,2 quattro	39.000,00
2	Navigationssystem Navigon Plus	4.960,00
3	Multimedia-Kit7	1.500,00
4	Firmenaufkleber	500,00
5	Komplettrad-Satz Calito 225/40 R18	2.801,00
6	Schalthebelknauf, Leder, Carbon (Sonderanfertigung)	218,59
	Warenwert (netto)	48.979,59
	Umsatzsteuer 19 %	9.306,12
	Rechnungsbetrag	58.285,71

Zahlungsbedingungen: Zahlung innerhalb von 10 Tagen unter Abzug von 2 % Skonto, innerhalb von 30 Tagen netto Kasse

Telefon	Telefax	Geschäftszeiten	Deutsche Bank, Köln
(0 23 31) 28 69 29	(0 23 31) 28 69 31	08:30 - 17:00 Uhr	IBAN DE89 4507 0002 0023 4567 89 BIC DEUTDEDKXXX

Arbeitsauftrag 1 (analysieren)

Analysieren Sie den abgebildeten Beleg.

a) Um welchen Beleg handelt es sich?

b) Welcher Geschäftsfall liegt dem Beleg zugrunde?

Arbeitsauftrag 2 (informieren und planen)

LF 6, 7.1.1

Informieren Sie sich in Ihrem Lehrbuch „BüroWelt 1" über die Ermittlung der Anschaffungskosten und die buchhalterische Erfassung der Eingangsrechnung, und planen Sie die zeitlichen und organisatorischen Abläufe.

Arbeitsauftrag 3 (durchführen)

Führen Sie die notwendigen Tätigkeiten im Rahmen der Finanzbuchhaltung durch.

a) Ermitteln Sie unter Beachtung des Schemas (laut HGB) und der vorliegenden Informationen die Anschaffungskosten des Pkw. (Es wird eine Zahlung am 30.01.20.. vorausgesetzt.)

b) Buchen Sie die Anschaffung des Pkw laut Eingangsrechnung im abgebildeten Grundbuch. Beachten Sie, dass es bei der Buchung der Eingangsrechnung **zunächst** keine Rolle spielt, dass später (hier bis 30.01.20..) Skonto in Anspruch genommen wird.

Konto Soll	Konto Haben	Betrag Soll	Betrag Haben

c) Buchen Sie den Rechnungsausgleich am 30.01.20.. (unter Beachtung der angegebenen Zahlungsbedingung) anhand des abgebildeten Bankauszugs.

	BIC	IBAN	erstellt am	Auszug	Blatt
Volksbank Köln Bonn eG	GENODED1BRS	DE85 3860 0186 2401 2345 67	30.01.20.. 12:16	21	1

BU-TAG	VORGANG		
28.01.20..	Überweisung		57.120 00-
	Autohaus Fleischmeister		
	IBAN DE89 4507 0002 0023 4567 89 Deutsche Bank BIC DEUTDEKXXX		
	Rechnung 25 612 vom 19.01.20.. unter Abzug von 2 % Skonto		
	SALDO NEU	€	25.875,12+
	Kreditlimit	€	100.000,00

ca) Berechnen Sie zunächst den Brutto-Skontobetrag, den Netto-Skontobetrag (= 100 %) und den im Brutto-Skontobetrag (= 119 %) enthaltenen Vorsteuer-Korrekturbetrag (= 19 %).

cb) Bilden Sie den Buchungssatz im Grundbuch. Beachten Sie, dass das Anlagekonto um nachträgliche Preisminderungen korrigiert (vermindert) werden muss, und dass dies auch zu einer Korrektur der Vorsteuer führt.

Konto Soll	Konto Haben	Betrag Soll	Betrag Haben

cc) Erfassen Sie die Buchungen im abgebildeten Hauptbuch.

Soll	0840 Fuhrpark	Haben

Soll	4499 Sonstige Lieferanten	Haben

Soll	2600 Vorsteuer	Haben

Soll	2800 Bank	Haben

Arbeitsauftrag 4 (reflektieren)

Berechnen Sie die Salden in den jeweiligen Konten. Was fällt Ihnen auf?

Lernsituation 6.7.2
Die Wertminderung von Sachanlagen rechnerisch ermitteln

Der rote Faden

Abschreibungsbetrag und Abschreibungssatz ermitteln

Einen Abschreibungsplan aufstellen

Ausgangssituation

In der Abteilung Rechnungswesen der Duisdorfer BüroKonzept KG unterhalten sich gegen Ende des Jahres die Auszubildende Sabine und die Mitarbeiterin, Frau Schmidt. Sie sind ebenfalls in der Abteilung eingesetzt und bekommen das Gespräch mit.

Frau Schmidt: „Sie sind ja nun schon ein ganze Weile bei uns und besitzen gute Kenntnisse der Bestands- und Erfolgsrechnung!"

Sabine: „Ja, auch in der Berufsschule haben wir schon besprochen, wie unter Berücksichtigung von Aufwendungen und Erträgen der Erfolg einer Unternehmung, d. h. der Gewinn oder Verlust, ermittelt wird."

Frau Schmidt: „Das passt ja gut! Ich habe nämlich leider nur wenig Zeit, und Sie beide könnten mir Arbeit abnehmen:
Wir stehen kurz vor dem Jahresabschluss und haben – wie Sie wissen – bereits im Januar dieses Jahres für Herrn Schultz aus der Vertriebsabteilung einen neuen Geschäftswagen gekauft. Die Anschaffungskosten des Audi A3 betrugen 48.000,00 €. Herr Schulz hatte viel zu tun und war täglich mit dem Pkw unterwegs."

Arbeitsauftrag 1 (analysieren)

Analysieren Sie die dargestellte Situation.
Wie wirkt sich die intensive Nutzung des Audi A3 auf den Wert des Pkw aus?

Arbeitsauftrag 2 (informieren und planen)

Informieren Sie sich in Ihrem Lehrbuch „BüroWelt 1" über die zulässige rechnerische Ermittlung der Wertminderung von Sachanlagen, und planen Sie die zeitlichen und organisatorischen Abläufe.

LF 6, 7.2

Arbeitsauftrag 3 (durchführen)

Führen Sie die notwendigen Tätigkeiten im Rahmen der Finanzbuchhaltung durch.

a) Berechnen Sie für den Audi A3 mit Anschaffungskosten von 48.000,00 € den Abschreibungsbetrag und den Abschreibungssatz (in %) bei linearer AfA. Die betriebsgewöhnliche Nutzungsdauer eines Pkw beträgt sechs Jahre.

Abschreibungs<u>betrag</u> bei linearer AfA:

Abschreibungs<u>satz</u> bei linearer AfA:

b) Stellen Sie einen Abschreibungsplan für die geplante Nutzungsdauer des Pkw auf.

Abschreibungsplan für den Audi A3	
Anschaffungskosten	48.000,00

Arbeitsauftrag 4 (reflektieren)

a) Stellen Sie begründet dar, inwieweit diese Abschreibungsmethode Ihrer Ansicht nach die tatsächliche Wertminderung im Laufe der Nutzungsdauer von sechs Jahren angemessen erfasst.

b) Beurteilen Sie das Abschreibungsverfahren im Hinblick auf die im jeweiligen Jahr zu zahlende gewinnabhängige Steuer.

Lernsituation 6.7.3
Abschreibung des Pkw buchhalterisch erfassen

Der rote Faden

Die Konten für die Erfassung der Wertminderung von Sachanlagen bestimmen

Die Wertminderung (Abschreibung) im Grund- und Hauptbuch buchhalterisch erfassen

Ausgangssituation

Sie haben für Frau Schmidt den Abschreibungsbetrag für den Audi A3 für das erste Jahr berechnet. Nun sollen Sie die Abschreibung am 31.12.20.. buchhalterisch erfassen.

Arbeitsauftrag 1 (analysieren)

Analysieren Sie die dargestellte Situation.

a) Welche Konten sind betroffen?

b) Welche Kontenarten haben die einzelnen Konten?

c) Auf welcher Seite der Konten muss gebucht werden?

Arbeitsauftrag 2 (informieren und planen)

Informieren Sie sich in Ihrem Lehrbuch „BüroWelt 1“ über die buchhalterische Erfassung der Wertminderung von Sachanlagen und planen Sie die zeitlichen und organisatorischen Abläufe.

LF 6, 7.2

Arbeitsauftrag 3 (durchführen)

Führen Sie die notwendigen Tätigkeiten im Rahmen der Finanzbuchhaltung durch.

a) Buchen Sie die **planmäßige** Abschreibung für den im Januar angeschafften Audi A3 im Grund- und Hauptbuch. Beachten Sie, dass durch diese Buchung das Konto „0840 Fuhrpark“ gemindert werden muss. Weiterhin muss auf dem entsprechenden Aufwandskonto (6520 Abschreibungen auf Sachanlagen) der Werteverzehr berücksichtigt werden. Im Konto 0840 Fuhrpark ist bereits die Anschaffung des PKW buchhalterisch erfasst worden.

Konto Soll	Konto Haben	Betrag Soll	Betrag Haben

Soll	0840 Fuhrpark		Haben
4499	48.979,59	4499	979,59

Soll	6520 Abschreibungen auf Sachanlagen	Haben

Soll	8010 SBK	Haben

Soll	8020 GuV	Haben

b) Schließen Sie im oben abgebildeten Hauptbuch die Konten „0840 Fuhrpark“ und „6520 Abschreibungen auf Sachanlagen“ über die entsprechenden Konten ab.

Arbeitsauftrag 4 (reflektieren)

Begründen Sie, wie sich eine Anschaffung des Audi A3 im Oktober anstatt im Januar auf das Konto „0840 Fuhrpark“ und den Gewinn der Duisdorfer BüroKonzept KG im Jahr der Anschaffung auswirken würde.

Erweiterte Ausgangssituation[1]
Sie befinden sich im zweiten Nutzungsjahr des Audi A3. Sie gehen weiterhin von einem Kauf des Audi A3 im Januar des 1. Nutzungsjahres aus. Der Audi A3 wurde demnach im ersten Nutzungsjahr in Höhe von 8.000,00 € abgeschrieben. Im zweiten Nutzungsjahr hat der Audi A3 einen Unfall, der zu einer zusätzlichen Wertminderung von 10.000,00 € führt.

Arbeitsauftrag 1 (analysieren)
Analysieren Sie die hier beschriebene Situation.

Arbeitsauftrag 2 (informieren und planen)
Informieren Sie sich in Ihrem Lehrbuch „BüroWelt 1“ über die außerplanmäßige Abschreibung einer Sachanlage und planen Sie die buchhalterische Erfassung.

LF 6, 7.2.3

Arbeitsauftrag 3 (durchführen)
Buchen Sie die plan- und außerplanmäßige Abschreibung für den Pkw im zweiten Nutzungsjahr.

Konto Soll	Konto Haben	Betrag Soll	Betrag Haben

Arbeitsauftrag 4 (reflektieren)
Wie wirkt sich die zusätzliche Wertminderung auf den Buchwert und auf den ausgewiesenen Gewinn der Duisdorfer BüroKonzept KG aus?

Lernsituation 6.7.4[2]
Abschreibungsbeträge nach Leistungseinheiten ermitteln

Der rote Faden

- **Den Abschreibungsbetrag pro Leistungseinheit berechnen**
- **Die prognostizierten Abschreibungsbeträge pro Jahr berechnen**
- **Einen Abschreibungsplan aufstellen**

Ausgangssituation
Sie möchten alternativ zur linearen Abschreibung einen Abschreibungsplan nach Leistungseinheiten aufstellen, um die steuerliche Auswirkung der beiden Verfahren besser beurteilen zu können. Es wird von einer Laufleistung des Audi A3 von 192.000 km ausgegangen. Es werden für die kommenden Jahre die in der Tabelle abgebildeten jährlichen Laufleistungen prognostiziert.

[1] Diese erweiterte Ausgangssituation kann für leistungsstarke Schüler im Sinne der Differenzierung genutzt werden.
[2] Diese Lernsituation kann für leistungsstarke Schüler im Sinne der Differenzierung genutzt werden.

Arbeitsauftrag 1 (analysieren)
Analysieren Sie die oben beschriebene Situation.

Arbeitsauftrag 2 (informieren und planen)
Informieren Sie sich in Ihrem Lehrbuch „BüroWelt 1“ über die Abschreibung nach Leistungseinheiten. Planen Sie die zeitlichen und organisatorischen Abläufe.

LF 6, 7.2.4

Arbeitsauftrag 3 (durchführen)
Führen Sie die notwendigen Tätigkeiten im Rahmen der Finanzbuchhaltung durch.

a) Berechnen Sie zunächst den Abschreibungsbetrag pro km (Rundung auf vier Stellen nach dem Komma).

b) Berechnen Sie die jährlichen Abschreibungsbeträge nach den prognostizierten Laufleistungen.

Jahr	Prognostizierte Laufleistung pro Jahr (km)	Abschreibungsbetrag
1. Jahr	50 000	
2. Jahr	40 000	
3. Jahr	35 000	
4. Jahr	40 000	
5. Jahr	27 000	
Summe	192 000	

c) Nennen Sie stichpunktartig die steuerrechtlichen Voraussetzungen für die Nutzung der Abschreibung nach Leistungseinheiten (Leistungs-AfA).

Arbeitsauftrag 4 (reflektieren)
Begründen Sie, wie sich die Leistungsabschreibung (unter der Voraussetzung, dass die prognostizierte jährliche Laufleistung der tatsächlichen entspricht) auf die gewinnabhängige Besteuerung der Duisdorfer BüroKonzept KG auswirkt.

Lernsituation 6.7.5[1]
Sachanlagen verkaufen

Der rote Faden

- **Die zeitanteilige Abschreibung für die Monate vor dem Verkauf ermitteln**
- **Den Restbuchwert zum Zeitpunkt des Verkaufs ermitteln**
- **Den Gewinn bzw. Verlust aus dem Verkauf der Sachanlage ermitteln**
- **Den Verkauf laut Ausgangsrechnung buchhalterisch erfassen**
- **Das Sachanlagenkonto ausgleichen**

---
[1] *Die Inhalte dieser Lernsituation sind nicht Bestandteil des Bildungsplans. Die Lernsituation kann für leistungsstarke Schüler im Sinne der Differenzierung genutzt werden.*

Ausgangssituation

Da Herr Schulz aus der Abteilung Vertrieb laut Arbeitsvertrag ein Anrecht darauf hat, alle vier Jahre einen neuen Geschäftswagen zu erhalten, soll der Audi A3 am 07. Oktober des vierten Nutzungsjahres, bevor ein neuer Pkw angeschafft wird, verkauft werden. Der Audi A3 wird für einen Bruttoverkaufspreis von 23.800,00 € an einen Händler verkauft. Gehen Sie weiterhin von folgenden Voraussetzungen aus:

- Der Audi A3 wurde linear mit 8.000,00 €/Jahr abgeschrieben.
- Der Audi A3 wurde während der Nutzungsdauer nicht außerplanmäßig abgeschrieben.

Arbeitsauftrag 1 (analysieren)

Analysieren Sie die oben beschriebene Situation.

Arbeitsauftrag 2 (informieren und planen)

LF 6, 7.3

Informieren Sie sich in Ihrem Lehrbuch „BüroWelt 1“ über die buchhalterische Erfassung des Verkaufs von Sachanlagen und planen Sie die zeitlichen und organisatorischen Abläufe.

Arbeitsauftrag 3 (durchführen)

Führen Sie die notwendigen Tätigkeiten im Rahmen der Finanzbuchhaltung durch.

a) Berechnen Sie den Buchwert zum Zeitpunkt des Verkaufs und einen eventuellen Gewinn bzw. Verlust aus dem Verkauf.

b) Nehmen Sie die buchhalterische Erfassung der zeitanteiligen Abschreibung im Jahr des Verkaufs im Grund- und Hauptbuch (Hauptbuch siehe Aufgabe c) vor.

Konto Soll	Konto Haben	Betrag Soll	Betrag Haben

c) Nehmen Sie die Buchungen für die buchhalterische Erfassung des Verkaufs des Pkw im Grund- und Hauptbuch vor.

Konto Soll	Konto Haben	Betrag Soll	Betrag Haben

Konto Soll	Konto Haben	Betrag Soll	Betrag Haben

Soll	Haben

Soll	Haben

Soll	Haben

Soll	Haben

Arbeitsauftrag 4 (reflektieren)
Begründen Sie, warum die Buchung des Ertrags zunächst über das Konto 5410 Sonstige Erlöse abgewickelt wird.

Lernsituation 6.7.6[1] Geringwertige Wirtschaftsgüter (GWG) buchhalterisch erfassen

Der rote Faden

- **Belege analysieren und Anschaffungskosten ermitteln**
- **Die Anschaffung laut Eingangsrechnung/Quittung buchhalterisch erfassen**
- **Die Abschreibung buchhalterisch erfassen**

Ausgangssituation

Am nächsten Morgen kommen Sie in die Abteilung Finanzbuchhaltung. Herr Fernandez legt Ihnen die folgenden Belege mit der Bitte vor, für diese zunächst die Buchungen im Grundbuch vorzunehmen. Da die Duisdorfer BüroKonzept KG im aktuellen Geschäftsjahr von einem Gewinn ausgeht, sollen alle Buchungen zu einer möglichst großen Reduzierung des ausgewiesenen Gewinns führen.

Beleg 1

Quittung
Nr. KB 23

Netto	€	83	ct	19
+ 19 % USt.	€	15	ct	81
Gesamt	€	99	ct	00

Gesamtbetrag € in Worten: - neunundneunzig - Cent wie oben
(Im Gesamtbetrag sind 19 % Mehrwertsteuer enthalten)

von: Schreibwaren Humboldt

für: Elektrotacker

richtig erhalten zu haben, bestätigt

Ort: Bonn Datum: 17.10.20..

Buchungsvermerke

Stempel/Unterschrift des Empfängers: Humboldt

Eingegangen am 17.10.20..

Beleg 2

Norbert Enneking
Kölnstraße 23, 53162 Bonn
Tel.: 0228 302012 Fax.: 0228 302013
Steuer-Nr. 29 54 / 54 86 56 35

"Stranger" Fotokopierer All-in-One		199,99 €
Nettobetrag		168,06 €
A = Umsatzsteuer	19%	31,93 €
B = Umsatzsteuer	7%	0,00 €

Eingegangen am 17.10.20..

Betrag in bar dankend erhalten!

Vielen Dank für Ihren Einkauf!

Datum	Zeit	Verkäufer-Nr	Kas.-Pos.
17.10.20..	13:47	2	59

[1] *Die Inhalte dieser Lernsituation sind nicht Bestandteil des Bildungsplans. Die Lernsituation kann für leistungsstarke Schüler im Sinne der Differenzierung genutzt werden.*

Beleg 3

WD Möbel GmbH

WD Möbel GmbH, Talstraße 66 - 70, 58095 Hagen

Eingegangen am: 18.10.20..

Duisdorfer BüroKonzept KG
Rochusstraße 30
53123 Bonn

Ihre Bestellung vom	Unsere Zeichen	Zeit der Leistung/Liefertag	Datum
01.10.20..	RS 4 500y	17.10.20..	17.10.20..

Rechnung 555

Wir sandten für Ihre Rechnung und auf Ihre Gefahr:

Nr.	Gegenstand	Anzahl	Preis je Einheit €	Betrag €
1	Aktenschrank	3	399,99	1.199,97
	+ Lkw-Fracht			50,00
	+ Verpackung			75,00
	+ Umsatzsteuer 19%			251,74
				1.576,71

Zahlungsbedingungen: Zahlung innerhalb von 30 Tagen netto Kasse

Beleg 3

Kontracar

Kontracar, Postfach, 50823 Köln

Eingegangen am: 17.10.20..

Duisdorfer BüroKonzept KG
Rochusstraße 30
53123 Bonn

Ihre Bestellung vom	Unsere Zeichen	Zeit der Leistung/Liefertag	Datum
01.07.20..	SU 555	17.10.20..	17.10.20..

Rechnung 47 111

Wir lieferten Ihnen folgenden Pkw:

Nr.	Gegenstand	Betrag €
1	BMW X5	59.000,00
2	Navigationssystem	5.000,00
3	Sonderlackierung	1.500,00
4	Ledersitze	2.500,00
	Aktionsrabatt 10%	- 6.800,00
	Warenwert (netto)	61.200,00
	Umsatzsteuer 19%	11.628,00
	Rechnungsbetrag	72.828,00

Zahlungsbedingungen: Zahlung innerhalb von 10 Tagen ohne Abzug

Arbeitsauftrag 1 (analysieren)

Analysieren Sie die oben beschriebene Situation.

Arbeitsauftrag 2 (informieren und planen)

Informieren Sie sich in Ihrem Lehrbuch „BüroWelt 1“ über die buchhalterische Erfassung von geringwertigen Wirtschaftsgütern. Planen Sie die zeitlichen und organisatorischen Abläufe.

LF 6, 7.4

Arbeitsauftrag 3 (durchführen)

Führen Sie die notwendigen Tätigkeiten im Rahmen der Finanzbuchhaltung durch.

Beleg-Nr.	Konto Soll	Konto Haben	Betrag Soll	Betrag Haben

Arbeitsauftrag 4 (reflektieren)

Erläutern Sie, für welche Buchungen Sie sich entschieden hätten, wenn die Duisdorfer BüroKonzept KG im Jahr der Anschaffung der Sachanlagen einen voraussichtlichen Verlust erwirtschaftet hätte.

Vertiefende Aufgaben

Ermittlung von Anschaffungskosten und Aktivierung der Sachanlagen

Aufgabe 1

Die Duisdorfer BüroKonzept KG erwirbt am 15.01.20.. ein Grundstück einschließlich Bürogebäude für 500.000,00 €. Die Grunderwerbssteuer beträgt 6,5 % vom Kaufpreis. Der Notar stellt 5.500,00 € zuzüglich 19 % Umsatzsteuer für die Abwicklung des Kaufs in Rechnung. Das Grundbuchamt fordert 500,00 € Gebühren für die Eintragungen und die Eigentumsumschreibung. An das Maklerbüro sind darüber hinaus 3,57 % des Kaufpreises an Maklercourtage (einschließlich 19 % Umsatzsteuer) zu zahlen.

Hinweis: Bitte beachten Sie, dass für das Grundstück (einschließlich Bürogebäude), für die Grunderwerbssteuer und die Gebühren des Grundbuchamts keine Umsatzsteuer anfällt.

a) Ermitteln Sie die Anschaffungskosten des Grundstücks nach dem Schema des HGBs.

b) Erfassen Sie die Anschaffung/Aktivierung des Grundstücks in der Finanzbuchhaltung.

Aufgabe 2

Die Duisdorfer BüroKonzept KG kauft im Januar des Jahres 01 eine Verpackungsmaschine (Konto 0760 Verpackungsmaschinen) zu einem Preis von 150.000,00 € (netto). Der Lieferer gewährt uns einen Rabatt von 20 % und bei Zahlung innerhalb von 10 Tagen 2 % Skonto. Die Lieferung erfolgt durch einen Spediteur, der uns 2.380,00 € (einschließlich 19 % Umsatzsteuer) in Rechnung stellt. Der Aufbau der Verpackungsanlage übernimmt eine Spezialfirma, die uns dafür 3.000,00 € zuzüglich 19 % Umsatzsteuer berechnet.

a) Ermitteln Sie die Anschaffungskosten der Verpackungsanlage nach dem Schema des HGBs.

b) Erfassen Sie die Anschaffung/Aktivierung der Verpackungsanlage im Grund- und Hauptbuch. Es sind die Rechnung des Lieferers, der Spedition und der Spezialfirma separat zu buchen (drei Buchungssätze).

c) Erfassen Sie die Buchungssätze der Bezahlung der Rechnungen im Grund- und Hauptbuch. Es sind die Banküberweisung an den Lieferer, die Spedition und die Spezialfirma separat zu buchen (drei Buchungssätze).

Ermittlung und Buchung der Abschreibung von Sachanlagen

Aufgabe 3

Für das erworbene Bürogebäude (siehe Aufgabe 1) wird nach Abzug des Bodenrichtwertes (laut Katasteramt Bonn) ein Wert von 300.000,00 € festgelegt. Das Gebäude soll über 50 Jahre abgeschrieben werden.

a) Ermitteln Sie den Abschreibungssatz und -betrag.

b) Buchen Sie die Abschreibung im Jahr der Anschaffung im Grundbuch.

Aufgabe 4

Die Verpackungsmaschine (siehe Aufgabe 2) soll planmäßig linear über 13 Jahre abgeschrieben werden.

a) Ermitteln Sie den Abschreibungssatz und -betrag.

b) Stellen Sie einen Abschreibungsplan für die ersten fünf Jahre auf.

c) Buchen Sie die Abschreibung im Jahr der Anschaffung im Grund- und Hauptbuch und schließen Sie die Konten im Hauptbuch ab.

Aufgabe 5

Angenommen, die Verpackungsmaschine sollte nach Leistungseinheiten abgeschrieben werden, und es lägen die folgenden prognostizierten Verpackungseinheiten pro Nutzungsjahr vor. Als Gesamtlaufleistung wurde mit 1 000 000 Verpackungseinheiten kalkuliert.

Jahr	Prognostizierte Laufleistung pro Jahr	Abschreibungsbetrag
1.	100 000	
2.	60 000	
3.	80 000	
4.	80 000	
5.	80 000	
6.	80 000	
7.	80 000	
8.	80 000	
9.	80 000	
10.	80 000	
11.	80 000	
12.	80 000	
13.	40 000	
Summe	1 000 000	

Aufgabe 6

Die Verpackungsmaschine (siehe Aufgabe 2 und 4) wurde linear abgeschrieben. Im Juli des vierten Nutzungsjahres wird die Maschine zu einem Preis von 95.200,00 € (einschließlich 19 % Umsatzsteuer) verkauft. Aufgrund des technischen Fortschritts muss die Maschine zusätzlich zur anteiligen linearen Abschreibung auch im Jahr des Verkaufs außerplanmäßig in Höhe von 15.000,00 € abgeschrieben werden.

a) Berechnen Sie den Buchwert zum Zeitpunkt des Verkaufs und einen eventuellen Gewinn bzw. Verlust aus dem Verkauf.

b) Nehmen Sie die buchhalterische Erfassung der zeitanteiligen und der außerordentlichen Abschreibung im Jahr des Verkaufs im Grundbuch vor.

c) Nehmen Sie die Buchungen für die buchhalterische Erfassung des Verkaufs der Verpackungsmaschine im Grundbuch vor.

Aufgabe 7

Nehmen Sie für die folgenden Geschäftsfälle die für die Duisdorfer BüroKonzept KG sinnvolle buchhalterische Erfassung vor. Gehen Sie von einem Gewinn der Duisdorfer BüroKonzept KG aus.

a) Eingangsrechnung für Pkw mit Anschaffungskosten in Höhe von 39.000,00 € einschließlich Umsatzsteuer.

b) Eingangsrechnung für zehn Computer mit Anschaffungskosten in Höhe von insgesamt 9.990,00 € zuzüglich 19 % Umsatzsteuer.

c) Eingangsrechnung für fünf Schreibtische mit Anschaffungskosten in Höhe von 399,00 € pro Stück zuzüglich 19 % Umsatzsteuer.

d) Quittung für einen Fotokopierer mit einem Anschaffungspreis in Höhe von 1.020,00 € pro Stück exklusive 19 % Umsatzsteuer. Der Verkäufer hat uns 2 % Skonto bei sofortiger Barzahlung gewährt.

Lernsituation 6.8.1
Die Ergebnisse der Buchführung auswerten

Der rote Faden

Das Unternehmen anhand von Vergleichswerten beurteilen

Das Betriebsergebnis aus den Werten der Buchführung ermitteln

Wirtschaftlichkeit und Rentabilität beurteilen

Ausgangssituation

Am Ende Ihrer Ausbildungszeit in der Abteilung Rechnungswesen wenden Sie sich nochmals mit einem Anliegen an Herrn Fernandez.

Sie: „Guten Tag, Herr Fernandez."

Herr Fernandez: „Einen schönen guten Tag! Was kann ich für Sie tun?"

Sie: „Ich habe während meiner Zeit in Ihrer Abteilung Einblicke in viele Vorgänge unseres Unternehmens bekommen. Trotzdem habe ich noch eine Frage. Sie haben mir mal zu Beginn gesagt, dass Frau Niester und Herr Falo aus den Ergebnissen der Buchführung Rückschlüsse auf die wirtschaftliche Situation des Unternehmens schließen könnten."

Herr Fernandez: „Das ist richtig."

Sie: „Ja, ich weiß natürlich, dass das Ergebnis der GuV-Rechnung eine gewisse Aussagekraft hat, aber das kann doch nicht alles sein, oder?"

Herr Fernandez: „Da haben Sie recht. Für eine fundierte Einschätzung der wirtschaftlichen Situation des Unternehmens bedarf es mehr."

Herr Fernandez gibt Ihnen einige Unterlagen und Informationen aus einem vergangenen Geschäftsjahr in die Hand.

Aktiva — Bilanz der Duisdorfer BüroKonzept KG zum 31. Dezember 20.. — Passiva

Aktiva		Passiva	
Anlagevermögen	215.000,00	Eigenkapital	315.000,00
Umlaufvermögen	473.000,00	Fremdkapital	373.000,00
	688.000,00		688.000,00

Soll	8020 GuV-Konto		Haben
6000 Aufwendungen für Rohstoffe/ Fertigungsmaterial	195.000,00	5000 Umsatzerlöse für eigene Erzeugnisse	343.200,00
6020 Aufwendungen für Hilfsstoffe	54.210,00	5100 Umsatzerlöse für Handelswaren	287.420,00
6030 Aufwendungen für Betriebs- stoffe	14.390,00	5401 Nebenerlöse aus Vermietung und Verpachtung	6.200,00
6080 Aufwendungen für Handels- waren	146.320,00	5710 Zinserträge	850,00
6200 Löhne	49.300,00		
6300 Gehälter	58.675,00		
6520 Abschreibung auf Sachanlagen	18.920,00		
6700 Mieten/Pachten	11.680,00		
6770 Rechts- und Beratungskosten	7.560,00		
6850 Reisekosten	8.740,00		
6930 Verluste aus Schadensfällen	9.600,00		
6940 Kursverluste	4.250,00		
7510 Zinsaufwendungen	17.245,00		
3000 Eigenkapital	41.780,00		
	637.670,00		637.670,00

	Duisdorfer BüroKonzept KG Vorjahr	Durchschnittlicher Branchenwert
Wirtschaftlichkeit	1,06	1,1
Eigenkapitalrentabilität	8,35 %	13,10 %
Gesamtkapitalrentabilität	7,50 %	8,05 %
Umsatzrentabilität	5,70 %	6,30 %

Der Marktzins für eine langfristige Geldanlage betrug damals 4,5 %. Der Zinssatz für die Aufnahme von langfristigem Fremdkapital lag im Durchschnitt bei 6 %.

Arbeitsauftrag 1 (analysieren)

Analysieren Sie die hier abgebildeten Unterlagen aus der Buchführung.

Arbeitsauftrag 2 (informieren)

Informieren Sie sich in Ihrem Lehrbuch „BüroWelt 1“ über die Ermittlung des Betriebserfolgs sowie die Ermittlung der Wirtschaftlichkeit und Rentabilität.

LF 6, 8.1

Arbeitsauftrag 3 (planen, durchführen und beurteilen)

a) Ermitteln Sie die Wirtschaftlichkeit und beurteilen Sie das Ergebnis.

b) Ermitteln Sie die Eigenkapital-, Gesamtkapital- und Umsatzrentabilität und beurteilen Sie das Ergebnis.

LernFeld 7

Gesprächssituationen bewältigen

Lernsituationen

Lernsituation 7.1
Informations- und Beratungsgespräche mit Geschäftspartnern führen

Der rote Faden

Telefongespräche und persönliche Gespräche führen

Verbale und nonverbale Äußerungen richtig verstehen

Rollenverhalten und Gesprächsatmosphäre

In der Beratung überzeugend argumentieren

Grundlagen für erfolgreiches Telefonieren beherrschen:
- **Verständlichkeit**
- **Gesprächsplanung und Phasen eines Gesprächs**
- **Gesprächstechniken**
- **Gesprächsregeln**

Eine Gesprächsnotiz erstellen

Ausgangssituation

Sie haben gerade in der Vertriebsabteilung mit angehört, wie die Sachbearbeiterin Doris Schwister am Telefon einen Kunden über die neue Produktlinie informiert. Nach Beendigung des Gesprächs schlägt Doris Schwister Ihnen vor, demnächst selbst ans Telefon zu gehen und Kunden zu beraten.

Sie: „Das kann ich doch noch gar nicht! Ich weiß doch nicht, was die Kunden erwarten und was ich dann sagen soll. Womöglich fange ich an zu stottern, weil mir nichts einfällt. Was soll der Kunde dann von mir denken?"

Doris Schwister: „Sie müssen ja nicht gleich zu Beginn perfekt sein. Aber Sie sollten sich jetzt mit diesem Thema befassen und lernen, mit unseren Geschäftspartnern Gespräche zu führen. Insbesondere Telefongespräche sind hier an der Tagesordnung und daher sehr wichtig."

Arbeitsauftrag 1 (analysieren/orientieren)

Telefonieren ist eine ganz alltägliche Tätigkeit, die jeder in seinem Privatleben praktiziert. Wo sehen Sie Schwierigkeiten beim Telefonieren im geschäftlichen Bereich? Erstellen Sie eine Liste und halten Sie fest, welche Anforderungen an das Telefonieren im geschäftlichen im Gegensatz zum privaten Bereich gestellt werden.

Arbeitsauftrag 2 (informieren)

LF 7, 1.1, 1.2, 1.4

Informieren Sie sich in Ihrem Lehrbuch „BüroWelt 1" über die Grundlagen der Kommunikation. Fassen Sie den Inhalt zusammen und bearbeiten Sie zur Vertiefung die folgenden Aufgaben.

Vertiefende Aufgaben

Aufgabe 1

Welche Grundfunktionen der Sprache nach dem Organon-Modell von Bühler überwiegen in folgenden Gesprächssituationen und welche Anforderungen stellen sie an den Empfänger?

	Gesprächssituation	Darstellung, Ausdruck oder Appell	Anforderung an den Empfänger
a)	Die BüroKonzept KG erhält einen Anruf von einem Callcenter, das im Auftrag einer Telefongesellschaft handelt und einen Telefonvertrag mit einer Internet-Flatrate anbietet.		
b)	Ein wütender Kunde ruft bei der BüroKonzept KG an und beschwert sich darüber, dass eine dringend benötigte Lieferung immer noch nicht eingetroffen sei.		
c)	Eine Mitarbeiterin der BüroKonzept KG ruft bei verschiedenen Lieferanten an und erkundigt sich nach den Preisen für Echtholztischplatten aus Wildkirsche.		
d)	Kunden äußern sich bei einer Telefonumfrage der BüroKonzept KG über ihre Zufriedenheit mit den Serviceleistungen.		
e)	Ein Kunde wird im Gespräch über die Lieferungs- und Zahlungsbedingungen informiert.		
f)	Vertriebsleiter Simon Klein führt mit einem Kunden ein Verkaufsgespräch.		

Aufgabe 2

a) Nach dem Vier-Seiten-Modell von Friedemann Schulz von Thun enthält ein und dieselbe Nachricht verschiedene Botschaften. Welche vier Botschaften enthält die folgende Äußerung?

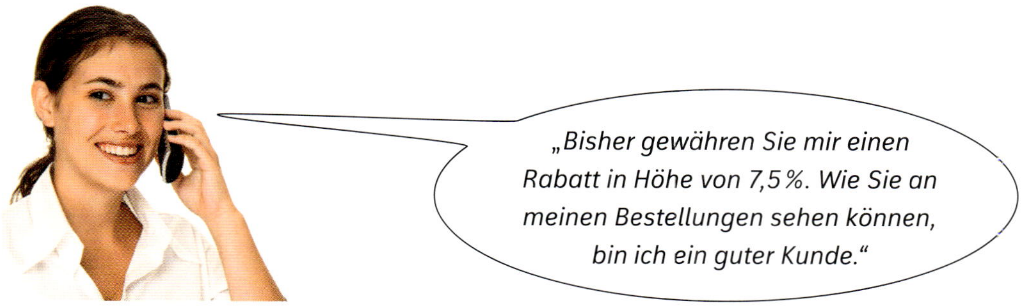

„Bisher gewähren Sie mir einen Rabatt in Höhe von 7,5 %. Wie Sie an meinen Bestellungen sehen können, bin ich ein guter Kunde.“	**Botschaft**
Sachinhalt	
Selbstoffenbarung	
Appell	
Beziehung	

b) Wie eine Äußerung vom Hörer aufgenommen wird, hängt davon ab, mit welchem Ohr er diese Nachricht empfängt. Welche Botschaften enthält die folgende Äußerung des Lieferanten und auf welchem Ohr empfängt der Kunde sie?

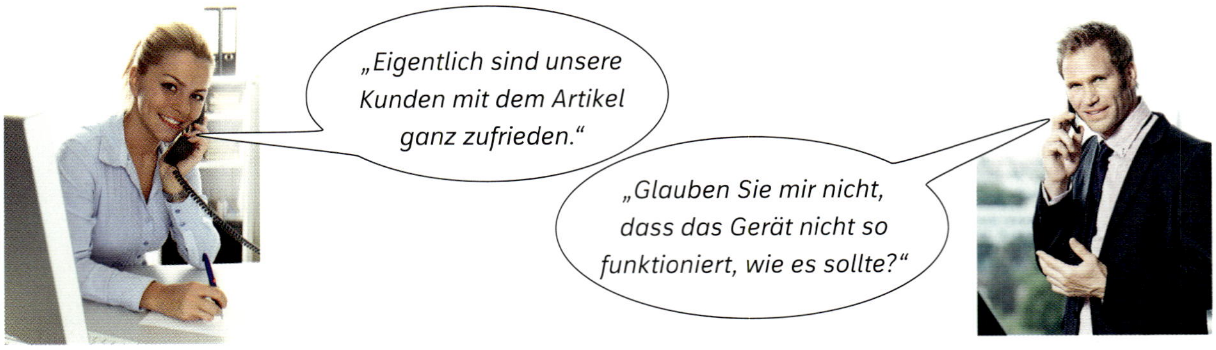

c) Um Irritationen und negative Entwicklungen in Gesprächen mit Geschäftspartnern zu vermeiden, sind Äußerungen hilfreich, die auf der Beziehungsseite dem Hörer positive Botschaften vermitteln, ihn z. B. wertschätzen, achten, loben und ihm Freiheit in seinen Entscheidungen lassen.

Notieren Sie für folgende Aussagen jeweils eine Alternativformulierung, die dem Kunden auf der Beziehungsebene ein positives Gefühl gibt, auch wenn Sie nur wenige Sachkenntnisse haben.

	Ungeeignete Aussage	**Alternativformulierung**
a)	„Das habe ich Ihnen doch gerade gesagt!"	
b)	„So schlimm ist das nun auch wieder nicht!"	
c)	„Sie haben unvollständige Unterlagen eingereicht!"	
d)	„Das ist doch nicht meine Schuld!"	
e)	„Da kann ich Ihnen auch nicht helfen!"	

Erweiterte Ausgangssituation 1: Sich freundlich und verständlich am Telefon ausdrücken
Doris Schwister rät Ihnen, sich zunächst bei eingehenden Anrufen darauf zu konzentrieren, sich **freundlich und verständlich** gegenüber dem Geschäftspartner auszudrücken. Gleich darauf klingelt das Telefon. Ein Kunde bittet um Informationen. Er möchte wissen, was die BüroKonzept KG an technischen Geräten im Programm hat und welchen Service sie dazu anbietet, wenn ein Gerät beispielsweise installiert werden muss oder nicht mehr funktioniert.

Arbeitsauftrag 1 (analysieren/orientieren)

Überlegen Sie, was eine freundliche und verständliche Ausdrucksweise bewirken kann, wenn Auszubildende noch nicht in der Lage sind, umfassend Auskünfte zu erteilen, weil sie noch nicht über die dazu erforderliche Erfahrung und das Fachwissen verfügen.

Arbeitsauftrag 2 (informieren)

Informieren Sie sich in Ihrem Lehrbuch „BüroWelt 1" über die Bedeutung des Tonfalls und die Verständlichkeit von Äußerungen.

LF 7, 1.3 u. 1.5

Arbeitsauftrag 3 (planen)

Bereiten Sie in Gruppenarbeit ein Telefongespräch zu oben vorgestellter Situation vor, bei dem der Schwerpunkt auf Verständlichkeit und Freundlichkeit liegt. Mit einbezogen werden auch die Stimme und der Tonfall. Erstellen Sie für die spätere Beurteilung und Reflexion eine Liste mit möglichen Kriterien.

Beispiel

Checkliste	✓
1. Stimme ■ zu leise ■ zu laut ■ angemessen 2.	 ☐ ☐ ☐

Arbeitsauftrag 4 (durchführen)

Führen Sie das Telefongespräch als Rollenspiel in Ihrer Gruppe durch. Sinnvoll sind Wiederholungen, sodass möglichst alle Gruppenmitglieder aktiv beteiligt sind und später ein Feedback erhalten.

Arbeitsauftrag 5 (bewerten/beurteilen)

Geben Sie den Spielern ein Feedback. Beachten Sie dabei die folgenden Feedback-Regeln:

Regeln für den Feedback-Geber

- mit *positiver* Rückmeldung beginnen
- Ich-Botschaften formulieren
- kritische Äußerungen möglichst mit Veränderungsvorschlägen verbinden

Regeln für den Feedback-Nehmer

- in Ruhe zuhören
- nicht in Verteidigung, Rechtfertigung oder Gegenkritik fallen
- Einblick geben (Wie geht es mir mit der Kritik? Was war mir bekannt? Was will ich überprüfen?)

Arbeitsauftrag 6 (reflektieren)

Reflektieren Sie im Gruppengespräch die Gespräche der einzelnen Spieler anhand der Checkliste (Kriterien).

Vertiefende Aufgaben

Aufgabe 1

Finden Sie Ihre individuelle **Sprechstimmlage (ISL)**. Damit ist der grundlegende Sprechton gemeint, mit dem vorwiegend bei entspannter Körperhaltung und innerer Gelassenheit gesprochen wird. Das Sprechen in der individuellen Sprechstimmlage trägt zu einer angenehmen Gesprächsatmosphäre bei. Die Stimme wirkt authentisch, freundlich und dem Gesprächspartner zugewandt.

Ihre individuelle Sprechstimmlage finden Sie, indem Sie aus dem Summen (mmhh...) heraus beginnen, einen Satz zu sprechen.

Sprechen Sie vor Ihren Mitschülern folgenden Text. Achten Sie dabei auch auf eine ruhige Atmung, eine angemessene Lautstärke und engagiertes Sprechen. Bitten Sie anschließend die Gruppenmitglieder um eine Einschätzung, wie Ihre Sprechstimmlage auf sie wirkt.

„Guten Tag, Frau Hoffstadt. Mein Name ist ... Ich betreue Sie im Kundenservice. Sie hatten bereits über Ihr Anliegen mit meiner Kollegin, Frau Zimmermann, gesprochen. Frau Zimmermann hat die Angelegenheit nun an mich weitergeleitet, und ich möchte Sie nun über die weiteren Schritte informieren ...“

Aufgabe 2
Die folgenden Sätze sind **nicht durch Interpunktion** gegliedert. Sprechen Sie diese Sätze deutlich, betonen Sie richtig und machen Sie sinnvolle Pausen. Führen Sie diese Übung in Partnerarbeit durch, wobei der Hörer dem Sprecher eine Rückmeldung gibt.

Gerne nehme ich Ihre Bestellung entgegen ich wiederhole die Angaben Sie wünschen den Artikel 3498 in der Ausführung Buche massiv der Preisnachlass beträgt 7,5 % und die Lieferung ist frei Haus.

Das geht in Ordnung Frau Hoffstadt mit der nächsten Lieferung bekommen Sie eine Gutschrift in Höhe von 50,00 € ein Mitarbeiter unseres Kundendienstes wird Sie noch heute anrufen und mit Ihnen einen Termin für die Reparatur des defekten Gerätes vereinbaren sind Sie damit einverstanden?

Fischers Fritze kennzeichnet frisch gefischte kennzeichnungspflichtige Fische pflichtgemäß als kennzeichnungspflichtig bzw. nicht kennzeichnungspflichtige frisch gefischte Fische.

Wenn du Wachsmasken magst: Max macht Wachsmasken.

Wer gegen Aluminium minimal immun ist, besitzt Aluminiumimmunität, Aluminiumimmunität besitzt, wer minimal gegen Aluminium immun ist.

Erweiterte Ausgangssituation 2: Einen Lieferanten anrufen und um Informationen bitten
Doris Schwister äußert sich zufrieden zu Ihrem Gesprächsverhalten und lobt Ihre freundliche Art und verständliche Ausdrucksweise, die Sie mittlerweile in vielen Telefongesprächen gegenüber Kunden gezeigt haben. Sie bittet Sie nun, Frau Elling in der Abteilung „Beschaffung“ zu unterstützen, die dort wegen der Erweiterung des Absatzprogrammes alle Hände voll zu tun hat.

So muss Frau Elling beispielsweise für ein weiteres Zubehörteil zu den Schreibtischen Angebote bei verschiedenen Lieferanten einholen. Bei diesem Zubehörteil handelt es sich um eine CPU-Einheit, eine einfache, leicht montierbare Haltevorrichtung für die Befestigung von Rechnern unterschiedlicher Größe am bzw. unter dem Schreibtisch. Es wird eine Menge von 3000 Stück benötigt. Sie sollen zunächst telefonisch Informationen bei verschiedenen Lieferanten einholen, ob sie diesen Artikel überhaupt anbieten, wenn ja, zu welchen Konditionen und wann geliefert werden kann. Außerdem sollen Sie um die Zusendung eines schriftlichen Angebots bitten.

Arbeitsauftrag 1 (analysieren/orientieren)
Wie unterscheidet sich die oben dargestellte Situation, in der es darum geht, einen Lieferanten anzurufen, von der vorhergehenden Situation, bei der es um die Annahme eingehender Anrufe ging?

Arbeitsauftrag 2 (informieren)
Informieren Sie sich in Ihrem Lehrbuch „BüroWelt 1“ über das Führen von Telefongesprächen und persönlichen Gesprächen.

LF 7, 1.5

Arbeitsauftrag 3 (planen)
Planen Sie in Vierergruppen Ihre Vorgehensweise zur Durchführung eines simulierten Gesprächs zur oben beschriebenen Situation. Klären Sie u. a., wie Sie mögliche Lieferanten ausfindig machen, was Ihre Gesprächsziele sind, wie Sie das Gespräch strukturieren, welche Gesprächstechniken Sie anwenden wollen und welche Gesprächsregeln zu beachten sind. Bereiten Sie für die nächsten Arbeitsschritte ein Formular für einen Soll-Ist-Vergleich vor. Mit dessen Hilfe wird später festgehalten, ob das Gespräch wie geplant durchgeführt worden ist und ob bzw. inwiefern es Abweichungen von der Planung gibt.

Arbeitsauftrag 4 (durchführen)
Simulieren Sie das Gespräch und führen es insgesamt zweimal durch. Achten Sie darauf, dass alle Mitglieder entweder die Rolle der Auszubildenden oder des Lieferanten spielen.

Arbeitsauftrag 5 (bewerten/beurteilen)
Bewerten Sie die Gespräche, indem Sie den Soll-Ist-Vergleich durchführen und beide Gespräche miteinander vergleichen. Notieren Sie wichtige Erkenntnisse und Erfahrungen.

Arbeitsauftrag 6 (reflektieren)

Tragen Sie die Erkenntnisse und Erfahrungen Ihrer Gruppe im Plenum vor und tauschen Sie sich über gelungene Gespräche und Verbesserungsmöglichkeiten aus.

Vertiefende Aufgaben

Aufgabe 1

Bereiten Sie sich auf folgende Gesprächssituation vor: Bei der Überprüfung der Zahlungseingänge ist Ihnen aufgefallen, dass ein Kunde den falschen Rechnungsbetrag überwiesen hat. Die Rechnung umfasste insgesamt zwei Seiten, die erste Seite endet mit einem Übertrag in Höhe von 3.450,00 €. Auf der zweiten Seite wird die Auflistung um zwei einzelne Posten fortgeführt, sodass sich der Rechnungsbetrag insgesamt auf 3.462,50 € beläuft. Vermutlich hat der Kunde nicht genau hingeschaut und den Übertrag von der ersten Seite überwiesen. Es fehlen demnach 12,50 €, die noch vom Kunden zu begleichen sind. Sie möchten wegen der verhältnismäßig geringen Summe dem Kunden keine schriftliche Zahlungserinnerung oder schon gar keine Mahnung schreiben, sondern beabsichtigen vielmehr, die Angelegenheit telefonisch zu regeln.

Planen Sie das Gespräch, indem Sie die folgenden W-Fragen beantworten und die Phasen des Gesprächs mit Inhalten füllen.

W-Fragen beantworten

1. **Wer** ist mein Gesprächspartner und was weiß ich über ihn?
2. **Warum** rufe ich an?
3. **Was** ist Ziel meines Gesprächs?
4. **Welche** Daten und Unterlagen benötige ich?

Gliederung	Phasen	Inhalte
I. Einleitung	**Phase 1** Melden und Begrüßen	
II. Hauptteil	**Phase 2** Thema nennen Problem beschreiben	
	Phase 3 Absicherung der Informationen	
	Phase 4 Lösung	
III. Abschluss	**Phase 5** Gesprächsabschluss	
	Phase 6 Verabschiedung	

Aufgabe 2

a) Lesen Sie den Auszug aus folgendem Kundengespräch. Unterstreichen Sie alle Fragen, die die Mitarbeiterin stellt.

b) Ordnen Sie die Fragen durch Nummerieren folgenden Kategorien zu: offene Fragen (1), geschlossene Fragen (2) sowie Alternativfragen (3).

c) Welche Frageformen würden Sie zu welchem Zeitpunkt im Gespräch einsetzen? Begründen Sie Ihre Aussage.

Ein Kunde möchte einen Kopierer fürs Büro kaufen – Welcher Kopierer ist der richtige?

Mitarbeiterin:	„Lassen Sie uns doch zunächst herausfinden, wie häufig Sie den Kopierer und welche Funktionen Sie benötigen, bevor wir den passenden Kopierer für Sie auswählen. Wie intensiv nutzen Sie den Kopierer?"
Kunde:	„Also, der Kopierer wird für die Einkaufsabteilung benötigt, in der drei Kolleginnen tätig sind. Der Kopierer wird täglich benutzt. Ich schätze, dass etwa 400–500 Kopien am Tag erstellt werden. Der Kopierer, den wir im Moment noch haben, schafft kaum diese Anzahl von Kopien. Das dauert dann viel zu lange und außerdem verursacht er ständig einen Papierstau. Das liegt sicher daran, dass er viel zu klein für unseren Bedarf ist. Wir brauchen auf jeden Fall ein größeres Gerät."
Mitarbeiterin:	„Gut, welche Funktionen benötigen Sie am Gerät?"
Kunde:	„Das Gerät muss auf jeden Fall doppelseitig kopieren können, eine Sortierfunktion haben, vergrößern und verkleinern können und einen automatischen Blatteinzug haben, wenn man mal einen ganzen Stapel Blätter kopieren will. Ach ja, heften sollte der Kopierer auch können, das ist sehr praktisch und spart Zeit."
Mitarbeiterin:	„Welche Formate soll das Gerät kopieren?"
Kunde:	„Wir haben nur DIN-A4- und DIN-A3-Blätter zu kopieren. Mehr brauchen wir auf keinen Fall. Das genügt."
Mitarbeiterin:	„Benötigen Sie einen Farbkopierer oder reicht ein Schwarz-Weiß-Kopierer?"
Kunde:	„Ein Schwarz-Weiß-Kopierer ist für uns ausreichend."
Mitarbeiterin:	„Möchten Sie einen Tischkopierer oder ein Standgerät?"
Kunde:	„Einen Tischkopierer."
Mitarbeiterin:	„Möchten Sie einen Leasingvertrag?"
Kunde:	„Nein, ich möchte das Gerät kaufen."
Mitarbeiterin:	„Ich habe mir Ihre Angaben notiert. Ich würde Ihnen gerne unseren Tischkopierer Sumsang zum Nettopreis von 275,00 € anbieten. Wäre dieses Angebot für Sie interessant?"
Kunde:	„Ja, das klingt gut."
Mitarbeiterin:	„Ich würde Ihnen dieses Angebot mit allen wichtigen Unterlagen schriftlich zusenden. Ist das in Ordnung für Sie?"
Kunde:	„Ja, das ist in Ordnung."

Aufgabe 3

Formulieren Sie die negativen in positive Aussagen um.

	Negative Aussage	Positive Aussage
a)	„Das ist jetzt schlecht. Ich habe nämlich gleich Feierabend."	
b)	„Ihre Bestellung kam zu spät und jetzt ist der Artikel vergriffen."	
c)	„Sie befinden sich im Zahlungsverzug und müssen erst einmal Ihre offenen Rechnungen begleichen."	
d)	„Dafür bin ich nicht zuständig."	
e)	„Das klappt heute nicht mehr."	
f)	„Wir haben selber die Lieferung nicht bekommen. Da kann ich jetzt auch nichts machen. Das ist eben Pech."	

Erweiterte Ausgangssituation 3: Ein persönliches Gespräch mit einem Geschäftspartner vorbereiten

Seit einigen Wochen arbeiten Sie in der Abteilung Vertrieb und hatten schon mehrfach die Gelegenheit, im Besprechungsraum an persönlichen Gesprächen mit Kunden teilzunehmen. Dabei haben Sie die Gesprächsatmosphäre kennengelernt und beobachtet, wie der Vertriebsleiter, Simon Klein, und die Sachbearbeiterin, Doris Schwister sich Kunden gegenüber verhalten und Beratungs- und Verkaufsgespräche führen. Für das morgen anstehende Gespräch mit Herrn Schlüter von der BÜROTEGO GmbH beauftragt Sie Simon Klein, einen geeigneten Raum für die Besprechung auszusuchen und zu reservieren, den Kunden zu empfangen und in den Raum zu begleiten. Simon Klein weist Sie auf die Bedeutung des Gesprächs hin und betont, dass der erste Eindruck, den man beim Kunden hinterlasse, zähle und eine von Anfang an angenehme Gesprächsatmosphäre sehr wichtig sei. Außerdem sollen Sie sich aktiv an der Kundenberatung beteiligen, wenn der Vertriebsleiter, Simon Klein, das Gespräch führt. Zur Vorbereitung werden Sie gebeten, Argumente zu sammeln, die Herrn Schlüter von den Produkten und Leistungen der BüroKonzept KG überzeugen und ihn als weiteren Kunden gewinnen. Simon Klein händigt Ihnen einen Ausdruck der folgenden E-Mail aus:

Von: Martin Schlüter <martin.schlueter@buerotego.de>
An: info@duisdorfer-bueko.de
Gesendet: Donnerstag, 4. April 20..
Betreff: Bitte um ein Gespräch

Sehr geehrte Damen und Herren,

wir sind ein expandierendes Unternehmen und auf die Einrichtung sowie den Umbau von Büro- und Geschäftsräumen spezialisiert. Für unsere Kunden benötigen wir u. a. moderne und qualitativ hochwertige Büromöbel, die sich flexibel einsetzen lassen und den Anforderungen eines zeitgemäßen Büros entsprechen.

Auf Ihrer Homepage bin ich auf Ihre Produkte und Leistungen aufmerksam geworden. Gerne hätte ich noch mehr Informationen dazu. Auch würde ich mich von der Qualität Ihrer Produkte gerne vor Ort überzeugen.

Können Sie mir bitte einen Terminvorschlag für ein persönliches Gespräch in Ihrem Hause für die 15. Kalenderwoche unterbreiten?

Vielen Dank im Voraus!

Mit freundlichen Grüßen

Martin Schlüter
Geschäftsführer

BÜROTEGO GmbH
Reuterallee 518
D-44379 Dortmund
T: +49 (0) 231/221 5678 – 13
F: +49 (0) 231/221 5678 – 4
E-Mail: martin.schlueter@buerotego.de

BÜROTEGO GmbH	*Geschäftsführer: Martin Schlüter*
Reg.Nr. HRB 20563	*Steuernummer: 703/4715/1957*
Amtsgericht Dortmund	*Umsatzsteuer-Identifikationsnummer: DE45993127*

Von: Martin Schlüter <martin.schlueter@buerotego.de>
An: info@duisdorfer-bueko.de
Gesendet: Freitag, 5. April 20..
Betreff: Terminbestätigung

Sehr geehrter Herr Klein,

vielen Dank für die schnelle Antwort und den Terminvorschlag.
Gerne komme ich am 10.04.20.. um 09:30 Uhr zu Ihnen nach Bonn.
Allerdings habe ich maximal eine bis eineinhalb Stunden Zeit, weil ich anschließend noch einen Termin mit einem anderen Lieferanten habe.

Mit freundlichen Grüßen

Martin Schlüter
Geschäftsführer

BÜROTEGO GmbH
Reuterallee 518
D-44379 Dortmund
T: +49 (0) 231/221 5678 - 13
F: +49 (0) 231/221 5678 - 4
E-Mail: martin.schlueter@buerotego.de

BÜROTEGO GmbH
Reg.Nr. HRB 20563
Amtsgericht Dortmund

Geschäftsführer: Martin Schlüter
Steuernummer: 703/4715/1957
Umsatzsteuer-Identifikationsnummer: DE45993127

Da Simon Klein heute noch einen Außentermin bei einem Kunden wahrnehmen muss, hat er keine Zeit, die Vorbereitung mit Ihnen durchzusprechen. Er bittet Sie daher, die Ergebnisse Ihrer Überlegungen und Vorbereitung per E-Mail an ihn zu senden. Diese E-Mail wird er dann von unterwegs abrufen, um Ihnen eine Rückmeldung zu geben.

Arbeitsauftrag 1 (analysieren/orientieren)

Bisher haben Sie sich ausschließlich auf Gespräche am Telefon konzentriert. Worin liegen die grundlegenden Unterschiede zwischen Telefongesprächen und persönlichen Gesprächen? Was meint Herr Klein mit seiner Äußerung, der erste Eindruck zähle und warum ist die Schaffung einer positiven Gesprächsatmosphäre so bedeutsam? Erstellen Sie stichwortartig eine Liste, welche Punkte in der Vorbereitung eines persönlichen Gesprächs mit einem Geschäftspartner zu berücksichtigen sind.

Arbeitsauftrag 2 (informieren)

LF 7, 1.3–1.5

Informieren Sie sich in Ihrem Lehrbuch „BüroWelt 1“ über die Bedeutung des nonverbalen Verhaltens, des situativen Kontextes sowie über persönliche Gespräche.

Arbeitsauftrag 3 (planen und durchführen)

Überlegen Sie in der Gruppe, was Sie tun können, um einen positiven Eindruck beim Kunden und eine angenehme Atmosphäre zu erzeugen. Treffen Sie eine begründete Auswahl für einen Raum, in dem das Kundengespräch stattfinden soll. Beachten Sie dabei den Raumbelegungsplan. Sammeln Sie geeignete Argumente, um den Besucher von den Produkten und Leistungen Ihres Unternehmens zu überzeugen und ihn als Kunden zu gewinnen. Fassen Sie die Ergebnisse Ihrer Überlegungen und Vorbereitungen zum Gespräch in einer E-Mail für Herrn Klein zusammen. Drucken Sie den Text aus und heften ihn im Klassenraum an eine Pinnwand.

Arbeitsauftrag 4 (bewerten/beurteilen)

Vergleichen Sie das Ergebnis Ihrer Gruppenarbeit mit den Ergebnissen der anderen Gruppen. Wählen Sie ein Ergebnis einer anderen Gruppe aus und formulieren Sie aus der Sicht von Simon Klein eine bewertende Rückmeldung. Händigen Sie Ihre Rückmeldung der Gruppe aus, deren Ergebnisse Sie bewertet haben.

Arbeitsauftrag 5 (reflektieren)

Diskutieren Sie in der Gruppe die Rückmeldungen. Welche Kritik empfinden Sie als berechtigt, welche als unberechtigt? Begründen Sie Ihre Aussage. Bessern Sie ggf. Ihre Vorbereitung nach.

Auszug aus dem Belegungsplan vom 10.04.20..	**Uhrzeit**	**Belegt von (Kürzel)**	**Bemerkungen**
Raum 012 Besucherraum 	08:00 09:00 10:00 11:00 12:00 13:00 14:00 15:00 16:00 17:00 18:00	12.–13:00 Uhr *Ke* 15.–16:30 Uhr *Hi*	
Raum 016 Großer Konferenzraum 	08:00 09:00 10:00 11:00 12:00 13:00 14:00 15:00 16:00 17:00 18:00		
Raum 022 Besprechungsraum 	08:00 09:00 10:00 11:00 12:00 13:00 14:00 15:00 16:00 17:00 18:00	13:30–15:30 Uhr *Be*	**Wegen Umbauarbeiten des Technikraums steht der Bürokopierer vorübergehend in diesem Raum!**

Vertiefende Aufgaben

Aufgabe 1

Beschreiben Sie das nonverbale Verhalten der Menschen auf den folgenden Bildern und erläutern Sie dessen Wirkung auf Sie.

Bild 1 	Bild 2 
Bild 3 	Bild 4 
Bild 5 	Bild 6 

Aufgabe 2

Von kaufmännischen Mitarbeitern erwartet man im Bürobereich eine angemessene Kleidung und ein gepflegtes äußeres Erscheinungsbild. Was ist darunter im Einzelnen für Sie als Frau bzw. als Mann zu verstehen? Warum gibt es im beruflichen Alltag häufig Auseinandersetzungen darüber, was angemessen ist?

Aufgabe 3

Welche der folgenden sachbezogenen Argumente beziehen sich auf ...

1. den Preis eines Produkts oder einer Dienstleistung,
2. die Ausgestaltung der angebotenen Dienstleistung,
3. die Marke und das Image des Unternehmens,
4. die Merkmale/die Funktionalität/die Vorteile des Produkts,
5. den technologischen Stand des Produkts,
6. das Aussehen/Design des Produkts,
7. die bewährte Qualität und Zuverlässigkeit,
8. die Angebote des Kundenservice?

Tragen Sie die richtige Ziffer in das freie Kästchen neben der Aussage ein.

a) Mit dem Kopiergerät können Sie sowohl im DIN-A4- als auch DIN-A3-Format kopieren.	
b) Bei dem Gerät handelt es sich um ein Produkt der Firma XY.	
c) Auf Wunsch warten und reparieren wir Ihre Bürogeräte.	
d) Mit unseren Büromöbeln geben Sie Ihrem Büro ein modernes Aussehen.	
e) Der Wartungsvertrag umfasst die folgenden Leistungen ...	
f) Beim Kauf ab einer Bestellmenge von ... Stück gewähren wir Ihnen einen Preisnachlass von 5 %.	
g) Das Gerät entspricht dem neuesten Stand der Technik.	
h) Die Erfahrung hat gezeigt, dass dieser Bürostuhl auch bei sehr starker Beanspruchung eine lange Lebensdauer hat.	

Aufgabe 4

Ein angemeldeter Kunde erscheint pünktlich zum Gesprächstermin, den er mit Ihrem Vorgesetzten vereinbart hatte. Das vorhergehende Gespräch Ihres Vorgesetzten mit einem anderen Kunden zögert sich allerdings noch etwas hinaus. Wie verhalten Sie sich gegenüber dem wartenden Kunden richtig? Kreuzen Sie an.

a) Sie vereinbaren mit dem Kunden sofort einen neuen Termin.	
b) Sie bitten den Kunden, in ungefähr einer Stunde noch einmal wieder zu kommen.	
c) Sie bitten den Kunden, sich persönlich mit Ihrem Vorgesetzen in Verbindung zu setzen und einen neuen Termin zu vereinbaren.	
d) Sie bieten dem Kunden ein Getränk an und geben Ihrem Vorgesetzten zu verstehen, dass der nächste Kunde bereits wartet.	
e) Sie teilen dem Kunden mit, dass es noch länger dauern könne, bis der Vorgesetzte Zeit für ihn habe. Sie bitten den Kunden zu warten.	

Erweiterte Ausgangssituation 4: Eine Gesprächsnotiz zu einem Telefongespräch erstellen

Sie sind Mitarbeiterin im Vertrieb der Duisdorfer BüroKonzept KG und nehmen folgendes Telefonat entgegen:

Sie:	„Duisdorfer BüroKonzept KG, mein Name ist ... Was kann ich für Sie tun?“
Kunde:	„Brinkhoff von der Firma Frohn-Büroausstattung. Guten Tag.“
Sie:	„Guten Tag, Herr Brinkhoff.“
Kunde:	„Ich hätte gern Ihren Vertriebsleiter, Herrn Klein, gesprochen.“
Sie:	„Herr Klein ist heute Nachmittag nicht im Hause. Kann ich Ihnen weiterhelfen?“
Kunde:	„Ja, Sie könnten Herrn Klein etwas ausrichten. Ich habe nämlich einen Kunden, dem ich bereits zehn lichtgraue Konferenztische, die Sie mir geliefert haben, verkauft habe. Jetzt kommt der Kunde mit Sonderwünschen. Und zwar möchte er 20 weitere Konferenztische, aber in einer anderen Größe.“
Sie:	„Welche Größe sollen denn die Tische haben?“
Kunde:	„Zehn Tische sollen eine Tischplatte in der Größe 90 × 180 cm haben und zehn Tischplatten sollen quadratisch sein, und zwar 90 × 90 cm.“
Sie:	„Die Farbe soll lichtgrau sein, sagten Sie?“
Kunde:	„Ja, richtig, lichtgrau.“
Sie:	„Wie hoch sollen die Tische denn sein?“
Kunde:	„75 cm.“
Sie:	„Die Höhe ist unser Standardmaß, d. h., die Tischbeine ändern sich nicht. Die Tischplatten allerdings sind dann Sonderanfertigungen für Ihren Kunden.“
Kunde:	„Das habe ich mir schon gedacht, weil ich die Maße nicht in Ihrem Katalog gefunden habe. Wie lange würde denn die Anfertigung dauern und was kosten die Tische? Könnten Sie Herrn Klein ausrichten, dass er mich mal anrufen soll, ich habe nämlich mittlerweile viele Kunden, die irgendwelche Sonderwünsche haben und dann noch einen Rabatt haben möchten. Das muss ich mal mit Ihrem Vertriebsleiter besprechen.“
Sie:	„Unter welcher Rufnummer kann Herr Klein Sie erreichen?“
Kunde:	„Unter der Rufnummer 06221 146988. Ich bin aber erst ab Donnerstag wieder zu erreichen.“
Sie:	„Ich werde die Informationen an Herrn Klein weiterleiten und ihn bitten, sich telefonisch mit Ihnen in Verbindung zu setzen.“
Kunde:	„Ja, vielen Dank und auf Wiederhören.“
Sie:	„Vielen Dank für Ihr Interesse, Herr Brinkhoff, und auf Wiederhören.“

Arbeitsauftrag 1 (analysieren/orientieren)

Lesen Sie das Telefongespräch mit verteilten Rollen und verschaffen Sie sich einen Überblick darüber, worum es in diesem Gespräch geht.

Arbeitsauftrag 2 (informieren)

Informieren Sie sich in Ihrem Lehrbuch „BüroWelt 1“ über das Erstellen von Gesprächsnotizen.

LF 7, 1.5

Arbeitsauftrag 3 (planen und durchführen)

Erstellen Sie einen geeigneten Vordruck für Gesprächsnotizen. Berücksichtigen Sie dabei, dass der Vordruck Felder für alle notwendigen Informationen aufweist, die für den Empfänger bedeutsam sind. Erstellen Sie für Herrn Klein zum oben wiedergegebenen Telefongespräch eine Gesprächsnotiz.

Arbeitsauftrag 4 (bewerten/beurteilen)

Vergleichen Sie Ihre Gesprächsnotiz mit den Gesprächsnotizen Ihrer Mitschülerinnen. Beurteilen Sie die Qualität der erstellten Notizen. Hierzu werden alle Notizen an eine Pinnwand geheftet, jede Schülerin erhält drei selbstklebende Punkte und verteilt je einen Punkt für die drei (ihrer Meinung nach) qualitativ besten Gesprächsnotizen.

Arbeitsauftrag 5 (reflektieren)
Reflektieren Sie die Ergebnisse der Bewertung, indem Sie die Kriterien, die zu einer positiven bzw. negativen Bewertung führen, zusammenfassen. Bessern Sie, falls erforderlich, Ihre Gesprächsnotiz nach.

Lernsituation 7.2
Gespräche mit englischsprachigen Kunden führen

Der rote Faden

Probleme interkultureller Kommunikation erfassen

Sich angemessen in der Fremdsprache vorstellen

Einen englischsprachigen Kunden betreuen

Einen englischsprachigen Kunden beraten

Ausgangssituation

Die Auszubildende Alexandra Schmitt ist im Büro, als der Vertriebsleiter Simon Klein mit einem langjährigen Geschäftskunden telefonisch einen Termin vereinbart. Ron Hanks ist Geschäftsführer der britischen Firma Officemaster Ltd, einem Großhändler für Büromöbel, welche ihre Zentrale in Bristol hat. Er will sich am Montag, 15:00 Uhr vor Ort über das neue Sortiment der Bürokonzept KG informieren. Alexandra hat das Telefonat aufmerksam verfolgt. Sie ist ganz angetan davon, wie gut Herr Klein Englisch spricht. Als Simon Klein wissen will, wie gut Alexandras Englischkenntnisse seien, erklärt ihm diese, dass sie sich für diese Sprache schon immer interessiert habe und sie relativ fließend spreche, obwohl sie nie länger im Ausland gewesen sei. Darauf macht Herr Klein folgenden Vorschlag:

„Wissen Sie was, da habe ich eine Idee. Ich bin vor dem Treffen mit Ron morgen in einer Besprechung. Da wir da sowieso meistens etwas überziehen, werde ich es vermutlich nicht ganz pünktlich schaffen. Sie können Ron schon mal in Empfang nehmen und sich um ihn kümmern. Sie können auch ruhig schon mit ihm in den Ausstellungsraum gehen, damit er sich einen ersten Eindruck über unsere Produkte verschaffen kann. Trauen Sie sich das zu?“

Alexandra hat so etwas zwar noch nie gemacht, ist sich aber sicher, dass sie mit dieser Situation fertig werden wird. Herr Klein freut sich über Alexandras Selbstvertrauen und erklärt noch, dass er Ron Hanks kurz Bescheid gibt, damit dieser nicht irritiert ist, wenn er ihn am Montag nicht gleich antrifft. Alexandra kann in der Nacht von Sonntag auf Montag kaum schlafen: Wird sie der ungewohnten Situation wirklich gewachsen sein? Vielleicht hat sie sich doch etwas zu weit aus dem Fenster gelehnt.

Am Montag klopft es wenige Minuten nach 15 Uhr an der Tür zu Alexandras Büro ...

Alexandra Schmitt:	"Please, come in. (*Ron Hanks erscheint in der Tür. Alexandra geht auf ihn zu und reicht ihm die Hand*). Hi, you must be Ron. Good to see you. My name is Alexandra."
Ron Hanks:	"So, you're Ms Schmitt, I guess. How do you do?"
Alexandra Schmitt:	"How do I what?"
Ron Hanks:	"I mean, it's a pleasure to meet you. How are you?"

Alexandra Schmitt:	*(zögerlich)* “Actually, I’m a bit tired today. I didn’t sleep very well.”
Ron Hanks:	“Hm.”
Alexandra Schmitt:	“Are you okay?”
Ron Hanks:	“Why, do I look sick? I’m fine, thanks. Can you tell me when Mr Klein will be with us?”
Alexandra Schmitt:	“Probably in 15 minutes. Can I offer you some refreshments?”
Ron Hanks:	“A cup of coffee would be fine.” (*Alexandra bringt ihm Kaffee.*)
Alexandra Schmitt:	“Mr Klein said you’re interested in our products. I can show you the products in our shop and you can ask me questions.”
Ron Hanks:	(*mit leicht verärgertem Unterton*) „Really? Well, may I finish my coffee first?”
Alexandra Schmitt:	“Yes.”
Ron Hanks:	“Have you ever been to England?”
Alexandra Schmitt:	“No.”
Ron Hanks:	“I’ve been to Germany several times. I really like it here.”
Alexandra Schmitt:	“Okay. I think we can go to the shop now. (*Ron Hanks folgt ihr missmutig*) This is the shop. You can see all the products we offer here.”
Ron Hanks:	(*mit leicht ironischem Unterton*) „Very interesting.“
Alexandra Schmitt:	“Do you have any questions?”
Ron Hanks:	“Well, nothing I can think of right now. But ... the desk over there ... Well, this could be interesting for some of our customers.”
Alexandra Schmitt:	“This is our desk ‘Ökostar’.”
Ron Hanks:	“I see.”
Alexandra Schmitt:	“Do you like it?”
Ron Hanks:	“Yes, I do. But I think we’d better go back to the office and wait for Mr Klein to join us.“

Arbeitsauftrag 1 (analysieren und orientieren)

Alexandra Schmitt ist nach ihrem Gespräch mit Ron Hanks merklich verunsichert. Sie hat das Gefühl, dass Herr Hanks sie nicht leiden könne. Gleichzeitig hat sie Angst davor, einen wichtigen Kunden verprellt und das Vertrauen, das Simon Klein in sie gesetzt hat, enttäuscht zu haben.

Überlegen Sie, warum das Gespräch zwischen Alexandra Schmitt und Ron Hanks scheitert. Welche Rolle spielt dabei Ihrer Meinung nach die Tatsache, dass es sich bei Herrn Hanks um einen Engländer handelt und das Gespräch in der Fremdsprache geführt worden ist? Gehen Sie das Gespräch noch einmal genau durch und halten Sie für die einzelnen Gesprächsphasen fest, welche Probleme Ihrer Meinung nach hier auftreten.

Arbeitsauftrag 2 (informieren)

LF 7, 2

a) Informieren Sie sich In Ihrem Lehrbuch „BüroWelt 1“ über kulturelle Besonderheiten und wie sich diese auf Gesprächssituationen auswirken können sowie über Möglichkeiten der Beratung in englischer Sprache.

b) Stellen Sie wesentliche Unterschiede im Kommunikationsstil von Deutschen und Briten/Amerikanern in einer Liste gegenüber.

Arbeitsauftrag 3 (planen)

Partnerarbeit

a) Wenden Sie Ihre Kenntnisse nun auf die Ausgangssituation an. Halten Sie fest, welche Fehler Alexandra Schmitt macht.

b) Versetzen Sie sich in die Situation Alexandra Schmitts und helfen Sie ihr. Stellen Sie sich vor, das Treffen mit Ron Hanks hätte noch nicht stattgefunden. Bereiten Sie das Gespräch vor, indem Sie die unterschiedlichen Gesprächsphasen und wichtige Hinweise festhalten. Erstellen Sie dazu eine Tabelle nach folgendem Muster:

Gesprächsphasen	Hinweise/Bemerkungen
1. Begrüßung	Hand geben. Vorstellen. Richtige Anrede: ... Platz/Getränke anbieten
2. Smalltalk	Themen: Anreise, ...
3. ...	...
4. ...	...

c) Erstellen Sie nun gemeinsam ein Rollenspiel zur Ausgangssituation, in dem sich Alexandra Schmitt angemessen verhält, sodass das Gespräch einen anderen Verlauf nimmt. Entwerfen Sie anschließend einen Beobachtungsbogen, auf dem Sie Kriterien zur Bewertung des Rollenspiels festhalten.

Arbeitsauftrag 4 (durchführen)

Tragen Sie einige der vorbereiteten Rollenspiele im Plenum vor. Alle, die nicht am Rollenspiel beteiligt sind, halten ihre Beobachtungen auf dem vorbereiteten Beobachtungsbogen fest.

Arbeitsauftrag 5 (bewerten und reflektieren)

Geben Sie mithilfe Ihres Beobachtungsbogens ein Feedback zu den vorgetragenen Rollenspielen. Achten Sie dabei auf die Einhaltung der Feedbackregeln (vgl. Lernsituation 7.1 im Lehrbuch „BüroMaterial 1“).

Vertiefende Aufgaben

Aufgabe 1

Entwickeln Sie in Dreiergruppen englischsprachige Minidialoge zu folgenden Situationen und führen Sie diese anschließend als kurzes Rollenspiel auf:

- *Dr. Klaus Jensen, Geschäftsführer (managing director) von Möbel Herweg in Bochum, interessiert sich auf einer Messe für den Stand der Firma New Channel Trading. Er geht zum Stand und stellt sich Andrew Colins, dem Vertriebsleiter (sales manager) vor.*
- *John Miles arbeitet bei der Firma Officemaster Ltd in Bristol. Er erhält Besuch von seinem deutschen Geschäftspartner Lukas Reuter, dem Marketingleiter der Firma Interkom in Köln. Die beiden kennen sich schon viele Jahre. Nachdem sie sich begrüßt haben, stellt John Miles seine Kollegin Sarah Winston, Marketingleiterin (marketing manager) von Officemaster, vor.*
- *John Miles und Lukas Reuter treffen sich abends in einem Pub, um in zwangloser Atmosphäre über einige geschäftliche Angelegenheiten zu sprechen. Zu dieser Gelegenheit bringt John Miles seinen Kollegen Ray Benson, Einkaufsleiter (purchasing manager) bei Officemaster, mit. Lukas Reuter und Ray Benson kennen sich noch nicht.*

Beachten Sie Folgendes:

- Es geht in den Dialogen ausschließlich darum, dass die Gesprächspartner sich angemessen vorstellen sollen. Achten Sie darauf, ob es sich um eine formelle oder um eine informelle Situation handelt.
- Wechseln Sie die Rollen und gehen Sie die Dialoge mehrmals durch. Jedes Gruppenmitglied soll sprechen.
- Wenn Sie sich nicht sicher genug fühlen, können Sie die Situation zunächst schriftlich ausformulieren und die Ausformulierung dann im Rollenspiel nutzen. Lassen Sie nach mehrmaligem Üben die schriftliche Ausformulierung weg.

Aufgabe 2

Ergänzen Sie die Lücken in folgendem Dialog (Smalltalk) mit passenden Ausdrücken.

A: "Good morning. What can I do for you?"
B: "I was supposed to meet Mr Speyer at 10 o'clock."
A: "So you must be Jim Rowland from New York."
B: "Yes, indeed I am. Just __________ me Jim."
A: "Nice to meet you, Jim. My name is Lisa."
B: "Nice to meet you, __________, Lisa."
A: "Mr Speyer is still in a meeting, but he will be __________ you in about 10 minutes. May I __________ your coat?"
B: "Thanks. That's very __________ of you."
A: "Please take a seat. ... __________ about some coffee?"
B: "I'd __________ some."
A: "With cream and sugar?"
B: "__________ sugar, please."
A: "There you are."
B: "Thank you very much."
A: "Did you have any problems __________ us?"
B: "Not at __________. The directions Mr Speyer gave me were excellent."
A: "Have you ever __________ to Germany before?"
B: "Well, I've been here __________ times, because we have a lot of German customers."
A: "How do you like Germany?"
B: "It's always great to be here. I love the friendly people and the German food. My favourite dish is sauerkraut and sausages."
A: "So you like the traditional food here. Would you like to __________ something in Bonn?"
B: I don't know if there's enough time, but I'd really like to __________ the Beethoven-Haus."
A: "That's really worth seeing. I could accompany you there, if you like to. There are some other interesting places near it."
B: "That's very nice of you. I'll give you a call if I go there."
A: "Do you like classical __________?"
B: "Yes, I do. Especially Beethoven and Mozart."
A: "So, you'll probably __________ going to concerts?"
B: "I have a season ticket for the Met – the Metropolitan Opera in New York City."
A: "Really. I'd love to go there some time. ... Well, Jim, I think Mr Speyer is __________ you now. It was a pleasure __________ to you."
B: "It was a pleasure to meet you, too. Have a nice day, Lisa. __________ to see you again."
A: "Take __________."

Aufgabe 3

Welche Themen eignen sich Ihrer Meinung nach zum Smalltalk, welche weniger? Begründen Sie Ihre Entscheidung.

Aufgabe 4

Stellen Sie passende offene Fragen zu folgenden Antworten:

Question: ____?
Answer: *"Definitely the size of the desks is most important to me. The tabletop has to be big enough to unfold the plans we work with."*

Question: ____?
Answer: *"We need copy paper for our colour laser printers."*

Question: ____?
Answer: *"Well, I can't spend more than € 200.00 per office chair."*

Question: ____?
Answer: *"What I don't like is a desk that cannot be adjusted for height, as different people of different height will work on it."*

Question: ____?
Answer: *"I don't think we'll print more than 10,000 pages a month."*

Lernsituation 7.3
Auf Einwände und Vorwände von Kunden richtig reagieren

Der rote Faden

Einwände und Vorwände unterscheiden

Einen Leitfaden für den richtigen Umgang mit Einwänden und Vorwänden erstellen

Ausgangssituation

Ihre Freundin, die Auszubildende Samira Erden, ist frustriert. Sie hatte die Aufgabe, Kunden, die den neu ins Sortiment aufgenommenen Schreibtisch mit Echtholzplatte in Wildkirsche nachgefragt hatten, anzurufen und zu fragen, ob sie auch an einer dazu passenden Haltevorrichtung für Rechner interessiert seien. Der Vertriebskollegin Doris Schwister gegenüber äußert Samira ihre Unzufriedenheit mit dem Ausgang der Gespräche:

Samira: „Heute ist nicht mein Tag! Ich konnte bei drei von fünf Kunden kein Interesse wecken. Die Anrufe waren da eigentlich vergeblich!"

Frau Schwister: „Wie haben denn die Kunden reagiert – was haben sie denn gesagt?"

Samira: „Entweder hatten sie keine Zeit für das Gespräch, sagten, sie könnten jetzt keine Entscheidung treffen. Eine Kundin sagte: *Braucht man so etwas überhaupt? Das ist doch bestimmt überflüssig!* Ein anderer Kunde meinte, *nur, wenn es das Zubehörteil auch in Edelstahl gibt. Sonst passt es doch nicht zu dem Schreibtisch.* Und dann sagte er noch zum Schluss: *Ich weiß nicht, ob sich das wirklich gut verkaufen lässt.* Ich bin dann ratlos und weiß nicht, wie ich mit diesen Leuten umgehen soll."

Frau Schwister: „So etwas ist nicht ungewöhnlich. Das passiert jedem von uns. Wir könnten allerdings einen Leitfaden gebrauchen, in dem festgehalten ist, wie man mit solchen Situationen umgehen kann."

Arbeitsauftrag 1 (analysieren/orientieren)

Überlegen Sie, was ein Leitfaden für Gesprächssituationen, in denen Geschäftspartner Einwände und Vorwände äußern, leisten kann und wo es Grenzen gibt.

LF 7, 3

Arbeitsauftrag 2 (informieren)

Informieren Sie sich in Ihrem Lehrbuch „BüroWelt 1“ über den Unterschied von Einwänden und Vorwänden und darüber, wie man in diesen Situationen richtig reagiert.

Arbeitsauftrag 3 (planen und durchführen)

Klären Sie in Partnerarbeit, welches Ziel der Leitfaden haben soll und welche Struktur und Inhalte sinnvoll sind. Gestalten und formulieren Sie den Leitfaden.

Arbeitsauftrag 4 (bewerten/beurteilen)

Bilden Sie aus zwei Arbeitspaaren eine Gruppe und tauschen Sie die von Ihnen erstellten Leitfäden aus. Erstellen Sie aus den zwei vorliegenden Leitfäden einen gemeinsamen, indem Sie geeignete Inhalte auswählen und dabei den Leitfaden optimieren.

Arbeitsauftrag 5 (reflektieren)

Stellen Sie Ihren neuen Leitfaden im Plenum vor und begründen Sie, inwiefern der neue Leitfaden eine Verbesserung darstellt.

Vertiefende Aufgaben

Aufgabe 1

Beurteilen Sie bei den folgenden Ein- und Vorwänden, ob sie sich auf die Situation (a), den Inhalt/die Sache (b) oder die Beziehung (c) beziehen.

Einwand/Vorwand	a), b) oder c)?
a) „Ich weiß nicht, ob mein Chef das gut finden wird.“	
b) „Ich bin nicht wirklich überzeugt, ich kann mir das noch nicht richtig vorstellen.“	
c) „Das ist gerade ganz schlecht. Ich habe gleich Feierabend.“	
d) „Im Internet ist der Artikel viel preiswerter.“	
e) „Ich soll unterschreiben? Das geht mir jetzt alles viel zu schnell.“	
f) „Da müssen Sie mich aber falsch verstanden haben.“	

Aufgabe 2

Formulieren Sie mögliche Antworten als angemessene Reaktion auf die Einwände/Vorwände in der Ausgangssituation.

Einwand/Vorwand	Mögliche Antwort
a) „Ich habe jetzt keine Zeit.“	
b) „Das kann ich nicht entscheiden.“	
c) „Braucht man so etwas überhaupt? Das ist doch bestimmt überflüssig.“	
d) „Nur, wenn es dieses Zubehörteil auch in Edelstahl gibt. Sonst passt es doch nicht zu dem Schreibtisch.“ (Hinweis: Das Zubehörteil gibt es in folgender Ausführung: schwarz lackiertes Metall.)	
e) „Ich weiß nicht, ob sich das wirklich gut verkaufen lässt.“	

Aufgabe 3

Erläutern Sie, inwiefern die Aussage eines Kunden „Ich kaufe nichts am Telefon“ sowohl ein Vorwand als auch ein Einwand sein kann, indem Sie die Aussage mithilfe des Vier-Seiten Modells einer Nachricht analysieren.

LF 7, 1.2

Seite der Nachricht	Botschaft	Einwand oder Vorwand?
Sachebene		
Selbstoffenbarung		
Beziehungsebene		
Appell		

Aufgabe 4

Welche Ein- und Vorwände hören Sie häufig von Ihren Kunden? Welche Möglichkeiten sehen Sie, diese abzufedern?

Suchen Sie jeweils nach der passenden Entgegnung.

Einwand/Vorwand	Möglichkeit, den Einwand/Vorwand abzufedern
1.	
2.	
3.	
4.	

Lernsituation 7.4
Mit Beschwerden und Reklamationen richtig umgehen

Der rote Faden

Die Bedeutung eines professionellen Beschwerdemanagements berücksichtigen

Die Gründe für Beschwerden und Reklamationen erfassen und mögliche Regelungen anbieten

Eine Beschwerdesituation analysieren

Strategien im Umgang mit Beschwerden und Reklamationen anwenden

Ausgangssituation

Als Auszubildende/-r des Vertriebs der Duisdorfer BüroKonzept KG erhalten Sie folgendes Kundenschreiben, das Simon Klein an Sie mit der Bitte um Erledigung weitergeleitet hat.

FROHN KG – Büroausstattung

Frohn KG – Lerchenweg 44 – 69117 Heidelberg

Ihr Zeichen:
Ihre Nachricht vom:
Unser Zeichen: Br
Unsere Nachricht vom:

Name: Lukas Brinkhoff
Telefon: 06221-146-9881
Fax: 06221-146-9888
Email: Lukas.Brinkhoff@Frohn-Büro.de

Datum: 07.08.20..

Nicht-Rechtzeitig-Lieferung und Schlechtleistung

Sehr geehrte Damen und Herren,

Ihre für die 30. Kalenderwoche zugesagte Lieferung haben wir erst heute – nachdem wir Sie bereits angemahnt hatten – verspätet erhalten.

Bei der unverzüglichen Überprüfung der Sendung stellten wir zudem folgende Mängel fest:

1. Statt 5 Schreibtische Modell „Ökostar“ wurden 5 Schreibtische Modell „Ahorn“ geliefert.
2. Bei 6 von 10 gelieferten Bürostühlen fehlt jeweils eine Rolle am Fuß.
3. Von den Konferenztischelementen lichtgrau lieferten Sie statt 15 nur 10 Stück.

Bisher haben Sie immer zuverlässig und korrekt geliefert. Wir verstehen daher nicht, warum es jetzt zu dieser fehlerhaften und verspäteten Lieferung gekommen ist, durch die Sie uns in große Schwierigkeiten gegenüber unseren Kunden gebracht haben. Für unsere Kunden benötigen wir dringend fehlerfreie Ware.

Ich bitte Sie daher, mich anzurufen, damit wir das weitere Vorgehen zur Behebung der Mängel und unsere zukünftige Geschäftsbeziehung klären können.

Freundliche Grüße

Frohn KG – Büroausstattung

Lukas Brinkhoff

Geschäftsführer
Udo Frohn

Bankverbindung
Sparkasse Heidelberg
IBAN DE51 6725 0020 5934 8754 24
BIC SOLADES1HDB
Steuernummer 5906/5837/0129

Sitz der Gesellschaft
Heidelberg
Amtsgericht Heidelberg
HRB 9343

Arbeitsauftrag 1 (analysieren/orientieren)
Lesen Sie den Kundenbrief und überlegen Sie, was der Abteilungsleiter des Vertriebs von Ihnen als Sachbearbeiter/in erwartet. Begründen Sie Ihre Überlegung.

Arbeitsauftrag 2 (informieren)
Informieren Sie sich in Ihrem Lehrbuch „BüroWelt 1" über den richtigen Umgang mit Beschwerden und Reklamationen von Kunden. Erstellen Sie hierzu schriftlich eine Übersicht.

LF 7, 4

Arbeitsauftrag 3 (planen)
Planen Sie in der Gruppe eine mögliche Vorgehensweise zur Lösung der Beschwerdesituation. Berücksichtigen Sie dabei sowohl die rechtlichen als auch die betrieblichen Regelungen der Duisdorfer BüroKonzept KG. Bereiten Sie das Telefongespräch mit dem Kunden als Rollenspiel vor. Klären Sie im Vorfeld, wie Sie dem Kunden auf der Inhalts- und Beziehungsebene begegnen wollen. Einigen Sie sich auf die Rollenverteilung in der Gruppe. Erstellen Sie eine Kriterienliste als Grundlage für die Beurteilung der Qualität des Telefongesprächs durch die Beobachter.

Arbeitsauftrag 4 (durchführen)
Simulieren Sie in der Gruppe im Rollenspiel das Telefongespräch.

Arbeitsauftrag 5 (bewerten/beurteilen)
Bewerten Sie die Gespräche anhand der Kriterienliste. Geben Sie den Spielern ein Feedback. Beachten Sie dabei die Feedback-Regeln in der Lernsituation 7.1 des Lernfelds 7.

LS 7.1

Arbeitsauftrag 6 (reflektieren)
Notieren Sie in der Gruppe wichtige Erkenntnisse und Erfahrungen aus dem Rollenspiel und schlagen Sie Verbesserungen vor. Tragen Sie diese im Plenum vor.

Vertiefende Aufgaben

Aufgabe 1
Erläutern Sie anhand des Beispiels in der Ausgangssituation, inwieweit ein effizientes Beschwerdemanagement, bei dem die Zufriedenheit des Kunden wieder hergestellt wird, sich für die Duisdorfer BüroKonzept KG auf folgende Bereiche positiv auswirken kann:

- **Kundenbindung** ______________________________
  ____
- **Informationen über Kundenbedürfnisse** ______________________________
  ____
- **Verbesserung der Qualität** ______________________________
  ____
- **Gewinnung von Neukunden** ______________________________
  ____

Aufgabe 2
Vergleichen Sie die folgenden Beispiele für eine positive und negative Reaktion auf ein und dieselbe Beschwerdesituation.

a) Welches Verhalten zeigt der Mitarbeiter in den Beispielen? Was ist daran positiv bzw. negativ? Begründen Sie Ihre Bewertung.

b) Welche Bedeutung hat die emotional aufgeladene Situation für den Gesprächsverlauf? Erklären Sie anhand des Eisberg-Modells, wie man den Emotionen des Anrufers angemessen begegnen könnte.

Negatives Beispiel

Mitarbeiter: „Papiergroßhandlung Koppe, Berger mein Name."

Kunde: „Schreibwaren Longerich. Hören Sie mal, Herr Berger, das ist schon ein starkes Stück, was Sie sich da geleistet haben!"

Mitarbeiter: „Jetzt fahren Sie mich doch nicht so an! Worum geht es überhaupt – was wollen Sie von mir?"

Kunde: „Das kann ich Ihnen sagen. Sie haben persönlich vor zwei Wochen meine Bestellung über faltbare Versandkartons aufgenommen und mir hoch und heilig versprochen, dass ich die Lieferung spätestens in 8–10 Tagen erhalte. Jetzt fragt der Kunde heute schon zum dritten Mal nach. Ich kann ihn doch nicht schon wieder wegschicken!"

Mitarbeiter: „Dafür kann ich doch nichts! Ich habe die Bestellung doch nur aufgenommen und weitergeleitet. Für die Auslieferung ist der Vertrieb zuständig. Ich schau mal, ob ich Sie verbinden kann. Nein, ich sehe gerade, es ist zehn Uhr. Da haben die Kollegen Frühstückspause, da kann ich dann nicht stören."

Kunde: „Was soll ich jetzt machen?"

Mitarbeiter: „Dann warten Sie mal noch zwei Tage, und wenn die Kartons dann immer noch nicht da sind, rufen Sie noch einmal an."

Kunde: „Das ist doch unglaublich!" (Legt den Hörer auf.)

Mitarbeiter: „Auf Wiederhören."

Positives Beispiel

Mitarbeiter: „Guten Tag, Papiergroßhandlung Koppe, mein Name ist Thomas Berger. Was kann ich für Sie tun?"

Kunde: „Hören Sie mal, Herr Berger, das ist schon ein starkes Stück, was Sie sich da geleistet haben! Ich warte seit zwei Wochen auf die Lieferung von Versandkartons, die ich bei Ihnen bestellt habe!"

Mitarbeiter: „Oh, ich kann Ihren Ärger verstehen, ich werde mich sofort darum kümmern. Sagen Sie mir bitte Ihren Namen, damit ich nachschauen kann, wer für die Auslieferung Ihrer Bestellung eingeteilt wurde."

Kunde: „Mein Name ist Tobias Meurer, Firma Schreibwaren Longerich in Remscheid."

Mitarbeiter: „Ja, ich sehe im Computer Ihre Bestellung vom 30.06.20.. über 50 Stück faltbare Versandkartons, Größe 500 × 250 × 150 mm. Ist das richtig?"

Kunde: „Ja, richtig."

Mitarbeiter: „Das tut mir leid, Herr Meurer, dass sich die Auslieferung verzögert hat. Ich werde mich umgehend mit dem Versand in Verbindung setzen. Falls die Sendung noch nicht losgeschickt wurde, biete ich Ihnen an, die Ware auf unsere Kosten per Express an Sie zu senden. Ist das für Sie in Ordnung?"

Kunde: „Ja, das ist in Ordnung."

Mitarbeiter: „Dann melde ich mich innerhalb der nächsten 15 Minuten und informiere Sie, ob die Lieferung schon unterwegs ist oder ob wir sie heute noch per Express an Sie senden."

Kunde: „Ja, danke und auf Wiederhören."

Mitarbeiter: „Auf Wiederhören, Herr Meurer."

Aufgabe 3

Welche Verhaltensweisen sind für einen angemessenen Umgang am Telefon mit einer Beschwerdesituation geeignet? Ergänzen Sie die folgende Aufstellung.

Wie verhalte ich mich in einer Beschwerdesituation richtig?

1. Wie ich eine Beschwerde oder Reklamation annehme.

✔ Ich erfrage die wichtigsten Informationen.
✔ Ich signalisiere dem Anrufer meine Hilfsbreitschaft.
✔
✔
✔

2. Wie ich einen aufgeregten Anrufer beruhigen kann.

✔ Ich höre aktiv zu.
✔ Ich bleibe sachlich und freundlich.
✔
✔
✔
✔
✔

3. Wie ich eine akzeptable Lösung finde.

✔ Ich biete eine Kulanzregelung an.
✔
✔
✔
✔

Aufgabe 4

Nicht immer gelingt es, mit einem ruhigen und freundlichen Verhalten den Anrufer zu beruhigen. In manchen Fällen wird der Anrufer beleidigend und die Beschwerdesituation droht zu eskalieren. Das geschieht insbesondere dann, wenn der Empfänger auch auf der Beziehungsebene reagiert und zum verbalen Gegenschlag ausholt. Statt einer spontanen Reaktion auf der Beziehungsebene sollte sich der Empfänger auf die Sach-, Selbstoffenbarungs- oder Appellebene begeben und hier eine Botschaft formulieren.

LF 7, 1.2

Beispiel

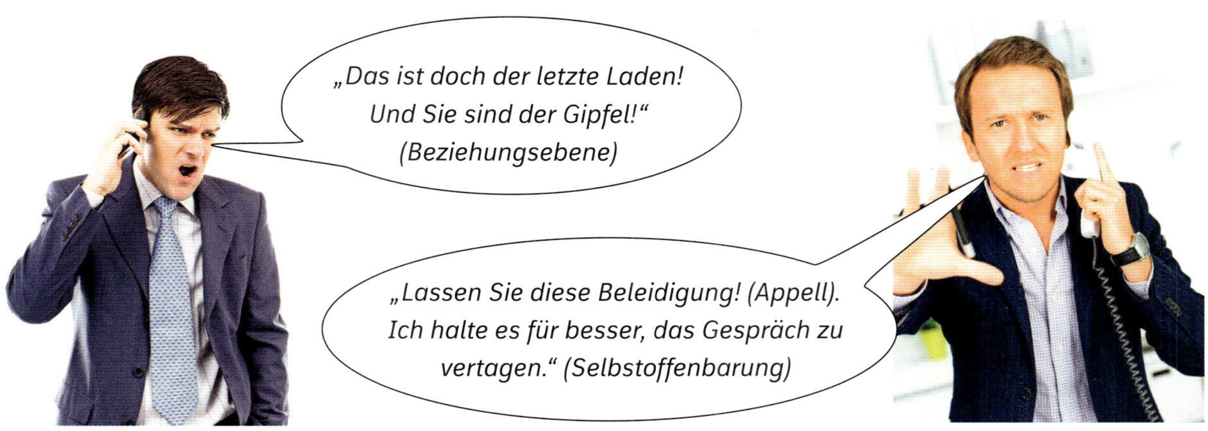

Wie und auf welcher Ebene reagieren Sie angemessen auf die folgenden Beleidigungen aggressiver Anrufer?

Äußerung	Reaktion
a) „Offenbar sind Sie ein strohdummer Anfänger! Gibt es in Ihrem Betrieb auch Leute, die Ahnung von der Sache haben?“	*Antwort:* *Ebene:*
b) „Das kann doch nicht wahr sein, dass Sie nicht in der Lage sind, 1 und 1 zusammenzuzählen!“	*Antwort:* *Ebene:*
c) „Sind Sie eigentlich blond?“	*Antwort:* *Ebene:*
d) „Ihre Sorgfalt ist wirklich beeindruckend und wirft nur einen leichten Schatten auf Ihre Arbeitsqualität.“ (Ironie)	*Antwort:* *Ebene:*

Aufgabe 5
Wir beschweren uns bei einem Lieferanten – Ich-Botschaften

Mit der Verwendung von Ich-Botschaften in einer Beschwerdesituation werden Angriffe, Vorwürfe und Schuldzuweisungen vermieden, sodass ein positives Gesprächsklima entstehen kann.

Formulieren Sie die folgenden Du-/Sie-Botschaften in Ich-Botschaften um.

Du-/Sie-Botschaften	Ich-Botschaften
a) „Sie haben sich nicht an unsere Absprache gehalten!“	
b) „Sie haben die Ware an die falsche Filiale geliefert!“	
c) „Bestimmt haben Sie die Bedienung des Geräts nicht verstanden – dann kann es ja auch nicht funktionieren!“	
d) „Sie übertreiben Ihre Forderungen maßlos!“	

Aufgabe 6

Als Auszubildende/-r der Duisdorfer BüroKonzept KG ärgern Sie sich über ein Mahnschreiben eines Lieferanten, in dem Sie aufgefordert werden, eine offene Rechnung vom 25.06.20.. in Höhe von 9,00 € zuzüglich 4,00 € Mahngebühren zu begleichen. Bei der Überprüfung stellen Sie fest, dass Sie zwar die Rechnung vom 25.06.20.. fristgerecht bezahlt haben, bei der Überweisung aber zwei Ziffern versehentlich vertauscht wurden. Statt 876,50 € haben Sie den Betrag von 867,50 € überwiesen. Die Mahnung und die Mahngebühren empfinden Sie als unangemessen, zumal auch keine Zahlungserinnerung vorausgegangen ist. Sie möchten Ihre Unzufriedenheit dem Lieferanten gegenüber telefonisch äußern.

a) Überlegen Sie sich ein mögliches Ziel für das Telefongespräch. Formulieren Sie Ihre Beschwerde so, dass Sie Vorwürfe, Beleidigungen und Schuldzuweisungen vermeiden.

b) Stellen Sie einen Bezug zum Eisberg-Modell her. Ergänzen Sie anhand des Beispiels die offenen und verborgenen Anteile der Beschwerdesituation.

Sichtbarer Bereich:

Unsichtbarer Bereich:

Aufgabe 7

a) Tauschen Sie sich in der Gruppe über Ihre persönlichen Erfahrungen am Arbeitsplatz im Umgang mit Beschwerden und Reklamationen aus. Was sind die Gründe für die Reklamationen und Beschwerden? Sind sie berechtigt oder unberechtigt? Wie haben Sie die Angelegenheit jeweils gelöst und welche betrieblichen Regelungen wurden angeboten? Notieren Sie Beispiele stichwortartig in einer Übersicht.

Beschwerde-, Reklamationsgrund	Berechtigt/ unberechtigt	Lösung/ betriebliche Regelung
Mangelhafte Lieferung: Ware wurde beschädigt geliefert. …	*berechtigt*	*Ersatzlieferung*

b) Suchen Sie sich eine typische und häufige Beschwerde oder Reklamation Ihrer Geschäftspartner aus. Erarbeiten Sie einen Gesprächsleitfaden, wie Sie zukünftig mit der Beschwerde oder Reklamation umgehen wollen.

1. Eingehen auf den Kunden	
2. Klären der Sachlage	
3. Gemeinsame Suche nach einer Lösung	
4. Positiver Abschluss	

Bildquellenverzeichnis

Fotos
Audi AG, Ingolstadt: S. 343
Claudia Hild, Angelburg: S. 27 (3x)
fotolia.com, New York: S. 7 (Unspecified), 19 (shock), 21.1 (Distraction Arts), 21.2 (Distraction Arts), 21.4 (bilderzwerg), 65 (Syda Productions), 72 (Morphart), 97.1 (Thaut Images), 97.2 (Herbert Rubens), 97.3 (soleg), 97.4 (Binkski), 97.5 (thomaslerchphoto), 115 (Kurhan), 126 (3dmentat), 185 (bilderbox), 214 (jordano), 225 (Edyta Pawlowska), 247 (XtravaganT), 312 (Ewe Degiampietro), 357 (Minerva Studios), 359 (Philip Date), 360.1 (Karin & Uwe Annas), 367.1 (jogyx), 367.2 (arsdigital), 367.3 (fischer-cg.de), 368.1 (catalineremia), 368.2 (Bartłomiej Szewczyk), 368.3 (Eisenhans), 368.4 (apops), 368.5 (Jeanette Dietl), 368.6 (Shawn Hempel), 381.1 (jinga80), 381.2 (Picture-Factory), 383 (adimas)
KBS Industrieelektronik GmbH, Freiburg: S. 192.1
MEV Verlag GmbH, Augsburg: S. 360.2
stock.adobe.com, Dublin: S. 21.3 (bilderzwerg), 80 (Ivan), 99 (Herve Butaye), 116 (Ivan)
Vocollect by Honeywell, Pittsburgh (USA): S. 192.2

Umschlagfoto: MEV Verlag GmbH, Augsburg